Civilização ou barbárie

Biblioteca Africana

Conselho de orientação:

Kabengele Munanga
Edson Lopes Cardoso
Sueli Carneiro
Luciane Ramos-Silva
Tiganá Santana

Cheikh Anta Diop

Civilização ou barbárie

Antropologia sem complacência

Tradução:
César Sobrinho

edições Sesc
ZAHAR

Dedico este livro à memória de
Alioune Diop
morto no campo de batalha cultural africano.

Alioune, você sabia o que tinha vindo fazer sobre a terra: uma vida inteiramente dedicada aos outros, nada para si mesmo, tudo para os outros, um coração repleto de bondade e generosidade, uma alma impregnada de nobreza, um espírito sempre sereno, a simplicidade personificada!

O demiurgo quis nos oferecer, como exemplo, um ideal de perfeição, dando-lhe existência?

Infelizmente, ele o arrancou cedo demais da comunidade terrena à qual você sabia, melhor do que ninguém, transmitir a mensagem da verdade humana que brota das profundezas do ser. Mas ele nunca poderá apagar a sua lembrança na memória dos povos africanos, aos quais você dedicou a vida.

É por isso que dedico este livro à sua memória, como testemunho de uma amizade fraterna mais forte que o tempo.

Cheikh Anta Diop
Dakar, 29 de outubro de 1980

Sumário

Nota da edição brasileira

Respeitamos a natureza heterogênea e por vezes lacunar do original. A magnitude da proposta e do projeto de Diop nos parece tornar irrelevantes determinadas idiossincrasias editoriais que via de regra seriam revistas.

Prefácio à edição brasileira

A OBRA *Civilização ou barbárie*, de Cheikh Anta Diop, foi publicada em 1981 pela editora Présence Africaine, ou seja, cinco anos antes da morte do autor, ocorrida em 8 de fevereiro de 1986, aos 63 anos, vítima de uma crise cardíaca. Para entender o que esconde esse título, precisamos primeiramente dizer uma palavrinha sobre a origem, a socialização e a formação universitária de Diop. Nascido em 29 de dezembro de 1923 em Diourbel, uma localidade no interior do Senegal, teve uma formação corânica antes de ingressar na escola primária na mesma localidade. Em Dakar fez seus estudos secundários, no Colégio Saint-Louis, e dois bacharelados, em filosofia e em matemática, em 1945. No mesmo ano, ele embarcou para Paris, onde iniciou seus estudos universitários em ciências e letras, na Sorbonne. Em 1954, seis anos antes da independência do Senegal, apresentou sua tese de doutorado intitulada *Nações negras e cultura: Da Antiguidade egípcia aos problemas culturais da África negra hoje*.

Essa tese não foi aceita, mas foi a partir dela que tudo começou. Seus mestres da Sorbonne lhe disseram: "Gostaríamos de lhe dar seu título de doutor, mas com uma outra tese. Reconhecemos que a África tem uma história e civilizações, mas não se misturam com o Egito Antigo, que não pertence à África". Ele teve de preparar e defender uma outra tese, que foi aceita, com o título de *Influência profunda do Egito na civilização grega*, sem tocar na origem negra da civilização egípcia, que seus mestres consideravam não africana.

Publicado em 1955 pela editora Présence Africaine, *Nations nègres et culture* tornou-se um best-seller e projetou o professor Cheikh Anta Diop, fazendo dele o intelectual africano mais conhecido desde o início das independências africanas até a atualidade. A respeito, escreve Elikia M'Bokolo num prefácio ao livro *L'Afrique de Cheikh Anta Diop*, da autoria de François-Xavier Fauvelle:

> A África negra tem produzido, há mais de um século, um número significativo, e em variedade notável, de talentosos historiadores profissionais e filósofos da história. Mas nenhum deles, seguramente, conheceu em vida e depois de sua morte a notoriedade de Cheikh Anta Diop desde a metade dos anos 1950.

Nations nègres et culture foi certamente mal recebido, desde seu nascimento, pela comunidade intelectual francesa, com argumentos a priori de caráter mais ideológico do que científico. No entanto a obra apresentava bases factuais e metodológicas indiscutíveis. Mas por que tantas reações negativas no mundo ocidental, principalmente o francês, não apenas contra as teses e ideias defendidas nesse livro, mas também em todos os outros publicados por Diop depois? Confrontando seus trabalhos com os dos "astros" da egiptologia francesa, como Gaston Maspero, entre outros, vemos que Cheikh Anta Diop critica seus argumentos, apontando erros de interpretação, ilogismos e má vontade. Nessas teses, coloca-se a questão da origem da civilização egípcia, que, embora situada na África, não era reconhecida como africana e particularmente não como negra — o que Cheikh Anta Diop rejeita com base numa pesquisa de campo e documental relevante. Com efeito, ele lia os hieróglifos nos textos originais; estudou a morfologia de certos bustos de faraós e as pinturas guardadas no Museu do Louvre; analisou os conteúdos religiosos e políticos dos documentos em hieróglifos e as estruturas sociais por trás deles, os sistemas de parentesco e sobretudo a língua (sintaxe, léxico, formas gramaticais do Egito Antigo). Descobriu semelhanças surpreendentes com os fundamentos das culturas negras vizinhas do Egito, e em consequência demonstrou que os proponentes do imperialismo ocidental (no início da colonização) haviam cinicamente embranquecido a civilização egípcia com a finalidade de afirmar sua dominação sobre os povos colonizados. Evidentemente, como já foi dito, essa tese de Diop foi recusada na Sorbonne, apesar de ter recebido o apoio de grandes mestres da sociologia francesa, como Georges Gurvitch e Schwaller de Lubicz.

De volta para o Senegal após a aprovação da segunda tese, Cheikh Anta Diop fundou um laboratório de datação por Carbono-14 (C14) no Instituto Fundamental da África Negra (Ifan), onde continuou a fazer suas pesquisas sobre o Egito e a história da África em geral. Com base na premissa de buscar a explicação das contribuições da África na história da humanidade nasceram os livros *A unidade cultural da África Negra* (1959), *L'Afrique noire précoloniale* (1960), *Antériorité des civilisations nègres: Mythe ou vérité historique?* (1967), *Les fondements économiques et culturels d'un Etat Fédéral d'Afrique noire* (1974) e este *Civilização ou barbárie* (1981).

Civilização ou barbárie é uma obra de síntese, na qual ele retoma e aprofunda todas as teses defendidas nos livros anteriores que acabei de enumerar. Diop lança mão das pesquisas então recentes em paleontologia (em especial Richard Leakey), arqueologia pré-histórica, antropologia física e biologia molecular que reafirmam que a África é o berço da humanidade, no estado tanto do *Homo erectus* como do *Homo sapiens sapiens*. Logicamente, a própria história da humanidade começou nesse berço. Diop acredita que, para os africanos, o retorno ao Egito em todos os domínios seria uma condição necessária para reconciliar suas civilizações com a história da humanidade e para poder construir um corpo de ciências humanas modernas e renovar a cultura africana. Ou seja, longe de ser uma simples declaração sobre o passado, a retomada do Egito seria a melhor maneira de construir o futuro cultural africano. Assim, o Egito desempenharia na cultura africana repensada e renovada o mesmo papel que as antiguidades grega e latina desempenharam na cultura ocidental. Da mesma maneira que a tecnologia e a ciência modernas vêm da Europa, na Antiguidade o saber universal corria do vale do Nilo em direção ao resto do mundo, em particular para a Grécia, que serviria de intermediária.

O *Homo sapiens sapiens*, em sua evolução, criou a história, as organizações sociais como os sistemas de parentesco, os Estados, artes, religiões, ciências exatas como a matemática (geometria), a filosofia. Em suma, a cultura em geral. A filosofia africana só poderia se desenvolver no terreno original da história e do pensamento africanos — senão seria um mito, e não uma realidade.

A obra de Cheikh Anta Diop, somando-se ao conteúdo dos oito volumes da *História geral da África*, inverteu também o esquema da filosofia hegeliana, ao provar que o privilégio do ser humano de ter consciência de viver na história não é reservado unicamente à humanidade europeia. Diop desenterrou algo incontestável no passado negro-africano que foi escondido, recolocando-o na origem da própria história da humanidade: a África como berço da humanidade. Isso e a civilização egípcia vinculada ao ser negro-africano mudam o esquema anterior, fazendo da África o primeiro marco da história. O passado está na pré-história da África desenterrada, no Egito integrado, nos grandes reinos africanos reconhecidos, contrariando o pensamento hegeliano.

Se outros países do mundo continuam a estudar e cultuar seus ancestrais intelectuais de todos os tempos, historiadores, pensadores, filósofos etc., por que os países africanos e suas diásporas não fazem a mesma coisa, em vez de estudar somente gregos, latinos e intelectuais das antigas metrópoles colonizadoras?

Faço aqui um convite: que possamos seguir o exemplo de estudiosas/os e pesquisadoras/es brasileiras/os que se debruçam sobre nossos pensadores passados, presentes e futuros. Se continuarmos a excluí-los da nossa formação, de nossas bibliografias e debates intelectuais, continuaremos a fazer o jogo do europeu, ou a sermos, consciente ou inconscientemente, cúmplices da própria ideologia racista que nega nossa inteligência ou a capacidade de sermos também grandes intelectuais e pensadores da sociedade. É com esse espírito que vejo a importância consciente da iniciativa da Zahar e das Edições Sesc de criar uma edição especial das obras de estudiosas/os e intelectuais africanas/os e da diáspora negra no mundo.

Kabengele Munanga

Kabengele Munanga é um antropólogo brasileiro-congolês, professor emérito da Universidade de São Paulo, onde lecionou de 1980-2012. É autor de obra vasta e concentrada no estudo das relações raciais no Brasil, que inclui títulos como *Negritude: Usos e Sentidos*, *Rediscutindo a mestiçagem no Brasil* e *As origens africanas do Brasil contemporâneo*.

Introdução

Esta introdução é destinada a facilitar a leitura da obra e destacar o que ela traz de novo em relação às nossas publicações anteriores.

Civilização ou barbárie é mais um material de trabalho que tem permitido elevar a ideia de um Egito negro até o nível de um conceito científico operatório. Para todos os autores anteriores às grotescas e grosseiras falsificações da egiptologia moderna e contemporâneos dos antigos egípcios (Heródoto, Aristóteles, Diodoro, Estrabão etc.), a identidade negra egípcia era um fato óbvio que estava ao alcance dos sentidos, isto é, do olhar, e portanto seria supérfluo demonstrá-lo.

Por volta dos anos de 1820, às vésperas do nascimento da egiptologia, o estudioso francês Volney, um espírito universal e objetivo, se é que já houve algum, tentou refrescar a memória da humanidade, chamando a atenção para o fato de que a recente escravidão dos povos negros havia produzido amnésia sobre o passado desse povo.

Desde então, a linhagem de egiptólogos de má-fé, armada de feroz erudição, cometeu contra a ciência o crime que conhecemos, culpada de uma falsificação consciente da história da humanidade. Apoiada pelos poderes públicos de todos os países ocidentais, essa ideologia baseada na fraude intelectual e moral prevaleceu facilmente sobre a verdadeira corrente científica desenvolvida pelo grupo paralelo de egiptólogos de boa-fé, cuja probidade intelectual e até a coragem não podemos deixar de enfatizar. A nova ideologia egiptológica, nascida em momento oportuno, veio reforçar as bases teóricas da ideologia imperialista. É por isso que facilmente se abafou a voz da ciência, lançando sobre a verdade histórica o véu da falsificação. Ela foi espalhada com grande investimento em publicidade e ensinada em escala global, pois somente ela dispunha dos meios materiais e financeiros para sua própria propagação.

Assim, o imperialismo, como o caçador na pré-história, primeiro mata espiritual e culturalmente o ser, antes de tentar eliminá-lo fisicamente. A negação da história e das realizações intelectuais dos povos negros africanos é o assassinato cultural, mental, que já precedeu e preparou o genocídio aqui e ali no mundo. De tal maneira que, entre 1946 e 1954 — quando se desenvolveu o nosso projeto de restituição da autêntica história africana, de reconciliação das civilizações africanas com a história —, a ótica deformante do colonialismo, com seus antolhos, distorceu tão profundamente o olhar dos intelectuais sobre o passado africano que tínhamos uma enorme dificuldade, mesmo no que diz respeito aos africanos, em obter aceitação das ideias que hoje estão prestes a tornar-se lugares-comuns. Dificilmente se pode imaginar qual era o grau de alienação dos africanos naquela época.

Então, para nós, o fato novo, importante, é menos ter dito que os egípcios eram negros, seguindo autores antigos, uma de nossas principais fontes, do que ter contribuído para fazer dessa ideia um fato da consciência histórica africana e mundial, e, sobretudo, um conceito científico operatório — foi isso o que os nossos antecessores não conseguiram realizar.

Sempre haverá combates de retaguarda, e, agora que a batalha está praticamente vencida, vemos até africanos pavonearem-se sobre o terreno conquistado, nos dando alfinetadas e "lições de objetividade" científica.

A raça não existe! Mas sabe-se que a Europa é povoada por brancos, a Ásia por amarelos e brancos que são todos responsáveis pelas civilizações de seus respectivos países e berços. Somente a raça dos antigos egípcios deve permanecer um mistério. A ideologia ocidental acreditava que poderia decidir isso. Hoje os dados da biologia molecular são usados para tentar complicar o problema a ser resolvido. Mas os métodos dessa nova disciplina podem lançar uma luz singular sobre a identidade étnica dos antigos egípcios, se ousarmos aplicá-los corretamente. Sabe-se que um antropólogo parcial pode embranquecer um negro ou "negroidizar" um leucoderme por meio de uma interpretação tendenciosa de medições e análises parciais bem escolhidas.

Apesar do polimorfismo genético das populações revelado pela biologia molecular, e que tem levado cientistas humanistas e generosos como Jacques Ruffié, Albert Jacquard e outros a negar a raça, a hemotipologia, que é a fina flor dessa ciência, nos ensina sobre a existência de "marcadores raciais": o sistema de grupo sanguíneo ABO é comum a todas as raças e é anterior à diferenciação racial da humanidade. Os fatores Rh também existem em todas as raças, mas com frequência variável; assim, o cromossomo *r* está presente em todos os brancos e "culmina" nos bascos; *Ro* é encontrado em todos os lugares, mas sua frequência é particularmente alta entre os negros ao sul do Saara.

Uma terceira categoria é ainda mais específica: trata-se dos "marcadores raciais". O fator Diego é característico da raça amarela e encontrado apenas entre os ameríndios, os amarelos do Extremo Oriente e alguns nepaleses (provavelmente mestiços). "Os fatores Sutter e Henshaw são quase exclusivamente identificáveis entre os negros".[1] O fator Kell é observado principalmente entre os brancos (fig. 7).

Portanto, aqueles que ainda desejam saber com segurança sobre a etnia dos antigos egípcios deveriam procurar os fatores citados na antiga população verdadeiramente autóctone, e não nas múmias estrangeiras, gregas ptolemaicas ou outras. A equipe encarregada desse trabalho, para ter credibilidade, deveria incluir pesquisadores africanos. A raça pura não existe em parte alguma, mas fala-se prontamente dos brancos da Europa e dos amarelos da Ásia; é de forma idêntica que falamos dos negros do Egito.

Se a cidade de Dakar se tornasse uma nova Pompeia após um cataclismo, em 2 mil anos, analisando os escombros petrificados da avenida William Ponty,[2] seria possível argumentar seriamente que o Senegal de 1981 era uma comunidade multirracial cuja civilização foi criada por um elemento leucodérmico fortemente representado na população, e que os negros eram apenas o elemento subjugado. Hoje, os africanos tornaram-se invulneráveis em relação a falsificações desse gênero, tão costumeiras no nascimento da egiptologia. Reproduzimos deliberadamente o quadro de raças conhecidas pelos egípcios e representadas por eles próprios. Ao nos referirmos a ele (fig. 17), veremos que apenas aqueles que têm razões indizíveis para o fazer, africanos ou outros, ainda duvidam.

É aqui que devemos enfatizar o abismo que nos separa dos africanos que acreditam que podemos simplesmente flertar com a cultura egípcia. Para nós, o retorno ao Egito em todos os campos é a condição necessária para reconciliar as civilizações africanas com a história, para construir um corpo de ciências humanas modernas, para renovar a cultura africana. Longe de ser um deleite com o passado, um olhar para o antigo Egito é a melhor maneira de conceber e construir nosso futuro cultural. O Egito desempenhará, na cultura africana repensada e renovada, o mesmo papel que a Antiguidade greco-latina na cultura ocidental.

Na medida em que o Egito é a mãe distante da ciência e da cultura ocidentais, como ficará evidente com a leitura deste livro, a maioria das ideias que chamamos estrangeiras são muitas vezes apenas imagens borradas, invertidas, modificadas, aperfeiçoadas das criações dos nossos ancestrais: judaísmo, cristianismo, islamismo, dialética, teoria do ser, ciências exatas, aritmética, geometria, mecânica, astronomia, medicina, literatura (romance, poesia, teatro), arquitetura, artes etc.[3]

Então, mensura-se o quanto é imprópria em seu fundamento a noção tantas vezes repetida de importação de ideologias estrangeiras para a África: ela decorre de uma perfeita ignorância do passado africano. Por mais que a tecnologia e a ciência modernas venham da Europa, na Antiguidade o conhecimento universal fluía do vale do Nilo para o resto do mundo, e em particular para a Grécia, que serviria de elo intermediário. Consequentemente, no essencial, nenhum pensamento, nenhuma ideologia é estrangeira à África, que foi a terra de sua gestação. É, portanto, com toda liberdade que os africanos devem recorrer ao patrimônio intelectual comum da humanidade, deixando-se guiar apenas pelas noções de utilidade e eficiência.

É também o lugar para dizer que nenhum pensamento, e em particular nenhuma filosofia, pode se desenvolver fora de seu terreno histórico. Nossos jovens filósofos devem entender isso e rapidamente se dotar dos meios intelectuais necessários para reconectar-se com o lar da filosofia na

África, em vez de se atolar no falso combate da etnofilosofia.[4] Ao nos reconectarmos com o Egito, descobrimos, da noite para o dia, uma perspectiva histórica de 5 mil anos que torna possível o estudo diacrônico, em nosso próprio solo, de todas as disciplinas científicas que tentamos integrar ao pensamento africano moderno. A história do pensamento africano torna-se uma disciplina científica em que as cosmogonias "etnofilosóficas" ocupam seu lugar cronológico como a múmia, seu sarcófago. Os deuses serão apaziguados: Hegel e Marx não fizeram uma "querela alemã" com são Tomás ou com Heráclito, o obscuro — dado que sem os balbucios deste último jamais teriam construído seus sistemas filosóficos. É preciso, portanto, romper com o estudo estrutural atemporal das cosmogonias africanas, pois, afastando-nos assim do quadro histórico, sem perceber, esgotamo-nos num falso combate, ceifando o ar com espadas afiadas. Sem a dimensão histórica, nunca teríamos tido a possibilidade de estudar a evolução das sociedades,[5] indo e voltando do nível etnológico ao sociológico. Evidentemente, não se trata daquela etnologia cujas descrições fariam um macaco corar. Em nossa exposição no simpósio sobre Lênin e a Ciência, organizado pela Unesco em 1971, em Helsinque, para comemorar o centenário do nascimento do líder russo, destacamos particularmente as dificuldades encontradas pelo sociólogo africano: muitas vezes ele é obrigado a incluir os dois níveis mencionados, como Engels fez um pouco, seja usando os trabalhos de Morgan sobre os indígenas que permaneceram na idade etnográfica, seja estudando as estruturas sociais das tribos germânicas. As obras logo tornam-se obsoletas se os materiais etnológicos forem mal analisados. A fase etnológica costuma estar ausente nas obras dos marxistas ocidentais que estudam as contradições das sociedades europeias que entraram na fase industrial.

O que este livro contém?

Uma tática comum da ideologia é modificar, remodelar seu aparato conceitual para fazer apenas concessões de forma, e não de conteúdo, diante das novas aquisições científicas. Essa tendência está surgindo, timidamente, no que diz respeito à tese que situa o berço da humanidade na África. Começa-se a dizer e a escrever, de forma mais geral do que se imagina, que a África é apenas o berço da humanidade na fase do *Homo erectus*, e que a "sapientização" se inicia a partir da adaptação dessa primitiva linhagem africana às condições geográficas dos diferentes continentes.

Pareceu-nos indispensável mostrar em que esse novo ponto de vista é cientificamente indefensável; o leitor que desejar pode acompanhar os detalhes de nosso raciocínio no capítulo 2.

Com base em dados da cronologia absoluta, da antropologia física e da arqueologia pré-histórica, acreditamos ter demonstrado que a África é o berço da humanidade tanto na fase do *Homo erectus* quanto na do *Homo sapiens sapiens*.

O capítulo 1 apresenta um resumo geral facilmente compreensível dessa ideia, e o capítulo 2 a discute de forma aprofundada. Assim, é possível passar do primeiro para o terceiro capítulo ou ler o segundo, se houver desejo de se aprofundar.

O chamado "berço sobre rodas" da humanidade não é tão móvel quanto se afirma. Há trinta anos, passou da Ásia, como um todo, para a África, e nunca foi colocado nem na Europa nem na América.

O capítulo 3 mostra de que maneira a arqueologia, apoiada no método do radiocarbono, introduziu o mito de Atlântida no domínio da ciência e da história. Trata-se também, nesse capítulo, de demonstrar que a XVIII dinastia egípcia, contemporânea à explosão da ilha de Santorini nas Cíclades, que deu origem ao mito da Atlântida, havia de fato colonizado Creta e todo o Mediterrâneo oriental ao mesmo tempo. Isso permite compreender o aparecimento das lineares A e B e de muitos outros fatos que até agora permaneceram enigmáticos, porque não se quis associá-los aos seus antecedentes históricos.

O capítulo 4 trata, por assim dizer, da peça-mestra arqueológica provando que a civilização egípcia realmente faz parte do coração da África, do sul em direção ao norte, pois que a realeza núbia é anterior à do Alto Egito e lhe deu origem.

Os capítulos 5 a 13 são dedicados à descrição das leis que regem a evolução das sociedades em suas diferentes fases: clãs, tribos, nações; à identificação dos diferentes tipos de Estado e à do motor da história nos Estados do modo de produção asiático (MPA); ao estudo das diferentes revoluções da história, sobretudo das revoluções que aparentemente falharam e que a teoria clássica nunca levou em consideração. (No capítulo 12, a propósito, fornecemos os elementos teóricos que permitem uma superação, com base no conhecimento, do sistema de castas nas regiões do Sahel.)

O estudo dessas revoluções é importante num momento em que a sociedade africana está prestes a entrar na fase de verdadeiras lutas de classes no sentido moderno do termo. Com efeito, o processo de acumulação, de confiscação das riquezas está muito avançado; essas riquezas, numa repartição desigual, passaram das mãos dos antigos colonos para as das novas burguesias africanas que, no momento, investem nos setores parasitários: construção de edifícios... Mas a primeira greve de operários africanos contra um patrão de fábrica africana marcará o início da nova era de lutas de classes.

Os capítulos 14 e 15 fornecem, respectivamente, uma definição de identidade cultural e uma abordagem das relações interculturais.

O capítulo 16 analisa a contribuição científica do mundo negro egípcio para a Grécia em particular e mostra que a ciência egípcia, apesar de uma lenda persistente, era altamente teórica. Como no capítulo seguinte, permite apreciar os muitos empréstimos não confessados que os estudiosos gregos tomaram da ciência e da filosofia egípcias. Veremos que a matemática rigorosamente exata é necessariamente teórica: é o caso da matemática egípcia, da geometria egípcia em particular. De modo inverso, uma matemática grosseiramente falsa é necessariamente empírica: é o caso da geometria mesopotâmica em particular.

O capítulo 17 define as correntes filosóficas egípcias e suas evidentes relações com as da Grécia. Enfatiza o parentesco histórico das três religiões reveladas com o pensamento religioso egípcio. Também tenta identificar as premissas de uma nova filosofia amplamente baseada nas ciências e na experiência científica e que poderia, talvez um dia, reconciliar a humanidade consigo mesma.

Por fim, o capítulo 18 é uma espécie de apêndice que define um método próprio para identificar o vocabulário grego de origem negro-africana egípcia, mesmo que os poucos termos citados às vezes não sejam relevantes.

Só uma egiptologia africana permitirá, graças ao conhecimento direto que ela confere, superar de vez as teorias frustrantes e dissolventes dos historiadores obscurantistas ou agnósticos que, na ausência de informações sólidas extraídas da fonte, procuram salvar a própria pele, realizando uma dosagem hipotética de influências como se compartilhassem uma maçã. Somente o enraizamento de tal disciplina científica na África negra nos levará a compreender, um dia, a novidade e a riqueza da consciência cultural que queremos suscitar, sua qualidade, seu escopo, sua profundidade, seu poder criativo.

O africano que nos compreendeu é aquele que, depois de ler as nossas obras, sentirá nascer em si mesmo uma outra humanidade, animado por uma consciência histórica, um verdadeiro criador, um Prometeu portador de uma nova civilização e perfeitamente consciente do que a terra toda deve ao seu gênio ancestral em todos os campos da ciência, cultura e religião.

Hoje, cada povo, armado com a sua identidade cultural recuperada ou reforçada, chega ao limiar da era pós-industrial. Um otimismo africano atávico, mas vigilante, nos inclina a desejar que todas as nações se deem as mãos para construir a civilização planetária, em vez de submergir na barbárie.

PARTE I

Abordagem paleontológica

1. A pré-história

Raça e história: Origem da humanidade e diferenciação racial

As pesquisas realizadas em paleontologia humana, particularmente pelo falecido dr. Louis Leakey, permitiram situar o berço do nascimento da humanidade na África Oriental, na região dos Grandes Lagos, ao redor do vale do Omo.

Duas consequências, sobre as quais ainda não se insistiu, decorrem dessa descoberta:

- Uma humanidade nascida na latitude dos Grandes Lagos, quase abaixo da linha do equador, é necessariamente pigmentada e negroide; a lei de Gloger afirma que os animais de sangue quente são pigmentados em climas quentes e úmidos.
- Todas as outras raças advêm da raça negra por uma filiação mais ou menos direta, e os outros continentes foram povoados a partir da África, tanto no estágio do *Homo erectus* quanto no do *Homo sapiens*, que apareceu há cerca de 150 mil anos; as teorias anteriores de que os negros vinham de outros lugares estão desatualizadas.

Os primeiros negroides que povoaram o resto do mundo partiram da África pelo estreito de Gibraltar, pelo istmo de Suez e talvez também pela Sicília e pelo sul da Itália.[1]

A existência de uma arte rupestre e parietal africana do Paleolítico superior confirma esse ponto de vista (figs. 1, 2, 3).

As gravuras de Djebel Ouenat na Líbia datariam do Paleolítico superior, de acordo com o abade Henri Breuil. No Egito, as mais antigas gravuras seriam do período Paleolítico superior. Na Etiópia, nas proximidades do sítio de Dire Dawa, as pinturas descobertas na caverna Porc-Epic são do tipo encontrado no Egito e na Líbia. Segundo Leakey, a forma de arte mais antiga na África Oriental é do período Paleolítico superior. A presença de Stillbay em distritos ricos em pinturas (margens ocidentais dos lagos Vitória e Eyassi e do centro de Tanganica) atesta sua antiguidade. As camadas arqueológicas contêm paletas coloridas e outros materiais corantes com mais de cinco metros de profundidade. Na Suazilândia, os homens do Paleolítico superior exploravam o ferro há 30 mil anos para extrair o ocre vermelho.[2] É a mina mais antiga do mundo.

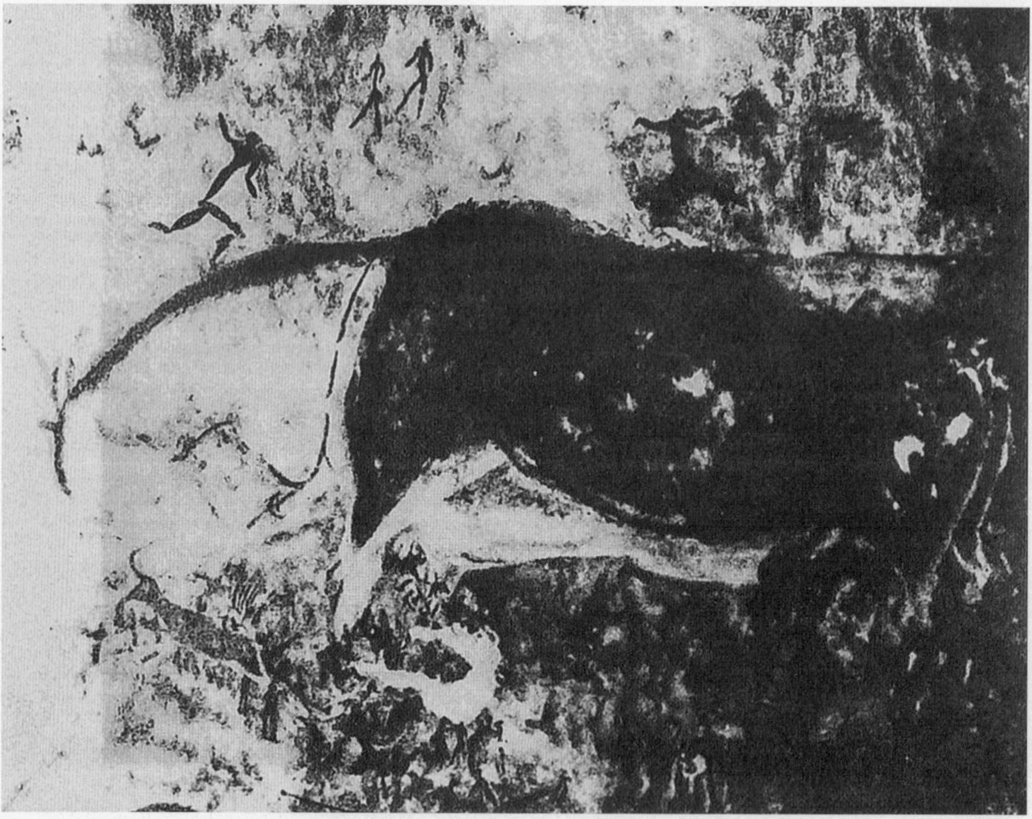

1. Arte típica do Paleolítico superior africano. Imagem rupestre gravada, Arybourg, localidade de Betschouana, África do Sul. (L. Frobenius, *Histoire de la civilization africaine*, fig. 44.)

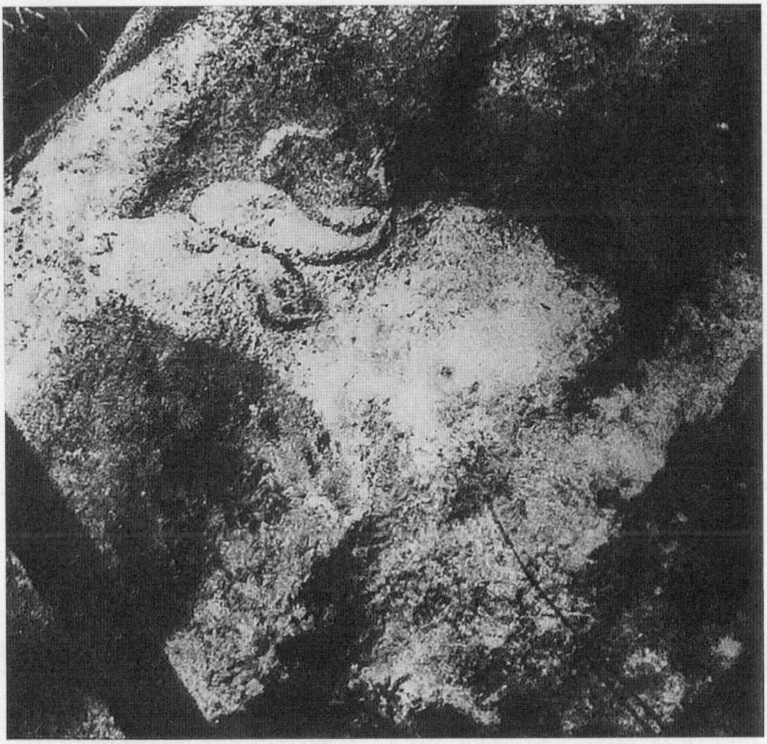

2. Pintura pré-histórica africana. Alce do Cabo, pintura rupestre, caverna de Khosta, localidade de Basouto, África do Sul. (L. Frobenius, *Histoire de la civilisation africaine*, fig. 45.)

Foi o advento da cronologia absoluta, ou seja, dos métodos de datação radioativa, particularmente de potássio-argônio, que permitiu à ciência realizar esse progresso e, assim, romper o dogmatismo que prevalecia até pouco tempo nesse tema. De fato, os métodos estratigráficos não ofereciam uma escolha clara entre os diferentes pontos de vista dos estudiosos. Assim, no que diz respeito à questão principal, ficou demonstrado que o primeiro habitante da Europa foi um migrante negro: o homem de Grimaldi. Mas uma autoridade proeminente, o falecido estudioso francês Raymond Vaufrey, havia decretado que a África era atrasada. A partir de então, aos olhos dos estudiosos, os fatos pré-históricos da África pareciam muito recentes para serem capazes de explicar os da Europa. Claramente,

3. *À esquerda:* Feiticeiro dançando, de Afvallingskop, África do Sul (apud Louis S. B. Leakey). *À direita:* Feiticeiro dançando na caverna de Trois-Frères, França (segundo o conde Begouen e o abade Breuil). A semelhança entre as duas figuras, a mais de 10 mil quilômetros de distância uma da outra, é impressionante. Ainda hoje esses disfarces "eruditos" de homens em animais nas sociedades secretas de caráter iniciático contribuem para manter (mesmo entre estudiosos africanos, naturalistas em excesso) a crença supersticiosa segundo a qual os seres humanos podem se transformar em animais e vice-versa — como os neuro, que, segundo uma lenda recolhida por Heródoto, se transformavam em lobos: sobreviventes da pré-história. (R. Furon, *Manuel de préhistoire générale*, fig. 57, p. 213, e fig. 105, p. 316.)

nem o homem de Grimaldi, nem o homem de Combe-Capelle, ambos negroides, poderiam ter sido originários da Europa; entretanto, uma dificuldade cronológica, ligada aos limites dos métodos estratigráficos, não permitia que fossem originários da África.

A diferenciação racial ocorreu na Europa, provavelmente na França meridional e na Espanha, no final da última glaciação würmiana, entre 40 mil e 20 mil anos atrás (fig. 4). Compreendemos agora, pelos fatos citados, porque o primeiro habitante da Europa foi o negroide de Grimaldi (fig. 13), responsável pela primeira indústria lítica do Paleolítico superior europeu chamada indústria aurignaciana. Alguns acreditavam ter visto no Perigordiano inferior uma indústria estritamente europeia anterior à mencionada, cujo criador teria sido o verdadeiro originário da Europa, em oposição ao invasor negroide grimaldiano: o homem de Combe-Capelle. Esqueceram-se que este último é um negroide tão típico quanto o próprio homem de Grimaldi, e que ambos pertencem ao mesmo tipo antropológico; essa é a razão pela qual o Perigordiano inferior e o Aurignaciano

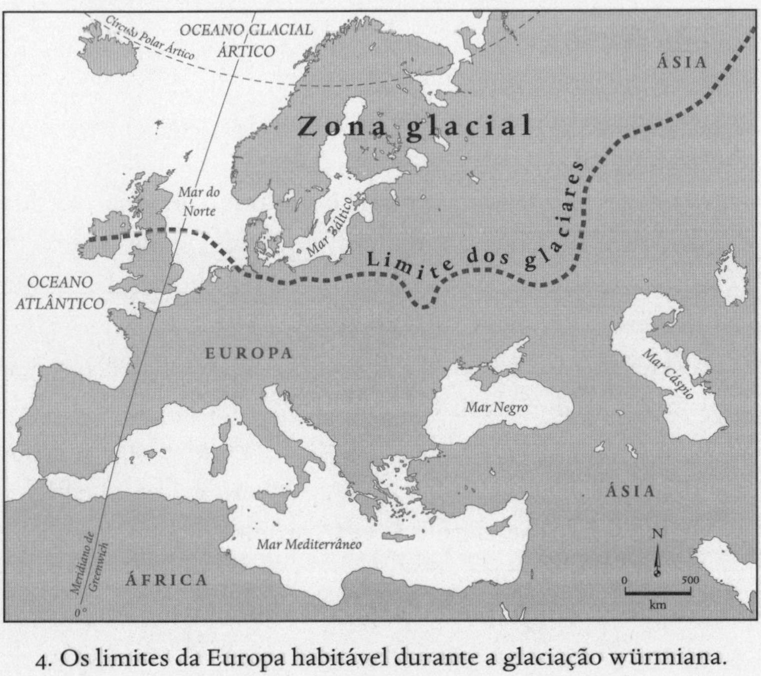

4. Os limites da Europa habitável durante a glaciação würmiana.

foram considerados a princípio como se formassem uma única e mesma indústria. Não é possível apresentar aqui todas as razões que levaram à realização dessas distinções tardias. Remetemos ao nosso artigo já citado[3] e à discussão que se segue.

Os negroides de Grimaldi deixaram seus numerosos vestígios por toda a extensão da Europa e da Ásia, desde a península Ibérica até o lago Baykal na Sibéria, passando pela França, Áustria, Crimeia e pela bacia do Don etc. Nessas duas últimas regiões, o falecido professor soviético Mikhail Gerasimov, estudioso de rara objetividade, identificou o tipo negroide a partir de crânios encontrados do período Musteriano médio. Marcellin Boule e Henri-Victor Vallois insistem no fato de que as camadas localizadoras dos grimaldianos estão sempre em contato direto com as do período Musteriano em que viveu o último neandertalense; em outras palavras, não há outra variedade de *Homo sapiens* que preceda o negroide de Grimaldi na Europa ou na Ásia.

O primeiro leucoderme apenas aparecerá, a julgar pela morfologia, por volta de 20 mil anos atrás: é o homem de Cro-Magnon. Ele provavelmente é o resultado de uma mutação do negroide grimaldiano durante uma existência de 20 mil anos sob o clima excessivamente frio da Europa do final da última glaciação.

Os bascos, que hoje vivem na região franco-cantábrica onde nasceu o Cro-Magnon, seriam de fato seus descendentes; em todo caso, são numerosos no sul da França.

O homem de Chancelade, que seria o protótipo do amarelo, surge na idade das renas, há cerca de 15 mil anos, no Magdaleniano. Será ele um mestiço, nascido em clima frio, das duas linhagens grimaldianas que acabaram na Europa e do novo Cro-Magnon?

De qualquer forma, dada a sua dolicocefalia, ele apenas poderia ser um paleossiberiano, e não um verdadeiro amarelo (como o chinês ou o japonês), porque este último é braquicéfalo em geral, e sabemos que esse traço morfológico não existia no Paleolítico superior; a mesocefalia apareceu no Mesolítico (cerca de 10 mil a.C.) e a braquicefalia, muito mais tarde.

As raças braquicéfalas amarelas, semitas (árabes ou judaicas), aparecem somente nos confins do Mesolítico, provavelmente como resultado das grandes correntes migratórias e da miscigenação delas derivada.

Assim, a humanidade se originou na África e teria se diferenciado em várias raças na Europa, onde o clima era frio o suficiente no final da glaciação würmiana.

Se a humanidade tivesse se originado na Europa, primeiro teria sido leucoderme e depois se negrificado abaixo do equador, pelo aparecimento de uma cobertura de melanina na epiderme, protegendo o corpo da luz ultravioleta. Portanto, sem juízo de valor: não há nenhuma glória particular derivada da localização do berço da humanidade na África, pois é apenas uma coincidência; se as condições físicas do planeta tivessem sido diferentes, a origem da humanidade seria outra.

Assim, o interesse dessa exposição reside unicamente na necessidade de conhecer, com o máximo de rigor científico possível, o desdobramento dos fatos relativos ao passado humano, a fim de lhes restituir todo o seu significado e também para identificar os próprios fundamentos da ciência e da civilização.

Podemos então avaliar a extensão do mal perpetrado pelos ideólogos que conscientemente falsificam esses dados.

À luz dos fatos relatados, parece normal que a África, que não viu o nascimento do homem de Cro-Magnon e do homem de Chancelade, ignore suas respectivas indústrias: o Solutreano e o Magdaleniano. Por outro lado, possui uma indústria de tipo aurignaciano (Egito, Quênia etc.) cuja idade deverá ser reexaminada à luz de novas técnicas de datação.

Mas, como seria de esperar, a antropologia física, usando os últimos avanços da genética, da biologia molecular e da análise linear, nega a raça e apenas admite a realidade das populações. É a alta ciência fortemente revestida de ideologia! Pois quando se trata da transmissão de um defeito hereditário, nesse caso a anemia falciforme, reaparece a noção de raça: a anemia falciforme atinge, geneticamente falando, apenas as pessoas negras, diz a mesma ciência que nega a raça. No que diz respeito à talassemia, outro defeito hereditário que aflige a raça alpina ou branca mediterrânea, a antropologia física se expressará eufemisticamente: a doença afeta apenas os "habitantes" do arredor do Mediterrâneo.

A raça não existe! Isso significa que não há nada que me distinga de um sueco, e que um zulu pode demonstrar a Vorster que eles têm o mesmo estoque genético e que, portanto, no nível do genótipo, são quase gêmeos, mesmo que acidentalmente seus dois fenótipos, ou seja, suas aparências físicas, sejam diferentes?

Decerto a diluição dos genes da espécie humana durante a pré-história é muito significativa, mas chegar a ponto de negar a raça no sentido em que ela desempenha um papel na história e nas relações sociais, ou seja, no nível do fenótipo, que é o único que interessa aos historiadores e sociólogos, é um passo que a vida cotidiana nos proíbe de dar.

Por que uma certa antropologia física usa essa maneira acadêmica de criar uma cortina de fumaça? Por que reluta em extrair rigorosamente todas as consequências da origem monogenética da humanidade e, portanto, de levar em consideração o verdadeiro processo de aparecimento das raças? Mas uma vanguarda ocidental já está começando a espalhar corajosamente essas ideias; e é um americano branco quem escreve: "Comecei a explicar que os primeiros homens eram negros e que os povos de pele clara apareceram mais tarde, por seleção natural, para sobreviver nos climas temperados; isso nos faz sentir muito próximos".[4]

Uma vez que a indústria paleolítica foi atestada no vale do Nilo, parece então que essa zona foi habitada exclusivamente por povos negroides desde os primórdios da humanidade até o aparecimento de outras raças (20 mil a 15 mil anos atrás), e com algumas infiltrações que datam do final do quarto milênio, os leucodermes estavam ausentes no Egito e permanecerão assim praticamente até 1300 a.C., época das grandes invasões dos Povos do Mar sob a XIX dinastia, além da invasão dos hicsos.[5]

O quadro genérico de raças representadas no túmulo de Ramsés III (século XII a.C.) mostra que os egípcios se percebiam como negros (fig. 17). De fato, o artista egípcio não hesita em representar o tipo genérico do egípcio por um negro típico, um núbio; Lepsius, que fez esse levantamento, surpreende-se e escreve: "Onde esperávamos ver um egípcio, aparece-nos um autêntico negro".[6] Isso arruína todos os estudos tendenciosos dos ideólogos e mostra que os egípcios não estabeleceram nenhuma diferença étnica entre eles e outros africanos; trata-se do mesmo universo étnico.

O que aconteceu em detalhes, no plano antropológico, após o aparecimento do Cro-Magnon na Europa? A questão será debatida durante muito tempo. Mas há razões para supor que a raça alpina é originária da Europa e, portanto, descende do Cro-Magnon, cujo sobrevivente seria o basco. Assim, a língua basca poderia ser a língua mais antiga da Europa.

Com o recuo do frio até o final da glaciação, ou seja, até 10 mil anos atrás, um grupo desses Cro-Magnons teria se deslocado para o norte. Essa linhagem dará origem ao ramo escandinavo e germânico.

Um primeiro grupo se destacará do ramo nórdico em uma época indeterminada; mas posterior, decerto, a 10 mil anos atrás, e ocupará a parte oriental da Europa, depois descerá até a Cítia, nos confins do berço meridional: os eslavos.

Outros ramos provavelmente descerão através do Reno e do Danúbio até o Cáucaso e o mar Negro: de lá partirão as migrações secundárias de celtas, ibéricos e outras tribos indo-europeias, que em nenhum caso vieram do coração da Ásia. Assim, pode-se ver como surgiu essa ilusão.

Por volta de 2200 a.C., os gregos desprendem-se do ramo nórdico e, numa migração norte-sul, chegam à Hélade.

Os latinos, talvez mais tardiamente, ocupam a Itália, onde encontram os descendentes da raça alpina (umbrianos) provavelmente misturados com os últimos grimaldianos; assim como os gregos encontraram no local os sicules, os citas e os pelasgos, que devem ter sido de um tipo vizinho aos pré-latinos.

Em 1421 a.C., a explosão da ilha de Santorini, nas Cíclades, deve ter tido consequências migratórias negligenciadas até agora. Talvez esse evento possa explicar a grande migração dos nórdicos para a Índia — daí a denominação indo-europeus ou indo-arianos? Essa é a explicação, talvez, do mito da Atlântida (ver p. 125 e meu livro, *A unidade cultural da África negra*).

Note-se que a fração que foi para a Índia, e que teria passado entre o mar Negro e o mar Cáspio, tinha necessariamente vivido antes muito perto dos gregos, como confirma o estudo dos hábitos e costumes (ver p. 147 e *A unidade cultural da África negra*).

Mesmo nos tempos modernos, Goethe cantará a atração irresistível do sul sobre os nórdicos:

Conheces o país onde os limões florescem
E laranjas de ouro acedem a folhagem?
Sopra do céu azul uma doce viragem
Junto do loureiro altivo os mirtos adormecem.
Conheces o país?

É onde, para onde
*Eu quisera ir contigo, amado! Longe, longe!**

As últimas migrações nórdicas são as dos vikings na Idade Média; Thule, Islândia e o Círculo Polar são de fato as terras míticas dos ancestrais e dos deuses: Ossian, Wotan/Odin etc.

Os saxões se separaram do tronco germânico continental para povoar a Inglaterra. Assim, os nórdicos e alemães teriam nascido no norte como resultado de uma adaptação local do Cro-Magnon. Eles não vieram da Ásia ou do Cáucaso; foi o inverso que aconteceu, e as migrações giratórias secundárias provenientes dessas regiões complicaram os fatos e dão a impressão, por vezes, de um movimento inicial a partir da Ásia Ocidental.

A Inglaterra do período megalítico foi fortemente influenciada pelo negroide egípcio-fenício; com efeito, as primeiras navegações fenícias, sidonianas, da Idade do Bronze são contemporâneas da XVIII dinastia egípcia; os fenícios, súditos e intermediários comerciais dos egípcios, iam buscar estanho nas ilhas Sorlingas, ou seja, na Inglaterra. Hoje encontramos as galerias das minas, tão longas que se estendem sob o mar. Foi nessa época que todo um vocabulário africano pré-cristão se transmitiu para o que se tornaria a língua inglesa, o antigo saxão. A população da ilha era então muito pequena, e isso facilitou a penetração cultural meridional: menos de 3 milhões até a Guerra dos Cem Anos.

---

* "*Kennst du das Land, wo die Zitronen blühn,/ Im dunkeln Laub die Gold-Orangen glühn,/ Ein sanfter Wind vom blauen Himmel weht,/ Die Myrte still und hoch der Lorbeer steht,/ Kennst du es wohl?// Dahin! Dahin/ Möcht ich mit dir, o mein Geliebter, ziehn.*" Citado na tradução de Haroldo de Campos em "Da atualidade de Goethe". In: ______. *O arco-íris branco*. Rio de Janeiro: Imago, 1976. (N. T.)

É interessante notar que, de acordo com Marija Gimbutas,[7] existiu uma antiga civilização, batizada "da Europa antiga", saída diretamente do Paleolítico superior e do Mesolítico, e que foi caracterizada pela vida sedentária, a agricultura, o culto da deusa mãe fecundadora da natureza e de outras divindades femininas, o matriarcado, a sociedade urbana igualitária, pacífica; teria durado três milênios, de 6500 a 3500 a.C., e desconhecia totalmente a guerra: portanto, uma sociedade que em todos os aspectos lembrava sociedades africanas sedentárias, agrárias e matrilineares.

Ela se desenvolveu na Europa Central e no Sudeste, nos Bálcãs, ao longo do Danúbio e afluentes com vales férteis propícios para a agricultura. Deu origem, em diferentes épocas, aos ciclos culturais conhecidos como Karanovo (Bulgária), Stratcevo (Hungria), Sesklo (Grécia), Cucuteni (Romênia), Vinita (norte da Macedônia) etc.

Essa sociedade teria sido destruída por nômades protoindoeuropeus, (chamados curgãs pela autora), vindos das estepes eurasianas russas, entre o mar Cáspio e o mar Negro. Essas últimas populações muito rudimentares tinham uma cultura caracterizada pelo nomadismo, o patriarcado, a veneração às divindades guerreiras, a domesticação do cavalo, armamento até então desconhecido na Europa antiga. Os recém-chegados literalmente apagaram a antiga civilização europeia derivada dos Cro-Magnon que permaneceram no sul (alpinos e outros) e dos últimos negroides que ainda[8] estavam presentes até na Suíça. Acredita-se que houve três invasões curgãs entre 3400 e 2900 a.C., com as últimas ondas atingindo os confins do Báltico através da bacia do Danúbio. A escavação dos túmulos, deixados pelos invasores, e a datação no C14 fornecem informações valiosas sobre a estratificação das civilizações na Europa. Esses fatos evidenciam uma solução de continuidade; não houve, como supunha Bachofen, uma transição interna do matriarcado para o patriarcado no curso da evolução de uma mesma sociedade pela simples interação de fatores endógenos. É de fato um grupo patriarcal nômade que surpreende uma sociedade sedentária e nela introduz, pela força, o patriarcado e todos os costumes daí decorrentes. Isso mostra também que o patriarcado e o matriarcado não dependem da raça, mas decorrem das condições materiais da vida, como sempre afirmamos. O fato é que a partir da Idade do Ferro, com a chegada dos dórios na Grécia, o patriarcado triunfou definitivamente nas sociedades indo-europeias: Grécia, Roma, Índia ariana, Pérsia etc.; e é inconcebível supor um passado matriarcal anterior entre os povos que o transmitem, em particular entre os dórios: trata-se de povos que, com toda certeza, passaram da caça à vida nômade, sem nunca conhecer a fase sedentária; somente depois, com a conquista das regiões agrárias, é que vão se sedentarizar.

Entretanto, façamos algumas ressalvas à tese de Gimbutas. Como ela própria reconhece, a cultura da cerâmica cordada, que se desenvolveu a partir das ânforas globulares no início do III milênio a.C., é considerada a primeira cultura indo-europeia típica do Norte: "Alemães, celtas, ilírios, bálticos e possivelmente eslavos".[9] Não há uma certeza de que os hipotéticos invasores curgãs, a cuja influência ela atribui a transformação, no norte da Europa, da cultura dos copos de funil para a das ânforas globulares, tenham sido indo-europeus ou protoindo-europeus. Note-se que a área invadida, principalmente a dos Bálcãs, abriga o ramo europeu mais afastado do tipo nórdico, apresentando com frequência características negroides que remetem ao tipo de Grimaldi, ou traços asiáticos atribuíveis a invasões asiáticas das quais as dos hunos e húngaros teriam sido as últimas. Com efeito, a autora escreve: "A análise dos esqueletos dos cemitérios de Budakalász (famosos pela carroça de quatro rodas, miniatura de argila[10]) e Alsónémedi, perto de Budapeste, revelou a presença de populações pertencentes ao tipo das estepes,[11] bem como do Mediterrâneo".[12]

A autora acredita que já existia um início de escrita, com um corpus de mais de duzentos signos lineares e hieroglíficos nas culturas de Vinica e Karanovo. "Essa escrita antecede a linear minoica em 3 mil anos e parece ter um certo parentesco com ela."[13] Na realidade, trata-se de desenhos simbólicos que não apresentam de modo algum a coerência de uma escrita, caso contrário esta seria a primeira do mundo, e não se compreenderia por que Creta e o Egeu, situados na zona poupada pela invasão destrutiva dos curgãs, não conheceram a escrita 3 mil anos antes; ora, esse não é o caso. Apesar dessa suposta herança cultural, Creta não sairá da proto-história e apenas conhecerá a escrita sob a colonização egípcia da XVIII dinastia (ver cap. 3). E essa escrita, Creta deve-a ao Egito, como testemunham todos os fatos citados a seguir. Ressalte-se, em particular nas tabuletas da linear de Pilos, na Grécia continental, na época micênica, dois sinais de metrologia, tipicamente reveladores da influência egípcia: o talento, um peso equivalente a 29 quilos, é anotado pelo ideograma da balança egípcia, , assim como a medida de capacidade equivalente a um quarto de litro, o *kotyle*, é anotada pelo ideograma egípcio  = *nb* = cesta = meia esfera etc.[14] Da mesma forma, o nome no genitivo de Dionísio, uma réplica de Osíris, foi observado nas tábulas. Por último, a civilização egeia, em vez de partir do norte para o sul, como seria de esperar, irradiava-se do extremo sul para o norte da Grécia, que permaneceu semibárbara mesmo no tempo de Tucídides (ver p. 194 e figs. 18-21).

Raymond Furon recorda que Charles Autran insistiu particularmente no papel dos dravidianos na difusão dos mitos pré arianos no Ocidente.[15]

A predominância anterior da civilização negra em torno do Mediterrâneo é atestada pela existência inesperada das virgens negras pré-helênicas, como "a deusa negra pré-helênica, a Deméter negra de Figaleia na Arcádia, a Afrodite negra da Arcádia e de Corinto, enfim, a virgem negra da abadia de São Vítor de Marselha e a virgem negra de Chartres, outrora homenageada com o nome de Nossa Senhora Subterrânea".[16]

Finalmente Boule e Vallois, citando Schreiner,[17] insistem no caráter recente do *Homo nordicus*, que resultaria da superposição, no início do Neolítico, no sul da Dinamarca, de um elemento local formado pelos descendentes dos humanos do Paleolítico superior e de um grupo de invasores vindos do sul: dolicocéfalos diversos, em certa medida, com pequenos braquicéfalos do Neolítico.[18]

Além disso, esses autores consideram que os mesocéfalos de Ofnet evoluíram no Neolítico para dar origem aos primeiros braquicéfalos do mundo, numa época em que estes últimos não existiam nem na Rússia, nem no Oriente Próximo ou no norte da África, e muito menos no Paleolítico superior, que apenas conhecia o dolicocéfalo e o mesocéfalo no máximo.[19]

A terceira invasão curgã (*jamna*, na terminologia soviética) ocorreu por volta de 2900 a.C. e "é atestada por centenas de sepulturas na Romênia, Bulgária, Iugoslávia e Hungria Central. Esses túmulos se assemelham nos mínimos detalhes aos túmulos curgãs do baixo Dnieper e do baixo Don chamados de *jamna* (túmulos em poço, em russo)".[20]

Essas invasões poderiam muito bem contribuir, em uma proporção significativa, para a formação do ramo eslavo ou sua divisão em dois grupos: os eslavos do norte (russos, poloneses) e os eslavos do sul (povos dos Bálcãs).

É importante enfatizar que, então, esses povos curgãs do baixo Dnieper e do baixo Don haviam chegado a essa região recentemente, no início do Neolítico, provavelmente. Sua presença não é atestada no Paleolítico superior. Foi somente após o recuo do frio, no final da última glaciação würmiana, que os Cro-Magnon tiveram que avançar mais para o leste e ocupar essas regiões para mais tarde partir em direção a oeste, após uma adaptação às condições da vida nômade, dando assim o indício para as chamadas invasões curgãs.

Por outro lado, apesar das suposições de Gimbutas, a antiga Europa não conheceu a escrita e não transmitiu nenhum testemunho por esta via à posteridade, nem sequer um único sinal legível; por isso, o "matriarcado" dessa sociedade antiga, embora provável, permanece uma pura hipótese, hoje não demonstrável por falta de documentos. Por fim, essa antiga cultura baseada na agricultura foi completamente destruída e substituída por uma cultura nômade patriarcal vinda do exterior, a mesma que a Europa finalmente transmitiu à história a partir dos dórios, 1200 anos a.C.

O culto das virgens negras, que a Igreja veio a santificar nos tempos modernos, deriva diretamente do culto de Ísis, que precedeu o cristianismo no Mediterrâneo setentrional.[21] Faltam-nos evidências científicas para ligá-los à Vênus aurignaciana. Mas sua existência confirma a origem meridional da civilização.

Finalmente, Gimbutas poderia ter fornecido os valores brutos das datações de C14 ao lado dos valores calibrados, ou seja, corrigidos de acordo com processos altamente técnicos, mas que ainda estão sendo discutidos. A calibragem, dependendo da idade bruta encontrada, pode tornar uma data mais jovem ou mais antiga conforme o desejo, de modo que muitos laboratórios se contentam atualmente em fornecer datas não calibradas.

QUADRO CRONOLÓGICO DA EVOLUÇÃO DA HUMANIDADE EM GERAL
E DO MUNDO NEGRO EM PARTICULAR
(A ser lido de baixo para cima, em respeito à ordem cronológica.)

Datas (anos, d.C/ a.C.)	Acontecimentos	Comentários
+ 639 – 31 – 332 – 525	Chegada dos árabes ao Egito. Conquista do Egito pelos romanos. Conquista do Egito por Alexandre, o Grande. Conquista do Egito por Cambises II.	Período de declínio e empobrecimento do mundo negro; desintegração social e migrações.
– 663	O saque de Tebas, no Egito, pelos assírios.	Início do declínio do mundo negro.
– 750 – 1300 – 1400 – 2400 – 4236	Homero seria contemporâneo da XXV dinastia egípcia?[22] Invasão dos Povos do Mar, chegada dos líbios brancos. Atestação do hitita: a mais antiga língua indo-europeia?[23] Aparecimento dos primeiros semitas: Sargão I da Acádia. O calendário astronômico egípcio, com período de 1460 anos, já estava em uso.	Supremacia de negros.
– 5 mil	Os semitas ainda não existem.	
– 10 mil – 15 mil – 20 mil	Aparecimento da mesocefalia e braquicefalia. Aparecimento do homem de Chancelade (sul da França) protótipo do amarelo (?). Aparecimento do Cro-Magnon (França meridional) protótipo de raças leucodermes (= brancos).	Diferenciação racial da humanidade na Europa.
– 35 mil – 32 mil – 40 mil – 150 mil – 130 mil	Cultura grimaldiana, aurignaciana (datação de C14). Chegada do negroide grimaldiano na Europa. Primeiros *Homo sapiens sapiens* negroides na África.	A humanidade é representada apenas por um *Homo sapiens* negroide.
– 5,5 milhões	Início da humanidade.	Diversas variedades de australopitecos.
– 14 milhões – 3,5 bilhões	População de macacos. Aparecimento de vida em forma embrionária.	

2. Revisão crítica das mais recentes teses sobre a origem da humanidade

A ORIGEM MONOGENÉTICA E AFRICANA da humanidade está se tornando um fato mais tangível a cada dia. Então, o que restou à ideologia? Diante dos progressos científicos, os ideólogos, em vez de renunciarem ao terreno perdido, às posições indefensáveis, esforçam-se por reformular seus aparatos conceituais: é uma prática corrente. Pensam desse modo poder integrar todos os fatos materiais recenseados sem, no entanto, abandonar as ideias sagradas que lhes são caras, pois para alguns isso equivaleria a um suicídio moral.

Assim emerge, timidamente, a tendência segundo a qual a origem monogenética e africana da humanidade pararia no estágio do *Homo erectus*. A "sapientização" teria ocorrido particularmente em cada continente, a partir desse *Homo erectus* africano, mas num paleoambiente e em condições de adaptação "cultural" que salvaguardam a necessária especificidade das raças e, consequentemente, a sua desejável hierarquização, que estudos sociobiológicos hiperfinos permitem demonstrar.

Essas são as nuances infinitamente variadas dessa posição que discutimos de forma breve aqui, para mostrar que os ideólogos não estão no fim de seu martírio, porque a coerência lógica permanece com a ciência.

Recordemos, a título histórico, que esse mal-estar já habitava a geração precedente de eminentes antropólogos, numa época em que os métodos de cronologia absoluta ainda não tinham lançado uma clareza singular sobre a arqueologia pré-histórica de cada continente. O que então se sabia era bastante perturbador.

O primeiro *Homo sapiens* que habitou a Europa foi indiscutivelmente um negroide migrante, que chegou do exterior, há cerca de 40 mil anos,[1] como demonstrado por René Verneaux.[2] O primeiro "branco", o Cro-Magnon, aparecerá na mesma região 20 mil anos depois. Qual é o seu ancestral, se ele não deriva do negroide por mutação? Porque nem ele nem o negroide descendem dos neandertalenses que os precederam e que viveu há 80 mil anos, no período würmiano.

Assim nasceu, como necessidade, a teoria dos pré-*sapiens*, graças a três descobertas de fósseis, sendo a principal delas uma falsificação sabidamente fabricada para dotar a ideologia dos fatos relevantes que lhe faltavam: trata-se do muito famoso "homem de Piltdown" (fig. 5), descoberto — na verdade, fabricado — em 1912 pelo geólogo britânico Charles Dawson.[3] Pensando seriamente, esse talentoso falsificador, um verdadeiro cientista, foi até agora erradamente considerado um simples brincalhão, sem qualquer outra intenção que não fosse a de enganar os especialistas, por diversão ou vingança. Sua intenção era bem diferente, porque durante cinquenta anos estudiosos de boa-fé, como Henri V. Vallois, embora expressassem reservas, aderiram à teoria do pré-*sapiens* da qual a Europa cultural e política tanto precisava. Assim, Vallois escreve:

> Os documentos do Piltdown infelizmente estão incompletos. Sua interpretação, que é extremamente difícil, continua a ser duvidosa em pontos essenciais. No entanto, não se negligenciar, especialmente agora que sabemos que o maxilar realmente pertence ao crânio, que eles representam uma descoberta extremamente importante e das mais instrutivas. Nos ensinam a existência, em uma época que, embora menos antiga do que pensávamos no início, data não menos do Pleistoceno inferior, de um homem com uma caixa cerebral muito próxima da do *Homo sapiens* e que está, portanto, muito mais nitidamente ligado à ascendência desse mesmo *Homo sapiens* do que à do *Homo neanderthalensis*. Portanto, as origens de nosso ancestral direto devem ser muito remotas no passado. Até agora, em apoio a esta hipótese, foi invocado um certo número de descobertas sem garantias geológicas e, por conseguinte, sem valor demonstrativo. O crânio de Piltdown nos colocou, pela primeira vez, na presença de um fato bem observado, cujo significado parece claro e preciso, apesar das incertezas que ainda subsistem em torno de sua idade.[4]

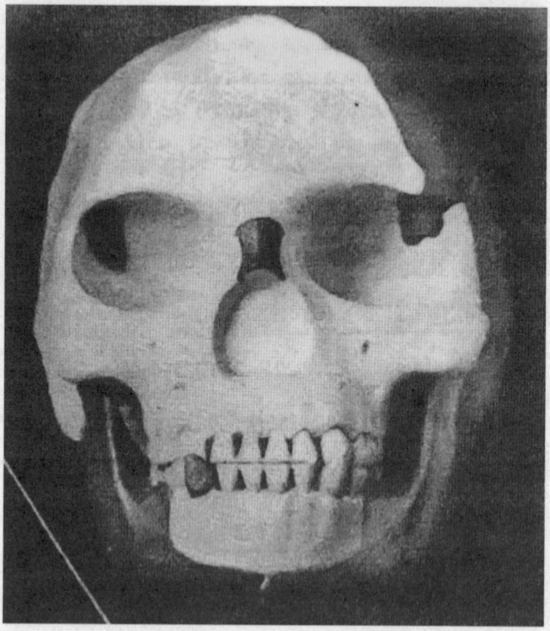

5. "O homem de Piltdown", a farsa de que a ideologia precisava para sustentar a tese dos pré-*sapiens*. Foi fabricado pela justaposição de um homem moderno com uma testa alta e uma mandíbula de macaco cujos caninos podem ser vistos. (Apud M. Boule; H. V. Vallois, *Les Hommes fossiles*, fig. 119.)

Desse modo, mesmo um estudioso do estofo de Vallois pôde acreditar que a mandíbula simiesca de Piltdown e o crânio pertenciam ao mesmo indivíduo, e enfatizou as garantias geológicas que cercavam a descoberta desse fóssil, que o cientista falsário submergiu a 1,50 metro de profundidade nos cascalhos do rio Ouse em Sussex. Seria preciso esperar até 1954 para que outro cientista inglês de boa-fé, trabalhando no Museu Britânico, Kenneth P. Oakley, tivesse a ideia de medir a quantidade de flúor contida nas duas peças para deduzir, da diferença nas taxas encontradas, a certeza de que o espécime era falso: a mandíbula e o crânio não pertencem ao mesmo indivíduo, já que não contêm a mesma taxa de flúor.[5] Assim, ele pôs fim a um amargo debate que durou quase cinquenta anos, o da autenticidade do Piltdown, e por isso mesmo também desferiu, é importante sublinhar, um golpe mortal na teoria dos pré-*sapiens*, que se apoiava, além disso, em partes de crânios sem rosto de Swanscombe (1935-6) e Fontéchevade (1947) — dois espécimes tão pouco satisfatórios, como ressalta a mencionada passagem de Vallois, que por fim toda a sua importância deriva da única peça aparentemente convincente da série, o Piltdown; este tem um rosto completo, uma testa alta de *Homo sapiens*, sem o menor traço de toro supraorbital tão característico do Neandertal; mais evoluído que este e originário da Europa, verdadeiro ancestral do *Homo europaeus*, de extração bem diferente da do *Homo sapiens* negroide de onde quer que ele venha; lamentavelmente é uma falsificação.[6]

A espectrometria de raios x confirmou a cilada de Piltdown, mostrando vestígios de sal de cromo usado para dar uma pátina aos ossos.[7] Os fatos são ainda mais cômicos quando se sabe que numerosas identificações de traços morfológicos foram estabelecidas entre os fósseis de Piltdown, Fontéchevade e Swanscombe:

> As semelhanças com o crânio de Piltdown, evidenciadas por Keith, pelo contrário, devem ser mantidas. O autor inglês havia concluído que o homem de Swanscombe era um descendente do de Piltdown, já mais evoluído no sentido do *Homo sapiens*. Esta hipótese é inexata, já que agora sabemos que o homem de Swanscombe é o mais antigo. O parentesco entre os dois não deixa de ser evidente.[8]

Sobre o fóssil de Fontéchevade, os mesmos autores escrevem:

> A testa dos homens de Fontéchevade era, portanto, conforme a do homem moderno e bem diferente da dos neandertalenses. Também aqui a semelhança é marcada com o homem de Piltdown, porque o pedaço de testa que corresponde ao segundo achado desse depósito também é desprovido de protuberância, e seu perfil se sobrepõe quase exatamente ao da peça de Fontéchevade.[9]

Na realidade, os caracteres "modernos" desse fóssil são simplesmente imaginados pelos estudiosos, em vez de serem características morfológicas reais, como observa Bernard Vandermeersch:

A peça descoberta na gruta de Fontéchevade em Charente é representada por uma parte da abóbada craniana cuja morfologia seria, segundo H. V. Vallois, mais moderna que a dos fósseis do mesmo período, em particular para a região frontal. Infelizmente, ela é muito incompleta e não possui nenhuma estrutura característica. Os caracteres "modernos" evidenciados não resultam, portanto, de observações diretas, mas são induzidos pela reconstituição proposta e foram frequentemente contestados.[10]

Se o *Homo sapiens* fosse nativo da Europa, seria possível acompanhar sua evolução in loco desde seus supostos ancestrais do interglacial Mindel--Riss, que teriam vivido há 350 mil anos, até seu descendente, o Cro-Magnon do Solutreano, que viveu há 20 mil anos. No entanto, até agora nada foi capaz de preencher esse vazio paleontológico.

Os "pré-*Sapiens*" desaparecem sem deixar descendência há 350 mil anos e seria necessário esperar o início do Würm, há cerca de 80 mil anos, para ver "surgir" o neandertalense, que desaparecerá bruscamente há cerca de 40 mil anos sem deixar descendência, também ele, no momento em que o *Homo sapiens*, neste caso, o negroide grimaldiano, está prestes a entrar na Europa, 20 mil anos antes do aparecimento (por mutação provavelmente do negroide) dos primeiros vestígios do Cro-Magnon, o ancestral do europeu atual.

O fóssil descoberto por Henry de Lumley e batizado homem de Tautavel não traz nenhum elemento novo para a tese dos "pré-*Sapiens*". Ele foi datado pelo método de aminoácidos (Jeffrey Bada) e pelo método do urânio.[11] Estima-se que os depósitos com as indústrias tayaciana e acheuliana contendo os fósseis teriam entre 320 mil anos (solo G) e 220 mil anos (solo F).[12]

Esse fóssil humano, como seu inventor parece pensar, seria um intermediário entre o *Homo erectus* (pitecantropo) e os neandertalenses. Apresenta uma saliência supraorbital proeminente, tão característica dos neandertalenses, com uma capacidade craniana inferior à deste último.

Outro fato é digno de nota: as indústrias associadas aos "pré-*sapiens*" são características do *Homo erectus* e, suprema contradição, mais primitivas que a dos homens de Neandertal, o musteriano. Com efeito, acabamos de ver que o homem de Tautavel está associado a uma indústria tayaciana e ao médio Acheuliano; da mesma forma, a indústria de Fontéchevade é tayaciana, e a de Swanscombe, acheuliana.

Tantos fatos muitas vezes deixados nas sombras levaram paleontólogos como Vandermeersch a rejeitar a tese dos pré-*sapiens*.

O período de evolução considerado vai de Mindel-Riss a Riss-Würm. Vandermeersch julga insustentável que, durante um lapso de tempo de 250 mil anos, o Neandertal e o pré-*sapiens* pudessem evoluir separadamente, na mesma região europeia, cada um acentuando suas características específicas, sem qualquer mestiçagem; que, ao contrário, deveriam ter se produzido e atenuado as diferenças, uma vez que a "barreira específica" não atua: há interfecundidade, porque o neandertalense é apenas uma subespécie do *Homo sapiens*.

Da mesma forma, a barreira cultural não poderia desempenhar algum papel, porque encontramos as duas subespécies, pré-*sapiens* e neandertalenses, associadas às mesmas indústrias acheuliana e tayacianas.

Lembramos até mesmo que a clássica indústria musteriana dos neandertalenses é clara e paradoxalmente mais evoluída do que as anteriores, atribuídas aos pré-*sapiens*. De modo que, no simpósio de 1969 sobre o aparecimento do homem moderno, organizado pela Unesco, até onde me lembro, tomou-se o cuidado de dissociar evolução cultural (indústria) e evolução morfológica, isso a fim de eliminar a armadilha intransponível que acabamos de mencionar, a saber: por que um ser morfológica e fisicamente mais primitivo, o neandertalense, nesse caso, pode ser responsável por uma indústria e, portanto, por uma cultura material mais avançada, mais aperfeiçoada que a de um ser mais evoluído, como os pré-*sapiens*.

O estudo do crânio de Biache-Saint-Vaast, um novo pré-neandertalense, recentemente descoberto no norte da França, levou Vandermeersch à conclusão de que Swanscombe, Fontéchevade e todos os outros fósseis encontrados na Europa antes do aparecimento do *Homo sapiens*, há cerca de 37 mil anos, nessa região pertencem todos à linhagem do Neandertal.

Digamos que a essa linhagem também pertencem, segundo o próprio Vallois, o homem de Ehringsdorf, a cabeça óssea nº 1 de Saccopastore, o crânio de Steinheim...[13] e o homem de Heidelberg.

De acordo com Vandermeersch, com

> o crânio de Biache, a distância entre pré-neandertalenses e pré-*sapiens* é reduzida. De todos os pré-Neandertais, ele é o que mais se aproxima do homem de Swanscombe. Ainda mais porque a região do crânio de Biache, que apresenta os caracteres neandertalenses mais marcantes, é a região mastoide, que não é preservada no crânio de Swanscombe. O crânio de Swanscombe parece mais "moderno", diga-se, mais arcantropiano, porque é mais antigo, mais próximo da origem da linhagem, portanto, menos especializado no sentido neandertalense. Trata-se de uma lei geral da evolução.

Assim, os arcantropianos, vindos muito provavelmente da África, teriam começado (durante o interglacial Mindel-Riss) a individualizar-se para o tipo Neandertal, em virtude das próprias condições climáticas, do paleoambiente, para falar de um modo geral. No início do Riss-Würm, há 80 mil anos, o processo evolutivo que deveria levar ao beco sem saída que é o Neandertal foi concluído, e a população europeia neandertalense permanecerá homogênea durante todo o Würm I e II, ou seja, de 80 mil anos a 40 mil anos atrás.

Esses fatos levam Vandermeersch a concluir que somente o Neandertal é especificamente europeu, e que a origem do *Homo sapiens* deve ser procurada noutro lugar, no Oriente, e mais exatamente na Palestina, mesmo que explicitamente não tenha indicado esta última informação.[14]

Não é impossível que o Neandertal resulte, como acaba de ser dito, de uma adaptação progressiva do *Homo erectus* africano na Europa durante o interglacial Riss-Würm, e que tenha emigrado para os outros continentes ou teria morrido sem deixar descendência, ao contrário do que Vandermeersch pensa. Se for realmente assim, a arqueologia pré-histórica terá de provar que os fósseis neandertalenses europeus são mais antigos que aqueles encontrados em outros continentes onde essa espécie teria chegado posteriormente, como migrante. Ora, estamos longe de poder fazer tal afirmação de forma peremptória.

O homem de Broken Hill (homem da Rodésia ou do Zimbábue) é um fóssil neandertalense em alguns aspectos mais primitivo do que o crânio europeu de La Chapelle-aux-Saints, com o qual muito se assemelha (fig. 6).

Eu não estava muito longe de adotar esse ponto de vista, mas o fato de que o neandertaloide africano de Broken Hill, datado com 110 mil anos de idade pelo método dos aminoácidos, seja mais antigo do que os da Europa ou, pelo menos, seja de antiguidade comparável, recoloca a questão; atualmente, já não é absurdo supor que mesmo o homem de Neandertal tenha vindo da África.

Os mais antigos fósseis neandertalenses da Europa dificilmente parecem remontar muito além do interestádio do Würm I/II (80 mil anos atrás).

Desde as datações pelo radiocarbono, sabemos então que o *Homo sapiens sapiens* negroide de crânio muito volumoso de até 1500 centímetros cúbicos em média, talvez mais, viveu na África Austral entre 50 mil e 100 mil anos atrás e que provavelmente foi aquele denominado primeiro explorador de minas do mundo: as minas de ferro da Suazilândia, citadas no capítulo 1. Os fósseis desses *Homo sapiens* são representados pelo volumoso crânio de Boskop, a cabeça incompleta de Florisbad (parte do crânio e da face) e a cabeça óssea do Cabo Flats.[15] Assim, os crânios fósseis mais volumosos encontrados até hoje são os desses negroides da África Austral, contrariando as especulações dos autores de *Raça e inteligência,* obra que discutirei mais adiante (ver pp. 79-88).

O fóssil de Florisbad é datado de mais de 41 mil anos; é, portanto, mais antigo que todos os *Homo sapiens sapiens* da Europa e de outros continentes, datados por um método de cronologia absoluta, sem interpretações tendenciosas ou pouco sérias.

Enfim, a origem oriental do *Homo sapiens*, como afirma Vandermeersch, é agora cientificamente insustentável. Na verdade, Vandermeersch retoma a ideia de H. V. Vallois, que, seguindo Arthur Keith e Theodore McCown, estudou os neandertalenses da Palestina e concluiu que esses fósseis provavelmente não são os ancestrais diretos dos humanos do Paleolítico superior, mas que sua existência "indica que a transformação do

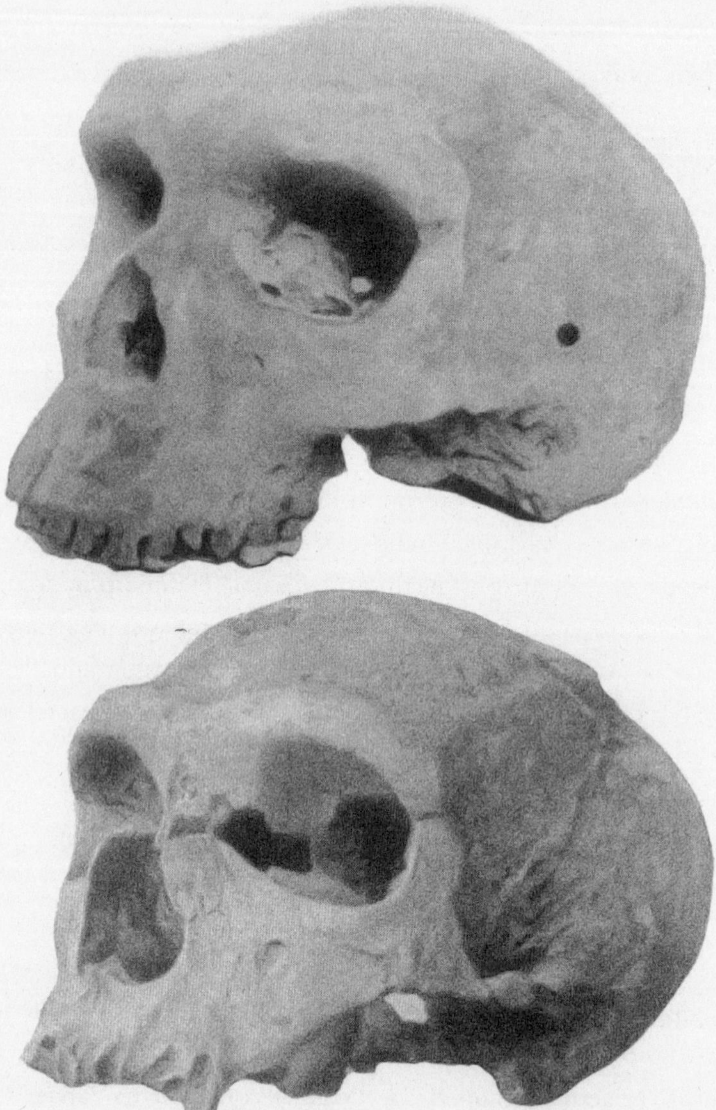

6. Crânios de Broken Hill (*acima*) e La Chapelle-aux-Saints (*abaixo*), vistos de três quartos, aproximadamente no mesmo ângulo, para facilitar comparações. (Apud M. Boule; H. V. Vallois, *Les Hommes fossiles*, fig. 282.)

homem de Neandertal em homem moderno, se não ocorreu na Europa, poderia ter ocorrido em outro lugar. Essa é uma conclusão de extrema importância".[16] O próprio Vandermeersch havia reconhecido uma séria dificuldade cronológica, que infelizmente persiste: com efeito, para que a hipótese seja admissível, esses fósseis deveriam pertencer, pelo menos, ao Riss ou ao Riss-Würm. Ora, sabemos agora que não é esse o caso. As datações por radiocarbono e aminoácidos para a região são concordantes e dão uma idade que varia de 37 mil a 53 mil a.C.[17] Esses pretensos ancestrais do *Homo sapiens* são muito mais recentes do que o *Homo sapiens* africano, que apareceu há pelo menos 150 mil anos (crânio de Omo I, Omo II; homem de Kanjera).[18]

Antes de tirar todas as consequências da anterioridade do *Homo sapiens sapiens* africano em relação a todos os demais *Homo sapiens sapiens* que surgiram em outros continentes, insistamos no fato de que os "neandertais evoluídos" de Qafzeh (37 mil anos atrás) são rigorosamente contemporâneos do *Homo sapiens* europeu e, portanto, não podem ser seus ancestrais. Vandermeersch escreve, em seu relatório apresentado no Colóquio de Paris de 1969, que a camada XVII contendo os três esqueletos que ele descobriu também contém vestígios de carvão e cinzas com tanta abundância que a cor se torna "cinza escuro uniforme". Ora, nessas condições, é possível realizar uma datação radiométrica das cinzas. Ela alguma vez foi tentada?[19] Ottieno, do Quênia, e eu representamos o continente africano no Colóquio de Paris, e as ideias que então desenvolvi contra a tese policêntrica e a diferenciação do *Homo erectus* são as que agora desenvolvo aqui.

Os neandertalenses da Palestina e do Iraque são, portanto, apenas becos sem saída, demasiado recentes, e não estão na origem de nenhuma espécie de *Homo sapiens sapiens*. Moldagens endocranianas realizadas nesses fósseis permitiriam identificar melhor a distância ainda enorme que os separa do *Homo sapiens sapiens*. Mas negligenciamos até agora realizar essas moldagens e estudá-las, embora eu tenha levantado a questão no Colóquio de Paris de 1969. "Se o homem moderno não nasceu na Europa, teria nascido na Palestina, de acordo com a palavra bíblica", parecem dizer a si mesmos esses eminentes antropólogos em seu subconsciente!

Ironicamente, a Palestina parece ser um vazio paleontológico durante o período correspondente ao aparecimento do *Homo sapiens sapiens*. Será preciso esperar o Mesolítico, por volta de 8 mil anos ou 10 mil, para que ele se manifeste sob a forma de um negroide: o natufiano da sra. Garrod é, independentemente da ideologia, a primeira população de *Homo sapiens sapiens* da região. O vazio que existe entre ele e os neandertalenses evoluídos de Qafzeh não foi até hoje preenchido pela arqueologia pré-histórica. Ora, mais ou menos na mesma época, uma cultura negroide chamada capsiana, caracterizada por pequenas lâminas em forma de meia-lua, estendia-se do Quênia à Tunísia e à Palestina. É a época dos negroides do Capsiano. Na África, essa cultura capsiana foi imediatamente precedida pela cultura ibero-maurusiana, que desapareceu há 10 mil anos sem deixar descendência. Não há nenhuma ligação demonstrável entre o homem ibero-maurusiano e o Guanche das ilhas Canárias da proto-história. Um vazio de 8 mil anos que ninguém pensou em preencher os separa: os guanches, que praticavam a mumificação e estavam mais ou menos impregnados da cultura púnica, devem ser considerados um simples ramo dos atuais berberes, que são, sem dúvida, descendentes dos povos leucodermes europeus chamados Povos do Mar, nos textos egípcios, e que invadiram o Egito durante a XIX dinastia (1300 a.C.), precisamente a dos raméssidas. Derrotados, foram rechaçados para oeste do delta do Nilo, de onde gradualmente se espalharam para o Atlântico, através da Cirenaica, dos Nasamões até aos Gétules do sul marroquino.

Por mais paradoxal que seja, a tese da origem policêntrica da humanidade, aquela que vem do senso comum, à primeira vista, não resiste à análise dos fatos, principalmente os cronológicos. É por isso que, ao adotá-la, até mesmo estudiosos da envergadura de Andor Thoma são levados a explicar a evolução humana às avessas. Thoma, que adota as opiniões de Vandermeersch sobre os homens da Palestina, escreve: "O crânio Qafzeh VI recentemente descrito por Vallois e Vandermeersch é o representante mais arcaico dos neantropos ocidentais".[20] Assim, as hipóteses de Keith e McCown, retomadas por Vallois e Vandermeersch, tornam-se uma certeza comentada por Thoma e pelos outros policentristas. Thoma não hesita em aproximar o crânio da criança de um ano e meio de Starocelia, encontrada na Crimeia e segundo Guerassimov de tipo aurignaciano (ver adiante), dos neandertalenses da Palestina. Pode-se notar, a propósito, que o proeminente toro supraorbital dos homens de Qafzeh e a largura exagerada do orifício nasal[21] — em suma, o aspecto primitivo e quase bestial dos homens da Palestina, que deveria eliminar qualquer possibilidade de comparação direta com o *Homo sapiens sapiens* — é atenuado involuntariamente na reprodução (a) do artigo, e basta referir-se à figura 250 de Henri Vallois para percebê-lo.[22] Para Thoma, Qafzeh e Starocelia são os proto-Cro-Magnons, descendentes de paleantropos como Steinheim e Swanscombe, que datam de mais de 200 mil anos. Seus descendentes são os Cro-Magnons da Europa e do norte da África; esse últimos, "ao colonizar a África, foram rapidamente 'negroidizados' sob o efeito da alta pressão seletiva exercida pelo novo ambiente, porque o prognatismo alveolar pronunciado, a largura considerável do nariz, a forma do neurocrânio relativamente baixo e muito longo já são tipicamente negroides".[23]

Thoma descreve assim os traços morfológicos de uma série de esqueletos do Paleolítico final (10 mil a 12 mil a.C.) descobertos na Núbia e depois estudados por J. E. Anderson.

Para Guerassimov, a criança de Starocelia é um *Sapiens sapiens* tipicamente negroide. Acrescentemos que as dimensões e a forma de sua testa o impedem de ser classificado entre os neandertalenses, mesmo os evoluídos.

Ainda segundo Thoma, a passagem evolutiva da fase paleoantrópica para a fase neoantrópica teria sido realizada em pelo menos três centros geográficos: na Indonésia e na Austrália, há 600 mil anos, durante a fase arcantrópica, para a individualização do ramo australoide da humanidade. Na Sibéria meridional, para o filo mongoloide, há 80 mil anos, enquanto a separação dos europoides e dos negroides apenas chegou na fase neoantrópica cerca de 12 mil anos atrás, segundo o precedente.

Para Thoma, o estudo que fez sobre as semelhanças entre os dermatóglifos dígito-palmares relacionados às "cinco" grandes raças confirmam em particular essa recente separação do negroide e do europoide; diríamos do Grimaldiano e do Cro-Magnon. Se este último fato é paleontologicamente verdadeiro, ele ocorreu na direção oposta ao processo assumido por A. Thoma, no sul da França, pelo menos na Europa meridional, e não na África, e isso entre 40 mil e 20 mil anos atrás, ou seja, no intervalo que separa a chegada à Europa do homem de Grimaldi — negroide migrante provavelmente vindo por Gibraltar — do homem de Cro-Magnon do Solutreano. Esses *Homo sapiens* que entraram na Europa não precisam dos homens Qafzeh para existir, porque são anteriores a eles, ou pelo menos contemporâneos, tal como evidenciado pela datação radiométrica realizada nos sítios.

Digamos também que os dados imunológicos vieram confirmar a hipótese de uma separação recente de negros e brancos, de negroides e caucasoides,[24] embora este último termo seja inadequado, pois o Cáucaso não é de forma alguma o berço da raça branca (fig. 7).

De acordo com Ruffié, citando Nei Masatoshi e Arun R. Roychoudhury, essa separação de grupos raciais seria mais antiga. Esses autores partem de várias dezenas de marcadores sanguíneos para estudar as diferenças genéticas inter e intragrupos nas populações negroide, caucasoide e mongoloide.

> Eles definem os coeficientes de correlações que permitem datar, de modo mais ou menos aproximativo, em que momento esses grupos se separaram uns dos outros. O conjunto negroide teria se tornado autônomo há cerca de 120 mil anos, enquanto mongoloides e caucasoides teriam se separado há somente 55 mil anos atrás.[25]

Mesmo que 55 mil anos nos pareçam uma idade muito antiga para a formação dos ramos caucasoides e mongoloides, levando em conta dados pré-históricos, 120 mil anos concordam bem com o aparecimento dos primeiros *Homo sapiens sapiens* negroides africanos no vale do Omo e Kanjera.

De acordo com Thoma, "os australoides atuais podem estar relacionados aos pitecantropos de Java através dos humanos de Ngandong em Java (início do Pleistoceno superior, cerca de 150 mil anos atrás)".[26] O sítio australiano de Kow Swanif (8000 a.C.) rendeu cerca de vinte esqueletos

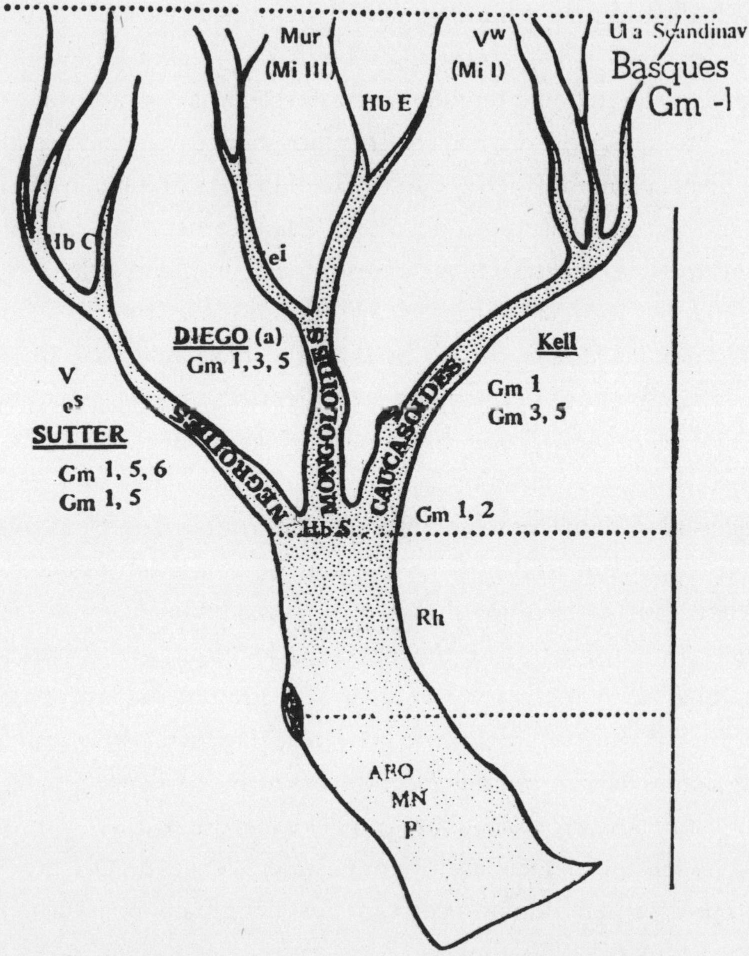

7. A diferenciação racial segundo os dados de hemotipologia. Existem, afinal, marcadores raciais bastante significativos que identificariam os antigos egípcios, se ainda não estivessem identificados. Os três fatores — Sutter (negroide), Diego (mongoloide) e Kell (caucasoide) — foram sublinhados por nós na figura. (J. Ruffié, *De la Biologie à la culture*, p. 398)

que correspondem morfologicamente à população de Ngandong e que fornecem prova da existência de um filo australiano.

No Colóquio de Paris, em 1969, surgiu a mesma tendência de querer individualizar demais o filo australoide para torná-lo uma sub-humanidade, talvez destinada a desaparecer. O dr. Louis S. B. Leakey levantou-se então, dirigindo-se ao colóquio reunido em sessão plenária para aprovar as conclusões, e disse que não havia nada de científico sobre o que estava sendo feito e pediu que o parágrafo ofensivo fosse excluído do texto final, o que foi feito.

Outro grande estudioso me disse: "Psiquicamente não sei, mas morfologicamente os australianos são distintos do humano atual". Porém, os australianos são *Homo sapiens sapiens* no sentido estrito do termo e não constituem um ramo separado. Suas habilidades intelectuais foram testadas e sabemos que as performances são idênticas às do humano moderno. Eles não têm origem insular. Chegaram ao local atual, na Austrália, por navegação vindos do continente asiático, há aproximadamente 30 mil anos.[27]

Segundo Thoma, os fósseis mongoloides conhecidos apenas no Würm recente (cerca de 20 mil anos) da Sibéria meridional (Afontova Gora, Malta, Bouriet), onde são acompanhados por figurações humanas de tipo mongoloide, resultariam de uma antropização do Neandertal do Oriente-Próximo, quando a Sibéria era habitável até o grau 61° de latitude norte. O autor fundamenta seu raciocínio no fato de que fósseis paleo-siberianos e mongoloides de um modo geral, como os neandertalenses, não possuem fossas caninas, têm órbitas altas, grandes e arredondadas.[28] Mas o mesmo autor, no mesmo artigo, descreve os neandertalenses do Oriente Próximo como precisamente dotados de uma fossa canina e, portanto, possivelmente protos-Cro-Magnons.

Ainda segundo Thoma, foi apenas no período neolítico, há 6 mil anos, que os mongoloides tiveram uma vantagem seletiva constante em seu ambiente original. Como resultado, é de esperar que os traços mongoloides sejam encontrados em muitas populações asiáticas não originárias do filo mongoloide.

Em consonância com a visão de W. W. Howells, segundo a qual a evolução sempre contém uma certa parte de anagênese (ou seja, aperfeiçoamento sem possibilidade de diversificação) e uma certa parte de cladogênese (ou seja, com gênese de vários ramos dos quais apenas um é promovido à perfeição), Andor Thoma afirma que a hipótese mais provável para a evolução humana é o policentrismo, que não se deve confundir com o polifiletismo.

De acordo com esse último ponto de vista, uma espécie pode surgir de várias outras espécies pertencentes a diferentes famílias ou gêneros: assim, supunha-se, no início do século XX, que os brancos descendiam do chimpanzé, os negros do gorila e os amarelos do orangotango. Assim, as três raças humanas descenderiam respectivamente de três gêneros diferentes: "Pan, Goullael, Pongo". Era para poder dizer: eu, o caucasoide, descendo do chimpanzé, não tenho nada a ver com o negro, que descende do gorila, ou com o amarelo, que descende do orangotango, embora nós três sejamos humanos! Tratava-se de encontrar, a todo custo, uma diferença de origem que justificasse a hierarquização racial. Foi H. V. Vallois quem demonstrou em 1929 a impossibilidade do polifiletismo.[29] Thoma mostra que o policentrismo originou-se com Theodor Mollison, de Munique, em 1931, e foi desenvolvido em seguida por Franz Weidenreich em 1943. Ele prossegue:

> A concepção da evolução humana de F. Weidenreich foi aprofundada por Sir A. Keith e depois modernizada pelo professor C. Coon em 1962, numa obra magistral.[30] Mas esses autores não levaram em consideração a possibilidade de migrações pré-históricas. Essa omissão parecia inadmissível para muitos pré-historiadores, tanto quanto para mim. A partir de 1962[31] eu desenvolvi um outro esquema policêntrico da evolução humana.[32]

Assim, para Thoma e para os proponentes da tese policêntrica, o homem moderno nasceu diversas vezes, de diferentes paleoantropologistas, em lugares distantes, desde o Velho Mundo, até o Pleistoceno superior. Em seguida, por caracteres secundários, adaptava-se ao ambiente local sempre variado, sempre diferente, de um centro para outro, e conhecia assim, necessariamente, uma evolução "cladogenética". Essa hipótese é também a do senso comum; ela impõe-se, à primeira vista, ao bom senso com uma necessidade quase imperiosa.

No entanto, ela é provavelmente falsa, e uma análise objetiva dos fatos obrigaria a rejeitá-la. Se ela fosse verdadeira, o continente americano, que é tão antigo quanto os outros continentes — africano e europeu em particular — e que se estende do polo sul ao polo norte, que conhece consequentemente todas as transições climáticas, também deveria ser um multicentro de gênese da humanidade, tanto na fase do australopiteco e do *Homo erectus* como no do *Homo sapiens*. Ora, sabemos que não é assim. Não existe fóssil humano originário da América: este continente foi povoado a partir da Ásia, pelo estreito de Behring. Todos os estudiosos concordam com esse fato. A hipótese policêntrica leva à contradição insuperável de supor que os filhos nasceram antes dos pais que os geraram. É essa contradição fundamental que se percebe em toda argumentação de Andor Thoma, que, no entanto, desenvolveu um notável esforço de erudição para rejuvenescer e adaptar a tese policêntrica. Ele havia notado em particular o fato de que autores como Keith e Coon negligenciavam as correntes migratórias e que isso tornava suas concepções pelo menos parcialmente inadmissíveis.

Para Thoma, como já vimos no estágio neoantrópico, a África é povoada, tardiamente, a partir da Europa: "os Cro-Magnons migrantes que, ao colonizarem a África, por volta de 10 mil anos atrás, foram rapidamente 'negroidizados' sob o efeito da alta pressão seletiva " (ver pp. 50-1).

Não se poderia tomar mais liberdade com os fatos cronológicos, em particular.

Se a hipótese policêntrica fosse válida, deveria ser possível encontrar, no resto do mundo, pelo menos um único centro de gênese do *Homo erectus* ou do *Homo sapiens sapiens*, respectivamente mais antigos que os centros africanos. No entanto, os dados cronológicos obrigam-nos, no caso da hipótese policêntrica, a admitir que os supostos antepassados dos africanos, neste caso, os Cro-Magnons de Thoma, nasceram muito depois dos seus "filhos africanos", e melhor, que eles descendem, segundo toda a probabilidade, dos seus supostos filhos pela mutação do negroide grimaldiano. Thoma ignorou completamente este último em toda a sua argumentação, assimilando-o tacitamente, talvez, ao Cro-Magnon, como é atualmente a moda, particularmente entre os ideólogos franceses.

O *Homo sapiens sapiens* africano é atestado de pelo menos 150 mil anos atrás, como se viu com o crânio de Omo I, em particular; Richard Leakey me explicou, em maio de 1977, em Nairóbi, como esses fósseis foram datados. Eles estão enterrados em camadas do Pleistoceno médio africano, em uma região onde a estratigrafia não foi perturbada por movimentos tectônicos. Um carvão encontrado a uma distância de um terço da profundidade dos fósseis deu uma idade superior a 50 mil anos; por extrapolação, multiplicando essa idade por três, encontramos a idade média dos fósseis; a datação pelo método urânio/tório confirmou esse resultado, dando 130 mil anos.[33]

Esse espécime de Omo I deve ser aproximado, assim como fez o dr. Leakey, ao homem de Kanjera, um *Homo sapiens sapiens*[34] do Pleistoceno médio que ele havia descoberto em 1933.

Uma conferência realizada em Cambridge concluiu que, apesar de sua antiguidade, os fósseis de Kanjera dificilmente diferem dos humanos atuais.[35] Na época, após as críticas do geólogo britânico Percy Boswell, houve uma certa dúvida sobre a idade desses fósseis. Agora, essas dúvidas foram resolvidas e sabemos que se trata de um espécime de *Homo sapiens sapiens* sem toro supraorbital de qualquer tipo, com uma testa humana moderna.

Mesmo que esses fósseis tivessem apenas 60 mil anos, eles ainda seriam os mais antigos do mundo de sua espécie.

Por outro lado, sabemos que há cerca de 30 mil anos a mais antiga mina de ferro do mundo foi explorada na África do Sul, na Suazilândia, para a extração de hematita, o ocre vermelho, por um homem que só podia ser o *Homo sapiens sapiens*.[36] A mina continha 23 mil ferramentas de pedra, cuja análise permitirá precisar o tipo de homem responsável por essa exploração, pois se sabe ou se supõe que o homem de Neandertal também revestia seu corpo de ocre vermelho. Um bloco de hematita extraído dessa mina repousava sobre um carvão que, datado pela Universidade Yale, resultou numa idade de 29 mil anos.

Esses são os fatos para a África negra. Acompanhemos agora de perto a cronologia do aparecimento do *Homo sapiens sapiens* nos outros continentes.

Na Europa, como já vimos, o primeiro *Homo sapiens sapiens* é o negroide migrante, responsável pela indústria aurignaciana. Agora, os fatos cronológicos da África relativos à antiguidade do *Homo sapiens sapiens* nesse continente permitem supor que o grimaldiano partiu da África e entrou na Europa pela península Ibérica, e não pelo Oriente. Ele deixou em todo o seu percurso vestígios ainda visíveis de pinturas rupestres parietais que faltam em todos os outros supostos percursos.

Sua chegada à Europa é datada por carbono-14 pelo professor Hallam L. Movius Jr.[37] As escavações realizadas, de 1958 a 1964, no abrigo Pataud (Les Eyzies, Dordonha), sob a égide do Museu do Homem (Paris), por um lado, e do Museu Peabody da Universidade Harvard, por outro, levaram à descoberta de catorze camadas arqueológicas. A maioria desses níveis foi datada por radiocarbono.[38] As datas obtidas variam entre 34 mil AP,* ou aproximadamente 32 mil a.C. para a camada que forma a base do Aurignaciano antigo, e 21940 AP, ou 19990 a.C. para o Protomagdaleniano.

A camada I do Solutreano na mesma gruta não forneceu uma amostra suscetível de datação, mas em Langerie-Haute oeste, um depósito próximo, a camada 31, que seria uma camada equivalente ao Solutreano I do abrigo Pataud, forneceu uma data (20890 AP ± 300 ou 18940 a.C.) que está em excelente concordância com as datas precedentes e confirma a anterioridade do Grimaldi em relação ao Cro-Magnon, pois, é preciso lembrar, este último é o homem do Solutreano.

Em Quina (Gardes, Charente), o Musteriano recente forneceu a data de 35250 AP ± 350 ou 33300 a.C.,[39] que se conecta bem ao Aurignaciano antigo e ilustra a observação de Boule e Vallois segundo a qual estratigraficamente nada separa a raça negroide aurignaciana de Grimaldi do Musteriano: "Em todo caso, permanece o fato de que os esqueletos negroides [de Grimaldi] remontam aos primórdios da era das renas, a um período que beira o Musteriano, se não for confundido com este último. Não se deve perder de vista esse fato".[40]

---

* AP significa "antes do presente", ou seja, 1950 d.C. tomado como ano zero.

Para François Bordes, o homem aurignaciano não é originário da Europa. É um invasor que chegou com a sua indústria já pronta:

> Uma coisa parece provável, é que a [indústria] aurignaciana chegou à França totalmente formada, e se algumas de suas ferramentas [quilhadas] se encontram lá no Musteriano tipo Quina, e mesmo antes, não parece haver possibilidade de evolução local do Aurignaciano. Temos a nítida impressão, pela primeira vez, de uma invasão vinda do leste.[41]

De fato, a expansão do Aurignaciano foi feita de oeste para leste, e não o contrário, como confirmam todos os fatos precitados.

Bordes acredita que a verdadeira indústria nativa da Europa do Paleolítico superior é o Perigordiano antigo, caracterizado pela chamada ponta de Châtelperron. Ela derivaria do Musteriano de tradição acheuliana tipo B (ou seja, evoluída), imediatamente anterior a Würm II. Provavelmente data do final do interestádio de Würm II/III. É mais conhecida desde as escavações de André Leroi-Gourhan e do próprio Bordes.[42]

Este último observa que essa indústria é interestratificada com o Aurignaciano em pelo menos dois sítios (Piage e Roe de Combe).

O que isso significa senão que é difícil distinguir as duas indústrias que foram originalmente consideradas como duas fácies do Aurignaciano, como se disse antes.

É tão delicado individualizar a indústria perigordiana quanto estabelecer sua anterioridade em relação à aurignaciana; com efeito, Bordes não acaba de nos dizer que os utensílios talhados do Aurignaciano se encontram no Musteriano do tipo Quina, datado, como vimos, de 35 mil anos AP, e mesmo antes? Nenhuma datação de cronologia absoluta permitiu ainda estabelecer de modo claro essa anterioridade do Perigordiano, se é que é distinto do Aurignaciano, que tem várias fácies, uma das quais poderia ser a perigordiana I, conforme admitimos no início, e que tem uma extensão incomparavelmente superior à perigordiana, como veremos.

Movius é dessa opinião quando escreve, com muita polidez: "As seguintes datações de C14, relativas às camadas do Perigordiano I na França, sugerem que esta última indústria era provavelmente, pelo menos em parte, contemporânea da base do Aurignaciano do abrigo Pataud e de outras localidades".[43]

A identidade antropológica desse hipotético nativo da Europa, que estaria inserido entre o Musteriano final e o Aurignaciano, e que seria o responsável pelo Perigordiano I, é ainda mais misteriosa e constitui um problema quase insolúvel da arqueologia pré-histórica. Com efeito, a sra. D. de Sonneville-Bordes observa que "desde a muito antiga descoberta (1909) do homem de Combe-Capelle, Dordonha, a região do Sudoeste da França não forneceu, infelizmente, restos humanos atribuíveis ao Perigordiano inferior";[44] e que, nesse momento, estamos reduzidos a conjecturas quanto ao responsável pela indústria com esse nome. Como já dissemos, o negroide grimaldiano responsável pela indústria aurignaciana era manifestamente um invasor, como reconhece o próprio Bordes, e somos tentados a associar a indústria do Perigordiano ao homem de Roc de Combe-Capelle, que seria então o verdadeiro nativo da Europa, a raça autóctone da Europa; raça que poderia nascer e desenvolver-se no local, independentemente de qualquer estirpe estrangeira e sobretudo da estirpe negroide africana grimaldiana, entre o Paleolítico médio e o Paleolítico superior, a partir dos "pré-*sapiens*" europeus. Pura especulação gratuita e ideológica que não apoia, de modo algum, um fato de arqueologia pré-histórica, como se pode verificar pelo exposto.

Dizer que o homem de Combe-Capelle é um europoide é esquecer suas profundas afinidades morfológicas com o negroide de Grimaldi, em particular seu prognatismo subnasal (fig. 8). Aqueles que procuram classificá-lo na série de Cro-Magnon são obrigados a postular uma extrema variabilidade desse tipo, dito de outro modo, modificam os critérios a ponto de não caracterizarem mais nada.

A descrição de Boule e Vallois é bastante edificante e mostra que, de fato, estamos diante de um tipo negroide característico:

> O crânio de Combe-Capelle, descrito pela primeira vez por Klaatsch, que o transformou em uma nova espécie (*Homo aurignacensis*), desde então tem

sido objeto de estudo de muitos antropólogos. Moschi encontraria nele caracteres australoides por causa de suas sobrancelhas acentuadas. Segundo Giuffria-Ruggeri, esse crânio é mais dolicocéfalo, mais alto, mais prógnato, mais platirrínico e, portanto, apresenta afinidades etiópicas.[45] Ele o chamaria de *Homo pre-aethiopicus*. Mendes Correa compartilha dessa opinião.[46]

Estamos, portanto, na presença de um espécime negroide, que, aliás, foi encontrado na base de um sítio aurignaciano, mas em condições que deixam muito a desejar; na verdade, esse fóssil foi descoberto numa época em que a arqueologia científica pré-histórica estava no limbo (1909), não por um profissional, mas por um negociante de antiguidades que era o fornecedor do Museu de Berlim e o vendeu. Esse espécime, que seus próprios inventores batizaram de *Homo aurignacensis*, não poderia ser mais antigo do que a indústria em que foi encontrado. As estimativas que o fazem remontar a 50 mil anos não foram baseadas em nenhum dado científico. Tentou-se envelhecê-lo o suficiente para fazer dele um *Homo europaeus* autóctone, antecessor do negroide grimaldiano invasor; agora, é forçoso reconhecer que ele não é distinto deste último e que a datação da indústria aurignaciana por C14 lhe atribui uma idade de 32 mil anos, aproximadamente. No mais, o método de datação por aminoácidos de J. Bada, que praticamente não é destrutivo, é bem aplicável a esse fóssil e poderia fornecer uma informação complementar valiosa, assim como a datação de C14 por acelerador.

Seria possível esperar, com razão, que a chamada indústria perigordiana inferior, atribuída a um hipotético nativo da Europa, cobrisse todo este continente; não é o caso, esse papel recairá sobre a indústria aurignaciana do negroide invasor grimaldiano. No IX Congresso da UISPP em Nice, o Colóquio XVI, dedicado ao Aurignaciano na Europa, mostrou que a Europa estava literalmente coberta pelas várias fácies do Aurignaciano, enquanto o Solutreano, atribuído ao verdadeiro Cro-Magnon que apenas aparecerá 20 mil anos mais tarde, é absolutamente inexistente.[47]

Segundo este estudo, o Aurignaciano está presente na França; em toda a bacia do Alto Danúbio na Áustria (Joachim Hahn), com dezenove

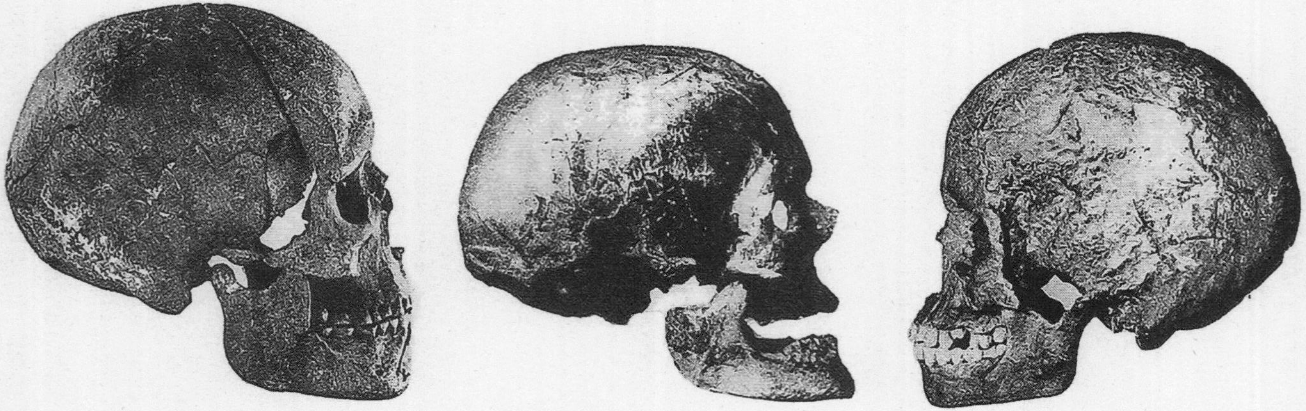

8. Aqui estão os crânios de Combe-Capelle (*à esquerda*), Cro-Magnon (*centro*) e Grimaldi (*à direita*) vistos sob o mesmo ângulo. Compare-se o prognatismo dos dois negroides (Combe-Capelle e Grimaldi) com o ortognatismo do Cro-Magnon, no centro. (Montagem do autor.) Alguns especialistas acreditam mesmo que o homem de Combe-Capelle poderia ser uma falsificação vendida ao museu alemão pelo negociador Hauser! (F. Lévêque; B. Vandermeersch, *La Recherche*, n. 119, p. 244.)

locais repertoriados, incluindo as famosas vilas de Willendorf, Vogelherd, Kleineofnet, Gopfelstein etc.; na Eslováquia (Ladislav Banesz); na Romênia, no norte (M. Bitiri) e em Banato (F. Mogosamu); na Polônia (Elzbieta Sachse-Kozlowska); na Morávia (Karel Valoch); nos Bálcãs (Janusz Kozlowski); na Europa Oriental (G. P. Grigoriev, texto ausente); na Bélgica (Marcel Ütte); na Bósnia (Djuro Basler) e mesmo no Oriente-Próximo, onde foi detectada uma indústria pré-aurignaciana (Ladislav Banesz). Já falamos do Aurignaciano africano, cuja idade terá de ser determinada por métodos de cronologia absoluta.

Acrescentemos o Aurignaciano da Crimeia e o de Irkutsk, perto do lago Baikal, no sul da Sibéria, descoberto pelo falecido professor Guerassimov, um estudioso de excepcional objetividade; e, finalmente, o Aurignaciano de Grimaldi e o de Java.

Embora a cultura aurignaciana tenha precedido em quase 20 mil anos a do homem de Cro-Magnon do Solutreano, e embora nenhuma confusão seja possível entre os dois tipos físicos responsáveis respectivamente por essas indústrias, os ideólogos ocidentais, franceses em particular, não hesitam em equiparar agora o negroide de Grimaldi ao Cro-Magnon, ou então ignorá-lo completamente, apresentando o Cro-Magnon como o primeiro *Homo sapiens sapiens* da Europa. São falsificações grosseiras desse tipo, tendentes a explicar a evolução humana ao contrário por preocupações puramente ideológicas, que acabam por matar o apetite intelectual das gerações mais novas, desencorajadas pela destruição do sentido dos fatos.

A lista de trabalhos, todos franceses, que tentam remodelar o crânio do negroide de Grimaldi para tentar torná-lo ortognático como o Cro-Magnon, ou mesmo a reconstrução de sua dentição pelas mesmas razões, cresce a cada dia.[48]

Todos esses trabalhos são falaciosos por várias razões:

- Uma pressão dos materiais de sepultamento, que teria deformado a face de verdadeiros Cro-Magnons para lhes dar aparência de negroides, fazendo surgir um prognatismo acidental, certamente não teria deixado ilesos os crânios dos sujeitos: ora, os crânios estão absolutamente ilesos.

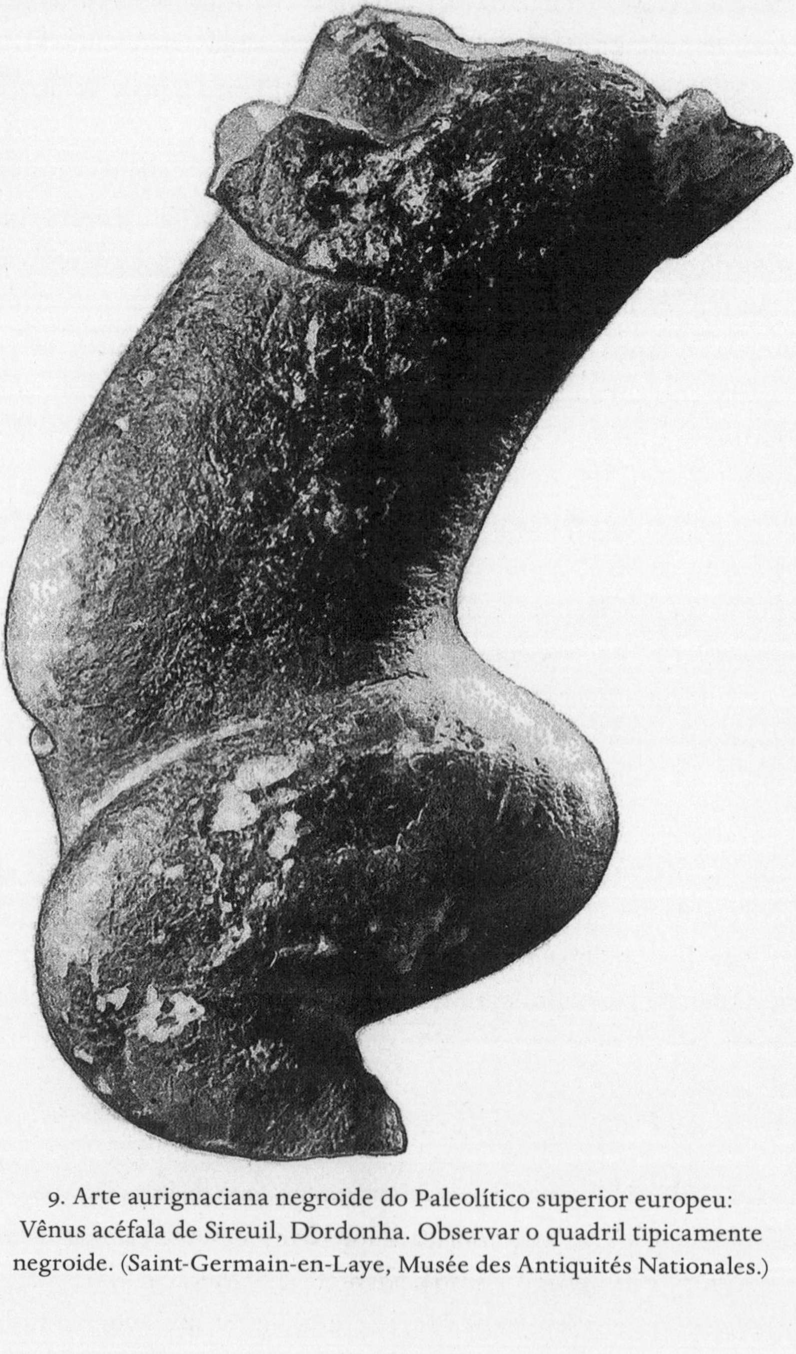

9. Arte aurignaciana negroide do Paleolítico superior europeu: Vênus acéfala de Sireuil, Dordonha. Observar o quadril tipicamente negroide. (Saint-Germain-en-Laye, Musée des Antiquités Nationales.)

- Por outro lado, o Cro-Magnon mais típico viveu na mesma Grotte des Enfants, onde De Villeneuve o descobriu, ao mesmo tempo que o Grimaldi, mas em níveis diferentes. Como é que esse espécime e todos os outros Cro-Magnons semelhantes escaparam milagrosamente ao efeito de deformação dos materiais?
- O mais grave é que esses estudos silenciam sobre todas as outras diferenças morfológicas específicas entre o negroide e o Cro-Magnon. A osteologia de Grimaldi é tipicamente negrítica. Por outro lado, Boule e Vallois observam que "o nariz, com uma depressão em sua raiz, é muito largo (platirrínio). O assoalho das fossas nasais liga-se à face anterior do maxilar por uma calha de cada lado da espinha nasal, como nos negros, em vez de delimitado por uma borda aguda, como nas raças brancas. As fossas caninas são profundas".[49] Sobre a dentição, os mesmos autores escrevem:

> Todos os molares posteriores superiores têm quatro dentículos bem desenvolvidos; mesmo o último, que entre as raças civilizadas tem apenas três. Todos os molares inferiores possuem cinco dentículos bem distintos, mesmo o segundo e o terceiro, que costumam ter apenas quatro nas raças brancas.
>
> A mandíbula é robusta, o corpo é muito espesso; os ramos ascendentes são largos e baixos. O queixo é pouco acentuado; um forte prognatismo alveolar, correlativo ao prognatismo superior, confere-lhe acentuado aspecto retraído. A maioria dessas características do crânio e da face são, se não negríticas, pelo menos negroides.[50]

Quando comparamos as dimensões dos ossos dos membros superiores e inferiores, vemos que eles tinham pernas muito longas em relação às coxas, e antebraços muito longos em relação aos braços; que as pernas eram extremamente desenvolvidas no comprimento em relação aos braços. Ora, essas proporções reproduzem, exagerando-as, as características apresentadas pelas pessoas negras de hoje.[51]

Por outro lado, a arte aurignaciana reproduzia fielmente o tipo físico da raça, não somente o da típica mulher africana, mas também o do homem.

10. Arte paleolítica (aurignaco-perigordianiano):
Vênus de Willendorf. Observar o penteado típico
africano. (Viena, Museu de História Natural.)

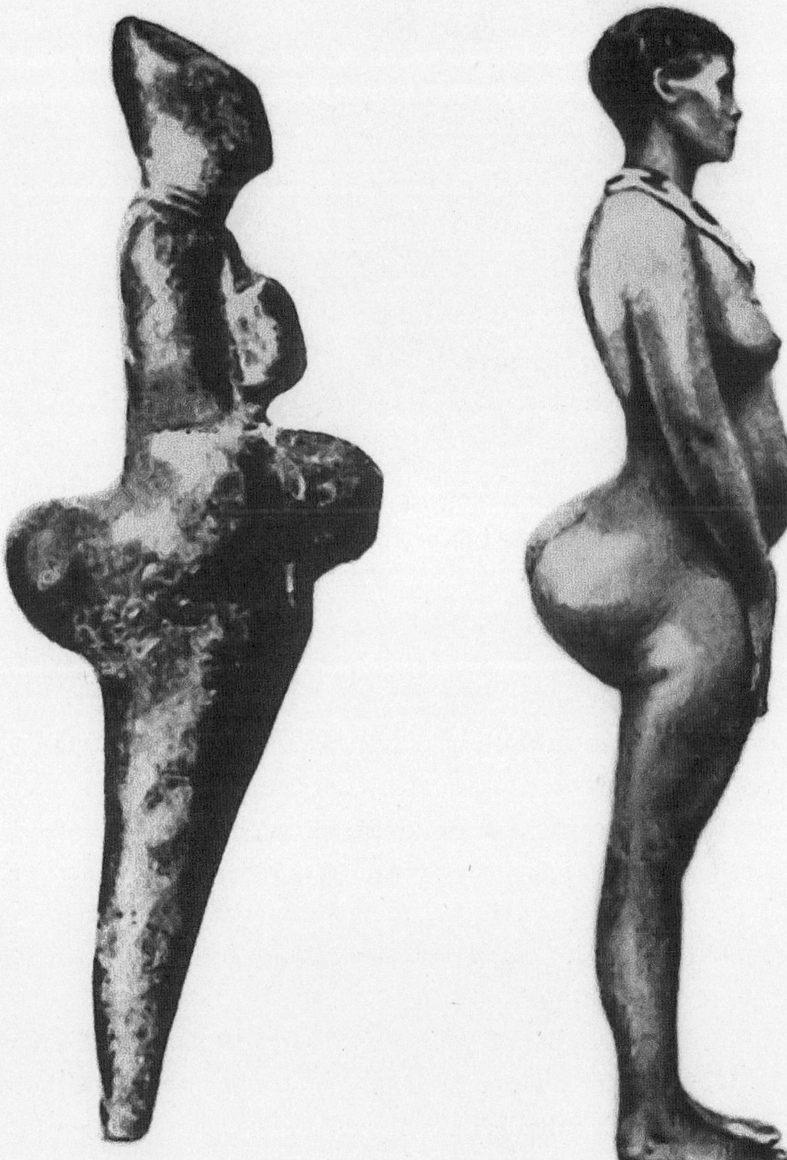

11. As formas de uma estatueta ou Vênus aurignaciana (*à esquerda*) comparadas às da famosa Vênus Hotentote (*à direita*), que viveu na França entre as duas guerras mundiais. (Apud M. Boule e H. V. Vallois, *Les Hommes fossiles*, p. 325.)

12. Arte aurignaciana negroide: cabeça negroide preservada no Museu de Saint-Germains-en-Laye. (Saint-Germain-en-Laye, Museu de Antiguidades Nacionais.)

A esse respeito, existe uma cabeça negroide muito característica no Museu de Saint-Germain-en-Laye que quase nunca é mencionada (figs. 9 a 12).

Finalmente, esses dois indivíduos preservados no Museu de Mônaco, uma mulher e uma criança, têm alturas respectivas de 1,60 metro e 1,56 metro, o que não nos permite ter uma ideia exata da estatura real da raça de Grimaldi (fig. 13). Para isso, teria sido necessário encontrar um indivíduo adulto do sexo masculino.

Da mesma forma, para Gerassimov[52] o grimaldiano e o homem de Combe-Capelle são obviamente *Homo sapiens* negroides. O homem de Predmost, que ele considera um mestiço de Neandertal e *Homo sapiens*, poderia ser apenas um *Homo sapiens australoide*, porque naquela época tardia do Paleolítico superior qualquer vestígio de Neandertal parecia já ter desaparecido. Esse homem tem toda a aparência de um verdadeiro negroide, embora Vallois tente classificá-lo entre os Cro-Magnons. O mesmo poderia ser dito do homem de Brno: Predmost e Brno parecem descender em linha direta dos já mencionados aurignacianos dessa mesma região do Danúbio e da Europa Central.

Guerassimov também pensa que o grimaldiano é um negroide invasor, e não um originário da Europa. Ele escreve:

> É bastante claro que o homem do Paleolítico superior penetrou no território da Europa Ocidental já possuindo diversas variantes de cultura e traços específicos do *Homo sapiens* inferior, apresentando traços mais ou menos equatoriais. Esse complexo pseudonegroide se manifesta em conjunto com traços específicos, não somente de ordem fisionômica, mas também constitucional.

A mutação do negroide em Cro-Magnon não aconteceu em um dia! Houve um longo período de transição de mais de 15 mil anos, correspondendo ao aparecimento de vários tipos intermediários entre o negroide e o europoide, sem que se pudesse tratar de mestiçagem. Em particular, a osteologia dos primeiros Cro-Magnons é negroide, o que parece normal.

Na verdade, a osteologia negroide, formada na África em um paleoambiente de savana, onde surgiu a girafa, levou um tempo para se adaptar à vida recurvada da caverna na Europa, durante a era glacial; dito de outra forma, para passar de uma vida ao ar livre para uma vida quase subterrânea. Apenas progressivamente as proporções negroides do tipo grimaldiano inicial seriam destruídas. Observa também Guerassimov:

> Os Cro-Magnons clássicos apenas podem ser chamados de europoide sob certas condições. As proporções de seus corpos estão mais perto dos negroides; além disso, fisionomicamente, muitos têm uma testa quase vertical e sobrancelhas fracamente marcadas, um prognatismo fortemente expresso e, como resultado, uma proquélia dos lábios. Essas características de tipo equatorial se manifestam mais claramente nas mulheres.

Enfim o autor, que é soviético, mostra por sua vez que a área de expansão dos negroides se estendia da Europa Ocidental até o lago Baikal, na Sibéria, passando pela Crimeia e pela bacia do Don; foi ele mesmo quem

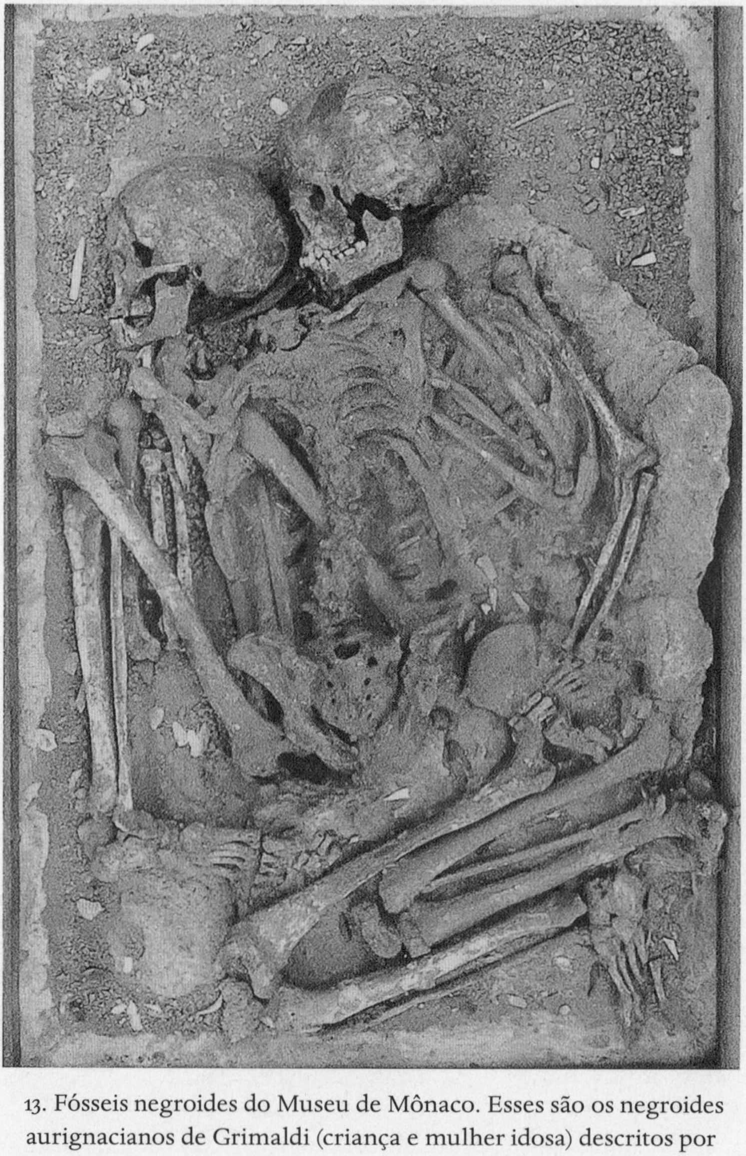

13. Fósseis negroides do Museu de Mônaco. Esses são os negroides aurignacianos de Grimaldi (criança e mulher idosa) descritos por R. Verneaux e por M. Boule e H. V. Vallois. Por que a pressão que os tornaria prognáticos teria poupado milagrosamente os crânios, que estão intactos, embora não sejam mais robustos que os ossos da mandíbula e da face? (Indivíduos de Grimaldi, Grotte des Enfants, Ligúria italiana, fóssil de *Homo sapiens* do Paleolítico superior. Principado de Mônaco, Museu de Antropologia Pré-Histórica.)

descobriu a indústria aurignaciana na Sibéria, perto do lago Baikal, a mesma indústria de que fala Andor Thoma em seu artigo.[53] Ele continua:

> Esse complexo de "negroididade", embora expresso de outra forma, é especialmente muito claro nos esqueletos de Grimaldi. O complexo equatorial específico se exprime de maneira particularmente precisa no esqueleto da "Maquina Gora" no Don. O crânio desse homem é praticamente indistinguível dos crânios dos atuais papuas, nem por índices descritivos nem por dados de mensuração. O esqueleto de Combe-Capelle também é expressivo, embora possua traços diferentes, os do tipo australoide.

É interessante notar que o fóssil de Combe-Capelle, que se pretendia ser o ancestral dos europoides, é aqui descrito como um australoide, sobretudo se recordarmos que Thoma gostaria de fazer os australoides descenderem dos arcantropianos; percebe-se o quão indefensável é este último ponto de vista. Atualmente, a natureza muito recente da formação do ramo australiano está praticamente demonstrada.[54]

Mas Guerassimov prossegue:

> O crânio mais "sapiencial", ligado à indústria musteriana, foi descoberto na URSS, na Crimeia, perto da cidade de Bakhchisarai, no abrigo Starocelia.
>
> O esqueleto de uma criança reconhecidamente inumada foi descoberto *in situ*. Os dados estratigráficos são impecáveis, e a indiscutível pertença da inumação à época musteriana é indubitável. O esqueleto é de uma criança de um ano e meio a dois anos de idade. Praticamente todo o crânio está intacto (pode ter sido restaurado). Arqueologicamente falando, é um musteriano final. As características do *Homo sapiens* têm traços do tipo equatorial.

Por outro lado, foram descobertos ossos pertencentes a uma mulher adulta do período Musteriano. O autor analisa os fósseis nos seguintes termos:

> O grau de desenvolvimento da protuberância do queixo é indicativo da presença de um *Homo sapiens* inteiramente formado. A morfologia do crânio da

criança e do fragmento do maxilar da mulher adulta permite supor que estes achados fixam a etapa quase final da formação do antigo *Homo sapiens* na sua variante específica equatorial próxima do Homem da "Maquina Gora" do Don. Os achados de Starocelia permitem relacionar a formação do antigo *Homo sapiens* ao Musteriano Médio.

Daí decorre que os *Homo sapiens* mais antigos da Europa, até os confins da Ásia, são negroides, se nos ativermos a uma análise objetiva dos fatos. Se passarmos para a Ásia, a velha Ásia dos orientalistas, o que chama a atenção é, contra todas as expectativas, o aparecimento extremamente recente do *Homo sapiens sapiens*. A análise de carbono-14 realizada pelos próprios chineses permitiu estabelecer que o homem de Ziyang — que as estimativas dos estudiosos remontam a 100 mil anos — data de 7500 ± 130 AP ou 5550 a.C. Da mesma forma, o homem da gruta superior de Zhoukoudian, ao qual os especialistas igualmente atribuíram uma idade de 100 mil anos, data de 18 865 ± 420 AP ou 16 915 a.C.[55] Weidenreich estudou sucintamente os fósseis dessa gruta superior do abrigo onde o sinantropo foi descoberto. Ele nota que um dos crânios, muito dolicocéfalo, apresenta afinidades com os cro-magnoides e mongoloides e seria, portanto, para o autor, o tipo primitivo do mongol. Os outros dois crânios femininos estudados se assemelham, um ao tipo melanésio da Nova Guiné, outro ao tipo esquimó moderno. Weidenreich acredita que o já mencionado crânio dolicocéfalo pode ser um precursor muito distante do chinês atual. Mas, observa Vallois,

> estes [os chineses de hoje] apenas nos aparecem muito mais tarde e de uma forma brusca, com todas as suas características antropológicas já bem marcadas. Assim, os neolíticos da época Yang-Shaw, de cerâmica policromada, datando de cerca de 5 mil anos, cujos crânios foram recolhidos por Andersson em Kansu e Henan, e estudados por Black, pertencem já a um tipo essencialmente semelhante ao dos chineses do norte.[56]

Todos os locais pré-históricos japoneses, exceto um ao sul, são do Holoceno. Matsumoto exumou esqueletos neolíticos que se assemelham mais aos ainu, e aos homens do Paleolítico recente e do Neolítico europeu.[57] Assim, portanto, toda a cronologia orientalista habitual desmorona com o advento dos métodos radiométricos de datação. A título de resumo, seguem-se as datas de aparecimento do *Homo sapiens sapiens* nos diferentes centros conhecidos do mundo.

- África negra, Omo 1 e Kanjera, 150 mil anos.
- Invasão da Europa pelo negroide grimaldiano vindo da África, 33 mil anos.
- Primeiro Cro-Magnon na Europa, 20 mil anos (para ficar com datas plenamente verificadas).
- Chegada de australianos à Austrália, 30 mil a 20 mil anos.
- Aparecimento do primeiro paleossiberiano (de acordo com Thoma), 20 mil anos.
- Os primeiros *Homo sapiens* da China, 17 mil a.C.
- Aparecimento do tipo chinês atual, por volta de 6 mil a.C.
- Aparecimento do tipo nipônico, Neolítico, talvez por volta de 5 mil ou 4 mil a.C.

Pode-se agora compreender a inviabilidade da tese policêntrica. O aparecimento do *Homo sapiens sapiens* nos diferentes centros hipotéticos deveria ser sensivelmente contemporâneo; alguns desses centros deveriam mesmo ser mais antigos que o da África para melhor evidenciar a independência dessa gênese policêntrica em relação à África: não é o caso. Todos os chamados centros de aparecimento do homem moderno são mais recentes que o da África e podem, portanto, ser explicados, a partir deste continente, por uma filiação mais ou menos direta por meio de migração e de diferenciação geográfica, consecutiva à adaptação ao paleoambiente. Então, o que chama a atenção não é a independência dos centros, mas suas ligações necessárias com a África para serem cientificamente explicáveis. Pode-se agora medir tudo o que há de inadmissível na tese policêntrica revista e melhorada por Thoma, depois de Keith e Coon.

As raças que o povoamento leucoderme poderia condenar ao desaparecimento tornam-se fósseis vivos, provenientes dos arcantropianos: este seria o caso dos bosquímanos e dos australianos, mas todos os *Homo sapiens sapiens*, com absolutamente as mesmas capacidades intelectuais de todas as outras raças, quando não degeneraram individualmente, degeneraram por subalimentação crônica.

A Austrália não viu o nascimento do *Homo sapiens*, ele chegou ali por navegação, há 30 mil anos. Portanto, a ideia de uma formação, no local, de um tipo australiano independente desses invasores que devem ter sido um ramo dos aurignacianos da Ásia é indefensável.

Os negroides sobreviveram em toda a Europa até o Neolítico: Espanha, Portugal, Bélgica, Bálcãs etc. Vimos que, no Paleolítico superior e recente, eles já estavam na Sibéria e na China (gruta superior de Zhoukoudian, antes mencionada), e isso antes mesmo do nascimento do tipo chinês e japonês; eles coexistiriam assim no Extremo Oriente com um tipo de Cro-Magnon mais ou menos mongolizado, na mesma gruta de Zhoukoudian. Não é possível definir melhor as condições de mestiçagem (entre negroide e cro-magnoide mongolizado) em um paleoambiente definido, mestiçagem que pode conduzir posteriormente à formação dos recentes ramos da humanidade: amarelo (japonês e chinês); semitas (árabes e judeus em um outro contexto geográfico). A formação do ramo semítico se situa entre o quinto e o quarto milênios. Trata-se de uma verdadeira mestiçagem entre branco (Cro-Magnon não mongolizado) e negro no limiar da época histórica.[58]

No Museu de Riad, na Arábia Saudita, pode-se ver a reprodução de pinturas rupestres que mostram o tipo negroide que habitou a península Arábica no período neolítico e que gradualmente se mestiçou com elementos leucodermes, vindos do nordeste, para finalmente produzir o tipo árabe. Até o período Sabeu, em 1000 a.C., essa mestiçagem ainda não estava concluída no sul (figs. 14 a 16).

Nenhuma raça braquicéfala pôde se formar antes do Mesolítico, isto é, antes de 10 mil anos. Podemos portanto distinguir as raças dolicocéfalas do Paleolítico superior:

- Negroide da África (Omo 1, Kanjera): 150 mil anos.
- Negroide de Grimaldi (Europa): 33 mil anos.
- Cro-Magnon: 20 mil anos.
- Paleossiberiano: 20 mil anos.

14. Gravura do deserto árabe. Há no Museu de Riad outras reproduções típicas das populações migratórias da pré-história da península Arábica, populações cuja fusão com um elemento leucoderme explica em grande parte o nascimento do ramo semítico. (L. Frobenius, *Ekade Ektab, Die Felsbilder Fezzans*, p. 49, fig. 63.)

15. Esse ícone bizantino do século XI mostrou que, até pouco tempo atrás, a lembrança do Egito negro ainda não se tinha apagado da memória dos povos. Essa é a famosa cena em que Abraão, distinguido por sua auréola de santidade, se apresenta com Sara, sua esposa, diante do faraó negro… O contraste de cores é mais marcante no original do que nesta reprodução em preto e branco. Não há confusão possível: o faraó e os dignitários de sua Corte são negros, Abraão e Sara são leucodermes. (Reprodução do Octateuco, folio 35. J. Devisse, *L'Image du Noir dans l'art occidental*, t. II, p. 102, fig. 72.)

As raças braquicefálicas recentes que apareceram no Neolítico são amarelas:

- Chinês, japonês: 6 mil anos.
- Semitas (acadiano, árabe, judeu): 5 mil anos.

Tendo a mutação do negroide grimaldiano em Cro-Magnon se tornado um fato quase patente para todos os cientistas não limitados por preocupações ideológicas, a biologia molecular está agora tentando ajustar o processo no laboratório.

Assim, nas entrevistas de Bichat de 1976, uma mesa-redonda dirigida pelo professor B. Prunieras foi dedicada ao fenômeno, ou seja, ao estudo da despigmentação do negro, levando ao tipo leucoderme.

Um grande bioquímico americano branco acaba de propor uma nova explicação para o mesmo fato, baseada na biossíntese de vitamina D sob a ação dos raios ultravioleta.

A correlação entre a cor da pele e latitude de origem das populações é um fato, sua interpretação por um mecanismo de seleção/adaptação permanece uma hipótese plausível, mas não comprovada.

A Europa não viu nascer o *Homo sapiens sapiens*, ele chegou como migrante negroide. A mutação deste último em cro-magnoide impõe-se cada vez mais como uma necessidade, mas o mecanismo íntimo dessa mutação ainda não está totalmente compreendido, ainda estamos longe. A biologia molecular começa a atacar o problema.

Na primeira edição de *Nations nègres et culture*, em 1954,[59] eu havia proposto como hipótese que a raça amarela deveria ser o resultado de uma mestiçagem de negro e branco sob um clima frio, no final do Paleolítico superior, talvez. Atualmente, a ideia é amplamente partilhada pelos cientistas e investigadores japoneses. Um estudioso japonês, o dr. Nobuo Takano, chefe da Divisão de Dermatologia do Hospital da Cruz Vermelha de Hamamatsu, acaba de desenvolvê-la em um livro em japonês publicado em 1977 e que ele teve a gentileza de me oferecer quando em 1979, de passagem por Dakar, visitou meu laboratório com um grupo de pesquisadores japoneses.

16. Os hebreus no Egito: as duas primeiras figuras à direita são pessoas negras, são os egípcios; os que se seguem são hebreus trazendo tributo. Pode-se ver claramente a diferença entre as duas comunidades naquela época. Nas reproduções de livros didáticos, os dois negros, os egípcios, costumam ser omitidos. (K. R. Lepsius, *Denkmäler aus Aegypten und Aethiopien*, v. III e IV, parte II, p. 133.)

O autor sustenta essencialmente que a primeira humanidade é negra. O negro dá origem ao branco, e a miscigenação dessas duas raças (preta e branca) dá origem ao amarelo: essas três etapas constituem o título do livro em japonês, como ele me explicou.

Digamos algumas palavras sobre um livro publicado em 1977 e intitulado *Race et intelligence*, de Jean-Pierre Hébert. Irei me limitar a apontar a imprecisão dos fatos essenciais sobre os quais repousa seu fundamento.

Os autores* se referem à tese de Carleton S. Coon segundo a qual "a transformação *erectus-sapiens* teria ocorrido na Europa, há cerca de 200 mil anos, muito antes do aparecimento do *sapiens* africano", e eles lembram que Andor Thoma qualificou "o trabalho de Coon de obra magistral".[60]

Para sustentar essa ideia, os antropólogos conservadores não recuaram diante de nada: não hesitaram em fabricar uma falsificação (o homem de Piltdown, que *Race et intelligence* ignora completa e pudicamente) para induzir em erro o mundo científico durante meio século.

As motivações que hoje se tenta atribuir a esse douto falsário parecem-nos todas inadmissíveis. Assim, a teoria dos pré-*sapiens* europeus baseava-se numa farsa, e desde que a peça central se revelou sem fundamento, propositadamente fabricada, a tese perdeu toda a sua consistência.

Um estudioso como Coon não hesita em escrever um parágrafo como o que se segue, onde todos os números, sem exceção, são falsos, radicalmente falsos, como a análise cronológica dos fatos acaba de nos provar. Ele escreve:

> Os crânios mais antigos conhecidos do *Homo sapiens*, os dois provavelmente femininos, são os de Swanscombe e Steinheim, do interglacial Mindel-Riss, datado hoje de 470 mil a 300 mil anos. No norte de África, os mais antigos

---

* Jean-Pierre Hébert foi o pseudônimo escolhido por quatro pesquisadores (dois geneticistas, um etnólogo e um especialista em problemas de psicometria) para assinar anonimamente *Race et intelligence*, como informa a edição original do livro. (N. T.)

Homo sapiens têm entre 100 mil e 47 mil anos, na África Oriental, entre 60 mil e 30 mil anos, e em Java, em Sarawak e na China, não mais de 40 mil anos.[61]

O que podemos chamar de *Homo sapiens* na África do Norte, há 100 mil anos? Em Java, a presença de uma indústria aurignaciana ligaria o *Homo sapiens sapiens* à mesma linhagem negroide.

A tendência é muito forte entre os ideólogos para falsear os fatos. Assim, outro cientista inglês de renome mundial, Sir Cyril Burt, não hesitou

ESQUEMA SIMPLIFICADO DO PROCESSO PROVÁVEL DE DIFERENCIAÇÃO DAS RAÇAS POR FATORES FÍSICOS

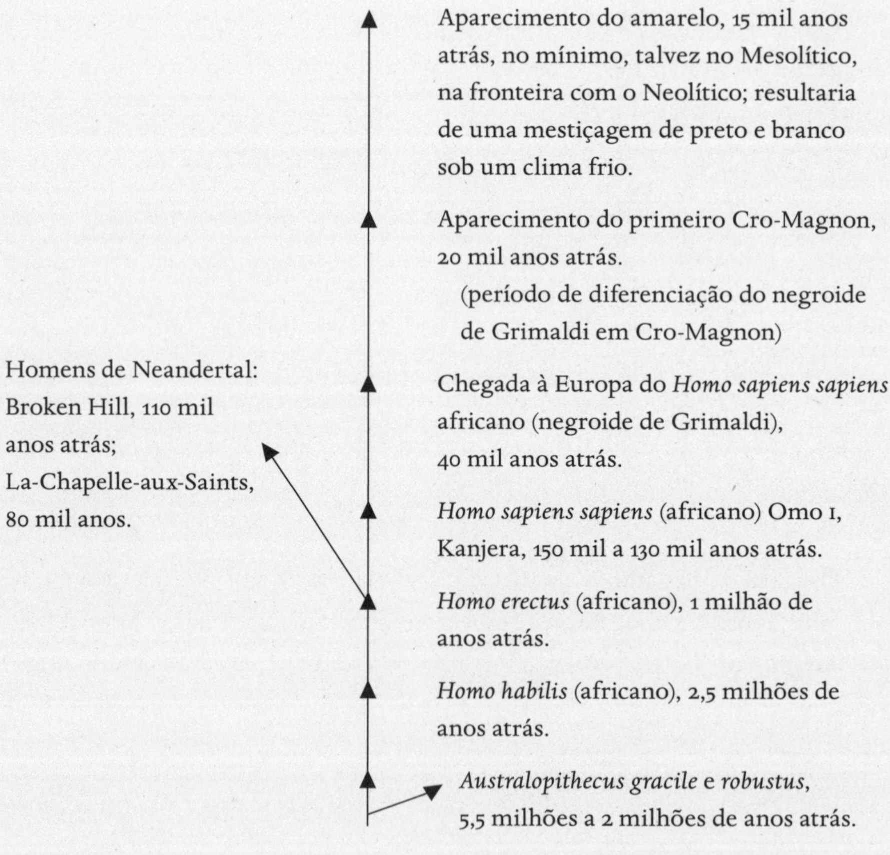

em falsificar os resultados de supostos experimentos sobre o Q.I. (coeficiente de inteligência) de gêmeos homozigotos e heterozigotos. Segundo ele, a correlação entre Q.I. de gêmeos criados separadamente seria de 0,771, com precisão de até a terceira casa decimal. Da mesma forma, para gêmeos criados juntos, a correlação é ainda de 0,944. A priori, uma constância dessa razão até a terceira casa decimal parece ser surpreendente. Uma verificação empreendida por J. Kamin, professor de psicologia em Princeton, e por A. Clarke, da Universidade de Hull, provou que se tratava de uma farsa comparável em todos os aspectos à de Piltdown, e tendendo a provar a inerência da inteligência e a inferioridade de certas raças.[62]

Os autores de *Race et intelligence* não são ingênuos; eles leram inteiramente o artigo de Thoma, então sabem perfeitamente que a expressão "obra magistral" usada por ele, colocada em seu contexto, não é um elogio: é a precaução usual que um autor toma antes de demolir a tese contrária. Thoma, embora comprometido com a tese policêntrica, evita cair na mesma armadilha de Coon, que, para salvaguardar a individualidade da raça europeia, rejeita qualquer ideia de migração. Mas Thoma não está menos atolado em dificuldades intransponíveis, como mostramos, pois o policentrismo, tese do senso comum, é cientificamente indefensável hoje.

Não voltaremos aos dados cronológicos precisos já expostos e a tantos outros fatos que nos obrigam a renunciar ao policentrismo na fase do *Homo erectus*, a menos que persistamos em fazer ideologia pura.

Thoma, para defender o policentrismo, utiliza o método de Penrose para calcular as distâncias de formas entre as diferentes raças e descobre que o amarelo está mais próximo do Neandertal que do Cro-Magnon; a ideologia deve ter servido para que o autor encontrasse distância maior entre dois *Homo sapiens* do que entre um deles (o amarelo) e o *Homo "faber"*, ou seja, o Neandertal, mesmo quando se conhece a profunda diferença morfológica entre o Neandertal e o *sapiens*. "A distância de formas entre essas duas variantes humanas [paleo-siberiana e neandertaliana] é de fato menor do que a que separa paleossiberianos e Cro-Magnon; Neandertais e Cro-Magnon estão ainda mais distantes."[63]

Coon, Thoma e todos os policentristas evitam a dificuldade maior que consiste em saber para onde foram os *Homo sapiens* europeus, durante 250 mil anos, período que separa o seu aparecimento hipotético na Europa do Grimaldi, o primeiro verdadeiro *Homo sapiens sapiens* surgido no continente europeu. Com efeito, os pretensos *Homo sapiens* europeus desaparecem sem deixar descendência durante todo esse período: por que os policentristas não discutem honestamente essa questão, se querem fazer um trabalho científico? Não, há um consenso: sabe-se que a dificuldade é insuperável, finge-se não a ver, e ninguém a questiona. Gostaríamos de nos referir à discussão que tivemos antes sobre o tema.

Os autores de *Race et intelligence* têm a arte de enganar o leitor, como vimos com a expressão "obra magistral", deliberadamente interpretada em sentido tendencioso e errôneo. Com efeito, eles escrevem: "Um crânio descoberto em Vértesszöllös, estudado pelo professor Thoma, tem cerca de 500 mil anos. Esse homem sabia fazer fogo e sua capacidade craniana chegava a 1400 centímetros cúbicos". O professor Thoma conclui que se trata de um *Homo sapiens*. "O ser humano inteligente, o *Homo sapiens*, teria aparecido na Europa há muito tempo."[64] Aqui, estamos perto da fraude, porque não se dá ao leitor nenhuma forma de adivinhar que todos esses números (500 mil anos, 1400 centímetros cúbicos) são puramente imaginários.

Na verdade, trata-se de um occipital, encontrado na Hungria em 1966-7 e associado a uma fauna do Pleistoceno médio, e cujo tipo morfológico é muito controverso: o volume do crânio não é medido, uma vez que ele não existe; deduz-se por suposição. Essa é a razão pela qual esse fóssil passou quase despercebido no simpósio da Unesco de 1969. Para dar-lhe um significado especial, é necessário desejar ardentemente fazer isso; o simples fato de que Thoma o classifica na mesma série que o homem de Heidelberg (mandíbula de Mauer), que é um *Homo erectus*, o prova amplamente: "Fósseis fragmentários sugerem a existência de um filo ocidental, mais incerto que os dois anteriores: (Mauer?) — Vértesszöllös — Swanscombe — Fontéchevade — (Quinzano?) — Proto-Cro-Magnon do tipo Starocelia — Qafzeh".[65]

Decorre de todo o exposto que a passagem de Thoma é completamente incoerente ou, em todo caso, inconsistente.

O fóssil em questão está sem rosto, sem testa, sem um único traço característico que permita classificá-lo, sem ficção, entre os *sapiens*. E sempre a mesma questão! O que teria acontecido com seus descendentes nos últimos 500 mil anos? E Thoma, consciente desse abismo, ainda que não o diga, emprega termos tão duvidosos que fica claro que não acredita muito no que escreve no parágrafo citado: "Fósseis fragmentários sugerem a existência de um filo ocidental, mais incerto que os dois anteriores".

Acabamos de ver: para construir a teoria do pré-*sapiens*, nossos autores transformam friamente as hesitações de Thoma em quase certezas.

Se alguém quiser saber a verdade sobre a idade do occipital de Vértesszöllös, basta datá-lo pelo método dos aminoácidos, que não é muito destrutivo.

Enfim, a tese dos pré-*sapiens*, para ser crível, deveria poder apoiar-se na antiguidade do *Homo sapiens* nos outros continentes, em particular na Ásia. É por isso que os autores do livro, baseando-se nas convenientes estimativas estratigráficas que permitem envelhecer os fósseis à vontade, escrevem: "Na Ásia [...], o primeiro *sapiens* conhecido apareceu há 150 mil anos na província de Sichuan em Yangtzé".[66] Isso é falso: esse fóssil, datado por C14 pelos próprios chineses, revelou apenas uma idade de 7500 anos ± 130. Portanto, corresponde ao homem do Neolítico africano.

Mas os autores continuam: "A capacidade craniana deste homem é de 1210 centímetros cúbicos. Ele é, portanto, menos precoce e tem um cérebro menor do que o homem de Vértesszöllös (1400 centímetros cúbicos há 500 mil anos)".[67]

Aqui a fraude é evidente. O homem de Vértesszöllös, pura ficção poética quanto ao volume craniano e à idade, torna-se uma realidade palpável, objetiva, que se opõe a um tipo asiático, de idade igualmente falsa.

Os autores continuam com o embuste: "Ele [o homem de Liu-Kiang] [...] viveu há 100 mil anos".[68] É igualmente falso: esse fóssil, datado também pelos próprios chineses, revelou uma idade de 16 915 anos ± 420. Assim, então, a tese do pré-*sapiens* desmorona, como demonstrei. A diferenciação das raças é um fenômeno geográfico que, sob o império dos fatores físicos, se efetuou após o aparecimento do *Homo sapiens sapiens*, que é um negroide africano, e não no estádio do *Homo erectus* como desejaram os ideólogos ocidentais.

Passemos agora à análise das diferenças raciais. Elas são evidentes e não têm nenhum valor demonstrativo: todos podem constatar que o fenótipo de um negro não é o de um sueco. Então, façamos o preenchimento tedioso, com aspecto científico, catalogando todas as possíveis diferenças raciais verdadeiras ou supostas nos diversos domínios; tal grupo sanguíneo é mais frequente entre as pessoas negras do que nas nórdicas... E depois? Isso é revelador de aptidões intelectuais?

Os alemães também buscavam o "sangue azul" que os distinguiria dos "franceses degenerados", os welsch [galeses].

Um jovem alemão de dezesseis anos, ferido durante a Segunda Guerra Mundial em Estrasburgo, preferiu morrer a "aceitar que lhe fosse transfundido o sangue impuro do galês" que era seu doador; ainda assim, gentilmente agradeceu-lhe, se contorceu e morreu. Um soneto de admiração lhe foi dedicado no *Mercure de France* da época.

A obra de Jean-Pierre Hébert estuda "o sistema HLA e seu polimorfismo entre diferentes raças", depois "a pressão da mão direita e a pressão da mão esquerda entre brancos, negros, índios dos Estados Unidos e o felá de Kargh (Egito)".[69]

Eis o tipo de preenchimento absurdo destinado apenas a condicionar o leigo, que tem a impressão de ler um livro científico.

Recensear diferenças anatômicas entre raças que são essencialmente diferentes na aparência não tem significado científico. Seria necessário demonstrar que essas diferenças anatômicas correspondem a diferenças hierárquicas no sentido da hominização: se os autores conseguissem fazê-lo, não seriam mais autores mascarados, entrincheirados atrás do anonimato; seriam elevados à dignidade de "feiticeiros mascarados", grandes taumaturgos.

A observação é particularmente verdadeira para as supostas diferenças anatômicas encontradas entre os cérebros de diferentes raças. Mas aqui temos que distinguir entre a realidade e o engano sutil.

Está provado há muito tempo que todas as raças de *Homo sapiens* têm absolutamente a mesma morfologia cerebral. A grande diferença entre o *Homo erectus* e o *Homo sapiens sapiens*, ou entre o homem de Neandertal e o *Homo sapiens sapiens*, é menos o peso do cérebro do que a ausência do lobo do cérebro anterior no Neandertal.

A biologia molecular acaba de nos ensinar que, em escala individual, não existem dois cérebros humanos idênticos, e é esse polimorfismo que constitui a sorte da espécie humana ou o seu poder de adaptação; mas essas diferenças individuais, como as linhas da mão, de forma alguma conduzem a uma hierarquia racial.

Como vimos, seria necessário, portanto, no nível do cérebro em geral e do cérebro anterior em particular, encontrar uma diferença hierárquica entre raças e, em específico, entre preto e branco, mas isso não é para amanhã! E também aqui os fatos são citados apenas para confundir o leigo, quando não são simplesmente falsos.

"No arranjo e no grau de complexidade das conexões interneuronais do lóbulo frontal, é possível evidenciar as características primitivas dos australianos, por exemplo, e o paedomorfismo dos Sanidas."[70] Pura piada macabra essa ficção romanesca, no sentido de que diz respeito aos povos cuja pátria foi confiscada e que se pretende condenar ao desaparecimento, como seres fósseis.

Qualquer diferença no cérebro apenas pode ter um significado individual, nunca racial; escrever, seguindo algumas medições capciosas de "tipos bem escolhidos", que existe tal ou tal diferença específica de peso, de morfologia (circunvoluções) entre raças, em particular entre negros e brancos, é uma fraude científica.[71] Essas medições apenas fariam sentido se fossem realizadas por equipes mistas de cientistas (brancos, negros, amarelos) de competência similar, escolhendo devidamente suas amostras de meios raciais igualmente instruídos e desfrutando da mesma posição social.

Caso contrário, pegue uma equipe homogênea de negros ou amarelos, operando em assuntos brancos, e todos os resultados aqui citados serão revertidos ou, de qualquer forma, questionados. Não é temerário analisar a anatomia de um negro queniano alcoólatra e degenerado para concluir a inferioridade do negro, como faz o dr. F. W. Vint, do Laboratório de Pesquisa Médica de Nairóbi? "Os cérebros que ele [dr. Vint] examinou provêm, com efeito, para um grande número deles, de autópsias de doentes, de cirróticos em particular."[72]

Foi à custa de manipulações como essas que foi possível alinhar as diferenças fictícias citadas neste livro, pois qual é o pesquisador ocidental que tem acesso aos cérebros dos sujeitos saudáveis de outras raças?

Dependendo da origem racial da equipe que conduz a investigação, a raça superior é nórdica, germânica, anglo-saxã ou celta...

Assim, a pesquisa de Carl C. Brigham (de 1923), envolvendo 2 milhões de americanos, coloca na liderança da pontuação média de inteligência os indivíduos originários da Inglaterra (digamos os protestantes anglo-saxões brancos), com uma média de 14,87, em seguida vêm os da Escócia, Holanda, Alemanha, Dinamarca etc. Os mediterrâneos e os eslavos aparecem no final, os franceses nem aparecem.[73] E sabemos que uma lei americana, ainda não revogada, o Immigration Act, limita singularmente a imigração para os Estados Unidos de europeus originários de regiões localizadas ao sul do Loire. De modo que os autores anônimos de *Race et intelligence* teriam sérias dificuldades se quisessem emigrar para os Estados Unidos: eles sabem que não têm lugar no Valhalla germânico, onde são considerados descendentes dos negroides pré-históricos que viveram no sul da Europa. Assim, o termo "nortismo" empregado pelos autores é apenas um eufemismo que não dá conta o bastante do sentimento de superioridade germânica diante do qual o "celtismo" aparece apenas como uma pobre reação decorrente do complexo de inferioridade.

Uma equipe de negros com a mesma parcialidade começaria suas mensurações com o minúsculo cérebro de Descartes (do tamanho de uma maçã), apesar de suas muitas circunvoluções, e assim por diante...

Agora que os amarelos, principalmente os japoneses, estão mostrando sua capacidade na ordem científica, apesar da suposta inferioridade de suas mensurações cranianas, o racismo nessa direção tende a se tornar insípido. É por isso que assume cada vez mais um caráter polarizado preto/branco.

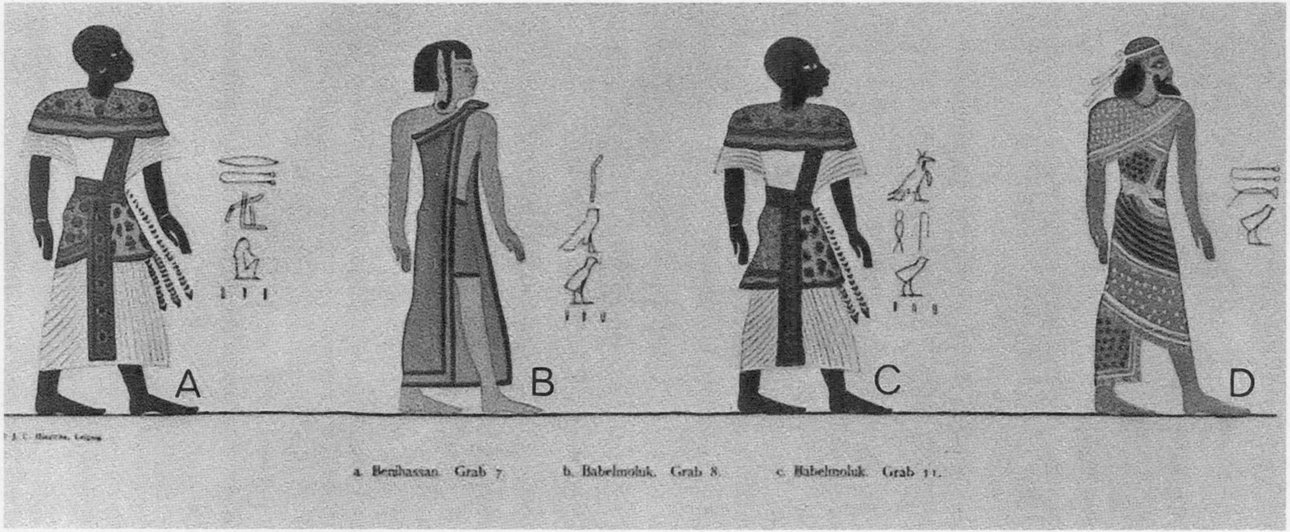

17. Essa pintura do túmulo de Ramsés III (1200 a.C.) mostra que os egípcios se percebiam como negros e se representavam como tais, sem possíveis confusões com os indo-europeus ou os semitas. Trata-se de uma representação das raças em suas menores diferenças, o que garante o realismo das cores. Em toda a sua história, os egípcios nunca tiveram a fantasia de se representar pelos tipos B ou D. (K. R. Lepsius, *Denkmäller aus Aegypten und Aethiopien*, vol. compl., prancha 48.)

A) O egípcio visto por si mesmo, negro típico.
B) O indo-europeu.
C) Os outros negros da África.
D) O semita.

No último conselho de gabinete de julho de 1979, o governo francês estabeleceu como objetivo chegar ao Japão.

Os negros, na história, subjugaram a raça branca por 3 mil anos. Visitem o túmulo de Ramsés III, se ousarem interpretar corretamente a realidade das pinturas murais. Hoje, estão às vésperas de um novo começo, tendo sido, por sua vez, vendidos por quilo para o Ocidente.[74] Tanto melhor para os racistas, se eles pensam que são os mais inteligentes; com o que se preocupam, então (figs. 17 e 15)?

O livro coloca o problema da mestiçagem: este é um fator positivo ou negativo na ordem da evolução histórica? A história já respondeu a essa questão. Todos os semitas árabes e judeus, bem como a quase totalidade dos latino-americanos, são mestiços de negros e brancos: deixando de lado todo preconceito e complexo, essa miscigenação ainda é visível em olhos, lábios, unhas, cabelos da maioria dos judeus.[75]

Os amarelos, e os japoneses em particular, também são mestiços, e seus próprios especialistas agora reconhecem esse fato importante.[76]

Ao lado dos ideólogos racistas, existem os estudiosos imparciais que avançam o conhecimento humano neste campo tão delicado da antropologia física, e a lista seria longa demais: Jacquard, F. Jacob, Franz Boas, Ashley Montagu, Jacques Ruffié etc.

Jacquard constata "que identificar inteligência e Q.I. é tão ridículo quanto confundir temperatura retal e saúde",[77] e acrescenta: "O verdadeiro problema é entender por que algumas pessoas fazem essa pergunta. O seu verdadeiro objetivo é justificar as desigualdades sociais por pretensas desigualdades naturais".[78]

A etnia de Ramsés II

Acabamos de lembrar que os egípcios eram negros da mesma espécie que todos os naturais da África tropical (fig. 17). Isso é particularmente verdadeiro quando se trata de Ramsés II, seu pai Seti I e Tutemés III.

Como as três múmias desses faraós estão bem preservadas no Museu do Cairo, tive a oportunidade, durante a preparação do simpósio do Cairo sobre a etnia dos antigos egípcios, sob a égide da Unesco, de pedir um milímetro quadrado de pele de cada um para analisar o nível de melanina e, portanto, determinar a pigmentação. Isso é absolutamente possível.[79] Infelizmente, a autorização para colher as amostras nunca foi dada, de modo que minhas análises nesse campo dizem respeito às múmias egípcias do Museu do Homem.

Embora a noção de raça seja muito relativa, a biologia molecular identificou marcadores raciais, fatores quase estritamente localizados em cada grupo racial: Fator Diego entre os amarelos, fator Kell entre os brancos e fatores Sutter e Gm6 entre os negros.[80]

A ciência pode, portanto, através da pesquisa dos fatores Sutter e Gm6 e pela análise da taxa de melanina, determinar com precisão a raça de Ramsés II pelos meios mais objetivos.

A poeira sugada do ventre da múmia para fins de análise, durante sua estadia em Paris, continha mais do que o necessário em detritos orgânicos e coágulos sanguíneos para fazer estudos deste tipo.

Mas parece que se decidiu, por princípio, não fazer as únicas análises que poderiam nos ter informado de modo seguro sobre a raça da múmia por uma questão de salvaguarda da sua integridade.

Nesse caso, que ninguém nos diga que Ramsés II era leucoderme e louro ruivo. Ramsés II não era um leucoderme e menos ainda poderia ser loiro avermelhado, pois reinava sobre um povo que massacrava instantaneamente os loiros avermelhados assim que os encontrava, em qualquer lugar; eram considerados seres estranhos, malsãos, azarados e inaptos para a vida.[81] Como podemos recuperar a cor do cabelo de um homem de noventa anos? Os cinquenta laboratórios parisienses de renome que estudaram a múmia nos ensinaram que havia nicotina em suas entranhas, mas que, por respeito, somente poderiam determinar sua etnia a partir da estrutura de um fio de cabelo! Comparemos essa estrutura com a do cabelo de um núbio atual do Alto Egito com cor de pele negra amarronzada antes de concluir!

Essas poucas linhas mostram que a determinação da etnia de Ramsés II, que acaba de ser realizada em Paris, não tem valor científico. Seguramente, ela não é conclusiva. Ainda hoje, mesmo depois da irradiação que amarelava a múmia (que era realmente negra antes da operação, como pude constatar), é sempre possível determinar a taxa de melanina na pele, pelos subprodutos de degradação dessa melanina que se conserva, inclusive, em fósseis de animais, por milhões de anos. Nem se questionou, se se tratava realmente da mesma múmia descoberta por Maspero?

Ramsés II é negro, deixe-o dormir em sua pele negra por toda a eternidade.[82]

A mãe de Ramsés II era uma princesa da família real e seu pai, Seti I, foi obrigado a associá-lo ao trono quando ainda era criança, pois aos olhos dos egípcios tradicionalistas ele representava a legitimidade.[83]

Enfim, em outro plano, a nicotina encontrada no ventre de Ramsés II constitui uma descoberta capital; se o tabaco é realmente uma planta de origem americana como postulam R. Mauny e A. L. Guyot,[84] será necessário admitir relações marítimas entre o Egito faraônico e a América pré-colombiana desde a XIX dinastia e talvez antes. Não se pode subestimar a importância desse fato, que já havíamos evocado em *Afrique Noire précoloniale*[85] e *Antiquité africaine par l'image.*

Além disso, é notável que o esnobismo das jovens senegalesas de hoje, com o uso de *xeesal* (ou *kheesal*, o "clareamento do tom da pele" com vários cosméticos), tenha permitido resolver um enigma de 4 mil anos — o fato de que a mulher burguesa egípcia tenha por vezes uma tez menos escura que a do homem nas representações dos monumentos — era apenas resultado de uma coqueteria ausente no homem. A burguesia urbana, desocupada, de Dakar ou de Saint-Louis, com seu penteado neoantigo egípcio, está reproduzindo diante dos nossos olhos o exato perfil da egípcia faraônica.

3. O mito de Atlântida retomado pela ciência histórica por meio da análise de radiocarbono

Explosão da ilha de Santorini nas cíclades em 1420 a.C.[1]

A erupção vulcânica da ilha de Santorini foi datada de 3050 (± 150) AP ou 3370 (± 100) AP. Essas duas datas foram estabelecidas a partir de um pedaço de madeira encontrado sob uma camada de cinzas de trinta metros de espessura que recobria o arquipélago de Santorini após a explosão. Essa madeira é, portanto, contemporânea da explosão vulcânica que daria origem ao mito de Atlântida. A segunda data, 3370 (± 100) AP, foi obtida após a extração do ácido húmico que se acumulou ao longo do tempo no tecido lenhoso e que constitui uma impureza orgânica susceptível de falsear os resultados analíticos; portanto, ela pode ser considerada a data mais provável da erupção vulcânica.

Segundo alguns autores, os estudos demonstraram que a erupção de Santorini é comparável em intensidade e tipologicamente à da ilha de Krakatoa, na Indonésia, em 1883. Ora, o maremoto desta última atingiu 35 metros sobre as costas vizinhas de Java e Sumatra e destruiu 295 cidades, engolfando 36 mil pessoas. Após um curto período, o maremoto foi registrado no litoral de quase todos os oceanos do mundo. A explosão foi ouvida em um trigésimo da superfície do globo, e as vibrações estilhaçaram janelas em um raio de 150 quilômetros em volta e até a oitocentos quilômetros, no caso de casas antigas. Nuvens de poeira escurecem o céu de grande parte da Terra durante anos. Trata-se da maior explosão dos tempos históricos.

Ora, a cratera de 83 quilômetros quadrados e a camada de poeira de trinta metros de espessura sobre o grupo de ilhas que rodeiam Santorini sugerem que a erupção na ilha, no Minuano, foi de longe mais importante e mais catastrófica que a de Krakatoa em 1883. As cinzas recobriram aproximadamente 200 mil quilômetros quadrados e a nuvem de poeira formada deve ter coberto Creta, parte do Peloponeso e da Ásia Menor.

As costas do norte de Creta devem ter ficado submersas pelo maremoto (a mais de 350 quilômetros por hora) meia hora após a explosão, o litoral da Tunísia e o delta do Nilo também devem ter sido afetados.

Se a erupção fosse apenas comparável em potência à de Krakatoa em 1883, o som da explosão teria sido ouvido em Gibraltar, na Escandinávia, no mar Vermelho e na África Central. Todo o sul do mar Egeu e do Mediterrâneo oriental devem ter ficado em total escuridão.

Os fatos arqueológicos constatados são os seguintes: a civilização pré-helênica no mar Egeu começou no final do Neolítico, cerca de 3 mil anos atrás: esta é a civilização minoica, dividida em três períodos:

- Minoico antigo: 3000-2200 a.C. (Idade do Cobre).
- Minoico médio: 2200-1550 a.C. (Início da Idade do Bronze).
- Minoico recente: 1550-1180 a.C. (Segunda Idade do Bronze).

A queda de Troia em 1180 a.C. marcou o início da Idade do Ferro.

De 3000 a 1400 a.C., Creta foi o centro político e cultural da civilização egeia. Após a destruição simultânea de todas as cidades minoicas por volta de 1400 a.C., a civilização cretense declinou e a Grécia continental começou a emergir. A civilização micênica começa por volta de 1400 a.C. e marca o início da escrita na Grécia.

Essa mudança brusca na história da civilização egeia e a brusca aparição da escrita na Grécia continental não são explicáveis por fatos arqueológicos.

O minoico recente é dividido em três períodos:

- Minoico recente I: 1550-1450 a.C.
- Minoico recente II: 1450-1400 a.C.
- Minoico recente III: 1400-1180 a.C.

A destruição de todas as cidades cretenses, de todos os palácios de Creta, ocorreu no final do Minoico recente I, por volta de 1450 a.C.

De acordo com Evans, Cnossos não foi destruída até o final do minoico recente II (1400 a.C.). Mas René Dussaud, John Pendlebury e Richard Hutchinson provaram que o Minoico I e o Minoico II de Creta são contemporâneos do Minoico I dos outros palácios, e que Cnossos também deve ter sido destruída ao mesmo tempo que as outras cidades cretenses. A data da destruição da Creta minoica pelo maremoto da explosão da ilha de Santorini é em 1400 a.C. Após a destruição, alguns dos palácios foram parcialmente reocupados, enquanto outros permaneceram abandonados durante séculos. Evans acreditava que a civilização cretense foi destruída por um terremoto, enquanto Pendlebury acreditava que teria havido uma revolução.

De acordo com o abade Pègues (1842), desde a chegada de Cadmo à ilha de Thera, perto de Santorini, por volta de 1400 a.C., não se registrou uma grande erupção no arquipélago.

A civilização pré-histórica destruída pela erupção e recoberta sob a camada de trinta metros de espessura nas ilhas de Thera, Thirasia e Aspronisi está localizada entre o Minoico médio III (1700 a.C.) e o Minoico recente I (1550 a.C.), de acordo com os estudos de Ferdinand Fouqué (1869-79) e Renaudin (cerâmica, 1922). As pinturas murais revelam um estilo já evoluído do Minoico médio I.[2]

Era uma civilização de trabalhadores e pescadores com redes. Eles cultivavam cereais, faziam farinha, extraíam azeite de oliva, criavam rebanhos de cabras e ovelhas, fabricavam vasos decorados, conheciam o ouro e provavelmente o cobre. Assim, os fatos arqueológicos e históricos mostram que a erupção ocorreu no final do período minoico pré-histórico.

Os autores citados acreditam que, em Cnossos, o poder sobreviveu ao cataclisma por um curto lapso de tempo, e que o rei desta cidade seria o Minos de que trata Evans, e que seria aqueu e não teria ideia alguma de seus antecessores, como os gregos do período posterior.

Mas a origem aqueia de Minos é insustentável, por todas as razões que se conhece. A realeza palaciana minoica é apenas uma réplica da realeza egípcia, e o próprio nome, Minos, parece ser apenas uma ligeira alteração do nome do primeiro rei semilendário egípcio: Menés. Pouco importa. Continuemos a resumir essa importante comunicação, cujo valor inestimável nossa observação em nada diminui.

O declínio da civilização minoica deve estar relacionado com a deserção dos vales férteis de Creta após a erupção de Santorini. O estudo dos sedimentos marinhos sugere que isso se deve às precipitações vulcânicas. A quantidade de cinzas resultantes da explosão é muito grande. Todas as ilhas do mar Egeu ao redor de Santorini, incluindo o leste e o centro de Creta, foram recobertas com uma camada de poeira de dez centímetros de espessura.

A erupção minoica deve ter sido catastrófica para os cretenses. A nuvem inicial de cinzas vulcânicas, poeira, gás e vapores cobriu todo o sul do mar Egeu, provavelmente gerando uma escuridão total por vários dias consecutivos, durante os quais o maremoto (tsunami) destruiu a costa, apagou as lamparinas, provocou os incêndios das cidades (Amisos, Cnossos, Mália, Gúrnia, Hagia Triada etc.), enquanto os gases e vapores envenenavam a população, causando doenças: conjuntivite, inflamações, bronquite e doenças digestivas.

A maioria da população que sobreviveu provavelmente deixou Creta no mesmo ano, logo após a erupção, em direção à Grécia continental, pela proximidade, e talvez à Ásia Menor.

Os primeiros assentamentos na Grécia continental provavelmente datam de cerca de 3000 a.C., e essa civilização, chamada Heládica, é dividida segundo o modelo da civilização minoica em Heládica antiga, Heládica média e Heládica recente.

Para o período que vai de 3 mil a 1400 a.C., que compreende o Heládico antigo, médio e o início do Heládico recente, a Grécia continental estava significativamente atrasada em relação a Creta. Os importantes progressos da civilização heládica começaram somente em 1400 a.C., com a chegada dos refugiados cretenses trazendo no seu rastro a civilização, eles que anteriormente em Creta usavam a linear A e que serão os primeiros escribas da civilização micênica, com a invenção da linear B, que é apenas uma adaptação da sua escrita à língua grega, estrangeira para eles (fig. 28).

A linear A foi utilizada em Creta de 1600 a.C. a 1400 a.C., enquanto a linear B apenas aparecerá na Grécia por volta de 1400 a.C.[3]

O túmulo de Agamemnon, o Tesouro de Atreu (ou túmulo dos *genii*), o túmulo de Clitemnestra, esses modelos supremos da arquitetura micênica, foram construídos entre 1400 a.C. e 1300 a.C.[4]

Os afrescos encontrados em Creta antes de 1400 a.C. aparecem na Grécia por volta desta data (figs. 18 a 21).[5]

Assim, ao contrário da opinião dos historiadores, de que a destruição e o declínio da civilização minoica foram resultado de uma invasão aqueia, pode-se argumentar, com base em evidências arqueológicas e geológicas, que o grande salto dado pela civilização heládica recente III, comumente chamada de civilização micênica, após a erupção da ilha de Santorini em 1420 a.C., foi influenciado pela presença de refugiados cretenses, que introduziram o alfabeto e as tradições da arte minoica.

Os múltiplos efeitos da erupção de Santorini também foram sentidos no Egito e deixaram vestígios na literatura egípcia contemporânca. Mas, até agora, esses testemunhos passaram despercebidos ou foram mal interpretados.

A explosão da ilha de Santorini ocorreu durante a XVIII dinastia egípcia (1580-1350 a.C.). Esse período pode ser dividido em três subperíodos políticos diferentes:

- 1580 a 1406 a.C., ou seja, do início da dinastia aos primeiros cinco anos do reinado de Amenófis III.
- O resto do reinado de Amenófis III e o reinado de Amenófis IV (1375-58 a.C.).
- O fim da dinastia (1358-50 a.C.).

Após a expulsão dos hicsos do Egito, em 1580 a.C., o poder da nova XVIII dinastia aumentou progressivamente e atingiu seu apogeu sob o reinado de Tutemés III (1501-1447 a.C.). Este faraó foi considerado o maior conquistador dos tempos antigos. Seu Império se estendia desde a Babilônia, do Alto Eufrates, até o Alto Nilo. A mesma política expansionista foi mantida pelos seus sucessores, que conseguiram manter o poder do Império até a campanha da Núbia, de Amenófis III, em 1407-6 a.C. Por volta de 1406, as políticas de Amenófis III mudaram e uma era de relações internacionais até então desconhecida na história começou repentinamente, segundo James Henry Breasted.[6]

As relações entre o faraó e os príncipes vassalos e reis vizinhos tornaram-se fraternas, não mais baseadas na força, como em épocas anteriores. Eles chamavam-se uns aos outros de "irmãos".[7] O faraó aparecia em público pela primeira vez na história e os assuntos da casa real divina eram conduzidos em público. Um período de literatura começou a florescer, juntamente com a arte, a arquitetura e a música. Amenotepe III promoveu o culto ao deus solar Aton no Egito politeísta da época. A invasão dos hititas no norte (talvez seja mais exato dizer a revolta) marca o início do colapso do Império. Amenófis III não fez nada para se defender. Seu sucessor, Amenófis IV ou Aquenáton (1375-58 a.C.) continuou a política pacífica de seu pai (tábulas de Tel El-Amarna), enquanto os hititas invadiam o norte do Império. Aquenáton estava interessado somente na reforma religiosa. Ele ordenou a destruição de todos os símbolos politeístas, fechou os antigos templos e introduziu o culto a um deus universal, Aton. Ele é considerado o primeiro monoteísta da história.

O último período da XVIII dinastia — Semencaré, Tutancâmon etc. (1358-50 a.C.) — foi caracterizada pela rejeição do monoteísmo, responsabilizado pelo colapso do Império.

Breasted[8] interpretou a história da XVIII dinastia da seguinte forma: após a conquista de Tutemés III, desenvolveu-se em todo o Império uma ideia de internacionalismo, e com ela nasceu a noção de um deus imperial, universal, comum a todos. Essas ideias atingiram seu paroxismo durante os reinados de Amenófis III e Amenófis IV (Aquenáton). Mas Breasted não consegue explicar, pensam os autores da comunicação, por que essas ideias apareceram bruscamente em pleno reinado de Amenófis III.

As figuras 18 a 21 mostram a profunda influência do Egito negro sobre todo o Mediterrâneo egeu, que efetivamente havia sido conquistado durante a XVIII dinastia e sob Tutemés III em particular. Com efeito, os afrescos são todos executados segundo o cânone, as convenções pictóricas egípcias, a saber: cabeça de perfil, olho de frente, busto de frente; se necessário, remeter-se à figura anterior executada pelo pintor egípcio ou aos esboços das figuras 61 a 65.

18. *Pescador de "Atlântida". Afresco de Thera. Observar o penteado "totêmico" (influência egípcia?).* (Escavações de Tera, VI, segundo Spyridon Marinatos, Universidade de Atenas. Ver também *Ilha de Santorini, a Atlântida de Platão.*)

19. Príncipe dos lírios. *Afresco cretense.* (Palácio de Cnossos.)

20. As damas de azul. *Afresco cretense.* (Palácio de Cnossos, sítio oeste, de acordo com Costis Davaras, *Musée d'Hérakleion*, sítio Ekdotike Athenon, Atenas.)

21. *Sarcófago de Hagia Triada. Denota influência religiosa egípcia.* (Apud J. A. Sakellarakis. *Musée d'Hérakleion*. Universidade de Atenas.)

Havia importantes relações econômicas entre o Egito e o mar Egeu durante a XVIII dinastia.[9] A cerâmica minoica foi importada para o Egito até o fim do reinado de Tutemés III. De fato, na tumba de Rekhmiré, vizir de Tutemés III, veem-se os cretenses trazendo esses vasos como um tributo ao Egito, que havia conquistado a ilha;[10] sabemos que os vasos encontrados sob os escombros de Thera, após a erupção, assemelham-se aos vasos dos afrescos egípcios a que acabamos de fazer alusão. Esses afrescos eram comuns sob os reinados da rainha Hatshepsut e de Tutemés III. Eles representam os cretenses, chamados de *keftiou* nos textos egípcios da XVIII dinastia, em trajes minoicos, trazendo tributo ao Egito sob a forma de vasos e "doações" variadas (figs. 22 e 23). Os afrescos aparecem pela última vez, juntamente com a cerâmica do Minoico recente I, na tumba de Rekhmiré, grão-vizir do Alto Egito, que foi fechada por volta de 1450 a.C. É notável que a XVIII dinastia tenha sido o único período em que a palavra keftiou aparece nos documentos originais egípcios. Afrescos semelhantes foram encontrados no palácio de Cnossos (portadores de vasos, Minoico recente I). A época de Aquenáton (tábulas de Tel El-Amarna, 1375-58 a.C.) já era influenciada pela arte micênica da Grécia continental. Assim, a destruição da Creta minoica situa-se entre o reinado de Tutemés III e o de Amenófis IV (1450-1375 a.C.) na cronologia egípcia.[11] Um selo circular da rainha Ty, esposa de Amenófis III, foi encontrado em uma câmara tumular em Hagia Triada, em Creta, com uma cerâmica do Minoico recente I. Trata-se do último objeto encontrado em Creta, datado do período anterior à destruição dos palácios do Minoico recente I e do Minoico recente II.

Por outro lado, um vaso e os fragmentos de uma placa com o nome de Amenófis III e um escaravelho com o nome da rainha Ty são os primeiros e os mais antigos objetos datados da Grécia micênica. Isso mostra que a destruição da Creta minoica pela erupção vulcânica da ilha Santorini ocorreu ao longo do reinado de Amenófis III, em torno de 1400 a.C.[12] Assim, a data da erupção minoica de Santorini pode ser fixada, na cronologia egípcia, entre a guerra da Núbia de Amenófis II e o início da internacionalização do monoteísmo e o declínio do Império da XVIII dinastia, a última grande potência da Idade do Bronze.

Nenhum documento contemporâneo atesta a influência da erupção de Santorini nessa mudança brusca de direção na história egípcia. Uma boa parte da literatura egípcia anterior ao reinado de Aquenáton foi destruída, como resultado da reforma religiosa deste faraó. Os cantos narrativos e as lendas foram todos gravados após a XVIII dinastia,[13] e alguns deles descrevem um período anterior da história egípcia. Eles eram frequentemente escritos de uma forma profética. Os compositores dos textos afirmam ter vivido em um período anterior.[14] Eles predizem o advento de uma era de desastres, com escuridão prolongada, trovões, tempestades, inundações, um eclipse solar, peste, mudanças políticas e a chegada de um salvador e de um bom faraó que salvará seu povo.

> A desordem toma conta dos olhos [...] Há nove dias ninguém sai do palácio. Foram nove dias de violência e tempestade. Ninguém, nem Deus nem o homem, consegue ver o rosto do seu próximo. Não sabemos o que aconteceu no resto do mundo [...] É uma confusão que trouxeste ao mundo inteiro com o barulho do tumulto [...] Ó, que a terra pare de rugir... As cidades estão destruídas... O Alto Egito está devastado... O sangue está em toda parte... A peste (flagelo), a pilhagem assola toda a terra.[15]

O mesmo papiro menciona a ruptura das relações entre o Egito e as partes costeiras mediterrâneas e Creta.

> Hoje, os homens não navegarão para Biblos. O que faremos para ter madeira de cedro para nossas múmias e para o enterro dos sacerdotes, e o azeite da distante Creta para embalsamar os dignitários? Eles [esses produtos] não mais virão. É muito importante que os povos dos oásis venham com suas especiarias durante as festividades.[16]

> O sol está velado e não brilha visivelmente aos olhos dos homens. Ninguém pode viver quando o sol está velado pelas nuvens. O próprio Deus abandonou a humanidade. Se ele brilha, é apenas por uma hora. Ninguém sabe se é meio-dia; não se vê sua sombra... Ele [Rá] está no céu feito a lua.[17]

Maior certeza sobre a ação destrutiva do maremoto minoico nas costas do Mediterrâneo Oriental foi trazida pelas descobertas arqueológicas da Síria. O porto e metade da cidade de Ugarite foram destruídos por volta de 1400 a.C. Claude Schaeffer sugeriu que essa destruição poderia ter se dado em decorrência de um maremoto.[18] Um poema fenício encontrado na biblioteca de Ugarite fala de uma destruição causada pela tempestade e pelo maremoto. Dussaud e Schaeffer sugerem que o poema se refere ao mesmo evento que destruiu o porto de Ugarite.

Diferentes datas foram propostas para o êxodo bíblico: fim do reinado de Tutemés III (1450 a.C.) ou durante o reinado de Ramsés II (1292-25 a.C.).

Breasted, que traduziu o Hino ao Sol de Aquenáton, notou que este hino e o salmo 104 da Bíblia apresentam uma grande semelhança em conteúdo e forma. A similitude entre os eventos descritos nos textos egípcios e as epidemias descritas no Antigo Testamento já foram assinaladas por vários historiadores.[19] Breasted concluiu: espécimes dessa notável categoria da literatura egípcia podem ser encontrados até os primeiros séculos da era cristã, e não podemos resistir à conclusão de que inspiraram os profetas hebreus, para o conteúdo e para a forma, nas profecias messiânicas.[20] Bennett foi o primeiro a sugerir que as pragas egípcias podem ter sido uma consequência da erupção minoica de Santorini.[21] Galanopoulos acredita que a erupção ocorreu durante o verão, quando os ventos de altas altitudes do nordeste são predominantes, transportando a poeira de Santorini na direção do Egito.

O nome bíblico de Creta é Caftor, que obviamente deriva do egípcio *keftiou*, e os cretenses eram chamados de filisteus. Três capítulos bíblicos evocam a destruição da Creta minoica e um deles (Amós) mostra que o Êxodo é contemporâneo da destruição, portanto, da erupção. Na verdade, é posterior.

> Se tirei Israel do Egito, não tirei também os filisteus de Caftor, e os sírios de Quir? (Amós 9, 7, escrito no século IX a.C.).

> Esse dia será um dia de ira, dia de angústia e de aflição, dia de ruína e de devastação, dia de trevas e [...] Mergulharei os homens na aflição, e eles andarão como cegos. [...] Destruir-te-ei de tal forma que ninguém te habitará mais (Sofonias 1, 15, 17; 2, 5, escrito no século VII a.C.).

> Eis que se levantam as águas do norte [...] e alagarão a terra [...] Por causa do dia que vem, para destruir a todos os filisteus [...] porque o Senhor destruirá os filisteus, o remanescente da ilha de Caftor (Jeremias 47 2,4, escrito no século VI a.C.).

A erupção de Santorini teve um efeito sobre a mitologia e as lendas gregas. As mudanças meteorológicas de longa duração que o acompanharam, afetando o aspecto do sol e da lua, devem ter lhes dado um caráter sobrenatural aos olhos dos contemporâneos, que nunca teriam percebido a natureza exata do evento, permanecendo assim uma aura de mitologia.

Deucalião e Pirra, rei e rainha mitológicos da Tessália, ancestrais da raça helênica, foram os únicos sobreviventes do grande dilúvio provocado por Zeus. Eles navegaram em um barco por nove dias e desembarcaram no monte Parnaso. Myres atribuiu uma idade de 1436 ao dilúvio de Deucalião, e Galanopoulos estabelece uma correlação entre esse dilúvio e a erupção de Santorini.[22]

Cadmo, filho de Aganor, rei da Fenícia e irmão de Europa, partiu em busca de sua irmã sequestrada por Zeus. Depois de procuras infrutíferas, o oráculo de Delfos ordenou que ele parasse na Grécia continental. Ele fundou a cidade de Tebas na Beócia e é considerado o homem mais poderoso (*successful*) do início dos tempos micênicos, com os quais começa a história escrita da Grécia. Myres considera que Cadmo pertence à geração de 1400 a.C. e que entrou na Grécia imediatamente após a destruição da Creta minoica.[23] De acordo com Heródoto, Cadmo parou na ilha de Thera, onde deixou alguns fenícios e seu próprio parente Menibliarus. Os fenícios chamaram a ilha de Kallisti (a melhor). Essa colônia fenícia perdurou até 1089 a.C., quando os lacedemônios, sob a direção de Theras, fundaram a segunda colônia. Eles batizaram a ilha com o nome de seu líder, Thera. Essa segunda colônia sobreviveu até 623 a.C., quando os habitantes da ilha partiram para se juntar aos fundadores de Cirene, na Líbia.

Até essa data, nenhuma erupção de Santorini e nenhum fato relativo a uma civilização egeia pré-micênica foram relatados na história grega. O legislador grego Sólon visitou o Egito em 590 a.C. e de lá introduziu na

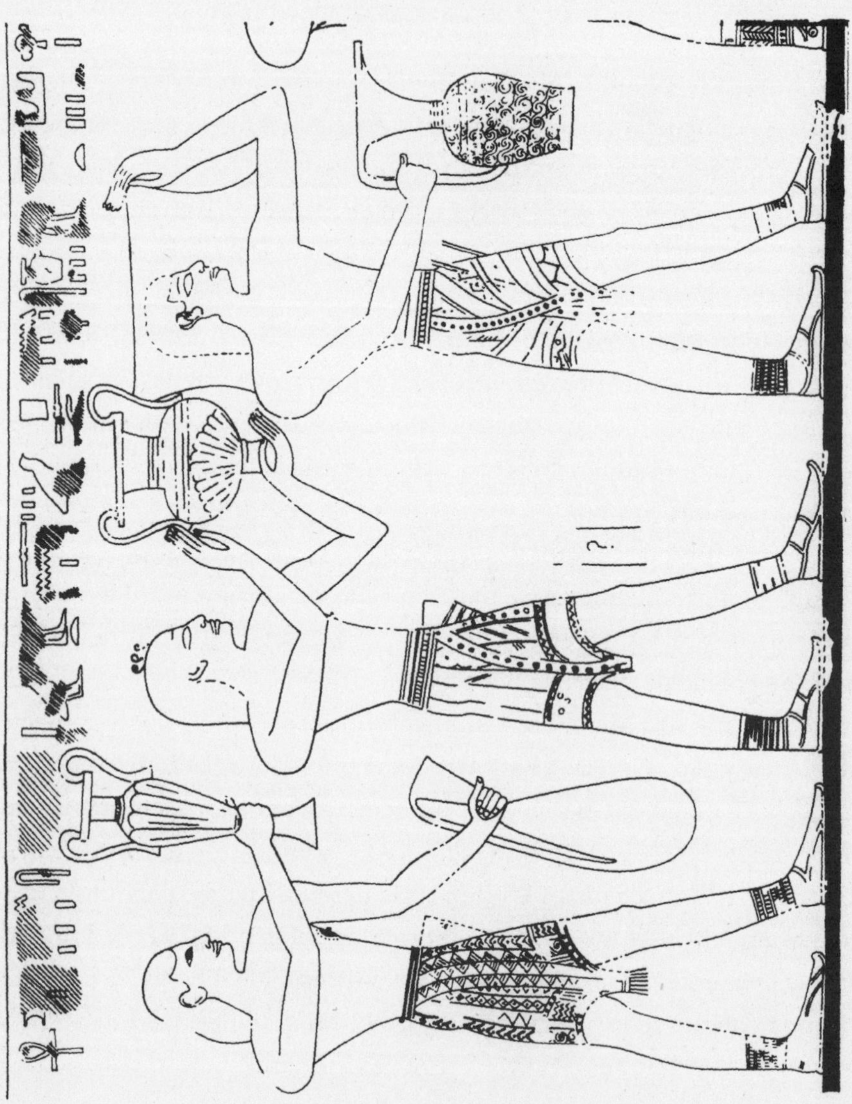

22 e 23. Os *keftiou* (cretenses) pagando seu tributo anual a Tutemés III, faraó da XVIII dinastia. Os cretenses são particularmente reconhecíveis por seu traje, mas todas as outras populações minoicas também estão representadas na série, como diz o texto hieroglífico. (N. de G. Davies, *Tomb of Rekh-Mi-Rè at Thebes*, v. II, pranchas XIX e XVIII.)

Grécia a lenda de Atlântida. Ele soube pelos sacerdotes egípcios da cidade de Saís que uma ilha fora engolida… em alguma parte no oceano.

Duzentos anos depois de Sólon, por volta de 395 a.C., a história foi recontada por Platão no *Timeu* e no *Crítias*. Segundo Platão, Sólon discutiu a história da Grécia com os sacerdotes egípcios. A época mais antiga que Sólon podia citar era a de Deucalião e Pirra, a do grande dilúvio, mas sem poder datar o acontecimento. Então, o sacerdote lhe disse que houve vários dilúvios e que o mais importante destruiu completamente uma civilização grega avançada.

> Você não sabe que em seu país viveu a mais bela e a mais nobre raça de homens que jamais viveu? Raça da qual você e a sua cidade são descendentes, ou uma semente que sobreviveu… Mas houve violentos tremores de terra e inundações, e em um dia e em uma noite chuvosa todo o seu povo guerreiro, como uma só pessoa, se afundou na terra, e a ilha de Atlântida, da mesma maneira, desapareceu sob o mar… O resultado é que, em comparação com o que era, restam algumas pequenas ilhotas, nada mais que o esqueleto de um corpo devastado, todas as partes mais ricas e macias do solo desmoronaram, deixando apenas o esqueleto do país… E isso era desconhecido para vocês, porque os sobreviventes dessa destruição estão mortos há várias gerações sem deixar vestígios.[24]

Platão localiza a Atlântida em frente a Gibraltar. O evento teria ocorrido 9 mil anos antes de Sólon e foi relatado em "textos" egípcios mil anos depois. Se reduzirmos tudo isso por um fator de dez, recairemos na verdadeira idade deste evento: a explosão de Santorini.

Contemporaneidade do evento com a XVIII dinastia egípcia

Em primeiro lugar, é importante mostrar que no século XVI a.C. a XVIII dinastia egípcia, sob Tutemés III (1504-1450 a.C.), em particular, tinha efetivamente conquistado todo o Mediterrâneo oriental (Creta, Chipre, as Cíclades etc.) e toda a Ásia Ocidental (Khati, ou país hitita, o Mitani, Amurru, Kadesh, a Síria, o país da Acádia, a Babilônia).

No total, após o hino triunfal, em verso, de Tutemés III, gravado na "estela poética", em Karnak, diante de Tebas, no Alto Egito, 110 estados estrangeiros foram conquistados e integrados em graus diversos ao Império egípcio. Em um ano, sob Tutemés III, o tesouro egípcio recebeu 3500 quilos de ouro (*electrum*), dos quais nove décimos provinham dos tributos pagos pelos vassalos.[25] A Ásia Ocidental foi dividida em distritos administrativos sob a autoridade de governadores egípcios, encarregados de recolher os tributos, ou impostos anuais, que todos esses Estados derrotados e vassalizados eram obrigados a pagar ao tesouro egípcio.

Em algumas cidades, como em Jaffa, os príncipes derrotados foram pura e simplesmente substituídos por generais egípcios, e a administração se fez de forma direta. Enquanto Tutemés III destituiu o líder derrotado da cidade de Alepo, na Síria, e o substituiu por outro vassalo "ao qual conferiu soberania durante uma cerimônia de investidura, pela unção de azeite", segundo o uso egípcio que o cristianismo retomará num outro plano. Esses Estados derrotados mantinham pequenas guardas territoriais instruídas por oficiais egípcios. Mas a defesa do vasto Império coube ao próprio exército egípcio, tanto que mesmo sob Amenófis III, as cidades fenícias protestaram quando sentiram que as tropas egípcias encarregadas de protegê-las eram insuficientes. As guarnições egípcias eram posicionadas em pontos estratégicos, cidades e portos importantes; o chefe vassalo do Estado de Amurru foi autorizado a organizar um pequeno exército defensivo. O Egito criou o primeiro império centralizado do mundo, 1400 anos antes de Roma. Seria possível acreditar que um vínculo vago, muito frouxo, facilmente dissolvido, unia o imperador egípcio a seus vassalos; não era bem assim. Hoje em dia, é difícil imaginar o grau de centralização do Império Egípcio e a eficiência de sua administração. Os "mensageiros reais", espécie de *missi dominici*, percorriam diferentes regiões do Império para levar as mensagens do faraó. Os generais eram encarregados de regularmente fazer excursões de inspeção nos países conquistados. "Um correio real circula por estradas criadas pela administração egípcia, balizadas por estações militares e cisternas para o abastecimento." O rei mantém relações pessoais com os seus vassalos e faz visitas de inspeção todos os anos em todo o Império: os filhos dos príncipes vassalos são tomados "como reféns" e educados ao modo egípcio, na Corte do imperador do Egito, para lhes dar maneiras e gostos egípcios e para assimilá-los à cultura e à civilização faraônica.

> Um verdadeiro Ministério das Relações Exteriores, encarregado das relações com os países estrangeiros, foi criado em Tebas, e compreendia também uma chancelaria especial que deveria centralizar a correspondência com os agentes da administração egípcia nas províncias, com as cidades e com os príncipes vassalos, correspondência cuidadosamente conservada nos arquivos do departamento e da qual uma parte foi encontrada em Tel El-Amarna.[26]

O poder do faraó sobre os vassalos é absoluto. O vassalo deve ser obediente e fiel, e deve executar as ordens recebidas, sejam elas quais forem. Cabe a ele respeitar o faraó como um deus, pois, "segundo o modelo diplomático imposto ao vassalo, o faraó é seu rei, seu deus, seu sol, aos pés do qual se prostra sete e sete vezes".[27]

Os tributos recebidos em um ano sob Tutemés III, por seu vizir ou chanceler Rekhmiré, representam o valor colossal para a época de 36 692 *deben* de ouro, ou seja, mais de três toneladas, das quais 2700 quilos provenientes das províncias asiáticas e das ilhas do mar Egeu (figs. 22 a 25).

Além do tributo anual obrigatório que representa o imposto coletivo de toda a nação vencida, e avaliado em função da riqueza desta, o vassalo deve outras "ajudas": presentes aos mensageiros reais, envios de escravos ao rei do Egito (mulheres em geral) sempre que o vassalo se dirige ao faraó para lhe pedir um favor. Este último pode exigir a qualquer momento dinheiro, carruagens, cavalos, um serviço de guerra obrigatório: o vassalo está constantemente sob as ordens dos generais egípcios. O faraó arbitra e julga os conflitos entre vassalos, pode ordenar a um deles a prisão de um par infiel. Os vassalos gozam apenas de autonomia interna, pois perderam efetivamente a soberania internacional: eles não podem mais tratar diretamente com países estrangeiros. Se seu território for invadido, o vassalo deve avisar imediatamente ao seu senhor, seu sol, seu deus, o faraó. Ele é declarado traidor e decapitado se fizer as pazes separadamente com um inimigo do faraó. O vassalo traidor ou suposto culpado é convocado à Corte do faraó para se justificar, sob pena de o faraó encarregar outro vassalo, fiel, de prendê-lo com toda a sua família acorrentada.

O faraó, como encarnação do *Ka* divino, exerce legitimamente o poder, que lhe emana do deus Amon-Rá, criador do Universo, para fazer reinar a justiça, a paz e o direito entre os homens. A teoria do "bom prazer" como fonte de autoridade nunca existiu no Egito. Todos os povos devem obedecer ao faraó Tutemés III, segundo a vontade divina de Amon-Rá, que não é apenas o deus nacional egípcio, mas o deus de todo o Universo, sua criação: é o que afirma a estela de Karnak, citada nas páginas 107 e 116, onde os 110 Estados vencidos são enumerados:

> Eu lhe dei o poder e a vitória sobre todas as nações, você derrotou as hordas de rebeldes como eu lhe ordenei,
>
> a terra em sua extensão e latitude, os povos do Ocidente e os do Levante são seus súditos
>
> ninguém se submeteu à sua majestade que eu próprio tenha sido seu guia por todo caminho.
>
> Todos os povos vêm, trazem o seu tributo nas próprias costas, ajoelham-se perante a sua majestade, como eu ordenei.[28]

Essa é a filosofia do poder que Tutemés III inventou para criar o primeiro verdadeiro império da história: "O rei, na retidão do seu coração, reina, realizando a vontade divina".

Segundo teoria similar à dos reis da XII dinastia, que conseguiram unificar a monarquia em escala nacional, a cosmogonia solar egípcia impôs-se a todos os povos derrotados do Império, especialmente na Ásia, onde Amon se identifica com o Shamash babilônico.

Assim, o culto de Amon-Rá, do rei-sol, torna-se universal e anuncia a revolução religiosa de Amenófis IV (Aquenáton).

Os adoradores de Shamash assimilados a Amon-Rá, pai do faraó, consideram normal obedecê-lo. O mesmo vale para as divindades locais das cidades vassalas (Sidon, Tiro, Biblos, Beirute, Gaza, Ascalom etc.); o faraó se fez reconhecer como o representante dos deuses.

Assim, a dominação faraônica sobre toda a Ásia Ocidental torna-se legítima até mesmo no que diz respeito às religiões locais.

Por outro lado, sabe-se que a cidade-Estado grega individualista foi historicamente condenada e entrou em declínio porque nunca conseguiu superar o obstáculo superestrutural da hostilidade de deuses estrangeiros, do individualismo; por isso, jamais se expandiu a ponto de se tornar um vasto território nacional abrangendo várias cidades.

Essas novas formas de dependência são reveladas pelas fórmulas protocolares segundo as quais os vassalos da Ásia se dirigem ao faraó. Por exemplo, Radimour, o líder de Biblos, escreve: "A meu senhor, o rei, meu sol, Gebel [Biblos] tua serva, Radimour teu servo [...] Aos pés de meu Senhor, o sol, sete vezes me prostro". "[...] que Baalat (deusa) de Biblos conceda poder ao rei, meu senhor." O caráter da soberania é juridicamente diferente dependendo de se o faraó a toma dos deuses locais ou do deus sol: neste último caso, é mais frequentemente direto e absoluto; no primeiro, o faraó é rei nacional da cidade, pois detém o poder das divindades nacionais.

Para as cidades "republicanas" (já na época) como Tounip e Irkata, são os órgãos regulares da cidade que se submetem. Por exemplo: "Ao rei do Egito; meu Senhor. Os habitantes de Tounip, sua serva [...] Aos pés de meu senhor eu me prostro".

"Esta é uma carta da cidade de Irkata para o nosso senhor, o rei. Irkata e os seus anciãos prostram-se sete e sete vezes aos pés de nosso senhor, o rei. A nosso senhor, o sol." As fórmulas são ainda mais humildes quando os vassalos falam em seu nome em vez de escrever em nome de sua cidade. O vassalo de Biblos escreve, por exemplo: "A meu senhor, o rei, o sol dos países, Rib-Addi, seu servo, o assento de seus pés. Aos pés do sol, meu senhor, sete e sete vezes eu me prostro". O rei de Amurru escreve: "[Eu sou] a poeira dos teus pés...". Outros dizem: "o chão sobre o qual caminhas".

Por outro lado, o faraó dirige-se sempre em termos altivos aos vassalos da Ásia: "Ao príncipe de Amurru, o rei, teu senhor... saiba que o rei, o sol no céu, está em boa saúde; e que seus guerreiros e suas carruagens são numerosos".

Amenófis III escreve ao vassalo da cidade de Gezer, na Palestina, uma carta na qual pede uma entrega de quarenta mulheres, *"mulheres muito bonitas que não tenham defeitos"*, e envia um comandante de tropa para esse fim. Eis o preâmbulo: "Para Milkili, o chefe da cidade de Gezer [...] O rei, teu senhor que te dá a vida [...], saiba que o rei está como o sol e suas tropas, suas carruagens, seus cavalos estão [também] muito bem. Eis que o deus Amon pôs a terra de cima, a terra de baixo, o levante, o poente, sob os pés do rei".

Nunca será demais insistir no fato de que a mestiçagem egípcia se fez assim de baixo para cima, sobretudo a partir das XVIII e XIX dinastias.

Os vassalos sentiam-se sempre muito honrados em dar as suas filhas para o harém do faraó, sem que a recíproca fosse concebível, como evidenciado pela correspondência de Amenófis III e do rei de Babilônia.

Nenhuma rainha de origem egípcia se casou no exterior, nem mesmo na época de Salomão, apesar do famoso verso do Cântico dos Cânticos, quando a egípcia diz: *"Sou negra, mas sou linda"*. Não podia se tratar, mesmo nesse período, de uma verdadeira filha do faraó.

As rainhas egípcias eram sempre consideradas as depositárias do "sangue divino", as continuadoras da linhagem real divina segundo a tradição matriarcal africana.

Para ter direitos legítimos ao trono do Egito, para além de qualquer usurpação, era necessário ser filho de uma autêntica princesa egípcia.

Assim, a conquista egípcia da Ásia Menor e das ilhas do Mediterrâneo oriental foi eficaz; mesmo os Estados continentais, sem falar nas ilhas e ilhotas, não conseguiram resistir ao poder egípcio. "Se for para dar crédito aos egípcios, Creta e as Cíclades teriam sido tributárias do faraó. Sabemos que Tutemés III ofereceu uma taça de ouro ao general Thouty por ter enchido os seus cofres de ouro, prata e lápis-lazúli pagos em tributo pelas ilhas egeias."[29]

24, 25. XVIII dinastia egípcia. Súditos sírios trazendo o seu tributo anual ao faraó Tutemés III. Afrescos da tumba de Rekhmiré em Tebas. (Fig. 24: N. de G. Davies, *Tomb of Rekh-Mi-Rè at Thebes*, v. I, prancha. XXII. Fig. 25: Apud G. Maspero, *Histoire ancienne des peuples de l'Orient*, p. 221.)

De acordo com o Sethe, a conquista das Cíclades remonta a Tutemés I. No túmulo de Rekhmiré, vizir de Tutemés III, os cretenses (*keftiou*; piratas?) estão representados, como já foi dito, pagando o seu tributo anual constituído por "vasos em forma de cabeças de touro e de leão, taças, punhais, jarros, tudo em ouro e prata".[30] É preciso dizer que na presença de tantos fatos, para não falar daqueles que ainda serão relatados, os argumentos evocados por Jacques Pirenne a respeito da importância do comércio egípcio-cretense, para timidamente lançar dúvidas sobre a realidade dessas conquistas, são bem escassos.

De acordo com os anais egípcios de Tel El-Amarna, citados por Pirenne, o rei de Asi (da ilha de Chipre) no ano 34 do reinado de Amenófis III, pagou como tributo ao Egito 108 salmões de cobre, pesando 2040 *deben* ou 3468 toneladas de cobre, 1200 salmões... de chumbo, cem *deben* de lápis-lazúli, uma peça de marfim e duas peças de madeira.[31]

Da mesma forma, no ano 24, os embaixadores de Assur trazem para Tutémes III 50 *deben* e 9 *kedet* de lápis-lazúli, vasos e pedras finas.[32] Uma segunda embaixada traz ao faraó, no mesmo ano, 190 carroças carregadas de madeira preciosa, 343 peças de madeira, cinquenta peças de alfarrobeira etc.[33]

No ano 33, embaixadores babilônicos oferecem ao faraó, em campanha, 30 *deben* de lápis-lazúli; embaixadores hititas oferecem anéis de prata pesando 401 *deben*.[34]

Em todos esses casos, trata-se pura e simplesmente de tributos pagos ao faraó por vassalos, segundo os anais egípcios.

Da mesma forma, o tributo anual líquido da Síria, no ano 38 do reinado de Tutemés III, é: 328 cavalos, 522 escravos (geralmente mulheres), nove carruagens adornadas com ouro e prata, 61 carruagens pintadas, 2821 *deben* e 3,5 *kedet* de objetos de cobre, 276 salmões de cobre, 26 salmões de chumbo, 650 jarras de incenso, 1752 jarras de azeite refinado, 156 jarras de vinho, doze touros, 46 asnos, cinco presas de marfim, uma mesa de madeira e marfim, 68 *deben* de bronze, madeira de qualidade...[35]

Quanto à Fenícia, ela fornece o material necessário para a manutenção dos portos: o Líbano entrega a madeira necessária para a construção dos navios, enquanto a região agrícola da planície reabastece as guarnições do faraó instaladas permanentemente.[36] Trata-se de fato da Fenícia da época de Sidon e de Tiro (mais tarde), que os historiadores geralmente apresentam como uma entidade política independente do Império Egípcio, embora seja parte dele, como comprovado pelos encargos anuais efetivamente versados ao tesouro egípcio.

O distrito sírio de Retenou entrega, no ano 24, a filha do chefe para o harém do faraó, com joias de ouro e trinta escravos para ela, 65 escravos, 103 cavalos, cinco carruagens adornadas em ouro, cinco carruagens adornadas com *electrum*, 45 bezerros, 749 bois, 5703 cabeças de animais pequenos, vasos de ouro, 104 *deben* e cinco *kedet* de prata, armadura, 823 potes de incenso, 1718 jarras de mel[37] etc. E assim de ano em ano...

No ano 33, Naharina forneceu 513 escravos, 260 cavalos, 45 *deben* e um *kedet* de ouro... pratos de prata dos artesãos do Djahi (Fenícia), 28 touros, 564 bois, 5323 cabeças de pequenos animais, 828 potes de incenso[38] etc.

As lendas gregas iluminam-se com uma luz singularmente viva quando projetadas no quadro cronológico da história egípcia.

Com efeito, a XVIII dinastia é contemporânea da Grécia micênica; mesmo Atenas foi fundada por uma colônia de negros egípcios liderados por Cécrope, que introduziu a agricultura e a metalurgia na Grécia continental no século XVI a.C., de acordo com a própria tradição grega.

Erecteu, que unificou a Ática, também veio do Egito, segundo Diodoro da Sicília, enquanto o egípcio Dânao fundou em Argos a primeira dinastia real na Grécia. Foi na mesma época que Cadmo, o fenício, súdito egípcio, fundou a cidade de Tebas na Beócia e a realeza naquele país. Finalmente, Orfeu, o ancestral mítico da raça helênica, iniciou-se nos mistérios no Egito, na mesma época micênica. Então, não há nada de surpreendente em decifrar nas tábulas micênicas, na linear B, o nome de Dionísio no caso genitivo: Dionísio, como se sabe, não é outra coisa senão uma réplica de Osíris na Grécia e no norte do Mediterrâneo em geral. Assim, sua chegada, isto é, a introdução da religião egípcia na Grécia, é muito mais antiga do que Heródoto acreditava: tantos fatos destacam a preponderância da influência egípcia no nascimento do mundo grego, na idade dos heróis.

Tutemés III, filho de Deus, isto é, de Amon-Rá, é guiado pelo pai durante todas as suas conquistas: ele segura a espada da fé e da verdade divina. Todos os chefes dos principais Estados da Ásia ocidental coligados refugiaram-se em Megido após terem sido derrotados pelo faraó, a cidade sitiada se rendeu imediatamente e o exército egípcio colheu um espólio fabuloso: 2132 cavalos, 994 carruagens etc. A região foi submetida:

> Os chefes da Síria apressaram-se a pagar o tributo e a prestar o juramento de fidelidade [...] ouro, prata, bronze, lápis-lazúli, tudo o que continha o tesouro dos príncipes hititas passou para os cofres do deus (Amon). [...] Os chefes tiveram que entregar seus filhos como reféns [...] Além do tributo anual, os líderes dos Routounou comprometeram-se a fornecer provisões a todas as estações em que chegassem faraó e seu exército.[39]

Dois anos após a derrota e a submissão dos principados de Arad, Nisrona, Kodshou, Simyra, do Djahi, o Naharina foi atacado. O líder dos hititas, derrotado, fugiu a toda velocidade com seu exército: "Nenhum deles ousou olhar para trás, apenas pensavam em fugir, saltando como um rebanho de cabras" (segundo o registro egípcio).[40]

Para eternizar a vitória, Tutemés III ergueu estelas, talvez perto de Carquemis, uma à oriente do rio, a outra perto do cippe* que seu pai, Tutemés I, tinha consagrado quase meio século antes.[41]

Adiante daremos uma descrição detalhada feita por Heródoto dessas estelas que os historiadores ideólogos hoje tentam questionar.

> Todos os povos da Síria tiveram que se curvar um após outro diante do poder irresistível do faraó, os lamnanou, os khati [hititas], as pessoas de Singra, as da Ásia [Chipre]. As suas reiteradas revoltas apenas levaram ao agravamento do jugo que pesava sobre eles. [...] Os reis sírios, outrora tão impetuosos, resignavam-se ao seu destino e ofereciam as suas filhas ao faraó para que

* Coluna pouco elevada sem base nem capitel: um tipo de pequeno monumento arquitetônico comemorativo de um evento, por exemplo, uma vitória.

embelezassem o seu harém. A conquista parecia ter terminado, pelo menos na Ásia, e as correspondências dos príncipes vassalos com os governadores egípcios contêm apenas protestos de devoção.[42]

Por conseguinte, o hino triunfal de Tutemés III, na estela poética de Karnak, é rigorosamente fiel à verdade histórica no que diz respeito à enumeração das terras efetivamente conquistadas e colocadas sob a autoridade política do faraó negro, por vontade do seu pai, o deus Amon-Rá, que lhe diz:

> Eu vim, concedo-te que esmagues os príncipes do Djahi; eu os lançarei sob os teus pés em todas as suas terras; eu os faço ver a tua majestade, coberta com o teu ornamento de guerra, quando pegas as armas na tua carruagem,
>
> Eu vim, concedo-te que esmagues a terra do Oriente; Kafti [Creta] e Asi [Chipre] estão sob teu terror; eu os faço ver tua majestade como um touro jovem, firme no coração, munido com teus chifres, aos quais não se pode resistir,
>
> Eu vim, concedo-te que esmagues os povos que resistem nos seus portos, e as regiões de Mitani tremem sob o teu terror — e os faço ver tua majestade tal qual o hipopótamo, senhor do horror, sobre as águas, de quem não é possível se aproximar,
>
> Eu vim, concedo-te que esmagues os povos que resistem nas suas ilhas; aqueles que vivem no meio do mar estão sob o teu rugido; eu os faço ver a tua majestade tal qual um vingador que se levanta sobre as costas da sua vítima,
>
> Eu vim, concedo-te que esmagues os tahenou [líbios]; as ilhas de Dânae estão no poder do teu espírito; eu os faço ver a tua majestade tal qual um leão furioso que se deita sobre os seus cadáveres através dos seus vales,
>
> Eu vim, concedo-te que esmagues as regiões marítimas, toda a circunferência da grande zona das águas [Mediterrâneo Oriental] está ligada ao teu punho; eu os faço ver tua majestade tal qual o mestre da asa [gavião] que agarra num piscar de olhos o que lhe agrada,
>
> Eu vim, concedo-te que esmagues os povos que residem em suas lagoas, para prender os senhores das areias [Hironshaitou ou beduínos do deserto]

> em cativeiro; eu os faço ver tua majestade como o chacal do meio-dia, senhor da velocidade, corredor que ronda as duas regiões,
>
> Eu vim, concedo-te que esmagues os bárbaros da Núbia; até o povo de Pout, tudo está em tua mão; eu os faço ver a tua majestade semelhante aos teus dois irmãos, Hórus e Set, cujos braços reuni para assegurar o teu poder etc.[43]

Mesmo os negros da Palestina, esses primos bíblicos dos egípcios, os cananeus da Bíblia, descendentes dos natufianos do Mesolítico, opuseram vivíssima resistência em suas diferentes cidades, que foram, todas, vencidas e anexadas ao Império Egípcio.

Entre os povos vassalos do Oriente Próximo,

> os fenícios eram os que melhor aproveitaram a conquista egípcia. O grupo do centro e do sul, Gebel [Biblos] e Berytus [Beirute], Sidon e Tiro, mostrou-se mais resignado à sua sorte, desde a época de Tutemés I até a de Ramsés II (1500 a 1300 a.C.), e a resignação lhe valeu grandes vantagens. Seus marinheiros praticavam o comércio por comissão no Egito em nome dos estrangeiros, e para os estrangeiros em nome do Egito. [...]
>
> Os fenícios avaliavam que um tributo voluntário custava menos que uma guerra contra os faraós e se consolavam amplamente da diminuição de sua liberdade monopolizando o comércio marítimo do delta.[44]

A partir do exposto, podemos medir o quão historicamente impróprio é falar em termos absolutos de uma supremacia cretense, fenícia, no Mediterrâneo daquela época, desconsiderando a colonização egípcia e apresentando essas nações como entidades políticas independentes.

A pretensa talassocracia minoica estava sob a dominação política dos faraós negros da XVIII dinastia, assim como a Fenícia da época das navegações sidonianas: nenhum dos dois povos foi inventor, apenas transmitiram valores culturais egípcios, mesmo no campo da escrita e da navegação (figs. 26 e 27).

Esses altos feitos militares fizeram de Tutemés III uma figura lendária. Foi assim que a tomada da cidade de Jope, revoltada, pelo seu general Thoutii (quando, por um estratagema, quinhentos soldados foram introduzidos na cidade escondidos dentro de enormes jarros) pôde servir de modelo adaptado por Homero para o episódio do cavalo de Troia na *Ilíada*, ou mais tarde para o contador de histórias de *Ali Babá e os quarenta ladrões*.

A Guerra de Troia ocorreu dois séculos mais tarde, sob Ramsés II, por volta de 1280 a.C., e a precisão da cronologia egípcia pode ajudar a localizar no tempo a lendária história da Grécia.

Todos os países conquistados foram cobertos de estelas comemorativas e até mesmo com estátuas de faraós da XIX dinastia (Ramsés II) e talvez também da XVIII dinastia.

> Heródoto tinha visto várias delas na Síria e na Jônia. Os viajantes relataram, com efeito, não longe de Beirute, na foz do Nahr el Kalb, três estelas gravadas na rocha e datadas dos anos II e IV de Ramsés II.
>
> As duas figuras que Heródoto dizia existir em seu tempo na Ásia Menor estão ainda hoje de pé perto de Ninfi, entre Sardes e Esmirna. À primeira vista, elas parecem realmente ter o caráter de obras faraônicas...
>
> É, como prova a inscrição, a obra de um artista asiático, e não a de um escultor egípcio.[45]

A profundidade da influência cultural e política egípcia em toda a Ásia Menor não poderia ser mais bem sublinhada, especialmente quando sabemos que a escrita em questão é uma escrita hieroglífica: é precisamente sob a suserania egípcia (dinastias XVIII e XIX) que os hititas adotam a escrita hieroglífica e elas constituem arquivos à maneira egípcia, arquivos que contêm informações valiosas sobre os primórdios da história grega. Os hititas serão assim o único povo indo-europeu que adotou o sistema de escrita hieroglífico, e o fato não é fortuito; decorre da colonização egípcia, cuja marca indelével é ainda visível no tempo de Ramsés II, ao qual o rei hitita Hatusil III se dirige em termos cuja humildade não deixa nenhuma dúvida sobre as relações de vassalagem: "O grande líder de Khati, [país hitita], pede ao líder de Qidi: 'Prepara-te, que vamos ao Egito. A palavra do rei [Ramsés II] manifestou-se, obedeçamos a Sésostris [Ramsés II]. Ele dá o sopro da vida aos que o amam: também toda a terra o ama, e Khati é apenas mais um com Ele'".[46]

Hatusil III dá sua filha mais velha a Ramsés II sem que a recíproca possa ser imaginável.

Tantos fatos, depois de uma longa guerra da qual Ramsés II, depois de Tutemés III, saiu constantemente vitorioso, ilustram a supremacia dos faraós negros na Ásia Ocidental.

A passagem frequentemente mencionada de Heródoto relativa a essas estelas e figuras gravadas merece ser citada. O faraó Sésostris (Tutemés III ou Ramsés II, conforme o caso), para quem a bravura era a virtude suprema, desprezava particularmente os povos vencidos sem combate:

> Entre aqueles cujas cidades havia anexado sem luta, ele gravou nas estelas inscrições com o mesmo conteúdo das dos povos que haviam se comportado com bravura, e também gravou nelas a imagem das partes sexuais de uma mulher; ele queria deixar manifesto que essas pessoas não tinham bravura. Ao fazer isso, cruzou o continente de lado a lado e, passando da Ásia para a Europa, avançou para o país dos citas e dos trácios, que subjugou. Este é, parece-me, o ponto mais distante alcançado pelo exército egípcio. Nesses dois países, de fato, constata-se que as estelas de que falei foram erguidas.[47]

Heródoto explica assim a presença dos colches, colônia negra egípcia, nas margens do Phase na Ásia Menor: tratava-se de uma guarnição avançada que deveria ocupar permanentemente um ponto estratégico para evitar as invasões dos povos do norte depois que os reis de Tebas, do Sul, expulsaram os hicsos e fundaram a XVIII dinastia?

Em todo caso, Heródoto não duvida de que se trate de antigos egípcios, pois, como os egípcios, eles têm a pele negra e os cabelos crespos, mas sobretudo falam uma língua aparentada ao egípcio, são circuncidados e trabalham linho como os egípcios.[48]

Escavações arqueológicas acabam de revelar uma extensão insuspeitada da influência da civilização egípcia na Ásia e na Europa: recentemente encontrou-se uma esfinge no sul da Rússia.[49]

Heródoto dá detalhes que não devem ser minimizados:

26 e 27. Observar nas duas figuras a posição axial das pás que servem de leme; trata-se de fato de um antepassado do leme axial, munido de uma segunda haste para permitir multiplicar o movimento e manobrar confortavelmente.
O personagem em pé atrás da figura 27 está manipulando essa haste.
(Fig. 26: Baixo-relevo do túmulo de Kaimh, 1500 a.C. J. Pirenne. *Histoire de la civilisation de l'Egypte ancienne*, t. II, fig. 55). Fig. 27: "Uma embarcação que poderia ser um combinado de metade carga e de metade de passageiros". B. Landstrôm. *Ships of the Pharaohs*. Londres: Allen and Unwin, 1970, fig. 401.)

> Das estelas que o rei do Egito erguia nos diferentes países, a maioria não é mais visível e não mais existe; todavia, na Síria Palestina, eu mesmo vi que ainda existem, com as inscrições de que falei e as partes sexuais de mulher. Há também na Jônia duas imagens deste homem esculpidas em baixo-relevo em rochas na estrada que vai do país de Éfeso a Foceia e na que vai de Sardes a Esmirna. De cada lado está esculpido um homem de quatro côvados e meio de altura; ele segura uma lança na mão direita e um arco na mão esquerda; o resto de seu equipamento é do mesmo estilo, em parte egípcio, em parte etíope. De um ombro para o outro, que lhe atravessa peito, há uma inscrição gravada em caracteres egípcios sagrados, que diz: "Eu, pela força dos meus ombros, conquistei este país".[50]

Heródoto afirma ter visto pessoalmente essas estelas com as partes sexuais de mulher na Fenícia. O fato é bastante verossímil, pois, de acordo com tudo o que precede, a região é uma das que não opôs qualquer resistência à conquista egípcia.[51]

Por outro lado, a erudição moderna brandamente protesta e afirma que se trata de monumentos hititas da primeira metade do século XIII a.C., ou seja, da época de Ramsés II e Hatusil III, quando o país hitita estava sob o domínio político e cultural egípcio. Curioso monumento hitita que se confunde à "primeira vista", segundo a expressão de Maspero, "com figuras egípcias". Desde quando os hititas se vestem com um *calasiris*, vestimenta nacional egípcia? Afirma tratar-se de um deus hitita. Mas o que ressalta do exposto é que o faraó era deificado em todas as regiões conquistadas da Ásia ocidental: ele era visto em toda parte como o filho de Deus, 1500 anos antes da vinda de Cristo, em todo o Império e até mesmo no Egito desde a época das pirâmides, 2600 a.C., em que os faraós assumiram pela primeira vez o título de filho de Deus desde a IV dinastia.

Na época em que esses monumentos foram erguidos, o rei hitita de então, Hatusil III, deificava o faraó do Egito Ramsés II, que era efetivamente seu senhor e suserano, como ressalta a carta de Hatusil III antes citada. Portanto, não é surpreendente que o faraó divinizado seja apresentado por um artista local como o deus do país hitita do qual ele é o eminente senhor. Isso explicaria o fato de que esse deus hitita seja representado sob os traços próprios de um egípcio ou de um etíope, com algumas falhas e erros mencionados por Maspero e outros autores. Teremos uma situação semelhante quando, na época helenística, após a conquista do Egito, Alexandre, o Grande, tentará ser deificado, como em seguida todos os reis ptolomaicos e romanos.

É, portanto, a XVIII dinastia egípcia que, pela colonização e introdução da escrita, tirou da proto-história Creta, Chipre, a Grécia continental ou micênica, a Ásia Menor (Jônia, Hitita etc.).

Sabemos que a XVIII dinastia havia colocado em uso as escritas silábicas inventadas desde a XI dinastia para transcrever corretamente os numerosos nomes estrangeiros dos povos conquistados dos 110 Estados que formavam o Império: a linear A, utilizada precisamente no século XVI a.C. para escrever o cretense, não é uma invenção fortuita independente do contexto político e cultural egípcio. Ela foi necessária para a nova administração da XVIII dinastia e dará origem à linear B, na Grécia continental (fig. 28), após a erupção vulcânica da ilha de Santorini que destruiu a civilização minoica em Creta, como vimos.

Tanto a linear A como a linear B são sistemas silábicos, e sabe-se que a linear B não estava inicialmente adaptada à língua grega: tratava-se de uma escrita inventada, em primeiro lugar, para uma língua não grega (o cretense) e adaptada, em seguida, para o bem ou para o mal, ao fonetismo grego.

Como acabamos de ver, é na XVIII dinastia que a escrita silábica se desenvolverá no Egito, sob a exigência de vastas conquistas que demandam a transcrição para o egípcio de muitas palavras e nomes estrangeiros. "A escrita silábica aparece na XI dinastia, mas apenas se torna de uso frequente na XVIII dinastia [...] O objetivo dessa escrita é transmitir para o egípcio, com seu valor fonético pelo menos aproximativo, nomes estrangeiros de lugares e pessoas, bem como nomes egípcios de origem estrangeira".[52]

Sob as mesmas circunstâncias e pelas mesmas razões, a escrita hieroglífica foi introduzida no país hitita. Da mesma forma, a escrita fenícia, que dará origem ao alfabeto grego no século VIII a.C., refere-se, por meio de seus protótipos anteriores, às múltiplas formas de escrita alfabética pra-

28. Quadro de linear B. Vê-se que essa escrita desde o seu nascimento é silábica, o que seria impossível sem uma influência estrangeira, que é aqui evidentemente egípcia. A escrita começa sempre com ideogramas antes de se tornar fonética. As lineares A e B são desde o nascimento espontaneamente fonéticas, pois Creta, colonizada pelo Egito, aprendeu a escrever em contato com os egípcios. Por outro lado, se os cretenses eram de origem helênica, a língua da linear A deveria ser grega. Ora, sabe-se que não é o caso. (Apud J. A. Sakellarakis, *Musée d'Hérakleion*.)

ticadas no Egito pelas sociedades secretas, desde o Antigo Império, e do qual quase nunca se fala. Os escribas egípcios tinham o hábito de inventar alfabetos, em sentido estrito, por diversas razões.[53]

Os textos de Ras Shamra, ou seja, de Ugarite, na Fenícia do Norte, revelam, contra todas as expectativas, para os ideólogos ocidentais que os antepassados da nação fenícia primitiva vieram do sul (Egito, África), e não do norte.

Por outro lado, vê-se que o universalismo é uma consequência da conquista de Tutemés III e da criação do primeiro império no mundo. E é anterior à erupção de Santorini: Amon já falava antes de Aton como um deus universal, o deus de todos os seres.[54]

O messianismo resultante da erupção vulcânica é um aspecto distinto que pode ter dado uma coloração particular ao universalismo egípcio a partir de Amenófis IV; em todo caso, como Breasted e tantos autores observaram, ele está na origem do messianismo judaico-cristão e até mesmo islâmico. Tudo é comparável, até o estilo, quando não é uma pura repetição, 2 mil anos depois.

É igualmente sob a XVIII dinastia, colonizando a quase totalidade do mundo conhecido e relativamente civilizado, que o Egito impôs o modelo de Estado chamado mais tarde de MPA (modo de produção asiático) ao mundo minoico (Creta) e micênico, a toda a Ásia Ocidental — modelo que se reencarnará no Império de Alexandre, o Grande, no Império Romano, no Império de Carlos Magno e no de Napoleão.[55]

Enfim, será necessário estudar mais de perto as consequências migratórias da explosão de Santorini e saber se isso não explicaria a chamada migração "ariana", na mesma época (aproximadamente 1450), para a Índia.

É certo, como Fustel de Coulanges já havia demonstrado pelo estudo dos costumes, e a despeito de Dumezil, que os futuros indo-arianos tiveram que viver em uma comunidade bastante próxima aos gregos antes de se separar deles, como resultado de um evento capital que poderia muito bem ser a explosão de Santorini; e nesse caso, seria perfeitamente normal que eles tivessem fugido para o leste a fim de se afastar do epicentro do terremoto.

Novas pesquisas devem ser realizadas nesse novo domínio.

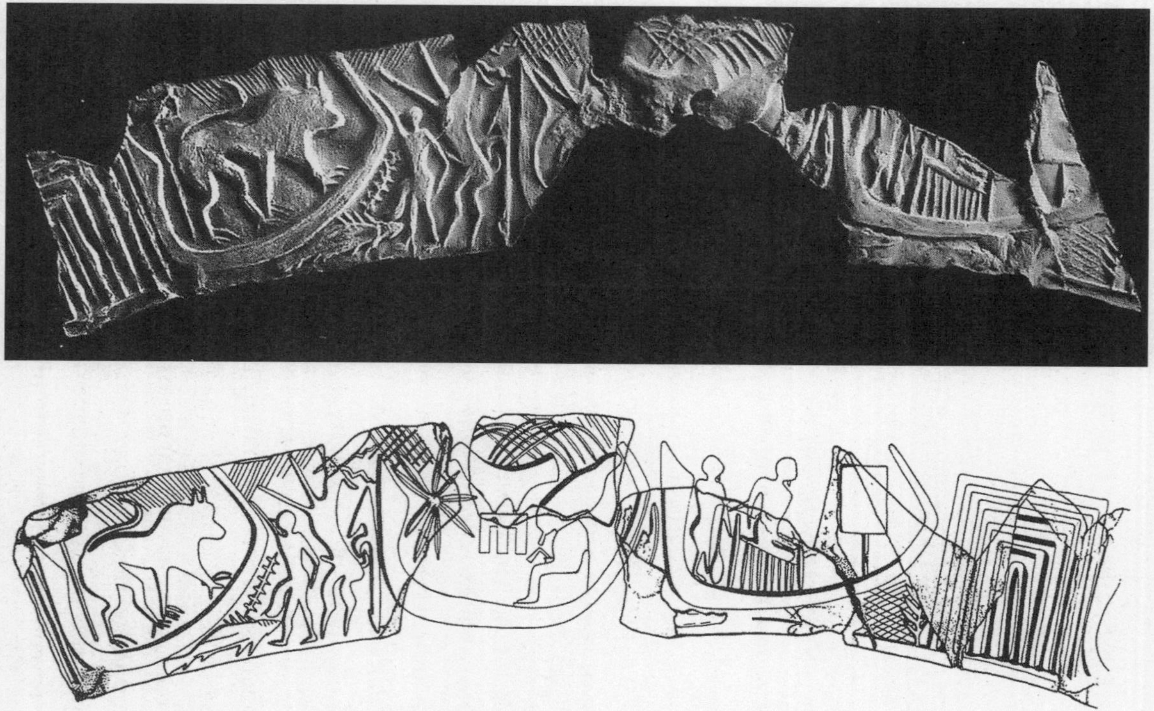

29. Desenvolvimento de figuras gravadas no incensário estudado por Bruce Williams, do Instituto Oriental da Universidade de Chicago. Comparar a arquitetura do palácio, à esquerda, com a do domínio funerário de Djoser, 2778 a.C. (fig. 30). Mais ou menos no meio há um personagem sentado com a coroa branca do Alto Egito. Um pouco acima dele, vemos o deus falcão Hórus. (Cemitério de Custul, Núbia. Foto do Instituto Oriental da Universidade de Chicago.)

4. Últimas descobertas sobre a origem da civilização egípcia

Anterioridade da civilização núbia

Escrevemos em *Nations nègres et culture* e em nossas publicações posteriores que, de acordo com o testemunho quase unânime dos antigos, a civilização Núbia é anterior à do Egito e até teria dado origem a ela. Isso faz todo o sentido se nos situarmos na perspectiva de um povoamento do vale do Nilo por meio de uma descida progressiva dos povos negros desde a região dos Grandes Lagos, berço do *Homo sapiens sapiens*. Mas faltam fatos arqueológicos convincentes para demonstrar essa hipótese. A lacuna, ao que parece, acaba de ser preenchida graças às escavações de Keith Seele, da Universidade de Chicago, feitas na necrópole de Custul, na Núbia, como parte da campanha internacional organizada pela Unesco em 1963-4, antes da construção da barragem de Assuã e da inundação da região para o preenchimento da represa. Trata-se de um cemitério do *grupo A*, uma cultura Núbia contemporânea do pré-dinástico recente. Ele foi chamado de Cemitério L, e os túmulos L.23 e L.24, de modo mais especial, continham um rico material, conservado no Instituto Oriental da Universidade de Chicago.

Foi um pesquisador associado, Bruce Williams, estudando esses objetos em 1978, que chamou a atenção do mundo acadêmico para a peculiaridade dos motivos gravados em um incensário cilíndrico (fig. 29). Embora o objeto esteja danificado, as partes restantes mostram claramente um rei sentado em um barco "real", portando a longa coroa (branca) do Alto Egito; diante dele, a bandeira real e o deus falcão Hórus; nota-se também a fachada de um palácio cujo estilo recordaria a fachada do domínio funerário de Djoser em Sacará. A arquitetura em pedra de cantaria da III dinastia não seria uma criação *ex nihilo* (figs. 30 e 31).

Segundo o descobridor, essa realeza Núbia, que se apresentava para nós com os futuros atributos essenciais da monarquia egípcia, a teria precedido pelo menos por três gerações. Trata-se realmente da figura mais antiga de um rei encontrada no vale do Nilo. Também foram observados sinais hieroglíficos indecifráveis, anunciando a escrita desse período, que é próximo ao final do quarto milênio.

A comparação das cerâmicas núbias encontradas nos túmulos com as cerâmicas pré-dinásticas egípcias, bem datadas, permitiu precisar a época.

O autor acredita que agora está comprovada que a monarquia Núbia é a mais antiga da história da humanidade.[1]

Compreende-se melhor a essência matriarcal da realeza egípcia e a importância do papel da rainha-mãe na Núbia, no Egito e no resto da África negra (ver p. 217). A mulher, a rainha, é a verdadeira soberana detentora da realeza e guardiã da pureza da linhagem. Por isso, muitas vezes ela se casa com o irmão ou o meio-irmão por parte de pai: é ela quem transmite a coroa ao marido, que é apenas seu agente executor. "Temos poucos detalhes de como se deu a transição da III para a IV dinastia; sabemos apenas que mais uma vez foi uma rainha quem manteve a tradição real levando a coroa ao marido. E que este se chamava Seneferu (pai de Quéops) e fundou a IV dinastia."[2]

Osíris, o primeiro rei lendário do Egito, havia se casado com sua irmã Ísis.

> Essa lei severa, que ainda existia na época do Novo Império, fez com que Tutemés I tivesse que renunciar e abdicar do trono em favor de sua filha e do genro quando da morte de sua esposa Amósis (a quem ele devia o trono). Foi também severa com o rei Unas, o último rei da V dinastia menfita: como ele aparentemente não tinha herdeiro masculino, a princesa Hetep-Heres, sua filha, teve que se casar com um nobre de sangue diferente; isso pôs fim à V dinastia[3].

30. Uma antiga porta de entrada para o domínio funerário de Djoser. (Foto de J. Pirenne.)

Em uólofe, a língua senegalesa, a palavra *sat* (neto, descendência) é um feminino antigo esquecido. De fato, *sat* = "menina (ou filha)" em egípcio; então, originalmente, a palavra uólofe se referia exclusivamente, ao que parece, à descendência uterina, pelas meninas (ou filhas).[4]

Mais precisamente, no egípcio antigo, *sent* = irmã; em uólofe, *sant* = nome próprio do clã, que perpetua a linhagem e que é o da mãe, ou seja, da irmã do tio no sistema matrilinear. É através das irmãs que os direitos são transmitidos e que a "raça" se perpetua. Segundo Ibn Battuta, no século XIV, no Mali, os homens não se nomeavam a partir do seu pai:

> Nenhum deles [os homens] tem o nome de seu pai; mas cada um deles vincula sua genealogia a seu tio materno. A herança é recolhida pelos filhos da irmã do falecido, excluindo os próprios filhos. [...]

> Aconteceu que, durante a minha estadia em Mali, o sultão se zangou com sua esposa principal, a filha de seu tio materno [e não paterno, segundo o texto, cf. lenda de Sundiata], que era chamada Kăcă; o significado dessa palavra, entre os negros, é rainha. Ora, ela está associada ao soberano no governo, de acordo com o uso deste povo, e seu nome é pronunciado no púlpito, conjuntamente com o do rei.[5]

Compreende-se melhor também por que o termo egípcio que designa a realeza significa etimologicamente: (o homem) "quem vem do Sul" =  = *nsw* < *n y swt* = que pertence ao Sul = que é originário do Sul = o rei do Egito, e não somente o rei do Alto Egito. Enquanto *Biti* = rei do Baixo Egito, e jamais significou simplesmente rei, ou seja, rei do Alto e do Baixo Egito, rei de todo o Egito.

31. Detalhes das figuras 29 e 30 que permitem apreciar melhor a similitude de estilo entre a primeira arquitetura real núbia (quarto milênio) e aquela da III dinastia, sob Djoser (2778 a.C.).

Uma leitura incorreta que levaria os sinais hieroglíficos na aparente ordem acima, e que muito provavelmente deve ter sido feita em um momento ou outro, daria: *Souten* > Soudan [Sudão] (?).

Agora entendemos melhor por que o egípcio está voltado para o sul, o coração da África, o país de suas origens, o país de seus antepassados, "terra dos deuses", como o muçulmano está orientado hoje para Meca. É por isso que a mão direita aponta para o oeste e a mão esquerda para o leste. Portanto, não se tratava, como supunha Naville, de uma marcha para o sul; assumindo uma origem nórdica dos antigos egípcios. Os próprios deuses egípcios, o deus Min em particular, fizeram esse retorno simbólico em direção ao sul: o deus se havia partido e o levaram por um tempo em direção ao sul, depois de volta ao seu santuário.[6]

Os Textos das Pirâmides conservaram a lembrança das terríveis tempestades da África equatorial, quando as tribos que formariam o povo egípcio ainda não haviam se incrustrado tão profundamente no vale do Nilo. "O céu funde-se em água, onde o céu fala e a terra treme", diz a pirâmide de Unas.[7]

Os egípcios achavam que o trovão é a voz do céu. Assim, em copta:

ϩⲣⲟⲟⲩ ⲙ ⲡⲉ = a voz do véu

ϩⲣⲟⲩ ϭϭⲁⲓ = a voz do teto de ferro, ou seja, do céu[8] (dialeto de Mênfis).

Pode-se observar que em Serer, língua senegalesa, roog = o deus celestial, cujo trovão é a voz. No Egito quase nunca chove.

EGÍPCIO	UÓLOFE
 = *djett* = o deserto[9]	*Diatti* = a natureza selvagem (não habitada pelo homem)
šm = ir em direção a, seguir	d*ëm* = ir em direção a, *s* → d

PARTE II

As leis que regem a evolução das sociedades: Motor da história nas sociedades do MPA e na cidade-Estado grega

5. Organização clânica e tribal

A ORGANIZAÇÃO CLÂNICA, na medida em que se fundamenta no tabu do incesto, marca o início da civilização: o homem não é mais um simples animal biológico. Suas relações sexuais agora são regidas por regras sociais muito rígidas.

O clã é também, e sobretudo, uma organização social para fazer face a necessidades econômicas, quando não para enfrentar um desafio da natureza. É fundado numa escolha deliberada de um tipo unilateral de parentesco (patrilinear ou matrilinear, segundo o contexto econômico), de um tipo de propriedade coletiva ou privada, de um modo de herança etc.

Portanto, no momento da formação clânica a humanidade já conhecia os respectivos papéis dos dois cônjuges na concepção física da criança, tinha uma clara noção de parentesco físico, de propriedade dos bens e de herança, das possíveis relações entre indivíduos.

A organização clânica apenas socializa essas noções da forma que considera adequada, conferindo-lhes uma estrutura e um conteúdo particulares que provavelmente atenderão às exigências dessa fase da evolução da humanidade. As hipóteses sobre as formas de existência humana anteriores ao clã — promiscuidade ou comunismo primitivo etc. — não serão examinadas adiante.

O fato é que, em nossa opinião, o clã e a tribo nasceram simultaneamente, pois, pela exogamia clânica resultante do tabu do incesto, a organização clânica, para ser viável, pressupõe a existência de clãs vizinhos (organizados em aldeias ou não) que, por contraírem casamentos exogâmicos, acabam se tornando uma tribo monolíngue, uma nacionalidade: portanto, existe um vínculo dialético entre o clã e a tribo. O clã é apenas uma família consanguínea ampliada, fundada exclusivamente no parentesco matrilinear ou patrilinear. É para evitar casamentos consanguíneos que a endogamia clânica será proibida e a exogamia do clã será estabelecida como regra. A família nuclear (homens, mulheres, crianças) precedeu, portanto, o clã, que apenas procura regular o seu desenvolvimento de modo mais favorável para o grupo.

O clã, seja patrilinear ou matrilinear, sempre foi criação do homem, com exclusão da mulher. O mesmo acontece com todas as formas de organizações políticas e sociais posteriores da humanidade: confederação de tribos, monarquia, república... Foi o homem que, em meio nômade, nas estepes eurasiáticas, escolheu organizar a célula social com base no clã patrilinear, supostamente a melhor forma de adaptação possível ao ambiente físico. Do mesmo modo, no meio agrícola sedentário africano ainda é ele, o homem, quem decide fundar o clã matrilinear.[1]

Para melhor evidenciar a irredutibilidade dessas duas formas de adaptação a meios diferentes, iremos opor, numa breve revisão, ponto por ponto, os seus traços específicos:

Clã africano matrilinear	**Clã indo-ariano patrilinear**
Criado pelo homem.	Criado pelo homem.
Sedentário.	Nômade.
Sedentário exogâmico.	Nômade exogâmico.
Exogamia de clã.	Exogamia de clã (o rapto das sabinas).
Subsistência proveniente da agricultura, essencialmente.	Subsistência proveniente da pecuária, essencialmente.
Religião: culto dos ancestrais.[2]	Religião: culto dos ancestrais.
Ritos funerários: enterro dos mortos.	Ritos funerários: cremação dos mortos, cujas cinzas são, assim, transportáveis em urnas; culto ao fogo.
O homem traz o dote.	A mulher traz o dote.
Filiação e sucessão matrilineares.	Filiação e sucessão patrilineares.

Clã africano matrilinear	Clã indo-ariano patrilinear
Casamento matrilocal.	Casamento patrilocal.
Parentesco pelos homens: impossível.	Parentesco pelas mulheres: impossível.
A mulher mantém seu totem, isto é, seu deus doméstico, portanto, seu nome natural de família após o casamento, sua personalidade jurídica.	A mulher abjura seus deuses domésticos diante do altar dos deuses do marido, perdendo assim seu nome de família, sua personalidade jurídica.
O marido não tem direitos sobre sua mulher e seus filhos.	O marido tem o direito de vida e morte sobre sua esposa e seus filhos: ele pode vendê-los.
Os filhos não têm laços sociais de parentesco com o pai e, portanto, não herdam dele. Herdam do tio materno, que tem direito de vida e de morte sobre eles: o tio é o pai social.	Os filhos herdam do pai, o avunculado é desconhecido.[3] Até as reformas de Sólon (590 a.C.), os filhos de duas irmãs não tinham laços sociais de parentesco.
A mulher pode se divorciar. A família natural permanece sempre o ambiente de segurança social em caso de necessidade: a ligação nunca será rompida.	A mulher é propriedade do marido, pode ser vendida como objeto ou morta, não pode se divorciar; sua família natural não existe mais para ela, socialmente falando.
A terra é uma propriedade coletiva indivisa: a noção de propriedade privada é marginal, mas está longe de ser desconhecida.	A propriedade privada da terra é divinizada pela religião doméstica dos ancestrais: os termos dos deuses.
Sentido comunitário muito desenvolvido. A solidão é proibida: todas as mulheres devem ser casadas; a poligamia torna-se uma necessidade social porque os homens são frequentemente menos numerosos.[4]	O individualismo é a virtude suprema mesmo após a sedentarização, a copropriedade é um sacrilégio; até no além, as famílias não devem se tocar.
Todas as crianças que nascem são educadas.	Práticas malthusianas. As meninas são enterradas vivas.[5] O excedente de bebês, mesmo os bem constituídos, é jogado no lixo doméstico, inclusive após a sedentarização. Eugenismo, mito de Ganimedes, homofilia.

Clã africano matrilinear	Clã indo-ariano patrilinear
Sociedade matriarcal: cosmogonia otimista. Sem noção de pecado original.	Sociedade patriarcal: cosmogonia pessimista. Com noção de pecado original: Prometeu, pecado de Eva.
O mal é introduzido pelos homens: Set assassino de Osíris, em oposição a Ísis, inventora da agricultura.	O mal é introduzido pela mulher: Eva e a maçã para a tentação de Adão.
Moral pacifista.	Moral guerreira: somente entram no paraíso germânico, o Valhalla, os guerreiros mortos em campo de batalha.

Todas as revoluções sociais ocorridas desde a Idade da Pedra Polida (o Neolítico), por mais radicais que tenham sido, não conseguiram apagar completamente as estruturas clânicas primárias iniciais, que permanecem subjacentes às nossas respectivas sociedades e são reconhecíveis por muitos traços.

Uma língua europeia moderna como o francês reflete, em sua estrutura profunda, as instituições nômades indo-europeias, desfavoráveis às mulheres: não existe um termo específico em francês para expressar o assassinato da mãe e da irmã; utiliza-se, respectivamente, os termos relativos ao assassinato do pai, ou do irmão: *parricide* (parricídio) = assassinato do pai, ou da mãe, por extensão; *fratricide* (fratricídio) = assassinato do irmão, ou da irmã, por extensão.

6. Estrutura de parentesco no estágio clânico e tribal

Processo pelo qual o nome passa da coletividade clânica ao indivíduo

A estrutura de parentesco é estreitamente dependente das condições materiais de vida; ela evolui ou muda a partir dessas condições de uma maneira que o estruturalismo de Lévi-Strauss seria incapaz de prever. Um nuer explicou a Evans-Pritchard que a criança leva o nome do clã de sua mãe, desde que o casamento seja matrilocal; a filiação é então matrilinear. Mas se a situação se inverte durante a vida dessa pessoa, e a esposa se junta ao clã do marido, o casamento se torna patrilocal, a filiação se torna patrilinear: o filho muda de nome e passa a ter o de seu clã paterno.[1]

A situação é a mesma entre os Ouêhi da Costa do Marfim: "No clã do pai, o Ouêhi é conhecido por seu *nenangnéné* [a categoria de nome que ele carrega]. Mas quando ele vive na ou chega à aldeia de sua mãe, automaticamente perde seu patronímico em benefício do *nenangnéné* de sua mãe. Esse costume confere naturalmente direitos e obrigações".[2]

Entre a tribo indígena hupa, que adota a filiação patrilinear, Robert Houre observa:

> No entanto, essa linhagem paterna, ainda que objetivamente distinta do outro parentesco por uma residência comum, não era especificamente reconhecida pelos hupa como uma unidade distinta. Podia assim acontecer que um homem, impossibilitado de pagar o preço da noiva, fosse obrigado a ir servir na aldeia do sogro, e os filhos desse casamento passassem a pertencer à família da mulher.[3]

Mais adiante, ele escreve:

> Os índios pueblos são matriarcais no sentido pleno da palavra; o mesmo não acontece com a maioria dos povos classificados sob esta rubrica. Achamos muito comum que um marido comece sua vida conjugal com seus sogros, desempenhando em todos os aspectos as funções de um servo doméstico, porém mais tarde ele funda, muitas vezes após o nascimento dos filhos, um lar independente. É o caso dos hidatsa, dos owambo da África do Sul, dos khasi de Assam. A influência do parentesco materno é então menos acentuada do que nas associações matrilocais permanentes.[4]

Essa fase de transição, de passagem do matriarcado ao patriarcado, é rica de ensinamentos para a sociologia. Vemos em ação as próprias condições materiais e históricas que deram origem aos sistemas matrilinear e patrilinear e à relação avuncular.

O parentesco, a filiação, a herança, tudo isso deriva essencialmente da situação social privilegiada do cônjuge que permanece no seu clã e, por isso, abriga o outro. Poderíamos citar o exemplo das famílias da Irlanda: o marido que imigrou da Europa continental não tem direito algum sobre os filhos da mulher insular.

Assim, os dois regimes não dependem de um fator racial; a etnia não está em questão. Se os respectivos berços tivessem sido trocados, o negro e o branco teriam transmitido à história os modelos sociais inversos daqueles que a humanidade lhes deve.

O tabu do incesto e a formação de tribos, nacionalidades, nações

A passagem do clã à tribo monolíngue, ou seja, à etnia, à nacionalidade, é uma consequência da exogamia de clã; razões materiais e biológicas sobre a natureza, as quais os especialistas ainda discutem, muito cedo levaram a humanidade arcaica a praticar a proibição do incesto, que marca o ponto de partida da civilização. Como a endogamia de clãs é proibida, vários clãs vizinhos contraem laços de casamento, que, com o tempo, se tornam laços de parentesco por aliança. Todos esses clãs que ocupam o mesmo território acabam por falar a uma só língua, mesmo que os idiomas originalmente fossem diferentes. Desse modo, o número de clãs que podem se agrupar para formar uma tribo mais ou menos poderosa não obedece a nenhuma regra e depende, no máximo, da extensão e da fertilidade das terras ocupadas pelo grupo humano. Assim nasceu a nacionalidade. O indivíduo terá o nome do clã sobretudo após a destribalização.

Estrutura dominante no clã e na tribo

A estrutura dominante no clã e, em menor grau, na tribo é a ligação de sangue. A lei de talião rege as sociedades clânicas, "sem Estado", e apenas se enfraquece à medida que uma autoridade supraclânica, inicialmente tribal, emerge e constitui um contrapeso à justiça individual.

A ideia de parentesco é fundada no sagrado, a religião doméstica, que defende que dois progenitores tenham um ancestral mítico comum, confundindo-se ou não com um totem. A solidariedade que ela implica é a melhor garantia de segurança individual, desde que a sociedade mantenha a sua estrutura elementar, clânica ou tribal. Ela se atenua quando a sociedade se expande desmesuradamente, evoluindo sob o império das forças produtivas e da divisão do trabalho, assumindo formas de uma crescente complexidade, obrigando qualquer indivíduo a cooperar no trabalho social necessário ao desenvolvimento de todos.

Os laços de sangue permanecem muito fortes na forma monárquica do Estado, apesar da complexidade da organização social e às vezes da extensão do reino. De fato, muitos interesses materiais permanecem ligados aos laços de sangue, que nos esforçamos para manter no nível sagrado inicial do estágio clânico; a hereditariedade das funções públicas e dos cargos públicos reforçam os laços de parentesco. A Europa monárquica do Antigo Regime e a África negra pré-colonial encontravam-se nessa situação.

Assim, a laicização do pensamento e o desenvolvimento das estruturas sociais são os dois fatores que contribuem para o desaparecimento dos laços de sangue; estes, rigorosamente, apenas se atenuariam ao máximo na fase correspondente à forma republicana e laica do Estado.

Divisão do trabalho e hereditariedade das funções no estágio clânico. Processo de estratificação social, de acumulação primitiva e passagem para a fase monárquica

A divisão do trabalho e a hereditariedade das funções nas sociedades africanas remontam ao estágio clânico; esse fato importantíssimo deve chamar a atenção do sociólogo. O nome clânico é também um nome de profissão hereditária e a mesma evolução aplica-se a fortiori às sociedades africanas sem nomes próprios.

Por uma manifesta preocupação com o equilíbrio político e social, um clã nuer provê hereditariamente o sacerdote do grão, o fazedor de chuva, o "rei", o domador (especialista) do leão, do leopardo, o curandeiro etc.

A divisão do trabalho inerente à estrutura tribal engendra um processo cumulativo, um primeiro desenvolvimento das forças produtivas (excedentes agrícolas), permitindo um salto qualitativo, dito de outra forma, a passagem para a fase monárquica.

Se uma sociedade clânica e tribal como essa é chamada a defender o próprio território contra um inimigo externo, rapidamente atribuem-se aos mais corajosos guerreiros direitos e poderes legitimados pelas circunstâncias; surge uma aristocracia militar e semitribal.

A divisão do trabalho preexistente gera um sistema de "castas", ou pelo menos uma estratificação social, pois, progressivamente, a partir de então um certo desprezo recai sobre o trabalho manual, comparado com os riscos da função militar. Entretanto, um verdadeiro sistema de castas africano implica, além do mais, as proibições que atingem o ferreiro, o trabalhador manual por excelência. Poderia tratar-se, nesse caso particular, de uma herança direta do Egito faraônico, onde, até o período tardio, uma grande superstição cercou o trabalho com o ferro. No templo, os sacerdotes, quando tocavam nos instrumentos de ferro, tinham que se purificar.

Assim, há dois tipos de sociedades estratificadas na África negra: uma sem qualquer ideia de castas, abrangendo a África Austral e a Central, e a outra, de castas, incluindo o oeste da África, os antigos reinos de Gana, do Mali, Songai, Alto Nilo etc., correspondendo muito sensivelmente à área do tabu do ferreiro.[5] É também a zona saheliana, sem mosca tsé-tsé, a zona dos cavalos da nobreza adestrados para a guerra, do corcel, instrumento de conquista, de extensão e consolidação desses impérios em que uma aristocracia militar encabeça rigorosamente uma sociedade de castas: haveria, assim, uma trilogia do cavalo, da casta e do griô. Esta última categoria de sociedade africana derivaria mais direta ou tardiamente da sociedade egípcia faraônica do que a primeira. A questão será reexaminada adiante.[6]

Em reação aos diversos flagelos e às conturbações sociais (penúria de homens em consequência das guerras, epidemias, genocídios etc.), o sistema comunitário africano adapta-se aplicando o princípio comunitário até o limite da perversão, com um rigor lógico assustador: é assim que, em alguns casos, o filho pode se casar com uma esposa de seu pai falecido, à exceção de sua mãe, claro.

São os mesmos princípios comunitários que exigem a poligamia, para afastar o indivíduo, toda mulher, da solidão social. Trata-se de uma escolha deliberada da sociedade africana pré-colonial, escolha que é oposta à necessária solidão material e moral das sociedades individualistas ocidentais.

Disso resulta que nestas últimas a esfera da vida privada é tão grande quanto é reduzida na primeira, em que a sociedade invade todo o espaço pessoal privado disponível; desse modo, as neuroses das sociedades ocidentais se devem a um excesso de solidão, enquanto as das sociedades africanas ou comunitárias em geral devem ser buscadas no próprio excesso de vida comunitária.

Diferentes fases de evolução

Matriarcado absoluto, em seu estado puro, caracterizado por avunculato: esse regime apenas é concebível no estágio verdadeiramente primário de toda a primeira emergência do clã matriarcal. Os erros de análise vêm do fato de que a maioria dos clãs e das tribos estudadas já experimentou uma evolução muito complexa. É o caso das sociedades africanas que viveram sob monarquia e que se retribalizaram em graus diferentes durante o período do tráfico negreiro. Encontra-se aí, então, uma coexistência de elementos tribais e monárquicos e sistemas variados de filiação que enganam o observador não perspicaz.

Quando, por diferentes razões (exceto na fase monárquica), o casamento deixa de ser matrilocal, o homem retoma seus direitos e a filiação se torna ou tende a se tornar patrilinear (casamento patrilocal), ou bilateral, no caso de uma evolução que leva à sociedade alargada e complexa que é a monarquia.

Assim, na realeza de Cayor, em que a mulher não podia reinar no lugar do damel,* o regime matriarcal está, entretanto, subjacente; mas apenas um olhar interno pode perceber isso. O parentesco materno ainda é predominante.

Da mesma forma, se o estágio inicial é o clã patriarcal indo-europeu, no estágio monárquico "final", o sistema se altera, e a filiação torna-se bilateral, sempre com predominância do parentesco paterno.

Assim, qualquer que seja a estrutura clânica inicial, no estágio monárquico ou pseudomonárquico (tribo evoluída) o parentesco torna-se bilateral, pois os interesses dos homens e o grau de evolução das forças produtivas o exigem; mas a estrutura de parentesco ainda mantém no estado fóssil, mesmo neste estágio, a estrutura primária (matriarcal ou patriarcal) reconhecível em muitos detalhes para o observador.

Nota I

Já tivemos a oportunidade de classificar todos os etnônimos e topônimos a seguir por etnia e região (uólofe, fula, tuculor, serer etc.).[7] No interior da grande etnia uólofe, pode-se destacar o subgrupo lebu, caracterizado pelos seguintes etnônimos, todos presentes no país nuer:

---

* Damel era o rei de Cayor, região do Senegal pré-colonial.

NUER	LEBU
Bor	*MBor*
Pot	*Pot*
Dial ou *Dil* ou *Diel* (títulos aristocráticos)	*Dial* (título aristocrático)
Jikul	*Jokul* (topônimo)

De acordo com a genealogia nuer, Duob seria filho de Nyajaani.[8] Do mesmo modo, segundo a tradição senegalesa, Diop seria um antigo filho de Ndiadjan Ndiaye, que teria mudado de nome como resultado de um incidente familiar. Existem também os seguintes outros nomes senegaleses:

NUER	UÓLOFE (Senegal)
Gaa-jok	*Gaajo* (tuculor)
Gaa-jak	*Gajaga* (laobé)
Ma-Thiang, Ma-Nyang	*Ma-Nyang*
War	*Waar* (*Demba Waar*)
Gaa-war (clã aristocrático)	*Gawar* (cavalheiro, cavaleiro, senhor, amante)
Jaa-logh	*Diallo* (fula)
Lem	*Lem-Lem* (tribo antiga, no Falémé)
Baal	*Baal* (grupo étnico tuculor)
Pilual	*Peul* (?)
Juong	*Jong*
Lak	*Lag* (ordem lendária dos cavaleiros)
Ghaak	*Gak*
Duob	*Diop*
Thul	*Tul* (topônimo)
Ger	*Ger* (clã, homem não "castado")
Nyam nyam	
Ma-Jaam	*Ma-jaane*
Gaa-liek	*Ngalik* (topônimo)
Jaang	*Dieng*

Dinka-Balak	*Balla*
Nyayan	*Nyaañang* (topônimo)
Kraal (acampamento nuer)	*Daral* (curral)
Tut bura	*Bur* (rei)
Jara-nyen	*Jaane*

Os jaang-nath ou jaang-nas são dinka nuer, isto é, dinkas que se tornaram nuer, e por isso são chamados assim:

Caa-Nath *Caa-Nas*	} nomes da mesma estrutura que *Tia-NDella* (uólofe) ou *Ca-NDella*

Os anunaki do rio Sobat são reminiscentes da tribo proto-histórica anu (grupo étnico de Osíris), que originalmente povoou o vale do Nilo.

Finalmente, vemos que Baal é também um nome que poderia muito bem explicar Belianke (p. 219); significa dizer que os fatos étnicos atuais são muito difíceis de interpretar e que somente com investigações complementares permitirão desvendar.

Um *dil* (*dial*), ou *Tut Bura*, é um aristocrata da tribo bor, um *dil* (*dial*) ou *Tut Laka* é um aristocrata da tribo lak.

Os dinka-nuer adoram um deus do céu, chamado Deng (chuva), para quem ergueram uma grande pirâmide. O profeta desse deus, provavelmente de origem dinka, é Ngundeng = Ngunda (uólofe)?

Observe que Simba = jogo do "leão" (um homem disfarçado de leão) no Senegal, e que Simba = leão, no Zaire.

Nota II

Para Émile Benveniste, um indício do papel jurídico que foi apagado e que era desempenhado pela mãe nas sociedades indo-europeias é a ausência de uma *matrius* em face de um *patrius*. Ele observa que o vocabulário grego mantém a memória de estruturas sociais completamente outras, e provavelmente não indo-europeias.[9]

Vimos que o mundo grego micênico saiu da proto-história, na sequência da colonização egípcia da XVIII dinastia. É no curso desse período que a Grécia teria adotado todas as estruturas sociais estrangeiras às quais Benveniste e Dumezil fazem alusão.

As antigas estruturas indo-europeias sobreviveram por mais tempo entre os eslavos do sul, que ainda mantêm o tipo de família patriarcal estendida chamada zadruga, compreendendo vários casais ou famílias restritas, no total de sessenta membros.

Um estrangeiro pode entrar nessa família patriarcal casando-se com a filha do líder; mas ainda assim ele perde até o nome próprio, e é a mulher, permanecendo em seu "clã", que continua a linhagem dando seu nome à sua descendência.[10]

Eis mais uma confirmação singular das condições, já citadas, que dão nascimento ao matriarcado! Bastou que uma família patriarcal se tornasse sedentária e não sentisse mais a necessidade de enterrar suas filhas vivas para que estas, em função da mudança das condições econômicas, permanecessem em seu "clã", pois o casamento torna-se matrilocal, de modo que o estrangeiro se encontra em posição de inferioridade e perde todos os seus direitos.

Segundo Benveniste, apenas a regra do casamento entre primos cruzados pode explicar o fato de que o latim *avunculus*, derivado de *avus* (avô paterno), signifique "tio materno".[11] Em todo caso, essa observação destaca claramente a anterioridade, na sociedade indo-europeia, do aparato conceitual patriarcal para designar o parentesco: o parentesco matrilinear aparece aqui claramente como uma instituição tardia, tanto é assim que a língua carece de termos para designá-lo e usa conceitos impróprios, como se pode ver.

A tripartição das funções[12] (sacerdote, guerreiro, agricultor), também assinalada por Dumezil, remete para as estruturas micênicas contemporâneas da erupção de Santorini e nos permite apreender mais de perto a época da emigração para o leste do ramo indo-iraniano.

Em toda a Sibéria, onde reina o nomadismo, não existe uma única tribo matrilinear.

7. Raça e classes sociais

As leis das relações étnicas na história

1. A lei da porcentagem

Um esquimó em Copenhague ou alguns negros em Paris, isso desperta uma divertida curiosidade e uma simpatia muito sincera na população de uma ou outra cidade.

Mas injete ainda mais mão de obra imigrante, até o limite fatídico de 4% a 8%, e você terá uma situação racial comparável à que reina em Nova York: as relações sociais mudam de natureza, engendrando tensões étnicas e reflexos globais difíceis de serem descritos. Quanto maior a porcentagem, mais a luta de classes se transforma em confronto racial. No século XIX, na Dinamarca, os ciganos eram caçados como raposas. Atualmente, com a crise econômica, a discriminação racial contra os trabalhadores imigrantes aparece na Suécia contra todas as expectativas. Percebe-se que a Suécia, campeã do antirracismo, desconhecia a verdadeira natureza do problema racial e suas implicações na vida cotidiana: o aparecimento de uma pequena porcentagem de trabalhadores estrangeiros serviu para revelar, pois bastou para que a discriminação racial surgisse espontaneamente entre esse povo que se acreditava saudável e livre de qualquer sentimento racista. "Suecos em primeiro lugar", é o que se escuta numa fila de passageiros à espera de ônibus.[1]

2. *A lei da assimilabilidade*

Se a maioria e a minoria pertencem à mesma grande etnia e partilham assim a mesma cultura, a assimilação faz-se progressivamente: os operários espanhóis e portugueses hoje desprezados na França irão se misturar à população, no intervalo de uma geração, como os descendentes dos corsos e poloneses da época de Napoleão. O mesmo acontece com uma minoria bambara (malineses) instalada no Senegal, ao fim de uma geração.

No caso de o fosso étnico e cultural ser muito grande, as tensões serão exacerbadas ao longo do tempo: os africanos — árabes e negros — encontram-se nessa situação na Europa. Então, a convivência só é realmente possível num Estado verdadeiramente socialista ou que tenha adotado uma filosofia moral elevada.

3. *A lei da distância*

Duas etnias que não disputam o mesmo espaço vital ou o mesmo mercado, que em vez de coexistirem no mesmo território ocupam territórios diferentes, separados no espaço, podem manter relações normais; assim se explicaria a aliança, durante a última guerra, entre a Alemanha de Hitler e o Japão, entre "arianos puros" e amarelos. Hoje, Pretória conta com esse fator para tentar ludibriar os Estados negros com os quais busca estabelecer relações diplomáticas normais, esquecendo que todo o continente africano é nossa pátria. As suas relações com Israel enquadram-se nesta categoria.

4. *A lei do fenótipo*

Nas relações sociais e históricas dos povos somente intervém, à primeira vista, o fenótipo, isto é, a aparência física e, por conseguinte, as diferenças que podem existir nesse nível: pouco importaria que Balthazar Vorster e um zulu tenham o mesmo genótipo, ou seja, os mesmos genes nos seus cromossomos, isso não poderia ter qualquer influência na vida cotidiana a partir do instante em que os seus aspectos físicos externos são tão diferentes.

As leis da luta de classes, segundo o materialismo histórico, aplicam-se apenas a uma sociedade etnicamente homogeneizada de antemão pela violência. Essa teoria praticamente desconhece, nas suas análises, a fase das lutas bestiais, darwinistas, que a precedem; isso é ainda mais lamentável porque se trata de um marco que a maioria das nações atuais experimentou. É o caso mais geral, e não a exceção, como Engels pensava: "Essas poucas exceções são casos isolados de conquistas em que os conquistadores mais bárbaros exterminaram ou expulsaram a população de um país e devastaram ou deixaram se perder as forças produtivas com as quais não sabiam o que fazer".[2]

Na verdade, essa categoria inclui as três Américas, Austrália, Tasmânia, Nova Zelândia, uma boa parte da Ásia, ilhas do Pacífico, Groenlândia, Islândia, Escandinávia e muitos outros territórios. Os negros das Américas foram levados para trabalhar a terra enquanto as raças aborígenes eram destruídas. Hoje, eles apresentam problemas específicos que ainda não foram resolvidos. O feroz treinamento anual de oficiais ocidentais na Amazônia, com o objetivo de destruir qualquer inimigo (asiático) que possa se estabelecer lá, é no mínimo insólito.

Todos os autores que lidam com a violência sem ousar descer a esse nível primário em que a violência bestial é exercida sobre uma base coletiva, em que todo um grupo humano se organiza não para subjugar outro, mas para aniquilá-lo, todos esses autores, conscientemente ou não, fazem metafísica, sublimando o tema, para reter dele apenas os aspectos filosóficos.

No curso da história, quando dois grupos humanos competem por um espaço econômico vital, a menor diferença étnica pode assumir um significado particular, servindo momentaneamente de pretexto para uma clivagem social e política: diferença na aparência física, língua, religião, moral e nos costumes. No curso da história, os conquistadores frequentemente abusaram desses argumentos para assentar o seu domínio sobre bases étnicas: a exploração do homem pelo homem assume então uma modalidade étnica; a classe social, no sentido econômico, adota por um tempo indefinido os contornos do grupo étnico da raça vencida.

ESPARTA

Na Antiguidade, Esparta oferece o modelo mais completo dessa forma de exploração econômica fundada exclusivamente sobre a diferença étnica. Os espartanos, que provavelmente eram de origem dórica, conquistaram a Lacônia durante o período da história grega chamada "séculos obscuros" (XII-VIII a.C.), e subjugaram os habitantes dessa região, os hilotas. Diante das repetidas revoltas destes últimos, eles estabeleceram o regime militar mais feroz da história, viveram em acampamentos militares entrincheirados, centraram a educação dos cidadãos espartanos desde o nascimento na formação militar, organizaram pogroms periódicos contra os hilotas para manter a proporção numérica dos dois grupos étnicos, vencedores/vencidos, dentro dos limites de segurança.

Entretanto, Esparta, que não contava com mais de 9 mil cidadãos, não podia exercer o controle absoluto sobre um vasto território. Também a Messênia, conquistada mais tarde, foi menos integrada que a Lacônia: suas comunidades permaneceram invioladas e pagavam apenas tributos. Os periecos eram súditos espartanos sem estatuto de cidadão, mas sujeitos ao serviço militar, o que era uma distinção importante em relação aos hilotas; assim, o fato de participar na defesa do território dava direito a alguns privilégios não negligenciáveis.

Apesar de todas as precauções tomadas, a dominação espartana acabou por desmoronar, em particular pela grande debilidade numérica dos verdadeiros cidadãos. A classe dos vencedores, dos "iguais", foi tomada pela corrupção; apesar do voto inicial de sobriedade e de pureza, ela acaba por contar em seu interior com ricos e pobres; o mesmo aconteceu nas camadas sociais subjugadas e exploradas.

Essa osmose social irá se acentuar, e como os vencedores espartanos e os hilotas derrotados pertenciam à mesma grande raça leucoderme, as diferenças étnicas acabaram desaparecendo do olhar, restando apenas as diferenças de classe no sentido econômico. Mas seria historicamente errado negar a origem primordialmente étnica dessa luta de classes e as formas de violência bestial darwinista que ela assumiu inicialmente.

RUANDESES-BURUNDIANOS

As relações entre tútsis e hutus em Ruanda e no Burundi parecem pertencer ao tipo antigo das relações entre espartanos e hilotas, qualquer que tenha sido o papel do antigo colonizador na deterioração dessas relações.

ROMA E CARTAGO

As rivalidades entre Roma e Cartago pela supremacia no Mediterrâneo e o domínio dos mercados do mundo antigo levaram à destruição física do povo cartaginês, que pereceu nas chamas; também nesse caso, a oposição étnica era manifesta: aparentemente os dois povos não viviam no mesmo solo; mas Cartago havia tentado por várias vezes conquistar a Sicília, onde conseguiu ocupar uma pequena localização portuária.

Roma não queria colonizar Cartago, o perigo era muito grande e estava à sua porta. Declarou a antiga localização de Cartago amaldiçoada e ritualmente semeou sal em seu solo, a fim de esterilizá-lo para sempre.

Esses ritos expiatórios e de maldição, pode-se dizer assim, eram comuns após a destruição de uma etnia em uma luta de tipo darwinista. A destruição brutal de uma etnia inteira não deixaria ilesa a consciência do vencedor, que era, acima de tudo, a sede de um sentimento difuso de culpa.

O povo desaparecido torna-se então o bode expiatório, ele mereceu o seu destino porque era ímpio, sombrio, lúbrico amante de orgias dionisíacas etc., incapaz de promover o progresso. É preciso executar ritos purificadores antes de fundar a nova cidade sobre as cinzas das vítimas bárbaras. São todos esses ecos que encontramos entrelaçados nas lendas e nos relatos diversos evocando o destino das etnias assim destruídas: os descendentes da raça de Cadmo na Beócia (Grécia), adoradores das divindades terrenas em forma de serpente; os etruscos e os úmbrios na Itália, os cananeus etc.

É necessário que as gerações futuras esqueçam esses mortos para que o povo vencedor renasça com uma consciência angelical.

OS FRANCOS E OS GALO-ROMANOS

Após a conquista da Gália, os francos vitoriosos estabeleceram uma dominação baseada claramente na raça e que nada tinha a ver com o que se chama de "personalidade" das leis; borgonheses, visigodos, romanos, gauleses eram julgados por delitos comuns de acordo com seus respectivos códigos costumeiros.

Nos países visigodos, os casamentos mistos com romanos derrotados eram formalmente proibidos. A legislação franca chega a ponto de opor "bárbaros" e "romanos", estipulando penalidades mais severas (geralmente o dobro) sempre que a vítima de uma agressão ou apenas de um ato criminoso pertencesse à raça dos vencedores francos.[3]

Por causa da quase identidade étnica, mesmo nas leis a assimilação foi feita progressivamente, e a dominação racial franco-germânica sobre os romanos e gauleses romanizados tornou-se progressivamente uma dominação de classe. É esse direito de conquista da nobreza franca, ancestral da nobreza francesa na época da Revolução de 1789, que os monarquistas, adversários de liberais como Augustin Thierry, invocaram para legitimar a monarquia.

Os nobres descendem dos conquistadores francos, os plebeus dos vencidos gauleses e romanos, e tratava-se de etnias diferentes; isso é historicamente verdadeiro. O que é falso e insensato são as considerações racistas que as classes superiores nobiliárias extraíam da situação: a saber, que os referidos plebeus (e mais tarde os operários das fábricas) pertencem à raça alpina braquicéfala, nascida para ser dominada, submetida, raça degenerada, inferior física e intelectualmente; raça cujos elementos estão pouco ou nada inclinados ao suicídio, porque são habitados apenas por uma alma pusilânime, desconhecendo os grandes sentimentos morais que fazem o valor do homem.

Já os nobres descendentes dos francos, dos germanos, pertencem à raça superior, nascida para comandar e dominar, dita *europaeus* ou *europeia nórdica*, grande, dolicocéfala, loira de olhos azuis, a "besta loira" do conde de Gobineau,[4] precursor dos teóricos nazistas; a raça cujos elementos se suicidam de bom grado quando as provações da vida justificam tal ato extremo. Esse racismo intraeuropeu, que reduz a classe social à etnia, floresceu na Europa durante todo o século XIX, consecutivamente à Revolução Francesa, e apenas se eclipsou provisoriamente após a Segunda Guerra Mundial, com a derrota do nazismo. Em 1789, gritou-se que era a vitória dos "gauleses" sobre os "francos".

Para a antropossociologia, todos os fenômenos sociológicos, relações de classe, riqueza, distribuição das cidades, acontecimentos políticos etc. são explicados por considerações biológicas, pela presença ou ausência (degenerescência) dos traços característicos da raça superior, o *Homo europaeus*.

Georges Vacher de Lapouge desenvolveu a teoria racista de Gobineau no final do século XIX. Num artigo publicado em 1897, ele não hesitava em formular a "lei de repartição das riquezas", que estipulava que, "nos países mestiços *europaeus-alpinus*, a riqueza cresce em razão inversa ao índice cefálico". A "lei dos índices urbanos" afirmava que os habitantes das cidades apresentam uma dolicocefalia maior que os do campo circundante; de acordo com a "lei da estratificação", o índice cefálico diminui e a proporção de indivíduos dolicocéfalos aumenta das classes baixas para as classes altas em cada localidade.[5]

Segundo Alfred Rosenberg, a Revolução Francesa era apenas a revolta dos braquicéfalos da raça alpina contra os dolicocéfalos da raça nórdica, e o bolchevismo não passava de uma insurreição de mongoloides.[6]

Uma lei norte-americana sobre a imigração (ainda não revogada, creio eu) visa limitar a entrada da raça alpina, no sentido de que limita singularmente o ingresso nos Estados Unidos de europeus originários das regiões situadas a sul do Loire.

Assim como na Antiguidade, a plebe, após sua vitória sobre a aristocracia, primeiro a imitou em todos os domínios, antes de adquirir suficiente autonomia de pensamento para encontrar seu próprio caminho, depois da Revolução Francesa a burguesia moderna, como que para fazer o povo esquecer o racismo que sofreu no Antigo Regime, mostrou-se culpada de racismo em sentido estrito em relação à classe trabalhadora e às gentes das camadas populares.

Em maio de 1849, um professor da Sorbonne escrevia um folheto de propaganda contra os "vermelhos", ou seja, os socialistas:

> Um vermelho não é um homem, é um vermelho [...]. Ele não é um ser moral, inteligente e livre como eu e você [...]. É um ser decaído e degenerado. De resto, carrega em sua face o sinal dessa degradação. Uma fisionomia abatida, estúpida, sem expressão, olhos opacos, móveis [...] e esquivos como os do porco, os traços grosseiros, sem harmonia, a cabeça baixa [...] a boca muda e insignificante como a do asno.

O dr. Alexis Carrel, em *O homem, esse desconhecido*, de 1936, sustentava que os operários devem a sua situação aos defeitos hereditários do seu corpo e do seu espírito, e que os camponeses tiveram antepassados que, pela debilidade da constituição orgânica e mental, nasceram servos, enquanto seus senhores nasceram soberanos.

Progressivamente, desde o século XVI esse racismo intraeuropeu deslocou-se para o exterior, servindo por vezes de suporte e justificação para a expansão colonial. "O bispo Quevedo e o historiador Sepúlveda, capelão de Carlos V, basearam na inferioridade e na perversidade natural dos índios a 'missão civilizadora' da Espanha na América".[7]

8. Nascimento dos diferentes tipos de Estado

Existem pelo menos quatro tipos de Estado:

1. *Estado de tipo asiático, ou do modo de produção asiático* (MPA), nascido a partir das grandes obras hidráulicas, descritas por Marx e Engels, e cujo modelo mais completo é o Estado egípcio faraônico: portanto, deveria ser chamado, rigorosamente falando, de "Estado de tipo africano".[1] Em nossa opinião, um dos traços distintivos dessa categoria é a importância do poder civil em relação ao poder militar; a aristocracia militar é praticamente ausente, e os militares desempenham apenas um papel político apagado, senão nulo, em tempos normais. A aristocracia militar não é o foco da sociedade. A guerra tem antes uma função defensiva. Toda a superestrutura ideológica é uma apologia dos valores morais e humanos, excluindo os valores da guerra.

O quadro físico privilegiado do Egito (abundância de recursos, vale protegido por dois desertos montanhosos com somente duas vias de penetração, ao norte e ao sul) assegurou a quase permanência dessas características do Estado egípcio. Foi necessário que o Egito fosse invadido pelos hicsos para que se lançasse, ele próprio, em reação, na conquista do oeste da Ásia a partir da XVIII dinastia, sob Tutemés III (1470 a.C.).

Em outros lugares, onde o quadro é menos favorável para a defesa dos Estados nascidos segundo o mesmo processo, a partir de grandes obras, a transição é mais rápida; a aristocracia militar toma progressivamente o lugar das outras formações sociais; a superestrutura ideológica pacifista do início sofre uma mutação: nasce uma moral de guerra; os valores militares instalam-se — essa poderia ser a situação dos antigos Estados sabeus da península Arábica, dos Estados da Mesopotâmia, sobretudo a partir de Sargão I de Acádia, dos Estados egeus e da Etrúria. Em todos esses casos, o Estado, nascido de grandes obras e forçado a adaptar-se às condições de guerra, modifica a sua filosofia social e política.

Seja como for, esse tipo de Estado, como se depreende do exposto, está fundado em bases coletivistas aceitas e defendidas por todos os cidadãos da nação como único meio de sobrevivência da coletividade.

A rapidez e a extensão das cheias do Nilo obrigaram as primeiras populações africanas, que o acaso trouxe ao vale, a superar os egoísmos individuais, clânicos e tribais, ou então a desaparecer. Assim emergiu uma autoridade supratribal, uma autoridade nacional, aceita por todos, investida dos poderes necessários para a condução e a coordenação dos trabalhos de irrigação e de distribuição da água indispensáveis para as atividades gerais. Então, nasceu todo um corpo hierárquico de executores cujos abusos e privilégios apenas iriam chocar, e serão insuportáveis, muito mais tarde.

Tais desigualdades não são impostas da noite para o dia por um grupo de invasores estrangeiros que vieram de fora após a unificação. Elas são o resultado do desenvolvimento local das contradições internas do sistema; por isso, são muitas vezes captadas através da ótica atenuadora da tradição, de uma tradição que se confunde com os fundamentos originais da nação.

Trata-se de um Estado cujos contornos coincidem exatamente com os da nação. As instituições não foram criadas de maneira consciente para marginalizar e subjugar um grupo estrangeiro considerado, com ou sem razão, etnicamente diferente do grupo vitorioso; são, por assim dizer, de uso interno, nacional, e por isso apresentam um aspecto menos abrupto. É por essa razão que estão suscetíveis de engendrar uma estratificação social semelhante a castas "aceita" pelo povo, desde que o sistema se defenda contra os abusos flagrantes.

Nesse sentido, essas estruturas são menos propensas a passar por revoluções políticas ou sociais do que outras, que ainda serão aqui descritas. (Voltaremos a essas questões na análise das constituições no capítulo 12.)

Assim, uma confederação de tribos se funde em uma nação e cria um Estado, à medida que se organiza para enfrentar um desafio colocado pela natureza, no sentido de Arnold Toynbee, para superar um obstáculo cuja eliminação necessita de um esforço coletivo para além das possibilidades de um pequeno grupo.

2. *Estado nascido da resistência ao inimigo.* Esse segundo tipo de Estado aproxima-se do anterior, no sentido de que muda somente a natureza do obstáculo a se vencer.

Um grupo étnico homogêneo (uma confederação de tribos exogâmicas) organiza-se, não para a conquista, mas para repelir um perigo, um inimigo externo. Com a ajuda da embrionária divisão do trabalho no nível clânico, surge uma aristocracia militar que gradualmente arroga para si direitos políticos que rapidamente se tornam hereditários. A superestrutura ideológica privilegiará, nesse caso, a função militar, que supera todas as outras, em virtude dos riscos que implica; o protetor da sociedade acaba por comandá-la, governá-la, dadas as circunstâncias que engendram a atividade protetora.

Mas ainda se trata de um Estado-nação, os contornos do Estado seguem exatamente os da nação que, na resistência coletiva ao inimigo, sob a liderança de uma casta militar de valor, toma uma consciência singular de sua individualidade: isso se aplica em vários graus à Gália de Vercingetórix, à nação francesa sob Carlos Martel, que deteve a invasão árabe em 732 d.C.,[2] ou ainda à mesma nação galvanizada pelo exemplo humilde e heroico de Joana d'Arc, durante a Guerra dos Cem Anos. Foi nesta última época que a nação francesa realmente se formou. O mesmo se poderia dizer dos gregos contra os persas, durante as Guerras Médicas do século v a.C., da Núbia antiga sob a rainha Kandaka (ou Candace) contra os exércitos de César Augusto, liderados pelo general Petrônio; dos mossis contra os imperadores do Mali e do Songai, na Idade Média e no século xvi; dos chineses antigos construindo a famosa muralha da China, a obra de defesa militar mais colossal que o homem já erigiu.

Embora a superestrutura ideológica de semelhante Estado privilegie a função militar, permanece o fato de que, como no caso anterior, ela é de uso interno, por assim dizer, e não foi essencialmente concebida para a dominação de uma etnia sobre outra.

A existência de uma aristocracia militar no topo da sociedade torna mais frequentes os abusos e perversões sociais e políticas; entretanto, a organização social tem um carácter indígena, nacional, e é santificada pela tradição: ela pode facilmente assumir uma estrutura de "casta", no sentido africano e não hindu.

Portanto, os dois tipos de Estado que acabamos de mencionar podem ser distinguidos no plano de suas superestruturas ideológicas, desde que a evolução política posterior não tenha transformado radicalmente a superestrutura inicial; com efeito, embora tenham nascido em circunstâncias comparáveis e apresentem vários traços semelhantes, os dois tipos de Estado divergem num ponto capital: um privilegia o "social" e o outro o militar, e essa observação pode ser útil em muitas análises.

O feudalismo militar é uma forma degradada anárquica e pervertida desse segundo tipo de Estado de caráter militar. Um "regime feudal" é frequentemente a transição entre o desaparecimento de um poder central e o aparecimento de um novo poder central, nos Estados com MPA.

O caso se apresentou três vezes na história egípcia e uma vez na Idade Média, na Europa. Esse regime surge com a insegurança endêmica, contra a qual protege momentaneamente os indivíduos e as famílias isoladas.

3. *Estado de modelo ateniense antigo*, consequência da dissolução do modo de produção antigo; o Estado é apenas o instrumento jurídico de domínio de uma classe sobre outra.

Os primeiros ocupantes do solo são os únicos cidadãos e proprietários fundiários, com exclusão da massa de metecos, imigrantes, que entraram pacificamente no país por infiltração, e não pela guerra, e transformados, gradualmente, em um proletariado sem domicílio fixo, reduzido a vender a sua força de trabalho. A reforma de Clístenes completa a constituição dessa classe sobre base puramente econômica, eliminando as antigas divisões étnicas, que permaneceram subjacentes por muito tempo.

Jamais se deve perder de vista a estrutura inicial que tornou possível a emergência dessa forma de Estado: a saber, a existência, no início, de uma classe de cidadãos proprietários que manteve a situação em suas mãos por muito tempo, o que lhe permitiu proletarizar os recém-chegados, aos quais o direito de cidadania foi por muito tempo negado; as condições de chegada e de instalação não permitem inverter abruptamente a situação ou mesmo alterá-la; contudo, a conquista dórica precedeu este estado de coisas.

Na época em que se formava esse tipo de Estado, as lutas humanas sem dúvida eram constantemente sustentadas por motivos econômicos (ocupação de terras férteis, disputas de recursos vitais), mas as vitórias eram sempre de uma etnia sobre outra. A etnia vitoriosa ditava sua lei, que regia as relações entre vencedores e vencidos, entre eupátridas ("bem-nascidos") e *thētes* em Atenas, desde o desmoronamento da sociedade micênica após a chegada dos dórios, no século XII a.C.

Essa nova sociedade já estava estabelecida em Atenas e Esparta no século VIII a.C., como atesta o grande poema de Hesíodo: *Os trabalhos e os dias*.

Nessa situação, se, pelos motivos antes analisados, for possível a assimilação étnica dos vencidos pelos vencedores, ou o inverso, a oposição étnica que serve de base para a exploração econômica torna-se gradualmente uma oposição de classe. Foi uma evolução desse tipo que se operou em Atenas, entre os séculos VIII e IV a.C., e na Gália conquistada pelas tribos germânicas francas às quais a França de hoje deve o seu nome (ver pp. 153-4).

4. *Estado espartano e tútsi*. Se por qualquer motivo o grupo étnico conquistador se recusa a misturar-se com o elemento indígena vencido e funda a sua dominação nessa separação absoluta, a oposição é essencialmente étnica e sempre se resolve, na história antiga e moderna, pelo genocídio.

Pertencem a essa categoria: o Estado espartano da Antiguidade (*iguais* contra inferiores *hilotas*); a oposição tútsi aos hutus em Ruanda e no Burundi, quaisquer que tenham sido as causas desse antagonismo; as três Américas, incluindo o Canadá, em graus variados; Austrália, Nova Zelândia, Tasmânia, Escandinávia em certa medida, Groenlândia, África do Sul, uma grande parte da Ásia e ainda outros mais. Como resultado, a maioria dos atuais Estados do mundo moderno pertence ao modelo de Estado baseado no genocídio; esse não é a exceção, e sim o caso mais geral, que hoje abrange três quartos das terras emersas, incluindo virtualmente a totalidade da Antártida.

A etnia europeia confiscou assim a quase-totalidade das terras habitáveis do planeta, no espaço de quatro séculos, e recusa categoricamente a reintrodução de uma heterogeneidade étnica em todos esses países, cujos antigos habitantes "indígenas" destruiu fisicamente.

Nos tipos 3 e 4 (Atenas e Esparta), o Estado não abrange a nação: uma minoria de vencedores submete à sua lei uma maioria de vencidos ou de proletários por meio de instituições estatais coercitivas concebidas para esse fim.

Quando o processo de eliminação da população aborígene é concluído, como uma serpente que completa a deglutição de sua presa, um sentimento de culpa coletiva, difícil de inibir, invade a consciência dos vencedores e dá origem a toda uma literatura expiatória, sob a forma de lendas de fundação das cidades nas quais o povo derrotado é carregado de todos os pecados. Esse foi o destino dos tenebrosos povos etruscos destruídos pelos romanos, dos cananeus da Bíblia destruídos pelos hebreus etc. O mistério se adensa com o tempo e favorece o apagamento de memórias dolorosas.

O povo assassino reencontra por esse meio uma consciência angelical, uma pureza infantil, em alguns casos; às vezes ritos expiatórios recordam os atos de violência pelos quais os Estados dessa categoria foram edificados.

Quando um grupo étnico minoritário conquista um vasto espaço, povoado por várias etnias, o império impõe-se como uma necessidade política, pois a relação numérica entre vencedores e vencidos é demasiadamente desfavorável para que seja concebível uma solução de tipo espartano; então, nasce e desenvolve-se uma superestrutura ideológica universalista para assimilar as tribos heterogêneas que não podem ser destruídas; todos os grandes conquistadores alimentaram a ilusória ambição de governar toda a terra: Tutemés III, o primeiro datado, Alexandre, o Grande, Júlio César, Napoleão etc. Talvez seja um paradoxo, mas a filosofia imperial tem sempre pretensões universalistas e quase nunca é racista; isso é verdade para todos os conquistadores que acabaram de ser citados. Todos procuraram, à sua maneira, ser intermediários entre deus e os homens.

Existe uma outra via que leva ao império: quando um Estado nacional, invadido, rechaça o inimigo para fora em uma dialética defensiva/ofensiva, como o Egito após a saída dos hicsos, chega-se ao império através da conquista de fronteiras seguras e tão distantes quanto possível. Esse foi o verdadeiro primeiro império da história, com Tutemés III. O Estado egípcio tornou-se imperial sob a XVIII dinastia: Amon, pai de Tutemés III, é também o deus de todos os seus súditos, de toda a terra. A tendência confirma-se sob Amenófis IV com o culto solar de Aton (ver pp. 106-93).

Marx se espantava com o caráter efêmero das formações asiáticas; esse é um erro que os teóricos repetem indiscriminadamente a partir dele, pois se o império heteróclito, poliglota, é efêmero, o Estado nacional monolíngue do chamado tipo "asiático", cujo modelo mais completo foi o Estado egípcio, é quase permanente, com praticamente 3 mil anos de existência: de 3300 a 525 a.C.

9. As revoluções na história: Causas e condições de sucessos e fracassos

Vamos examinar as revoluções sucessivamente nos Estados antigos e modernos do MPA e nas cidades-Estado escravistas e individualistas greco-latinas, no Império Romano, na Europa da Idade Média e nos tempos modernos.

O estudo do modo de produção asiático, ou africano,[1] analisa:

1. as funções econômicas do Estado e as suas relações com as comunidades campesinas;
2. as características da produção do campo;
3. a contradição fundamental das sociedades que dependem deste modo de produção;
4. o regime de terra nessas sociedades;
5. o papel do comércio e da vida urbana nessas mesmas sociedades.

1. As funções econômicas do Estado estão diretamente relacionadas às condições e razões de sua criação. É importante lembrar que uma comunidade inteira deve aceitar uma autoridade supraclânica que transcenda os egoísmos tribais e tenha habilidade para agir, pelo menos inicialmente, para o bem maior de todos, para a sobrevivência de todos os "cidadãos" do Estado, sem exceção ou exclusividade, e não apenas para os interesses de um pequeno grupo minoritário de "eupátridas", isto é, como vimos, de pessoas bem-nascidas, ou dos "conquistadores".

A utilidade pública, econômica, social e militar do Estado para o caso do MPA é, portanto, um fato tangível indiscutível aos olhos de toda a comunidade. Enquanto o Estado não trair a sua missão, poderá pedir sem muito receio de ser desobedecido ou de encontrar resistência. Como a superestrutura ideológica, religiosa e social é intensamente vivida pelo grupo, este não se sente alienado no trabalho que lhe é exigido pelo Estado. Assim foram realizadas as tarefas que hoje nos surpreendem, desde as grandes pirâmides dos incas até o megalitismo celta.

Mas Marx chama essa forma de trabalho de "escravidão generalizada", em oposição à escravidão privada que era praticada nas sociedades individualistas das cidades-Estado greco-latinas. Será que esse conceito realmente leva em conta as relações complexas e específicas que existem entre o MPA e seus cidadãos? Não trai a realidade das coisas até certo ponto e através do eurocentrismo? O escravo não é, por definição, o indivíduo que tem o sentimento de ter perdido sua liberdade? O escravo apenas se torna um ator da história na medida em que está plenamente consciente de sua alienação e procura ativamente mudar de condição. Um escravo que não tem a sensação de ter perdido a sua liberdade não desempenhará qualquer papel revolucionário, embora o teórico não tenha dificuldade em demonstrar o seu estatuto de escravo; este seria o caso do cidadão de uma sociedade abrangida pelo MPA. Examinaremos as circunstâncias em que ele foi levado a mudar sua atitude na história.

De resto, os escravos nunca foram responsáveis por nenhuma revolução na história, exceto talvez a que ocorreu em Bagdá no século XI; sempre foi obra dos homens livres, de condição humilde.

Somente o homem livre feito escravo é um revoltado; o escravo nascido da segunda geração (*diam njudu*, em uólofe) já tem a consciência de um lumpemproletário não inclinado à revolta. Esse é um erro em que recaem quase todos os teóricos: o agente teórico da revolução nunca a realizou em nenhum lugar ou em quase nenhum lugar da história.

Em conclusão, sendo o papel público do Estado no MPA mais patente que o da cidade-Estado individualista greco-romana, o povo do primeiro tipo de Estado, resguardadas todas as proporções, é menos revolucionário, menos desejoso de mudança que o do segundo tipo.

2. Segundo Marx, as comunidades rurais vivem em economia fechada, e ele vê nessa autarcia econômica, nessa "imutabilidade", uma das razões da "estagnação do Estado no MPA".

O divórcio entre o trabalho e as condições de trabalho não é realizado; a agricultura e a indústria doméstica estão ligadas na atividade do campo. Ora, para Marx, a condição de produção capitalista reside no divórcio entre o trabalho e as condições de trabalho; é necessário que as massas camponesas sejam expropriadas para se tornarem trabalhadores alienados, não possuindo mais os meios de produção e tendo apenas sua força de trabalho para vender, seja para o agricultor rural, seja para o chefe de empresa nas cidades: esta mão de obra assalariada é a condição necessária e suficiente para que nasça e funcione o sistema capitalista que deve levar à revolução através da insurreição das massas exploradas.

Veremos (pp. 169-173) que essa condição principal será atendida nas sociedades egípcia e chinesa no MPA, que as revoluções serão efetivamente desencadeadas sem que os movimentos revolucionários que resultaram daí tenham conduzido a uma única vitória: é o estudo das causas desses fracassos que trará elementos realmente novos para a teoria sociológica ou revolucionária.

3. Chama-se contradição fundamental das sociedades de MPA o fato de uma produção "capitalista de Estado" se desenvolver em bases comunitárias caracterizadas pela apropriação coletiva da terra. A sociedade no MPA não conteria forças internas suficientes para desenvolver essa contradição até seu termo, isto é, até a dissolução da propriedade coletiva e o aparecimento da propriedade privada individual do solo.

4. Veremos que os fatos são mais complexos e que as sociedades de MPA (Egito e China) conheceram, em épocas de anarquia e da decomposição social, o regime da propriedade privada alienável do solo.

5. Papel do comércio e da vida urbana. A densidade média da população, a mais elevada da Antiguidade, atingia duzentos habitantes por quilômetro quadrado no vale do Nilo. O antigo Egito foi por excelência o país das

cidades onde fervilhavam multidões de indivíduos completamente destribalizados e florescia o comércio com todas as regiões conhecidas do mundo de então: "Ulisses realizou carregamentos no Egito"; comerciantes de todo o litoral do Mediterrâneo podiam se instalar no Egito e abrir uma loja sob certas condições. A partir de Psamético I, no século VII a.C., os gregos foram autorizados a se instalar no porto de Naucratis, no delta, para comercializar. Um vaso grego do século V a.C. (entre outros objetos), representando uma amazona e encontrado em uma pirâmide núbia, dá uma ideia da extensão desse comércio que já era muito ativo no Neolítico em toda orla do Mediterrâneo, tal como comprovam as cerâmicas encontradas e a análise química das pérolas de âmbar.

TANTOS FATOS MOSTRAM QUE as ideias que se tinha sobre a singularidade do comércio nos regimes individualistas escravagistas das cidades-Estado são falsas e devem ser corrigidas. Cidades e comércio não são peculiaridades desses regimes. Eles são encontrados desde o oeste da África da Idade Média, em sentido pleno do termo, como veremos a seguir (p. 183). O comércio ocupava um lugar tão importante na vida econômica do Mali e do Songai que o imperador costumava nomear um chefe de mercado. É um erro atribuir esse comércio ao Estado, em nome das necessidades da causa, e decretar que somente a propriedade privada do solo pode produzir o comércio privado: na Grécia, após a vitória da aristocracia sobre a realeza, com a feudalização do regime, o comércio privado regrediu. Os senhores descendentes dos dórios viviam retirados no campo em grandes propriedades privadas dominiais, onde eram servidos por uma massa de escravos e de clientes que trabalhavam no domínio; o grande número desses proprietários rurais excluía qualquer noção de propriedade coletiva ou estatal do solo, ou de comércio em benefício do Estado.

A propriedade da terra apenas pode engendrar *ipso facto* o comércio privado se for reservada exclusivamente aos eupátridas e se os plebeus forem obrigados a recorrer ao comércio para viver; e foi isso que efetivamente se passou na Grécia antes das revoluções populares, na época em que a religião doméstica dos eupátridas proibia a apropriação da terra por aqueles que não tinham domicílio. Essa religião patriarcal individualista, herdada da vida nômade, havia listado todos os bens possíveis e imagináveis, como na Índia ariana, e os carimbou com seu selo, para proibir sua posse pela plebe; esquecera-se apenas da moeda, que ainda não existia, e do comércio secular, indigno de um grande senhor. Para sobreviver e viver fora das cidades, que há muito tempo eram proibidas para eles, a plebe não tinha outra escolha a não ser recorrer ao comércio e ao empréstimo usurário; de fato, ela acumulou riquezas à medida que a nobreza proprietária da terra se empobrecia, se pauperizava, tanto que, muitas vezes, entre o século VI e o IV a.C., a nobreza teve que realizar casamentos com plebeus para restaurar a sua imagem; conhecemos esta famosa piada da época: "'Qual é a origem desse homem?', 'Rico!'".

A partir de então, o dinheiro daqueles que originalmente não tinham o direito de possuir a terra, ou seja, dos plebeus que se tornaram burgueses, abria as portas das residências dos grandes nobres, proprietários de terras e mergulhados na necessidade; essas são as razões muito particulares, até mesmo excepcionais, que explicam o desenvolvimento do comércio nos regimes individualistas da Grécia das cidades-Estado. Não existe, portanto, uma relação lógica, necessária e suficiente entre a propriedade privada do solo e o desenvolvimento do comércio, mesmo para fazer frutificá-la, como acredita Maurice Godelier.

Resumindo, esses elementos distintivos — a "escravidão generalizada", o regime de propriedade da terra e a contradição fundamental das sociedades de MPA, a economia do campo de tipo doméstico, a importância da vida urbana e o tipo de comércio individual e não estatal —, todos esses fatores evoluíram o suficiente nas sociedades de MPA para dar origem aos germes da dissolução que levaram a verdadeiras revoluções, que de fato eclodiram, mas posteriormente fracassaram.

Como resultado, a especificidade do estado de MPA, como tem sido entendida até agora, não é mais relevante.

Na realidade, quaisquer que fossem as virtudes ou defeitos das sociedades de MPA, elas acabavam sendo questionadas pelos povos, que tentavam derrubá-las através de autênticos movimentos revolucionários, como nas sociedades individualistas das cidades-Estado greco-latinas. Por que, uma vez mais, a revolução teve sucesso nas cidades-Estado individualistas e fracassou, sem exceção, nos Estados comunitários do MPA, ou mesmo nos individualistas (mas na forma asiática, pela extensão e complexidade do aparato estatal, como em Roma)?

Essa é a grande questão que não deve ser escamoteada. Não sabendo respondê-la, os teóricos têm evitado, até agora, formulá-la; eles fingiram acreditar que nunca houve revoluções ou movimentos revolucionários nos Estados do MPA e que as convulsões sociais que nascem e se desenvolvem neles são apenas jaquerias vulgares que não podem ser confundidas com revoluções. É contra essa maneira errônea de ver os problemas, que ressai de uma atitude quase eurocêntrica, que nos levantamos. É como se os defensores dessa posição apenas elevassem à dignidade de revolução os movimentos que foram "bem-sucedidos". Ora, a Comuna de Paris e a Revolução de 1905 na Rússia mostram que uma revolução nem sempre é bem-sucedida e que, por vezes, os casos de fracassos são mais instrutivos.

Em seguida, procuraremos demonstrar que houve autênticos movimentos revolucionários nas sociedades do MPA e que o estudo das causas de seus fracassos, por si só, poderia renovar a teoria nesse campo.

Analisaremos sucessivamente:

- a revolução osiriana no Egito, às vezes chamada de "proletária", a primeira na história universal, que marcou o fim do Antigo Império (2100 a.C.);
- e a revolução chinesa de Ngan Lou-chan, na era Tang, no século IX.

10. As diferentes revoluções na história

A revolução egípcia, "osiriana" (VI dinastia, 2100 a.C.)

O documento contemporâneo que descreve o evento e suas peripécias é o texto conhecido sob o título de "Admoestações de um sábio".[1] Consequentemente, os fatos relatados, embora muito antigos, não são imaginados nem reconstituídos. É preciso notar que em algumas revoluções das cidades gregas (reformas de Códros, de Licurgo) não se possui tanta informação como as contidas no documento da época citado abaixo.

O regime "feudal" (a anarquia) da V dinastia atingiu o seu ponto culminante na VI dinastia; o resultado, tanto nas cidades como no campo, é uma paralisia geral da economia e da administração do Estado. Assim, foi certamente ao fim da VI dinastia que ocorreu o primeiro levante popular datado da história universal. Os miseráveis de Mênfis, capital e santuário da realeza egípcia, saquearam a cidade e despojaram os ricos até o ponto de serem caçados nas ruas. Houve uma verdadeira inversão das condições sociais e da situação das fortunas. O movimento rapidamente se espalhou para outras cidades. Ao que parece, a cidade de Saís foi temporariamente governada por um grupo de dez notáveis. A situação que reinava em todo o país é retratada de forma impressionante pelo texto mencionado, atribuído a Ipouser, um conservador descontente, pertencente à classe nobiliária ou burguesa derrubada.[2]

O saque de Mênfis, capital e importante local da realeza, demonstra que ela teria sido definitivamente derrotada e varrida se o reino do Egito estivesse reduzido ao tamanho de uma simples cidade comparável a uma cidade-Estado grega.

Dois fatos chamam a atenção: o descontentamento foi forte o suficiente para causar a completa convulsão da sociedade egípcia de um extremo a outro do país; mas faltava-lhe a força dos movimentos modernos: uma direção e uma coordenação. O mesmo aconteceu com as revoluções gregas até a época dos tiranos. A divulgação de segredos administrativos e religiosos, a dispersão dos arquivos judiciais, as inúmeras tentativas de destruição do aparelho burocrático que esmagava o povo, a proletarização da religião que estendeu o privilégio faraônico de sobrevivência da alma a todo o povo,[3] a própria profanação da religião, a extensão e a violência da convulsão social relatada no texto citado na nota 2, tantos fatos não deixam dúvidas sobre o caráter profundamente revolucionário do movimento.

Durante todo o período dos tumultos, a maioria das cidades egípcias se dotou de governos autônomos que mais tarde desapareceram com a ressurreição da realeza. Com efeito, o mesmo documento citado nos ensina sobre a supressão da realeza, a profanação de seus símbolos e o sequestro do "rei". Fica claro, portanto, que o objetivo da revolução era a democratização do regime, senão a construção de uma república.

Na história, com exceção da revolução socialista soviética, nenhum movimento revolucionário, incluindo o de 1789 na França, jamais estabeleceu como objetivo, desde o seu nascimento, a realização da república; este será sempre o resultado inesperado e imprevisível, por vezes perigoso, de uma longa evolução. Voltaremos a esse aspecto do problema.

Durante as reformas de Códros, Drácon, Licurgo e até mesmo de Sólon, não se tratava de qualquer questão de república em Atenas ou Esparta, entretanto estava-se em meio a um período revolucionário.

A III República Francesa foi votada às escondidas, como parte de uma emenda, por um voto de desempate (o de um pároco!) e ainda porque o conde de Chambord, escolhido para reinar, havia persistido em recusar a bandeira tricolor. Isso não a impediu de durar até meados do século XX. Trata-se da emenda Wallon, votada em 30 de janeiro de 1875 por 353 votos contra 352.

Ao longo da história e até que o progresso técnico e a educação tornassem possível uma melhor coordenação da ação insurrecional (1789, França; 1917, URSS; 1949, China), os povos dos países de MPA sempre foram derrotados pela complexidade do aparelho de Estado e pela extensão dos reinos cujos regimes sociais queriam transformar através de autênticos movimentos revolucionários.

O estudo do fracasso das revoluções nos países de MPA equivale, assim, em grande parte, ao estudo dos fatores histórico-econômicos que deram origem aqui (Egito, China etc.) a uma unificação territorial "precoce", ou se opuseram a ela (Grécia etc.).

Ao criar um aparelho de Estado (o do MPA) que permitiu a coordenação da ação social, militar e política em larga escala sobre um vasto território, agrupando várias cidades, os povos forjaram, sem saber, cadeias que apenas poderiam ser quebradas pelo progresso alcançado nos tempos modernos, tornando possível a educação, a instrução, a informação e a coordenação da luta das classes trabalhadoras também em larga escala; como ilustração dessa ideia, poderíamos citar as peripécias da Revolução Francesa de 1789 em Paris e nas províncias. É por isso que a revolução se tornava impossível quando o Estado assumia a forma asiática, na Antiguidade, fosse na Grécia, em Roma, na Pérsia ou em qualquer outro lugar. Trata-se de uma lei, talvez a mais geral, no campo das ciências humanas, pois não se poderia citar uma exceção em toda a terra durante os 5 mil anos que durou a história escrita da humanidade. Não se deve falar da ausência de revolução, pois ela esteve presente em todos os lugares nesses Estados, mas fracassou irremediavelmente. Assim, estão erradas as teorias que afirmam que os Estados do MPA são incapazes de desenvolver a contradição fundamental que eles ocultam até sua dissolução, em outras palavras até a eclosão da revolução: ela eclode por toda parte, mas a teoria, incapaz de explicar os insucessos, preferiu ignorá-la, recusando-se a levar em conta as autênticas revoluções malsucedidas da história.

A revolução chinesa no século IX

Na China Tang, após a revolta de Ngan Lou-chan, o processo de acumulação primitiva tinha tomado formas nitidamente capitalistas.

A revolta teve como consequência direta uma queda demográfica e uma crise social em que o regime imperial quase entrou em colapso.

Na era Tang, o Estado apenas usufruía da propriedade eminente do solo. Na verdade, ele era apenas o distribuidor. Cada agricultor recebia automaticamente, sobre as terras da sua vila, uma concessão vitalícia de três a seis hectares e uma "propriedade" de 1,5 hectare que podia repassar aos seus descendentes.[4] Esses dois tipos de concessão que se recebia do Estado permaneciam inalienáveis. Em contrapartida, devia-se pagar o imposto sobre a terra, a corveia e o serviço na milícia. Em caso de morte, a terra retornava para a comunidade para nova repartição.

Mas os altos funcionários tinham a possibilidade de adquirir grandes propriedades hereditárias, as quais alugavam a fazendeiros rurais, ou nas quais empregavam trabalhadores rurais.

Ora, como resultado da revolta de Ngan Lou-chan, a pequena propriedade vitalícia camponesa desapareceu abruptamente. Para reconstituir as finanças imperiais, arruinadas pela revolta, uma pesada tributação recaiu sobre o povo, que se endividava, vendia as concessões vitalícias, apesar das proibições, e transformou-se num verdadeiro proletariado agrícola. As famílias de proprietários representavam não mais que 5% da população. A pequena propriedade camponesa minúscula praticamente desapareceu. Havia apenas trabalhadores agrícolas dispostos a vender sua força de trabalho.

O divórcio entre o trabalho e as condições de trabalho era realizado, ao que parece, a uma escala suficientemente grande e em grau suficientemente profundo para que detonasse uma revolução de tipo capitalista burguesa.

As cobranças de impostos causaram tumultos. O movimento de revolta tinha um cérebro na pessoa de Huang Chao, um erudito amargurado com a injustiça social, enérgico e inteligente. Essa condição excepcional para as revoluções antigas e da Idade Média foi cumprida. Todas as condições para uma revolução de tipo capitalista pareciam estar reunidas.

A revolta começou na região superpovoada na fronteira com Hebei e Shandong. Entretanto, a princípio ela assumiu apenas o aspecto de uma jaqueria. Generalizou-se quando o governo cometeu o erro de armar os camponeses, para permitir que eles organizassem sua própria defesa. Huang Chao devastou Shandong, a planície de Kaitong em Henan. Ele desceu para o sul da China e "pilhou" os portos de Fuzhou, no ano 878, e de Cantão, em 879. Voltou para o norte e capturou as capitais imperiais, Luoyang e Chang'an. A corte refugiou-se então no Sichuan e apelou para a horda turca, do deserto de areia (Tchôl) para salvá-la. O líder da horda, Lishuan, conseguiu salvar a dinastia Tang exterminando as massas camponesas revoltadas, e chamou o imperador de volta à capital. Quando ele entrou, a cidade imperial, capital do Império, se tornara um deserto. "As ervas e os arbustos cresciam nas ruas vazias onde as lebres e raposas já haviam estabelecido sua morada."[5]

As peripécias dessa luta mostram perfeitamente que, se o Império tivesse se reduzido ao território de uma cidade grega, a revolução teria triunfado, uma vez que a capital havia sido tomada e se tornara um deserto; essa revolução de baixo para cima não teria sido uma simples recondução da ordem antiga.

A revolução foi, portanto, vencida pela intervenção externa, pela complexidade do aparelho de Estado e pela extensão do território, que permitiu à dinastia refugiar-se nas províncias periféricas e recorrer a uma ajuda externa por parte de vassalos, ou aliados que permaneceram fiéis. Todas essas condições são impensáveis, em todo caso, irrealizáveis, na Grécia do século VIII ao IV a.C., ou seja, a Grécia do tempo das revoluções vitoriosas, do tempo do individualismo "absoluto", o que significava que mesmo uma cidade sendo derrotada, o vencedor não poderia ter a ideia de anexá-la para ampliar seu reino; a superestrutura ideológica religiosa se oporia a isso; o vencedor considerava-se um estrangeiro em relação aos deuses da cidade derrotada e pensava que não seria aceito por eles como rei; assim, restaria apenas matar todos os habitantes ou vendê-los, todos, como escravos. Depois da tomada de Plateias, todos os homens foram degolados, todas as mulheres vendidas.[6]

Quando a influência do pensamento e da filosofia meridionais egípcias fez com que essa superestrutura (Zenão, Sócrates etc.) definhasse, nada mais impediu que a Grécia adotasse o modelo de Estado chamado MPA.

Alexandre, o Grande, integrou todas as cidades-Estado gregas antigas no vasto império que conquistou em "oposição" aos persas. Ele estava tão fascinado pelo modelo de civilização e de Estado do Egito que construiu a capital do seu império não na Macedônia, seu país natal, ou na Grécia continental, em Atenas ou Esparta, mas na nova cidade de Alexandria, que leva seu nome, no Egito, país conquistado. Portanto, não há dúvida de que o império de Alexandre é uma réplica do império dos fari (faraós) do Egito da XVIII dinastia. Portanto, herdou deste, pelo menos, o quadro territorial ampliado, agrupando várias cidades.

Mas o que é interessante notar é que esse único traço comum com os Estados de MPA parece ser o suficiente para tornar a revolução impossível. Deve-se notar que mesmo nas cidades do Mediterrâneo setentrional que já haviam feito suas revoluções e conhecido regimes republicanos, o espírito republicano vai definhar sem retorno durante toda a Antiguidade.

O império de Alexandre foi efêmero, mas sua réplica romana inaugurada por César durou quinhentos anos. O Império Romano será edificado sobre as ruínas da república que foi fundada quinhentos anos antes, após a unificação parcial da península itálica: Brutus, o último defensor da república, morreu tragicamente em Épiro, lançando-se sobre a sua espada plantada no chão: ato de desespero que consagra o fracasso de uma causa nobre e justa.

Antes dele, a revolta de escravos liderada por Espártaco já havia fracassado, pois o contexto territorial havia mudado com a conquista das demais cidades da Itália. César, aos 33 anos, recordava dolorosamente que na sua idade Alexandre, o Grande, já havia conquistado o mundo, mostrando dessa forma que ele era o seu herói preferido, como ele próprio seria o de Carlos Magno, que procuraria em vão ressuscitar o Sacro-Império Romano. O grande sonho de Napoleão Bonaparte também será renovar os exemplos de Alexandre e César. Fica manifesto, portanto, que é o modelo de Estado egípcio, que fascinou Alexandre, que sobreviveu a todas essas tentativas.

Voltando à Antiguidade, façamos uma observação capital: no império de Alexandre (sobretudo no Mediterrâneo setentrional) e no Império Romano, em particular, a contradição fundamental das sociedades do MPA tinha se desenvolvido completamente: a terra era um bem absolutamente alienável e sua apropriação privada era um fato tangível sobre o qual o próprio império se fundara. Por outro lado, a sociedade romana era escravista no sentido estrito; Roma, durante quinhentos anos, continuará a ser a cidadela da escravidão; portanto, todas as condições previstas pela teoria clássica estão efetivamente reunidas, incluindo as relativas ao comércio e à vida urbana, tudo... E no entanto a revolução não se fará, ou, mais exatamente, todas as tentativas fracassarão a partir de então, após a unificação territorial, como nas outras sociedades de MPA; ela sempre será vencida pela complexidade do novo aparelho de Estado e pela extensão extrema do território, que multiplica as possibilidades de reação do poder. Será preciso esperar quinhentos anos para que esse regime, apodrecido a partir de dentro pela injustiça social, se desmorone, não por causa de uma revolução, mas por efeito de uma causa externa, quase mecânica: as invasões bárbaras.

A sobrevivência acidental do Império Oriental de Bizâncio mostra que o destino de Roma poderia ter sido diferente: o imperador do Oriente tinha tido a presença de espírito de guiar remotamente, de uma certa forma, os bárbaros, negociando com eles para que se instalassem mais longe.

O mesmo se poderia dizer, nos tempos modernos, do regime da Espanha franquista, que durou quarenta anos, e do regime de Salazar em Portugal. A queda de Caetano, em 1974, é uma consequência direta da guerra colonial; trata-se, portanto, de uma causa externa, e não de uma maturação interna.

Essa forma de apresentar os fatos é tanto mais válida porque o regime espanhol, que descolonizou a tempo, não só se mantém como avança "silenciosamente" com a restauração da realeza.

Se uma revolução que estava madura em 1936 é adiada por mais de quarenta anos por todas as razões conhecidas, é preciso admitir que ela fracassou, pelo menos na sua primeira fase. Contudo, o exemplo espanhol não é evidente, porque o fracasso da revolução se deve à intervenção das potências do Eixo (Alemanha, Itália) e à falha dos socialistas franceses...

Mesmo a revolução socialista soviética de 1917 foi favorecida pela conjuntura externa: o enfraquecimento da Rússia czarista, após sua participação na guerra de 1914.

Pode-se igualmente recordar o fracasso da revolução na Alemanha e a liquidação dos movimentos progressistas neste país após a guerra de 1914 e sob o hitlerismo.

Do mesmo modo, a extensão do socialismo aos países do Leste e a formação das democracias populares não foram o resultado de uma maturação interna das condições revolucionárias e da ação das massas, mas a consequência da Segunda Guerra Mundial e de um ato corajoso e voluntário de Stálin. A divisão da Alemanha em duas partes, fazendo com que o ninho da águia prussiana tombasse pela força da noite para o dia para o campo socialista é o caso mais surpreendente de exportação da revolução. Contrariamente à teoria, uma revolução foi exportada, diante dos nossos olhos, há 35 anos, para a metade mais conservadora da nação mais guerreira da Europa, enquanto a outra metade permanece no campo capitalista!

Não é por acaso que a revolução, no final da Idade Média e no início dos tempos modernos, começou no plano religioso com a revolução protestante na Alemanha, na sequência da invenção da imprensa e da tradução da bíblia em "línguas vulgares", especialmente em alemão, por Lutero.

Assim, as condições da educação mudam, radicalmente, passando da Antiguidade aos tempos modernos, em consequência do desenvolvimento das técnicas. O fracasso das jaquerias alemãs dos séculos XVI e XVII explica-se de modo semelhante.

Por causa do aparato hieroglífico, a invenção da imprensa chinesa não poderia ter as mesmas consequências profundas para a rápida disseminação do saber. É necessário o domínio de mais de 3 mil signos hieroglíficos apenas para começar o estudo da língua.

A criação de Estados no MPA não está ligada, direta ou indiretamente, a considerações étnicas. Negros (os egípcios, os sabeus), amarelos (os chineses e os ameríndios pré-colombianos), brancos (os etruscos, os egeus, os persas ou os protoiranianos), colocados por acaso em condições geográficas que impuseram as "grandes obras", foram invariavelmente levados a sair rapidamente de seu egoísmo tribal nômade, ou outro, para criar esse mesmo tipo de Estado. Mas foi o Egito que inaugurou o ciclo e iniciou a maioria dos povos.

A revolução nas cidades-Estado gregas do mediterrâneo setentrional (Atenas, Esparta)

Nós já dissemos que — fato notável cuja importância nunca se poderia insistir demais — a revolução só foi possível nessas cidades do século VIII ao IV a.C., ou seja, exatamente durante o período correspondente à fragmentação política. Antes e depois, tendo o Estado assumido a forma ou as dimensões de um Estado de MPA, a revolução fracassará sempre, até nos tempos modernos, em que as condições técnicas terão mudado.

O estado atual da Grécia certamente é um assunto sobre o qual meditar!

O império como extensão dos estados do MPA

O império é uma perversão do modelo de Estado no MPA: os primeiros impérios da história são extensões desses estados (XVIII dinastia do Egito, 1580 a.C.). Isso não é uma coincidência; veremos todas as dificuldades que a cidade-Estado individualista grega irá experimentar para romper sua estreita estrutura.

Por mais paradoxal que possa parecer, o império sempre terá ambições universalistas: a superestrutura ideológica do império será sempre o oposto da superestrutura individualista da cidade-Estado: a xenofobia dará lugar ao cosmopolitismo.

As dimensões do império excluem, a priori, a possibilidade do genocídio praticado por um pequeno grupo étnico de conquistadores, na escala do país. É preciso se orientar para outros métodos de dominação, que implicam necessariamente o cosmopolitismo.

A revolução islâmica na África: Causas do fracasso, caso particular da África negra

À medida que o islã triunfava, a partir da Idade Média, o clero muçulmano iniciava uma revolução política e social pela religião; o terreno era eminentemente favorável: a religião tradicional estava morta nos corações, havia definhado; o céu não era uma promessa vã para os adeptos da nova fé que, por si só, galvanizava as multidões. A guerra santa foi a ocasião perfeita para ganhar o paraíso, sem dúvidas: era um voluntariado para a bela morte. Os tiedos [cortesãos] de Cayor puderam constatar isto na batalha de Samba Sadio contra os soldados fanatizados do sheik Ahmadou do Senegal.

O islã, na África Negra, acabou se sobrepondo ao sistema de castas, mas em sua essência o desconhece; portanto, nenhuma barreira erguida pelo nascimento poderia impedir alguém de se tornar um líder religioso respeitado, caso tivesse a virtude. Melhor ainda, somente a auréola de santidade resultante da prática islâmica poderia apagar e fazer esquecer a baixa extração e assim eliminar as incapacidades sociais que ela poderia acarretar: nisso, o islã era socialmente revolucionário. Por essas diversas razões, ele podia mobilizar multidões de todos os estratos sociais e prontas para varrer os defensores do poder tradicional, considerados ímpios completamente dessacralizados, desde que a religião tradicional morreu. O fato de que o islã fosse propagado pelos próprios nacionais radicalizava a ação: portanto, a revolução poderia ter sucesso, mas chegou tarde demais.

A revolta dos marabus de Koki, no Senegal, sob o damel Amary Ngoné Ndella, o socorro que lhes deu o almami Abdou Khader de Futa, a formação da teocracia lebu de Cabo Verde, regida pela lei corânica combinada com a tradição, tantos fatos mostram que o movimento era consciente de si mesmo e assumiria uma amplitude singular sob a liderança de homens como Usmã dã Fodio ou El-Hadj Omar.

O islã poderia ter abolido as castas e provocado a revolução social, base de todo progresso; mas os dignitários religiosos de origem popular preferiram "enobrecer-se", de certa forma, casando-se com princesas, para que seus filhos se tornassem nobres pelas mães e marabus pelos pais. Assim, o modelo de sociedade aristocrática derrotada aparentemente continua a ser veiculado, de uma certa maneira, pelo subconsciente daqueles que tinham a missão de extirpá-la do universo mental do povo. O fracasso da revolução social foi doloroso. Porém, alguns líderes religiosos às vezes colocavam a nobreza em seu lugar. Foi o caso de "Lamp Fall" (sheik Ibra Fall), criador da subseita mourida dos Baye Fall. Mandou apanhar uma cabaça de "sentinelas", secá-la ao sol e entregá-la a todas as suas esposas princesas que reivindicavam o privilégio de realizar as próprias refeições à parte, com a exclusão das outras esposas de origem popular ou escrava, e exclamou, indignado: "Procurai reconhecer as vossas 'sentinelas' entre as mulheres do povo!".

Outro traço específico da sociedade aristocrática sobreviveu. Pedir é um ato normal, não humilhante. Da base ao topo da hierarquia social, cada um, da casta ou não, pode dirigir-se ao seu superior social para lhe pedir bens diversos. Mesmo o marabu que se dirige a Deus para lhe fazer uma série de pedidos, depois de ter cantado a sua glória numa bela poesia, não faz mais do que transpor, para a ordem divina, a realidade social vivida no cotidiano.

Seja como for, as ideias aristocráticas, mesmo após a destruição da nobreza como classe, sobrevivem em todas as consciências; o proletário é muitas vezes um aristocrata que se ignora.

O aparato conceitual religioso, forjado essencialmente durante a fase monárquica da evolução da humanidade, carrega a marca desse período. Assim, na linguagem das religiões reveladas, as relações entre Deus e os homens são relações de senhor com escravo: "Senhor, nós somos seus escravos". A ideia do senhor em seu trono é um símbolo. Na história das religiões, Osíris é o primeiro deus que reina no dia do Juízo Final, para julgar as almas.

11. A revolução nas cidades-Estado gregas: Comparação com os estados em MPA

COMO NASCEU A CIDADE-ESTADO GREGA? Por que a revolução foi possível aí, quando não era possível nas estruturas sociopolíticas anteriores e deixará de ser possível após o declínio da cidade, até os tempos modernos? Essas duas questões já foram tratadas no capítulo VIII de nosso livro intitulado *Antériorité des civilisations nègres: Mythe ou vérité historique?*, e aqui nos limitaremos ao essencial.

Já vimos no capítulo 3 que, no século XVI a.C., a XVIII dinastia egípcia havia efetivamente colonizado todo o mar Egeu e, como resultado, tirou essa região do mundo da proto-história para colocá-la no ciclo histórico da humanidade, pela introdução da escrita (lineares A e B) e de um conjunto de técnicas agrárias e metalúrgicas muito extenso para ser enumerado. Essa é a época em que, de acordo com a própria tradição grega, por muito tempo misteriosa, Cécrope, Egito e Dânao, todos egípcios, introduziram a agricultura, a metalurgia etc. É a época de Erecteu, egípcio e herói fundador da unidade da Ática. Ainda de acordo com a mesma tradição grega, foram esses negros egípcios que fundaram as primeiras dinastias na Grécia continental, em Tebas (Beócia), com Cadmo, o negro vindo de Canaã, na Fenícia, ou mesmo em Atenas, como acabamos de ver.

Portanto, a primeira forma de governo foi a do colonizador: a Grécia micênica experimentou pela primeira vez o modelo de Estado africano, isto é, o Estado egípcio ou de MPA, com seu elaborado aparato burocrático; é época da realeza palaciana, aquela descrita por Homero oito séculos depois na *Ilíada* e na *Odisseia*; esse aparelho estatal estrangeiro estava, em muitos aspectos, muito à frente das estruturas locais; é a razão pela qual a Grécia, após a invasão dórica, perdeu naturalmente o uso artificial da escrita durante quatro séculos (do XII ao VIII a.C.), para apenas recuperá-la no século VIII, dessa vez como uma necessidade real de desenvolvimento, em perfeita sintonia com as formas de organização da época.

Tendo o Egito sido o instrutor quase exclusivo da Grécia em todos os tempos, no caminho da civilização, há uma solidariedade histórica das duas civilizações que pesquisador nenhum deve perder de vista, se quiser realizar uma obra científica. Já dissemos que a projeção do período arcaico e semilendário da Grécia paralela à cronologia histórica egípcia é muitas vezes de grande interesse comparativo: assim, a destruição de Troia em meados do século XIII ocorreu efetivamente durante o reinado de Ramsés II, no apogeu da civilização negra egípcia, enquanto a Grécia ainda se encontrava na era dos sacrifícios humanos: foi de fato Agamemnon quem sacrificou Ifigênia aos deuses, em Áulida.

Os mesmos egípcios que adotaram os carros de guerra como arma de combate a partir do século XVI a.C., após ter expulsado os hicsos, o teriam introduzido na Grécia micênica, e ele terá o mesmo destino que a escrita após a invasão dórica e a modificação das técnicas de combate.

Esse carro de guerra foi o principal instrumento de combate durante o cerco de Troia. Diga-se também que o "túmulo de Agamemnon", o monumento batizado de "Tesouro de Atreu", é apenas uma rudimentar mastaba egípcia.

No plano religioso, o culto a Osíris, ou seja, a Dionísio, já era conhecido na Grécia micênica, pois se lê, em uma tábula da linear B, o nome de Dionísio no genitivo.

Esse culto a Osíris-Dionísio provavelmente se eclipsará também durante os "séculos obscuros" (XII-VIII a.C.), e a consciência religiosa grega permanecerá opaca a qualquer ideia do além, até ao século VI a.C., época em que o novo culto de Ísis/Osíris-Dionísio, religião do mistério e da salvação da alma, foi reintroduzido no Mediterrâneo setentrional, e na Grécia em particular. No plano da mitologia, os deuses do Olimpo, como os deuses egípcios 4 mil anos antes, substituíram o seu reinado pelo dos titãs, após uma luta vitoriosa, durante a qual todos foram massacrados (a luta de Rá contra Apep etc.); também aqui a influência egípcia continua evidente: a ubiquidade das estruturas dos mitos, das diversas formas de organização religiosa, social e política apenas seria sustentável se a demonstração pudesse apoiar-se na contemporaneidade dos fatos comparados. Mas essa condição fundamental está radicalmente ausente em todos os autores, sem exceção; e estes parecem não estar conscientes da contradição que anula o valor científico de toda a sua demonstração: Claude Lévi-Strauss, Mircea Eliade.

Todas as superestruturas ideológicas mencionadas, e muitas outras, estão presentes no Egito em tempos bem datados, milhares de anos antes de seu aparecimento, por difusão (no sentido de Elliot Smith), nas demais regiões do planeta, que permaneceram durante esse período na noite da história. É por isso que é falacioso comparar superestruturas do século v a.C. ou de épocas mais recentes com as do Egito de Narmer, 3300 a.C., sem enfatizar a noção de difusão da cultura egípcia. Este é o erro que cometem aqueles que utilizam como base cronológica o método errôneo da glotocronologia.[1] Todos os anacronismos dos poemas homéricos, notados por Moses Finley,[2] poderiam ser explicados por referência ao Egito: os palácios suntuosos, sem relação com os rudimentares "palácios" micênicos, lembram bastante os da cidade de "Tebas de cem portas", e agora sabemos que este verso de Homero se refere à cidade de Tebas na época de Ramsés III. Se Homero visitou o Egito — e o fato é atestado pela tradição grega —, provavelmente foi na época da XXV dinastia sudanesa, sob Piankhi ou Xabaka, por volta de 750 a.C.

Em um estudo pertinente, Victor Berard demonstrou que Homero, longe de ter criado *ex nihilo*, se utilizou largamente de modelos, em particular egípcios.[3] Sabe-se que oitocentos anos antes de Homero, sob a XVIII dinastia, e mesmo antes, o Egito já havia inventado a arte poética. Foi também durante os "séculos obscuros" da história da Grécia, a que pertence Homero, que o uso do ferro se difundiu no Mediterrâneo setentrional, provavelmente oriundo de Napata, dessa mesma dinastia sudanesa que havia conquistado o Egito, promovendo um renascimento da civilização egípcia, coincidente com o desenvolvimento de uma nova forma da língua e de escrita egípcia chamada demótico. A piedade desses faraós sudaneses corresponde em todos os aspectos aos testemunhos de Homero na *Ilíada*; Homero se equivoca ao atribuir armas de ferro aos micênicos da Idade do Bronze.

A sociedade descrita por Homero é a do "despotismo oriental", com um rei sacerdote, juiz, legislador, senhor da guerra, não sujeito a qualquer controle do povo, que ainda era desprovido de qualquer poder político. Esse é o povo de Ítaca ou aquele que participa da expedição a Troia, mas não da guerra, que é assunto para príncipes e dá origem a batalhas singulares.

Após a destruição da sociedade micênica, os dórios formaram uma aristocracia à frente dos povos derrotados, agrupados em pequenas formações, que são os embriões das futuras cidades-Estado independentes da Grécia clássica dos séculos V e IV a.C.

A luta social, extremamente dura no seio desses novos Estados, apenas começa a ser conhecida com base em documentos probatórios a partir do poeta, pequeno agricultor e possuidor de escravos que foi Hesíodo, *Os trabalhos e os dias*, obra escrita entre o final do século VIII e o início do VII a.C., portanto claramente posterior a Homero. Hesíodo pertence ao período propriamente histórico da Grécia arcaica, que ele de alguma forma inaugura com seu testemunho. Fornece informações preciosas sobre os trabalhos dos campos, das quais se podem deduzir informações precisas sobre a organização política e social (ver p. 248). A sociedade já era composta de reis (injustos e ávidos por presentes), nobres, pequenos proprietários de terras livres, assalariados sem terra e escravos.

A propriedade privada do solo já era um fato; contudo, ainda se desprezava sobretudo o comércio marítimo que permanecia nas mãos dos estrangeiros: os que praticam o comércio não são aqueles que se imagina, segundo a teoria; não são proprietários de terras que fazem frutificar o seu bem através da escravidão e do comércio, são os sem domicílio, que constituirão o embrião das futuras plebes, que vão despertar progressivamente para o comércio. É a única atividade econômica que lhes era possível praticar, e eles também substituem gradualmente os fenícios, que reintroduziram a escrita (alfabética) no século VIII a.C. Os comerciantes são os "sem-terra".

As novas cidades incluem principalmente um recinto e o templo em um lugar elevado, onde somente os cidadãos podem ir para o culto comum. No total, cerca de 1500 cidades, segundo Moses Finley,[4] repartidas em três tipos:

- cidadela, como Esmirna (vivendo dos despojos da guerra);
- grupo de vilas, como Esparta (rendimentos de um santuário);
- cidade e campo, como Atenas e seus subúrbios (comércio e artesanato).

De fato, concluída a conquista, a aristocracia dórica não perdeu tempo em rejeitar a realeza para governar diretamente: ela deixou o sacerdócio para a realeza e assumiu o poder político, segundo Fustel de Coulanges.

Embora Atenas se gabe ou se regozije de ter sido poupada da tormenta da invasão dórica, essa primeira revolução puramente política é marcada, segundo a tradição, pela reforma de Códros no século XI a.C., sobre a qual quase nada se sabe.

A revolução em Esparta

Em Esparta, foi a reforma de Licurgo (século IX, VIII), se é que esta última tenha existido. Seja como for, o *Retra*, que lhe é atribuído, conserva os três poderes homéricos: realeza, conselho, assembleia. A realeza torna-se dupla, hereditária, e pertence a duas famílias, os Ágidas e os Euripontides.

Os dois reis são meros magistrados, nem mesmo são os mais importantes. Eles têm sobretudo funções religiosas e são controlados pela gerúsia, assembleia de trinta membros, dos quais os outros 28 são eleitos para toda a vida entre os cidadãos com mais de sessenta anos, isto é, liberados de qualquer obrigação militar. É esse conselho que detém a realidade do poder judiciário e do poder executivo.

A assembleia do povo, ou ápela, reúne-se regularmente para se pronunciar por aclamação sobre as leis que a gerúsia lhe propõe; não pode alterá-las; mas as suas prerrogativas, bem como as dos dois reis, embora já muito reduzidas, diminuirão com o tempo: os dois reis apenas têm autoridade se agirem em conjunto; após a primeira Guerra de Messênia, uma emenda ao *Retra* fortaleceu a autoridade da gerúsia e permitiu-lhe declarar nulos os votos da assembleia do povo, algo que em muito desagradou.

Mais tarde, criou-se um quarto poder ainda mais formidável que o da gerúsia, o de um colégio anual de cinco magistrados, os éforos, responsáveis pela supervisão de todos os magistrados da gerúsia, incluindo os reis: em outras palavras, da atividade do Estado e, em particular, da educação das crianças.[5]

A educação espartana ilustra esse adágio segundo o qual aquele que suprime a liberdade dos outros torna-se ele próprio um escravo. Para que um punhado de 9 mil indivíduos (este era o número de cidadãos de origem dórica no Estado espartano) transformasse em escravos todos os povos vencidos dos hilotas, era necessário renunciar à liberdade individual e organizar todo o Estado segundo a mais dura disciplina militar de todos os tempos.

O recém-nascido pertence ao Estado, que ordena que ele seja jogado no lixo para servir de alimento para aves de rapina, caso apresente alguma malformação física que possa torná-lo inapto para a vida militar, para a defesa do Estado; caso contrário, é devolvido aos pais até a idade de sete anos; o Estado então o toma de volta e o inscreve no agogê, onde ele passa por um treinamento de dureza desumana e que despreza a formação intelectual: resistência, coragem e obediência cegas são os ideais espartanos; os jovens devem aprender a roubar para se alimentar; devem surpreender, à noite, um hilota e matá-lo: esta é a criptia. Exatamente a mesma situação moral será encontrada entre os germânicos, em processo de sedentarização, no momento em que Tácito descrevia seus costumes: o roubo e o homicídio, o assassinato de um inimigo são ideais morais e fazem parte das provas impostas ao jovem germânico antes de entrar no círculo dos adultos.

Em Esparta, todos os adultos são soldados profissionais até os sessenta anos e vivem, por esse fato, em casernas, separados das suas mulheres e filhos: a vida familiar não existe, a noção de casal é marginal; a perversão proverbial dos costumes, a extroversão dos costumes masculinos elevada ao plano de uma instituição em toda a Grécia, sobretudo em Atenas (e sobre as quais o Ocidente moderno lança sempre um véu pudico), têm as suas origens no estilo particular de vida, que, muito tempo após a sedentarização, ainda carrega os estigmas do período anterior do nomadismo: a decência proíbe evocar em detalhes a degradação moral da sociedade grega, mesmo e sobretudo no nível dos seus grandes homens: Aristóteles, Platão, a família de Pisístrato, tirano de Atenas etc. A liberdade de costumes das mulheres espartanas era lendária. Até os trinta anos, o espartano dormia na caserna e apenas podia ver sua mulher às escondidas. Sua vida em "família" só começava a partir dos trinta anos, mas até os sessenta, ele tinha que jantar todas as noites no refeitório (sissítia) de sua unidade militar e teoricamente apenas se tornava independente a partir dos sessenta anos.

De fato, a própria terra pertencia ao Estado, que transferia a cada um dos iguais (cerca de 9 mil), isto é, somente aos cidadãos, um lote de terra, e junto com ela um número de hilotas necessários para cultivá-la.[6]

É instrutivo analisar o processo pelo qual o individualismo senhorial dos dóricos do século XII levou, no século VII a.C., ao coletivismo estatal, não menos senhorial, o mais draconiano da história.

A relação numérica inicial entre os vencedores dóricos e os hilotas derrotados, bem como a separação étnica, impôs o caminho singular de evolução que por Esparta passou. Quando 9 mil indivíduos se organizam numa base étnica, racial, para tentar dominar para sempre todo um povo momentaneamente derrotado, já não têm a escolha dos meios: impõe-se uma única via, a do genocídio, com todas as consequências cotidianas. Todas as leis espartanas e a organização político-militar decorrem, portanto, como uma necessidade desses princípios iniciais absurdos e primitivos. O rigor lógico desse sistema leva à supressão total da liberdade dos "vencedores", para quem o inferno é agora, na terra, se examinarmos de perto a sua situação.

A vida espartana é uma perpétua preparação para a guerra; os iguais são habitados pelo assombro da revolta de hilotas de toda a Messênia, cujo número tentam em vão reduzir por covardes assassinatos, institucionalizados como princípios educativos da juventude dórica. A vida nada mais é do que um tormento perpétuo, e medidas desumanas impostas a toda a sociedade não impedem a frequência de revoltas hilotas; Esparta irá gradualmente declinar, pois se a cidade-Estado não era viável, a de Esparta, por suas bases políticas, era ainda a mais vulnerável de todas.

O coletivismo espartano não era proletário, e não devemos nos enganar sobre sua natureza, acima de tudo senhorial. Importa somente sublinhar a malícia da história e do destino; esses nômades individualistas que prezam a liberdade acima de tudo, ao que parece, estão fadados a perder até a memória dessa liberdade, pelo simples fato de que as bases escolhidas para construir um Estado que lhes garanta essa liberdade são insalubres e inviáveis: o Estado espartano controlava até mesmo o uso de barbas e podia ditar os sentimentos que os cidadãos deveriam demonstrar em circunstâncias excepcionais.

Após o desastre que a cidade de Tebas lhe infligiu em Leuctra, em 371 a.C., Esparta ordenou a inversão dos sentimentos: as mulheres cujos filhos tinham morrido em combate deveriam sorrir e manifestar alegria, enquanto aquelas cujos filhos tinham escapado à aniquilação deveriam mostrar-se tristes e chorar; assim foi feito. Cabe notar que as comunidades periecas que Esparta anexou não são cidades totalmente formadas com seus deuses e seus aparatos institucionais; caso contrário, a anexação nem seria possível; a cidade vencida seria destruída, seus habitantes, vendidos ou dispersados; ou ela se tornaria uma aliada naquilo que é falsamente chamado de *ligas* na linguagem moderna.

- A Liga do Peloponeso, quando se dizia apenas: Esparta e seus aliados.
- A Liga de Atenas, composta de 150 cidades-Estado (de um total de 1500), distribuídas aleatoriamente e muitas vezes separadas por Estados inimigos.
- A Liga da Beócia, com Tebas à frente.

Contudo, no século VI, Esparta havia se tornado a principal força militar da Grécia e conseguira, com o apoio do ouro dos persas, derrotar e deslocar a liga ateniense. Essas "ligas" não eram sequer o início da unificação política no sentido em que hoje em dia entendemos esse termo.

Os anfictiões são apenas associações religiosas cujas cidades membros exploram em comum o santuário de uma divindade e partilham as suas receitas.

Fustel de Coulanges mostrou que a ideia de uma verdadeira integração de várias cidades no âmbito de um Estado centralizado, governado segundo uma única lei, era absolutamente estranha à mentalidade e à religião gregas até o triunfo da filosofia universalista vinda do exterior, diríamos, do Egito. Tratava-se de coalizões efêmeras e frágeis contra um inimigo interno: Esparta e os seus aliados contra Atenas e os seus; ou a liga da Beócia, que infligiu a Esparta a derrota de Leuctra, a qual permitiu a libertação do povo hilota e consagrou o declínio do Estado espartano que iria eclodir, no século III a.C., na guerra civil.

Esparta nunca quis estender a cidadania aos estrangeiros, que por isso não tinham motivo algum para sacrificar-se pela sobrevivência da cidade-Estado. Além disso, a corrupção e o gosto pela riqueza acabaram ganhando as fileiras dos iguais: as desigualdades sociais foram introduzidas, os cidadãos espartanos perderam seus lotes de terra e, como resultado, seu direito à cidadania.

Esparta jamais experimentou um florescimento artístico comparável ao de Atenas nos séculos V e IV a.C. Os artistas que construíram seus monumentos são quase todos estrangeiros: Baticles de Magnésia dirigiu os trabalhos do "trono" de Apolo em Amicleia;[7] sua cerâmica não tinha comparação com a da Ática, nem com a de Corinto.

Insistamos no fato de que o termo "escravo", muitas vezes aplicado ao povo hilota derrotado, mas que permaneceu em seu solo nacional, é impróprio: trata-se mais exatamente de um povo momentaneamente dominado e colonizado, por assim dizer, em sua própria pátria; esse povo não está desenraizado nem disperso. Sua cultura está intacta. Nada perdeu do seu orgulho nacional e as suas incessantes revoltas, que acabarão por levar a melhor sobre os descendentes dos vencedores dóricos, são prova disso: houve duas grandes revoltas, correspondentes ao que se chama a Primeira e a Segunda Guerra da Messênia, a pátria dos hilotas; a última durou dezessete anos, foi uma verdadeira guerra de libertação nacional, momentaneamente perdida. Esparta foi forçada a transformar o Estado em um verdadeiro acampamento entrincheirado, mantendo-se constantemente em alerta.

Esparta, pois, não foi libertada por uma revolta de escravos no sentido estrito do termo, mas pela sublevação dos nativos.

A revolução em Atenas

Atenas partirá do individualismo dos eupátridas (os "bem-nascidos", de raça nobre, como já visto) para chegar, também ela, ao imperialismo de Estado todo-poderoso, segundo uma evolução paralela, mas com diferenças notórias que não deixaremos de sublinhar.

Em Esparta, no século VI, a realeza muito diminuída ainda continuava a luta contra o eforato, essa instituição da Lacedemônia de cinco magistrados anuais. Mas em Atenas, a realeza havia sido derrotada há muito tempo, e o poder estava inteiramente nas mãos da aristocracia, que, a partir do século VI, tinha apenas o povo à sua frente: as reformas de Drácon, Sólon e Clístenes marcarão o período de lutas populares que se abrirá.

A reforma de Drácon corresponde a uma época em que Atenas quase caiu na anarquia e no assassinato.

O sentimento de ansiedade e o clima de pessimismo que invadem a Grécia na virada do século VI refletem bem a ascensão das forças populares, que não mais deixarão de agir para destronar a aristocracia e modificar profundamente as estruturas do Estado, a fim de subordiná-las ao bem público. Se levarmos em consideração as declarações de Atenas, de que foi poupada da invasão dórica, isso poderia explicar em grande medida a divergência de evolução em relação a Esparta e certas particularidades do Estado ateniense.

Com efeito, isso significaria dizer que os diferentes *genos* que reinavam sobre a população primitiva da Ática entre os séculos XII e VIII a.C. constituíam de certa forma uma nobreza autóctone, porque derivada de migrações anteriores, talvez micênicas. A terra pertencia originalmente a esses nobres e aos pequenos camponeses livres que foram os primeiros ocupantes do solo, o todo formando um complexo pseudonacional, uma cidade em gestação, cuja estrutura corresponde perfeitamente ao "modo antigo de produção" de Marx, mesmo que a instituição do *Ager publicus* romano não seja claramente atestada: por esse motivo, se poderia falar mais precisamente de um modo antigo de propriedade.

A nobreza ateniense já estava adormecida com o passar do tempo e da sedentarização; embora remontando suas origens aos deuses, à maneira dos faraós do Egito, ela era muito menos belicosa e guerreira do que as hordas dóricas que saíram da vida nômade e conquistaram a Messênia e a Lacônia no Peloponeso. Mas esses diferentes *géne* (plural de *γενοξ*) ainda não tinham aceitado uma lei comum rigorosa: os conflitos entre clãs eram resolvidos pelo costume, a *dike*, e a vendeta era regra; o assassinato era vingado não pela sociedade, mas pela família, o *genos*; da mesma forma, cada *genos* era soberano sobre seu território, e veremos que a fusão dos *géne* em um único e verdadeiro povo ateniense apenas será alcançada com a reforma de Clístenes, no final do século VI a.C.

O que acontecerá na Ática entre os séculos VIII e IV a.C.?

Ao que parece, a destruição da civilização micênica havia deixado no mesmo lugar uma pseudo-realeza: os "séculos obscuros" conheceram um "rei" chamado *basileus*, que uma primeira revolução aristocrática eliminou no final do século VIII a.C., em Atenas, onde foi substituído por um arcontado decenal, depois anual, e cuja lista começa em 683-2.[8] O que acontecerá quando os estrangeiros, em sua maioria gregos, os "metecos", chegarem nessa sociedade não por ondas de exércitos de conquistadores, mas por infiltrações, a um ritmo que o meio receptor pode conter e condicionar? Atenas estabelece um código de imigração, por assim dizer: os eupátridas estão no topo da sociedade, após a eliminação da realeza; são os líderes dos *genos*; eles e os primeiros ocupantes do solo, os pequenos camponeses livres, somente podem possuir a terra no sentido ritual e são, portanto, os únicos cidadãos; quem perde o seu pedaço de terra por dívida deixa de ser cidadão; o estrangeiro, o meteco, não pode possuir a terra; se ele entrar na clientela, se ele se tornar escravo doméstico de um eupátrida que o proteja, pode ter o usufruto, mas a partir do século VI, se fosse rico, pode comprar um equipamento militar hoplita e participar da defesa do Estado, o que aumenta seus direitos.

Os eupátridas foram rápidos em desapropriar os pequenos camponeses, enquanto os metecos e os verdadeiros "plebeus", os *thētes*, isto é, os sem domicílio, voltaram-se para o comércio e empréstimos usurários.

É provável que tal situação privilegie a luta de classes em detrimento da dominação étnica inicial, que, como já dissemos, desaparecerá completamente a partir da reforma de Clístenes; o Estado ateniense tenderá cada vez mais a ser não a dominação de um grupo étnico sobre outro, mas o instrumento de dominação de uma classe sobre outra. Dessa forma, Atenas se desvia do caminho espartano, embora houvesse muitos pontos em comum na origem: os eupátridas eram, ou se consideravam, uma nobreza autóctone na Ática, eles não eram estrangeiros que haviam chegado ontem, como os dórios em Esparta. Assim, a separação étnica foi menos brutal e menos humilhante em Atenas do que em Esparta, e por isso desaparecerá com o tempo, dando lugar a uma verdadeira luta de classes no seio de um mesmo povo. Mas os aristocratas de todos os países se assemelham em alguns aspectos. De Homero a Péricles, os eupátridas e outros nobres gregos gostavam de remontar a sua árvore genealógica a uma divindade. A generosidade de Címon, o rival de Péricles, era tão lendária quanto a dos africanos atuais, que não conseguem se libertar do modelo de Estado monárquico.

Atenas, que era a maior das cidades-Estado gregas, cobria nos tempos clássicos uma área igual à do ducado de Luxemburgo: 2600 quilômetros quadrados, incluindo cidade e campo. Compreendia 250 mil habitantes, entre homens, mulheres, crianças, escravos. Era de longe a mais populosa das cidades gregas — Corinto contava 90 mil habitantes; Tebas, Argos, Córcira, 40 mil a 60 mil habitantes cada; e as outras cidades chegavam até 5 mil habitantes ou menos.[9]

Entre essa população ateniense, os cidadãos eram apenas 40 mil diante de 80 mil escravos, pois a partir do século VI a.C. Atenas se orientou para a compra maciça de uma mão de obra escrava, importada do sul da atual Rússia.

Os antigos reis eram líderes religiosos e militares. Em Atenas, essas duas funções foram separadas a partir do século VII, com o declínio da realeza, e confiadas a duas personagens: um simples magistrado foi nomeado rei de Atenas, provavelmente para sacrificar-se ao costume, dada a dificuldade de fazer tábula rasa do passado; a condução da guerra é confiada ao polemarco. Os eupátridas detêm a realidade do poder no seio do conselho do areópago, composto de magistrados com assento vitalício e encarregados de zelar pelas leis.

O conjunto dos cidadãos forma a assembleia do povo que elege os magistrados, mas esta apenas pode designar os eupátridas, excluindo os elementos de seu próprio meio.

Com a ascensão das forças populares, representadas pelos antigos desamparados que enriqueceram com o comércio, Atenas quase se afundou por várias vezes na anarquia; assim, a legislação de Drácon foi essencialmente consagrada ao problema do homicídio. O legislador tentou "substituir a justiça do Estado pela vingança individual".[10]

A legislação de Sólon introduziu pela primeira vez o habeas corpus na Grécia, suprimiu a escravidão por dívida e fez um acordo que aumentou os direitos do povo sem que a aristocracia perdesse a própria face; a de Clístenes fundiu o povo. Este escolhe primeiro os seus tiranos, ou seja, seus líderes políticos laicos, entre os eupátridas, e depois em seu próprio seio.

As forças populares triunfaram. Atenas experimenta o governo direto sem burocracia.

Os decretos da assembleia ateniense foram promulgados pelo *demos*, reunindo quatro vezes a cada 36 dias os cidadãos masculinos com idade igual ou superior a dezoito anos. Os presentes, entre os 40 mil cidadãos, tomavam decisões válidas para todo o povo. O mesmo acontecia com os tribunais, constituídos por sorteio a partir de uma lista de 6 mil voluntários. Não havia representação, nem serviços civis, nem burocracia de qualquer importância.

A *bulé*, conselho de quinhentos cidadãos escolhidos por sorteio por um ano (elegibilidade máxima de duas vezes), preparava as diversas questões — guerra, paz, orçamento das obras públicas —, sobre as quais todos podiam intervir e propor emendas, e votar etc.

O chefe de cada cargo era diretamente responsável perante o *demos*, e não perante um superior hierárquico. Somente os dez estrategos (*strategoi*, ou generais) eram elegíveis por tempo indeterminado, assim como as comissões especiais pelas negociações diplomáticas.[11]

O sorteio, a compensação atribuída aos cargos desempenhados, permitia que os pobres se sentassem no conselho ou nos tribunais e cumprissem um cargo quando a sorte caísse sobre eles. O sorteio e a rotatividade obrigatória multiplicaram as chances de participação. Essa compensação não era fonte de riqueza, ela correspondia ao mínimo de subsistência.

O poder pertence à assembleia, o que explica a importância dos oradores. Ela se reúne ao ar livre, na colina chamada Pnyx, perto da Acrópole. Não há partidos políticos nem equipes governamentais. O presidente, para aquele dia, é escolhido por sorteio entre os membros do conselho dos quinhentos, segundo o princípio de rotatividade: as proposições são feitas, discutidas, emendadas, votadas em um dia. Qualquer um que procurasse vergar a linha política da assembleia deveria comparecer ao Pnyx e expor suas razões, como um membro do conselho; a assembleia poderia instantaneamente encerrar o mandato de qualquer um.

Depois de Péricles, veio a era dos demagogos que bajulavam o povo. O próprio Péricles sofreu um eclipse e uma pesada sanção no início da Guerra do Peloponeso, sendo o ostracismo a regra.[12]

Assim, no espaço de três séculos, Atenas passa do individualismo exacerbado ao Estado onipotente, ao qual todos os cidadãos estão sujeitos indistintamente, tanto os eupátridas como o povo comum; se assim foi, é porque o povo e a plebe, composta de *thētes*, vítimas das gritantes injustiças e da arbitrariedade dos eupátridas, concentrou todos os seus esforços reivindicativos na adoção de uma única lei para todos.

Para o povo comum, leis escritas e respeitadas, iguais para todos, eram a melhor garantia de segurança contra as exigências dos eupátridas: a partir do século VI a.C., quando os Eupátridas reclamavam um Estado bem ordenado, bem governado, *eunomia* (sabe-se o que isso significava), a plebe retorquia: *isonomia*, os mesmos direitos políticos para todos, e seu triunfo consagrou o advento da democracia em Atenas.

Trata-se, portanto, de uma evolução paralela, mas não idêntica à que conheceu Esparta: a onipotência do Estado espartano foi desejada e realizada pela nobreza dórica, para conter a pressão popular da etnia hilota. O Estado foi, portanto, um instrumento de dominação de uma etnia sobre outra, enquanto a onipotência do Estado ateniense foi a consequência das lutas vitoriosas do povo contra os eupátridas. Aqui, sendo o Estado concebido como o garantidor da liberdade dos fracos, estes passaram a conceder-lhe todos os poderes.

No primeiro caso, o individualismo leva ao "coletivismo" (um coletivismo muito particular, é preciso enfatizar) a partir de cima, das camadas sociais da etnia dominante; no segundo, o individualismo leva ao imperialismo estatal, a partir de uma pressão da base social. A sociedade moderna ainda não terminou de refletir sobre o legado dessas duas experiências antigas.

Comparação com o Estado no MPA

Em todos os casos, o modelo de Estado autenticamente indo-europeu, a cidade-Estado, não era viável; condenado pelas suas múltiplas insuficiências, declinou e foi substituído pelo modelo de Estado africano, egípcio em particular, chamado Estado no MPA, e isso a partir das conquistas de Filipe II da Macedônia e sobretudo de seu filho Alexandre, o Grande.

Após a Batalha de Queroneia em 338 a.C., Filipe II da Macedônia tornou-se o senhor da Grécia. Ele criou, em Corinto, a Liga dos Helenos, destinada a invadir a Pérsia, que, convenhamos, havia profanado santuários gregos 150 anos antes!

O segundo objetivo da liga era garantir que em nenhuma cidade-Estado houvesse execução ou banimento contrário às leis estabelecidas nas cidades, nem confiscação de bens, nem redistribuição de terras, nem abolição de dívidas, nem libertação de escravos para fins de revolução.[13] Todas as conquistas das reformas de Sólon são anuladas de uma só vez; trata-se de uma verdadeira reação contrarrevolucionária liderada pela monarquia, que prevalecerá até os tempos modernos — graças à mudança no quadro da luta sociopolítica — portanto, durante mais de 2 mil anos, em grande parte porque as revoluções ocorreram em quadros sociopolíticos inviáveis que desaparecerão todos com as cidades-Estado. Quanto mais a cidade tinha que pagar por suas forças armadas, mais ela era incapaz de satisfazer economicamente os cidadãos (daí as migrações para fundar outras colônias, com o crescimento populacional). O problema dos estrangeiros tornou-se insolúvel. Em vão, algumas cidades venderam a cidadania a estrangeiros.

A pólis teve um passado, um presente fugidio e nenhum futuro.[14] O fato de que, mesmo na época de Tucídides (II, 5), todo o interior e sobretudo o norte da Grécia permaneciam na era etnográfica mostra bem que a civilização veio do sul.

Filipe da Macedônia era um semibárbaro. Alexandre, imitando os faraós do Egito, foi saudado filho de Zeus-Amon no célebre santuário do oráculo de Amon, na Líbia.

Os novos reis gregos do período helenístico após o efêmero império de Alexandre queriam ser reis absolutos na estrutura de Estados que agrupavam várias cidades; eles adotaram o modelo de Estado dos países conquistados: os ptolomeus no Egito, os selêucidas na Síria e na Mesopotâmia e os antigônidas na Macedônia, na Grécia continental. Por algum tempo, eles tiveram que contar com a resistência das cidades gregas.

Alguns elementos da pólis grega foram transpostos para as estruturas dos novos Estados, mas unicamente no plano administrativo e cultural: a ágora, os templos, as academias e os pórticos, as assembleias, os conselhos e os magistrados. Mas, de agora em diante, os novos soberanos querem ser reis-deuses como seus antecessores egípcios ou mesopotâmicos; é necessária uma burocracia significativa; é, portanto, o Estado no MPA que se perpetua, integrando alguns elementos da extinta cidade antiga. Instituiu-se o culto ao soberano, que assumiu caráter divino, como no Egito; mesmo na Grécia continental, entre os antigônidas, havia santuários onde o culto ao rei era assegurado nas antigas cidades-Estado, embora também se diga que Demóstenes zombou quando Alexandre, o Grande, em 324, ordenou aos gregos que o reconhecessem como filho de Deus.

A superestrutura ideológica da cidade morreu com ela diante das novas necessidades econômicas; a religião indo-europeia da cidade, demasiado individualista e xenófoba, morreu; ela foi vencida pelos novos cultos orientais e pelo culto de Ísis em particular, que introduziu no Mediterrâneo setentrional o universalismo, as noções de imortalidade da alma e de salvação individual. A religião individual substituiu o culto comunitário e público da cidade, servido por sacerdotes leigos nomeados pelo Estado, mesmo que fossem descendentes hereditários de algumas famílias, antes das revoluções populares.

No plano filosófico, o estoicismo pregava a fraternidade dos homens sujeitos a uma única lei divina (por que não uma lei faraônica?), a indiferença ao destino, ao infortúnio, ao prazer, à riqueza, à pobreza, à escravidão ou aos direitos cívicos. A indiferença à posição social e, por consequência, a aceitação do status social, fosse ele qual fosse, tornava-se uma doutrina e um dever: era realmente a filosofia ideal, a nova superestrutura ideológica adequada para governar tranquilamente o novo universo conquistado com o seu próprio consentimento.

Já explicamos como a estrutura da cidade tornava possível a revolução e por que ela se tornou impossível nos estados do MPA de dimensões maiores até os tempos modernos (capítulos 9 e 10). A estreita estrutura da cidade, aliada à sua filosofia isolacionista, possibilitava a vitória de uma classe social oprimida sobre aquela que a dominava.

Nós vimos que nessas cidades a revolução foi obra do povo comum livre dos deserdados e não dos escravos; tanto que em Córcira, segundo Tucídides, quando a revolução eclodiu em 427 a.C., as duas partes pediram a ajuda aos escravos.

As dificuldades atuais que a revolução mundial enfrenta em grande parte estão ligadas ao caráter do MPA dos Estados modernos, no duplo plano da dimensão e da complexidade das engrenagens e estruturas de intervenção criadas (Estados Unidos, Europa etc.), daí o derrotismo de muitos movimentos revolucionários e o aparecimento de uma nova classe de teóricos da situação especial: Marcuse etc.

A revolução, o progresso e a democracia desapareceram na Grécia continental desde a unificação de Filipe da Macedônia até os dias atuais. A rigor, as revoluções dos tempos modernos deveriam ter eclodido primeiro na Grécia, onde, guardadas todas as proporções, o efeito cumulativo deveria ser mais intenso. Mas a primeira revolução dos tempos modernos irromperá na ilha periférica que menos herdou da Grécia e de Roma na Europa. O que permitia adivinhar, durante a Alta Idade Média, quando todos os fatores da herança greco-latina já estavam no lugar, o papel singular que a pequena Inglaterra desempenharia nos tempos modernos, mesmo levando em consideração o papel cultural dos monges, como o irlandês Alcuíno, que muito ajudou no renascimento carolíngio?

A história da Inglaterra ilustra o papel da vontade humana, diante de fatores econômicos, na formação do destino de um povo: Kipling certamente exagerou ao escrever: "A Natureza aconselhou-se consigo mesma e pensou: os meus romanos partiram; para construir um novo império, escolherei uma raça rude, em tudo masculina e de força britânica". Mas expressava a vontade de poder de um pequeno povo, em termos numéricos, que, depois dos egípcios e gregos, moldou a face da terra nos tempos modernos.

Por que a revolução não ocorreu nas cidades-Estado africanas que já existiram na história? Seria possível dar, como primeiro elemento de resposta, a diferença de condições agrárias: em nenhum lugar da África a terra foi um bem, uma propriedade reservada à nobreza e inacessível ao povo comum sem posses e aos estrangeiros. Pelo contrário, em qualquer lugar, o estrangeiro que chegar à "tarde" encontrará no "dia seguinte" uma comunidade que o acolhe e lhe garante o usufruto de um pedaço de terra, desde que tenha alguma necessidade; portanto, o principal motivo da revolução nas cidades gregas está ausente nas cidades africanas, que, aliás, desconhecem a xenofobia e o consequente isolamento do estrangeiro que dela decorre; assim, os usos e costumes não permitiam a constituição de uma plebe formada por estrangeiros despossuídos, sem domicílio, nas periferias das cidades africanas.[15] Além disso, todos os Estados africanos, mesmo as cidades-Estado, são intervencionistas tanto no sentido econômico quanto no político.

12. As particularidades das estruturas políticas e sociais africanas e suas incidências sobre o movimento histórico

Todas as questões aqui analisadas já foram objeto de estudo aprofundado em nossas obras intituladas *Antériorité des civilisations nègres*, *A unidade cultural da África negra* e *L'Afrique noire pré coloniale*, e não voltaremos a esse assunto. Mas vamos nos referir a elas para o exame do processo de acumulação primitiva, do divórcio entre capital e trabalho e das condições de trabalho, das contradições internas e, portanto, do motor da história nas sociedades africanas.

L'Afrique noire pré-coloniale tem um caráter metodológico e pretende demonstrar a possibilidade de se escrever uma história não factual da África. Basta recordar aqui alguns traços comuns às instituições políticas e sociais africanas.

A realeza

Se a função real apresenta vantagens evidentes, ela também é regulada por um ritual tão exigente que às vezes, levando-se tudo em conta, o destino do rei não é de todo invejável. A morte efetiva do rei no final de um número variável de anos de reinado (oito anos em geral), de acordo com as regiões, não é um fato excepcional: persistiu, aqui e ali, através do espaço e do tempo, na África negra pré-colonial. Muito recentemente, em 1967, um jovem "príncipe" nigeriano, universitário, que havia aceitado o cargo "real" em sua tribo, foi vítima de um atentado.[1] Quase foi morto depois do período de reinado previsto pelo rito.[2]

Onde quer que esse costume tenha sobrevivido, o cargo real despertou muito pouca cobiça e intriga. Na Nigéria, onde um conselho secreto da Coroa presidido pelo sumo sacerdote podia decidir sobre a morte do rei segundo o rito, às vezes faltavam candidatos para a sucessão ao trono.[3] Em outras palavras, o destino do rei não era invejado pelo povo.

A decisão do conselho foi notificada ao rei pela apresentação de ovos de papagaio; ele sabia então que precisava se matar, caso contrário outros não demorariam a assumir a execução da sentença em seu lugar.

A competição pelo trono existe sobretudo nos países onde a "classe" elegível conseguiu contornar a tradição e substituir a morte ritual, simbólica, pela morte efetiva, como no Egito a partir da III dinastia: pode-se ver em Sacará, na área funerária de Djoser (2778 a.C.), o trajeto arredondado que foi arranjado para esse fim, e que o fari (faraó) deveria percorrer para demonstrar seu vigor, sua regeneração; ele tinha que escapar dos perseguidores que corriam atrás dele para matá-lo. São as concepções vitalistas africanas que estão na base dessas práticas.

A ascensão do faraó Unas, da V dinastia, a seu *Ka(w)* ou *Ka(ou)*, após a morte, ilustra singularmente essas concepções vitalistas que sustentam a vida africana.[4]

Nos Estados neo-sudaneses, Gana, Mali, Songai, onde a morte efetiva do rei havia desaparecido, os vestígios desse vitalismo são marcados pelo fato de que o rei não pode, em caso algum, ser deficiente físico (ser cego, não ter uma das mãos etc.). Se for ferido em guerra, deve deixar o trono até a recuperação e designar ou nomear um interino — que muitas vezes cria complicações; o caso foi visto em Cayor com o damel Lat-Soukabé (em 1967).[5]

Assim, o vitalismo e a morte real efetiva ou simbólica que daí decorre são traços comuns à realeza africana desde o Egito dos fari até a África de hoje.[6]

Da mesma forma, a importância do papel dos sacerdotes, o governo por oráculo (a pítia), que o Egito parece ter exportado também para a Grécia, constituem provavelmente outra herança do Egito, ou, pelo menos, outra característica comum aos dois tipos de realeza e de governo.

Todos os reis tradicionais africanos são designados pelo clero ou pela casta sacerdotal, pois sua legitimidade provém da religião indígena. Isso é particularmente verdadeiro para a Núbia antiga, o Egito, a Nigéria (iorubá etc.).

Ainda hoje, grandes intelectuais africanos consultam esses oráculos, confiam seu destino político ou outros a mestres do ocultismo e pagam somas exorbitantes para recompensá-los: um primitivismo que se pensaria ser de outra época, mas que não nos impede de falar do racionalismo!

Jean-Pierre Vernant, que observou essa anomalia entre os gregos, se esforça para encaixá-la em uma estrutura racional.[7]

Outro traço característico comum das instituições políticas africanas é a importância particular do papel desempenhado pela rainha-mãe, desde a Núbia e o Egito. Trata-se manifestamente de uma sobrevivência do matriarcado africano do estágio clânico e tribal. O matriarcado é uma instituição tribal e, como tal, deveria desaparecer com o enfraquecimento da autoridade tribal e o surgimento da monarquia; mas ainda há vestígios subjacentes a toda a sociedade: isso se aplica à Núbia, ao Egito e a todas as outras regiões da África.[8]

Outro traço comum é o importante lugar reservado às castas e aos escravos, mesmo nas sociedades neo-sudanesas onde reina o tabu do ferreiro. Os três documentos autênticos consultados nos arquivos do Senegal, graças à gentileza do sr. Oumar Ba, e analisados a seguir ilustram plenamente essa ideia.

O Conselho encarregado de eleger o damel é composto da seguinte forma:

- Presidente: o representante dos homens livres e sem castas. Esse é o *diawrigne mboul diambour* (ou *ndiambour*).
- Três representantes dos homens livres administram, cada um, hereditariamente uma região: são eles o *lamane*, que administra a região de Djamatil, o *botal*, que administra a de Ndiob, o *badie*, que administra a de Gatagne.
- Os dois representantes do clero muçulmano: o imã da aldeia de Mbal e o marabuto da aldeia de Kab.

- Os representantes dos escravos da Coroa e dos tiedos, isto é, cortesãos de todos os tipos: o *diawrigne mboul gallo* ou o *djaraff bountou keur*.[9]

O *badie* Gatagne deveria pertencer originalmente ao grupo artesanal dos *cordeliers*, os *badie*, como parece indicar o seu nome. Mas essa origem modesta desapareceu muito rapidamente em virtude do fato de que todos os parentes próximos do rei se tornam, com o tempo, pseudopríncipes. O *badie* Gatagne era o *cordeliers* do rei. Existiam ainda o fara Tôgg, o fara Wundé, o fara Laobé etc., que representavam respectivamente os ferreiros, os sapateiros, os Laobés etc.

A análise desses documentos indica que os homens de casta e os cativos da Coroa estavam interessados em manter o poder e a ordem tradicional estabelecida.

O exame da segunda e da terceira listas do segundo documento do arquivo mostra que os homens livres, de casta ou não, e os escravos também estavam associados ao poder, não de maneira simbólica ou fictícia, mas em uma base muito ampla. Isso dá uma ideia da especificidade da escravidão africana da época pré-colonial: escravos que administravam homens livres.

Entretanto, os regimes políticos estavam longe da perfeição. Mostramos, em *L'Afrique noire pré-coloniale*, que buscar o motor da história africana se resumia a encontrar as categorias sociais que não se conformavam com seu destino, porque eram exploradas sem compensação; estes eram os verdadeiros alienados da sociedade, aqueles que produziam para que a sociedade pudesse viver, mas não recebiam quase nada em troca. No caso particular do Cayor, e para quase todas as sociedades neo-sudanesas, elas eram constituídas pelos pequenos camponeses, os *badolos*; e pela terceira categoria de escravos privados chamados cativos da casa do Pai.

A ordem social baseada nas castas é provavelmente uma herança do Egito e uma consequência da introdução do cavalo da nobreza adestrado para a guerra. Se o caso do ferreiro é hipotético, temos fatos suficientes para demonstrar que a casta dos *griôs* é uma herança direta do Egito dos fari (sociedade faraônica). Com efeito, na época de Diodoro da Sicília, ou seja, sob César Augusto (30 a.C.), a sociedade egípcia, que havia perdido sua independência há quinhentos anos, ainda era uma sociedade de castas.

Diodoro nos diz que um egípcio nunca ensinava música ao seu filho, embora a "casta" dos músicos gozasse de grande consideração no Egito. Essa é também a situação em toda a área neo-sudanesa da época pré-colonial. A isso, adicione-se a identidade de forma da viola do griô do Oeste africano e da viola egípcia.[10]

Por fim, todos os griôs da era neo-sudanesa, sem se aperceberem, começam sempre os seus cânticos com um louvor ao fari, equiparado ao rei do distrito: qualquer que seja a língua do povo, o canto começa com as seguintes notas: *Farii Farii Fari io.*

A área do tabu do ferreiro, do griô, das sociedades de castas e do corcel, "conquistadora" de vastos impérios, sobrepõe-se e corresponde, grosso modo, à zona da savana que vai até ao Alto Nilo, onde não há mosca tsé-tsé, enquanto a área onde o ferreiro goza de alta consideração, é temido, respeitado como o principal mago e pode até governar como rei corresponde ao resto da África, sem o cavalo (pela presença da mosca tsé-tsé), socialmente estratificada, mas sem casta.[11] A nossa ideia é que essas duas partes da África estiveram em diferentes graus ou em diferentes épocas em contato com o Egito e, portanto, não foram marcadas da mesma forma pela sociedade faraônica. Pode-se constatar que mesmo as funções políticas e administrativas da sociedade faraônica sobreviveram na área neo-sudanesa com seu nome propriamente egípcio.

Na sociedade senegalesa, o rei por excelência é o *bour* fari, ou seja, o rei supremo. Era o título mais glorioso que se podia atribuir "gratuitamente" ao damel de Cayor ou a qualquer outro rei ou monarca de menor importância que se quisesse lisonjear. Temos também em uólofe (língua do damel): *fara*, *far-ba*, que são funções políticas e administrativas; basta consultar os documentos do arquivo citados para se dar conta da frequência da utilização desses títulos. Na língua mande do Mali e da Alta Guiné encontramos os termos: *fari*, *farima*, *farma*, designando funções políticas; em Songai há *daran*; em hauçá, *fara* etc.[12]

A sociedade africana estratificada, sem casta,[13] teria sido mais suscetível de evoluir para uma sociedade de tipo capitalista com um desenvolvimento industrial. E, de fato, essa evolução foi iniciada no golfo do Benin, no país Iorubá, no Daomé, onde o poder do dinheiro era grande: um rico comerciante podia se casar com uma princesa ou com a filha do rei do Daomé; de acordo com Leo Frobenius, o dinheiro abriu todas as portas no país Iorubá. Tal estado de coisas deve estar relacionado com a existência de uma produção mercantil semi-industrial. Pensa-se aqui na corporação dos fabricantes de vidro na época pré-colonial, entre outros. Havia embriões de classes sociais, no sentido econômico do termo.

Da mesma forma, seria apropriado mencionar a ausência de casta, essa tara das sociedades neo-sudanesas, para explicar o maior desenvolvimento das artes plásticas no Benin. De fato, nas sociedades de castas, um grande número de indivíduos, simplesmente em virtude de seu nascimento, é excluído da categoria de artistas por razões semelhantes às mencionadas por Diodoro da Sicília em conexão com a sociedade egípcia.

Na República Popular do Benin, os membros da família real, a de Glelê, por exemplo, são tecelões de nascimento: isso está além da compreensão de um cayoriano do Sahel. Da mesma forma, quando o pai é príncipe, a mãe deve ser quase obrigatoriamente uma plebeia, como por uma questão de equilíbrio social e político.

Finalmente, em Ruanda e Burundi, os orgulhosos tútsis também desconhecem as castas: o músico não é desprezado, o rei pode enobrecer seu súdito, mesmo que seja um pigmeu, caso único na África negra, onde a situação social é geralmente hereditária. A rainha-mãe, muito influente na Corte, é sacrificada assim que tiver alguns cabelos brancos: novos traços do vitalismo africano.

Havia, portanto, pelo menos dois tipos de reis na África negra:

- o rei guerreiro, cavalgando o corcel, desprezando o trabalho manual e reinando sobre uma sociedade de casta, fechada;
- o rei artesão, ferreiro em particular, sem razão para desvalorizar o trabalho manual e reinando sobre uma sociedade laboriosa, mercantil, sem castas, aberta ao desenvolvimento.

Em referência às figuras 32 e 33, veremos que esta última sociedade é muito mais extensa do que a primeira. Dito de outra forma, o ferreiro na sociedade de casta do distrito do Sahel é o autêntico príncipe da vasta

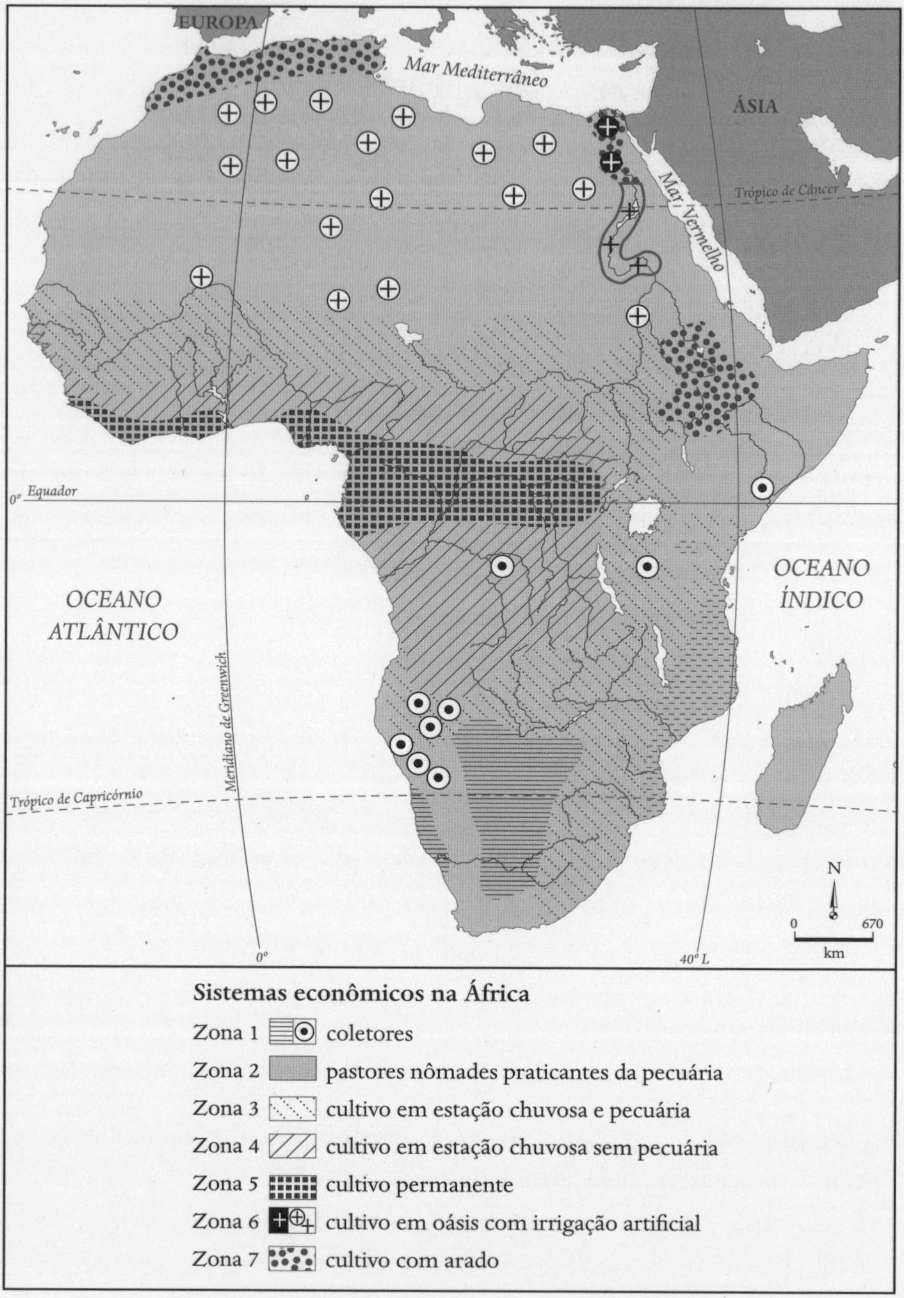

32. Comparando este mapa com o seguinte, percebe-se que a zona florestal sem criação e sem cavalo, em particular, é a zona sem castas, em que não só o tabu do ferreiro não existe, mas onde este frequentemente faz parte da nobreza e pode tornar-se rei; enquanto a zona do Sahel, a zona do corcel conquistador de impérios, é a zona das castas. (A. Baumann; D. Westermann, *Les Peuples et les civilisations de l'Afrique*, fig. 24.)

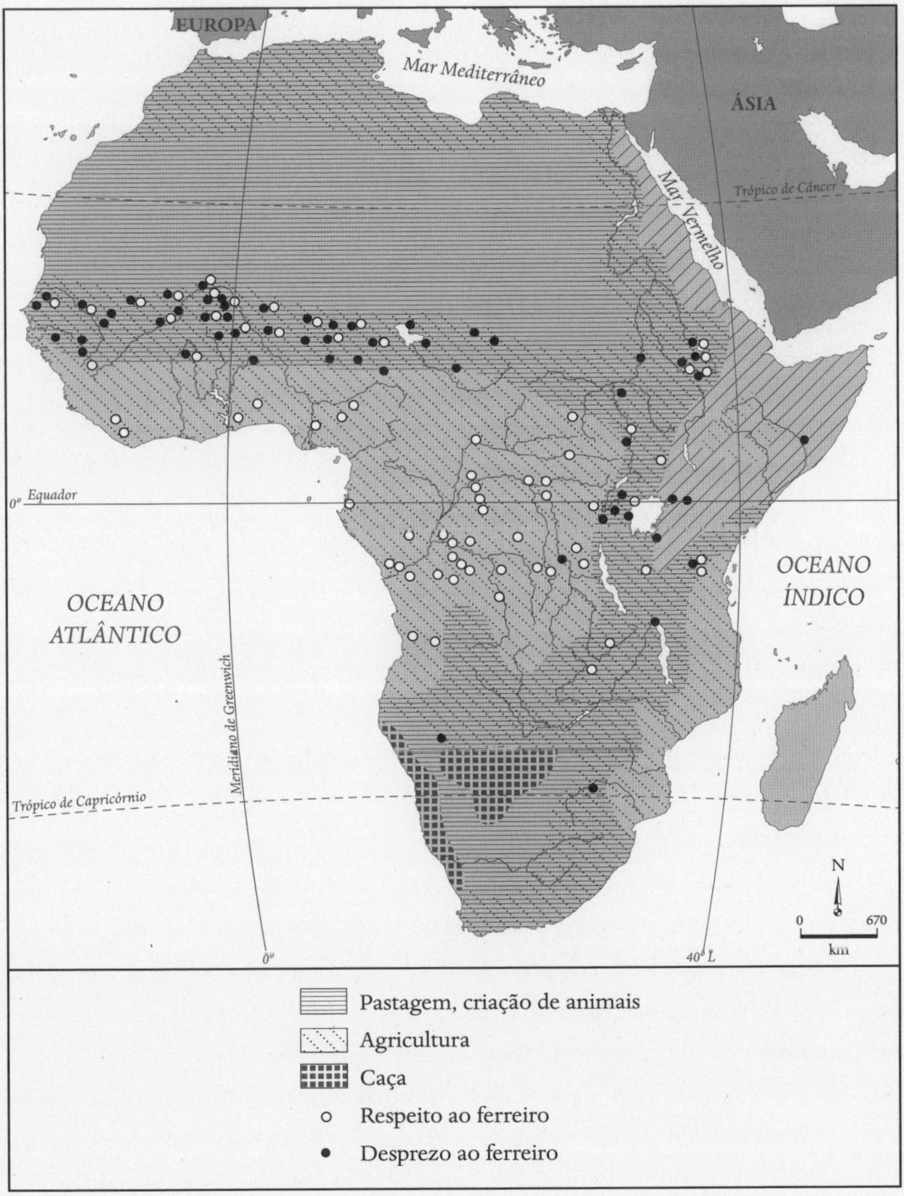

33. Correspondências entre a economia dominante de uma determinada região ou grupo e a atitude desse grupo em relação ao ferreiro. (P. Clément, "Le Forgeron en Afrique Noire", p. 51.)

região de floresta equatorial, entre os mayombe, os bayaka, os bamana, os badinga, os balesa, os basoko, os baholoholo, os akela, os mongo, os wanande, os basonge.[14] Mesmo nas sociedades de tipo saheliano, a memória de sua função prometeica (o herói que roubou o segredo dos deuses para o bem da humanidade), antes da mudança climática e da introdução do corcel, sobreviveu; também em toda esta área, e no Mali em particular, às vezes coexistem sentimentos de antigo respeito e desprezo recente em relação a ele. Uma das razões superestruturais às vezes alegadas para tentar justificar uma atitude de desprezo é que o ferreiro outrora violou uma lei divina, compartilhando o segredo dos deuses. Ora, é precisamente por essa razão que ele pode ser rei nas sociedades florestais que desconhecem a pecuária, como possuidor dos segredos da tecnologia mais avançada. Haveria, assim, uma realeza tecnológica correspondente às sociedades sem castas e uma realeza do corcel correspondente às sociedades com castas. Desse modo, se um príncipe do Sahel fosse acompanhado pelo seu criado ferreiro na África Equatorial, no momento da chegada, os papéis se inverteriam: ele cederia a montaria ao seu criado até o regresso ao país natal.

A relatividade das nossas estruturas sociais, assim evidenciada, poderia ajudar-nos a preparar as bases teóricas para a superação das nossas sociedades de castas, uma superação que só será irreversível se fundada no conhecimento do porquê das coisas. Não é essa a revolução social, ou pelo menos um dos seus aspectos mais importantes nos nossos países?

O fato de muitos Estados terem sido criados em partes de cursos de águas favoráveis a trabalhos de irrigação permite supor uma origem atribuída a grandes obras (ciclo e delta do Níger etc.).

Por outro lado, esses Estados fundados à beira do deserto sempre sofreram efeitos devastadores e esterilizantes: era preciso resistir, desaparecer ou emigrar, é o que nos ensinam as lendas da destruição de Gana.[15] De modo que alguns autores, talvez erradamente, descartam essa possibilidade.

Entre as funções ministeriais ou administrativas do Songai, podiam-se notar as do lari-farma, ou ministro das águas, do dao-farma, ou ministro das florestas, do guimi-koï, ou chefe das embarcações ou pirogas, todas funções que comprovam a importância atribuída à hidráulica pastoril.

Do mesmo modo, as funções de: yobou-Koï (chefe do mercado), de ouassei farma, ou ministro da propriedade, de korei-farma, ou ministro responsável pelos assuntos relativos às minorias brancas que vivem no país,[16] mostram que se trata de um tipo de economia ou de comércio já muito evoluído.

Em *L'Afrique noire pré-coloniale* também descrevemos o nível de forças produtivas para toda a área neo-sudanesa, ou seja, o grau dos progressos técnicos que determinam as novas relações de produção.

O modelo de Estado egípcio do MPA foi, portanto, adotado desde o Império Antigo, na época das pirâmides, em quase todo o resto da África negra. Mas talvez seja na zona neo-sudanesa e na região do Alto Nilo que encontramos uma réplica quase completa da civilização egípcia:

1. mesmo tipo de realeza } com sobrevivência dos nomes,
2. mesmo modelo de Estado } títulos e funções administrativas;
3. mesma estrutura social em castas;[17]
4. casta dos griôs em particular;
5. mesma arquitetura;[18]
6. e quase a mesma língua, no caso do uólofe, língua senegalesa relacionada ao serer, diola, fula.[19]

Embora o modelo de Estado negro mais bem acabado tenha se exportado em parte para todo o mundo, particularmente para o entorno da bacia do Mediterrâneo, e isso desde a época megalítica,[20] alguns ideólogos mal informados não hesitaram em perguntar se todos os modelos de Estado da África negra não seriam importações estrangeiras. Alguns autores interrogam-se se todos os Estados africanos não se formaram a partir de zonas de contato — aludindo a Gana à beira do deserto —, e se não foi graças ao comércio com o mundo exterior, neste caso o Mediterrâneo, que esse Estado nasceu. Finalmente, as mesmas pessoas responderam negativamente à sua própria questão, considerando o exemplo do Estado Mossi, ao qual poderíamos acrescentar o do Benin, e que se situam fora de todos os eixos rodoviários.

A análise da Constituição cayoriana contida no documento dos arquivos a seguir mencionados mostra que o modelo de Estado no MPA da África negra, com suas falhas e peculiaridades, é uma criação puramente autóctone que se refere apenas ao Egito faraônico.

Seria ainda necessário possuir um modelo, antes de exportá-lo, e essa condição elementar não está preenchida, no caso presente, pelos países que poderiam ser exportadores dessas instituições.

Observei, em fevereiro de 1975, em Fez, durante muitas recepções organizadas em homenagem à delegação da Unesco, que entre os cantores e os músicos havia verdadeiros xarifes, e dos mais altos lugares: o presidente do Supremo Tribunal, membro da família real e parente muito próximo de Sua Majestade o rei Hassan II, juntou-se espontânea e voluntariamente aos músicos em cada uma dessas ocasiões e atuou como maestro com simplicidade e bonomia. Durante a recepção dada ao presidente da Câmara do Artesanato, o cantor principal era um xarife.

Consequentemente, a sociedade árabe em geral e a sociedade marroquina em particular, que desconhece as falhas da sociedade senegalesa, não lhe legaram a casta dos griôs como alguns julgaram necessário postular.

Designação do novo damel

O Conselho da Coroa com poderes para "eleger" ou designar o novo damel era composto da seguinte forma:

O *lamane diamatil* O *botal ub ndiob* O *badié gateigne*	representantes dos homens livres, homens de casta ou sem casta, *gor*, *gér* ou *ñéño*
O *eliman de mBalle* O *sérigne da vila de Kab*	representantes do clero muçulmano

O *diawerigne mboul gallo* O *diaraf bount keur*	representantes dos tiedos e dos cativos da Coroa

O Conselho era convocado e presidido pelo *diawrigne mboul diambour*, representante hereditário dos homens livres.

O damel era escolhido entre os pretendentes ao trono das sete dinastias de Cayor:

1. Uagadu = 1 damel totalizando trinta anos de reinado.
2. Mouyôy 5 damel totalizando 47 anos + um dia de reinado.
3. Sogno 3 damel totalizando 99 anos de reinado.
4. Guelwar 2 damel totalizando 29 anos de reinado.
5. Dorobe 5 damel totalizando quinze anos, sete meses e dez dias de reinado.
6. Beye 1 damel totalizando seis anos de reinado.
7. Guedj 13 damel totalizando 221 anos e seis meses de reinado.

Acrescente-se a essa lista, para registro, os nomes de duas famílias, Djauje ou Diose e Tédjeck, cada uma com um damel; respectivamente: Mafaly Coumba Ndama, 10º damel, um dia de reinado, e Khaly Ndiaye Sall, 11º damel, sete dias de reinado; portanto, essas duas famílias não podem ser consideradas dinastias.

O Conselho da Coroa levava o seu trabalho muito a sério; por isso as discussões eram longas e laboriosas antes da nomeação do futuro damel; os direitos ao trono, ou seja, o grau de legitimidade de cada candidato, as virtudes individuais, todos os fatos a serem levados em conta na escolha do príncipe eram cuidadosamente examinados. A mãe devia ser necessariamente "princesa da raça real". O damel devia ser escolhido entre as seguintes três categorias de príncipes: *diambour*, líder dos nobres; *boumi*, vice-rei; e *bédienne*. Dessa forma, o regime parecia um tipo particular de monarquia constitucional.

O damel "eleito" ou escolhido pelo Conselho da Coroa é entronizado pelo representante hereditário do povo, o *diawrigne mboul diambour*. Para tanto, ergue-se um grande monte de areia de cerca de um metro de altura. O damel senta-se sobre ele; o *diawrigne mboul* oferece-lhe então, com solenidade, um vaso contendo as sementes de todos os vegetais de Cayor, oferenda simbólica que remete às origens agrícolas remotas, como no Egito, onde o faraó era também o primeiro agricultor, e, como tal, devia inaugurar até mesmo as obras ou trabalhos campestres para que a natureza fosse fecunda.

Em seguida, o *diawrigne* coloca sobre a cabeça do damel a coroa ancestral, formada por um turbante "adornado" de escarlate e amuletos em ouro e prata e contendo amuletos para a proteção mística do rei. Depois, dirige-se ao rei com estas palavras: "Salve, damel, deves governar-nos com sabedoria e salvaguardar a independência do teu país". O damel permanece por algum tempo exposto ao olhar do povo; então, homens vigorosos, sob as ordens de *diawrigne mboul gallo*, o sequestram, colocam-no em uma liteira descoberta e o transportam para uma floresta sagrada, fora da capital, onde permanecerá por oito dias. Apenas no regresso dessa cerimônia é que ele estará apto a reinar.

Também em Gana, o ritual de entronização compreendia um período de permanência na floresta sagrada.

O damel cumpre as tradicionais liberalidades no que diz respeito às diferentes categorias sociais; ele deve dar dez unidades de cada coisa a seus eleitores; cavalos, cativos etc. Então procede à nomeação de dignitários ou mais exatamente às investiduras, pois todas essas funções são hereditárias; a cada ocasião, ele recebe uma taxa vinculada à função em; e aqui, no sentido social, é a imagem de um verdadeiro feudalismo que se impõe e se fortalece, conforme se percorrem as três listas de ofícios hereditários adiante.

Primeiro, ele nomeia o *fara seuf*, comandante da guarda real de elite, e este propõe os outros nomes ao rei.

Todos os príncipes do reino são guardados por seus escravos, em quem confiam mais do que em seus pares; o que explica a melhora na condição dos cativos de príncipes ou cativos da Coroa. Aqueles que garantem a segurança dos príncipes não deveriam ficar muito descontentes. São eles que aterrorizam, com as suas frequentes inspeções dos domínios principescos, os pobres camponeses livres, os *badolos*; esses cativos, "nós os tememos", dizem eles, porque "eles têm os ouvidos dos príncipes". Essa é uma expressão que pode muito bem ser um legado do Egito.[21]

Só o *fara seuf* ou *diaraf seuf* e o *diawrigne mboul diambour* têm entrada livre com o damel.

Em seguida, vem o *diaraf bount keur*, que é o intendente da Corte real e, como tal, é responsável por guardar a porta da entrada principal, em oposição ao *diaraf pôt*, que zela pela porta secreta dos fundos, reservada aos agentes secretos e outros personagens cujas idas e vindas devem ser desconhecidas do público em geral.

O *diaraf diambour*, o *diaraf Ramane*, o *diaraf ngourane* são responsáveis por recolher as contribuições e pagar certas despesas do damel.

Após a entronização do damel, os homens livres eram obrigados a fornecer, por um ano, a comida para o palácio e um boi por dia, e esse encargo valia, por sua vez, para todas as aldeias do reino com mais quinze mulheres jovens e quinze rapazes para servir como serviçais na Corte (uma espécie de "direito da primeira noite"?).

Cada aldeia era administrada pelo seu líder, que na ocasião desempenhava o papel de magistrado conciliador; os assuntos mais importantes eram levados ao diaraf, que julgava em primeira instância. Se as partes não estivessem de acordo, o líder de província reunia um conselho composto de sete membros. Os assuntos mais sérios que envolviam os líderes das províncias eram julgados pelo damel, que convocava o Conselho Superior composto de: *diawrigne mboul diambour* (presidente), *botal ub ndiobe*, *lamane diamatil*, *lamane palmèv*, *badié gateigne*, *bourgade gnollé*, *djaraff khandane*, *bessigue de saté* e o *fara seuf* representando o damel. Uma vez proferida a sentença, o presidente encarregava o *fara seuf* de submetê-lo ao damel, e este mandava executá-la.

A instituição dos cádi no Cayor data apenas de Lat Dior, após a sua conversão ao islã.

A morte do damel era mantida em segredo por oito dias, tempo necessário para enterrá-lo sob maior sigilo, a fim de evitar que pretendentes ao trono de dinastias rivais realizassem práticas mágicas com corpo do falecido. Segundo alguns, um talismã feito com a omoplata do morto extinguiria definitivamente a sua dinastia, ou pelo menos garantiria o trono ao príncipe que mandasse um especialista em ciências ocultas fazê-lo.

O funeral era feito expondo um manequim vestido que é ostensivamente enterrado para enganar a vigilância dos rivais.

I. DIGNITÁRIOS ESCOLHIDOS DA CLASSE DOS PRÍNCIPES DE SANGUE E FILHOS DE REIS E PRINCESAS

Diambour	Príncipe de sangue, comandava Diadj, Khamenane, Ngagne e várias aldeias de Diander.
Bédienne	Era escolhido pelo damel entre os príncipes de sangue com direito ao trono. Ele comandava Mbandé, Ndaldagou, Mbédiène, Selko.
Boumi ngourane	Era escolhido pelo damel entre os príncipes de sangue com direitos ao trono. Ele comandava o país de Reté, Ngouyou, Bakaya.
Beudj ndenère	
Beur guet	Para ser nomeado *beur guet*, era necessário ser filho de uma princesa de sangue e de um *diambour*. Ele comandava uma parte de Guet.
Diawerigne ndjinguène	Era um príncipe de sangue com direitos ao trono, mas que perdeu qualquer chance de ser eleito. Ele comandava os países Keur Mandoubé Khary, de Coki Kadde, Ndialba, Ndigne, Tiolane, Ndialba Mbakol, Keur Matar Ndague, Keur Khali Ngoné, Ndikné, Gueidj (todos esses países estão incluídos no Mbakol).
Thiéme	Era nomeado diretamente pelo damel e comandava o país de Gandiole. Ele tinha o direito de roubar de todo mundo.
Diawar	Comandava Guemboul (sudeste de Mbakol).
Belgor	Comandava Belgor.
Gantakhé	Era o líder dos niayes nas imediações de Mboro.
Thialaw dembagnane	
Dialiguey	
Ndienguènne	

Mbeudj toubé	Era nomeado pelo damel. Ele comandava Toubé e a população do país compreendido entre Toubé e Ker.
Barlaffe	
Gankale	Devia ser filho de um damel ou de um *beur guet*; sua mãe podia até ser uma cativa. Comandava a terra de Ouarakh.
Gueumboul	Comandava Guemboul (sudeste de Mbakol).
Fara ndoute	Era escolhido pelo damel entre os príncipes de sangue por parte de pai ou de mãe, isto é, sem direito ao trono. Comandava o país Serer de Ndoute.
Beudj solo	
Bérine	Notável do país; comandava Mbérine.
Beur eum halle	
Beudj nar	
Guoune	
Dianéka	
Beur khoupaye (ou *Beur*)	Era o chefe dos niayes de Gelkouye.
Diarno dieng	
Lamane massar	
Bour andale	Comandava o Andal.
Beur ngaye	
Beurlape	
Fara ngnollé	
Linguère (mulher)	
Awa (mulher)	
Dié-soughère (mulher)	Princesa de sangue (por parte de pai e mãe); comandava Niakhen, Amb, Sao, Ndiémel e Mber (país dos Poular).
Dié-mekhé (mulher)	
Dié-khandane (mulher)	
Dié-khanté (mulher)	
Dié-sen (mulher)	
Dié-botolo (mulher)	
Dié-mboursino (mulher)	

Vemos que as mulheres nobres, sob o título de *dié*, também administravam os distritos.

II. DIGNITÁRIOS ESCOLHIDOS NA CLASSE DAS PESSOAS LIVRES E DOS MARABUS HOMENS DE CASTA E SEM CASTA

Diaoudine, ou *diawerigne mboul diambour*	O *diaoudine mboul* era um dos maiores líderes de Cayor, era ele quem convocava as gentes livres do país para eleger o damel. Comandava os países de Sab, Robnane, Diokoul; Touhbé, Ndat, a terra de Dembagniane, Ndioulki, Ndabbé, Mékhéye, Ndande, Ndiakher, Ga NDiolé, Khoupaye, Kabbe. Era ele quem conduzia os homens livres à guerra.
Lamane ndande	
Lamane diamatil	Era nomeado pelo damel, por proposta do *diaoudine mboul*. Ele comandava o país de Diamatil.
Baraloupe ndiobe	Comandava Ndiokb (entre *mboul* e Ndioulki).
Batié gateigne	
Lamane palèle	
Diawarigne mbonl mekhé	
Diarno mbaouar	
Dieleuck	
Tibar	
Serigne gueidj	
Sérigne diob	Comandava Ndiob.
Sérigne kandji	
Sérigne mérina	
Sérigne mérina yocoum babou	Comandava o país de Mérina Yocoum Babou (entre Guignéne e Guet), onde habitavam apenas os mouros babou de Cayor. Ele tinha sob suas ordens o *sérigne diaouar*, que habitava em Mérina Yocoum Babou e deveria substituí-lo.
Sérigne seck	
Sérigne nguindiane	Comandava Guiguédiane (no sudoeste de Guet).
Sérigne mbolakhe	
Sérigne ndob	Comandava Ndob (sudoeste de Ndiob).

Sérigne dambligouye	
Sérigne pire goureye	
Sérigne walalane	Tiedo livre; comandava o país de Walalane (entre Guet e Baol).
Sérigne varé	
Sérigne ngagnaka	Comandava o país de Gagnakh (Diambour). Ele era independente do *djaraff diambour.*
Sérigne ndiang	
Diarno ndiasse	
Lamane gale	
Lamane guèye	
Lamane votoffo	
Lamane thiothiou	
Lamane loyène	
Lamane taby	

III. DIGNITÁRIOS ESCOLHIDOS NA CLASSE DOS CATIVOS DA COROA

Diawerigne mbul gallo	Havia dois *diaoudine mboul*: o das gentes livres (esse é o de que acabamos de falar) e o dos cativos. Este último comandava o *diam-gallo* na guerra, depois do *fara seuf.* Internamente, ele obedecia ao *diaoudine mboul* das gentes livres.
Fara seuf	Era um *diam gallo.* Ele era o general e líder dos *diam gallo* do país e tinha sob suas ordens na guerra o *diaoudine mboul* dos cativos; ele tinha como segundo *djéraf seuf.*
Djaraff bountou-keur	Era nomeado diretamente pelo damel. Comandava o país de Tabbi, Nianedoul, o país de Pire, Yandounane, Mbaba, o país de Keur Ndiobo Binta, de Sin ou Damecane, de Diari, de Sirale e de Diokoul (atrás de Tabbi), o Khayeguenen, de Gadou Kébé, de Diémoul.
Diawerigne khatta	
Djaraff thiaye	Era um *diam gallo* escolhido pelo damel; ele comandava Keur Bir Ndao, Mbidjem, Tiaye.

Diawerigne mékhé	
Djaraff diambour	Era um *diam gallo*. Residia em Géoul e comandava o Diambour, com exceção de alguns pequenos países.
Fara bir keur	Era escolhido pelo damel entre os seus próprios cativos. Era o seu homem de negócios, que executava suas ordens em todas as províncias e assegurava a sua execução. Recebia os direitos que lhe eram concedidos e era encarregado de ouvir as gentes que vinham reclamar ao soberano.
Djaraff guet	*Diam gallo* nomeado pelo damel, comandava a outra parte de Guet.
Djaraff mbaouar	Comandava o Mbaouar e recebia os direitos para diambour, que era um príncipe de sangue com direitos ao trono.
Dieguédj	Era escolhido pelo damel entre os *diam gallo*. Comandava o país de Sérer de Dièguène, Mbao, Deen-y-Dak, Gorom, Bargny, Ber ou Tiélane (meia-parte sérer, meia-parte lebou) Rap, Déni Biram Dao, Kounoune Niakoul.
Fara laobé	Era um *diam gallo* que comandava todos os laobés do país.
Fara ndérioute	
Fara ndiafougne	
Fara gnakhibe	
Djaraff mékhé	Comandava os niayes de Tienki e de Touffagne.
Djaraff bour	
Diawerigne nguiguis	Era o escudeiro do damel. Era um *diam gallo*.
Diawerigne khandane	Era nomeado diretamente pelo damel, e comandava o Tialkhéan, o Nguéyguèye, o Keur NdiangaMbaye, o NDekou, o país de Diombos.
Diawerigne mbousine	
Diawerigne soughère	
Diawerigne kandié	
Diawerigne ndiahène	
Djaraff khandane	
Djaraff soughère	
Djaraff kautiè	
Djaraff mboursine	

O último damel (rei) de Cayor, Lat Dior Diop, morreu em Dekhlé em 1886.

O reinado total dos damel, segundo a tradição, como resulta dos documentos mencionados, é de 455 anos. Se estiver correto, a origem do reino se situaria por volta de 1886 – 455 = 1431, ou seja, cerca de 24 anos antes da passagem de Cadamosto ao Cayor (1455).[22] Essa viagem se situaria sob o reinado do damel Amary Ngoné Fall.

Assim, o fundador da realeza dos damel, Amary Ngoné Fall, originário de Uagadu (em Gana?), teria reinado trinta anos, de 1431 a 1461. Seu sucessor, Massamba Tako, fundador da dinastia dos Mouyoye, teria reinado 27 anos, de 1461 a 1488, e seria contemporâneo de Sonni Ali, cujo reinado teria começado por volta de 1464-5; em seguida, Makhouredia Kouly, fundador da dinastia Sogno, teria reinado durante 36 anos, de 1488 a 1524 etc.

Vistas do exterior, as instituições africanas pré-coloniais são belas em seus princípios, mas seu funcionamento muitas vezes era precário.

Se os trabalhadores manuais e os escravos são "representados" no Conselho da Coroa, seus representantes não eram tribunos provenientes da multidão, lideranças que levavam a sério os interesses de uma determinada camada do povo, de uma classe; não se reuniam com as massas para ouvir suas queixas antes de deliberar. Melhor ainda, se tornaram pseudopríncipes reinando sobre regiões inteiras, isoladas de seu meio social de origem.

Nota 1

Sobre a Festa do Sed ou regeneração do rei, Charles Seligman escreve: "Parece certo que a Festa do Sed foi associada nos tempos protodinásticos ao casamento da princesa, 'a infanta real', que traz consigo a coroa do Egito; é também claro que o ritual (em qualquer escala), em épocas posteriores, havia se tornado uma cerimônia de reinvestidura".[23]

Essa passagem também mostra que o matriarcado egípcio era evidente na época protodinástica. Segundo Pétrie, naquele tempo, somente mulheres eram proprietárias do solo.[24]

O autor relata a existência do assassinato do "rei divino" entre os shilluk e os dinka do Alto Nilo, bem como entre muitas outras tribos de todas as regiões da África, Leste, Oeste, Centro, Sul, o que levaria muito tempo para mencionar aqui.[25] Diante disso, conclui "que a influência egípcia penetrou de fato no coração da África negra". O autor continua: "Voltando para a África do oeste, encontramos 'reis divinos' sob sua forma típica em um grupo de tribos (jucun etc.) com culto solar e uma cerimônia correspondente à Festa do Sed".[26]

O autor também cita os nuer, que apresentam tantos traços em comum com os uólofes do Senegal. Na verdade, seu verdadeiro nome não é nuer, mas naas ou nahas, que é o termo pelo qual os egípcios antigos designavam os núbios e outros negros da África (singular: *nahas*; plural: *nahasiou*).

Nos túmulos da v dinastia, 2500 a.C., encontram-se representados bois com chifres artificialmente deformados, tais como presentes entre os atuais nuer.[27]

A civilização de Kerma, que já existia na vi dinastia (escavações de Reisner) e que persistiu até a xx dinastia, apresenta muitos traços comuns com a civilização proto-histórica dos túmulos do Senegal e da antiga Gana: enterro coletivo, em uma cova "real". Os nuer vivem próximos a uma tribo diferente chamada golo: este termo designa macaco em uólofe e poderia explicar a perda da raiz egípcia gef; esses usos pejorativos de nomes próprios são comuns entre tribos vizinhas.

Por fim, os nomes próprios senegaleses conservam ainda no Alto Nilo o seu significado, que perderam completamente no país uólofe: nyang = jacaré, em nuer; dieng = chuva, em dinka etc. No Alto Nilo, alguns nomes são compostos, que mal ouvimos hoje no país uólofe; muitos fatos mostram sua verdadeira origem nilótica.

Exemplos:

NUER		UÓLOFE
Gaa-Jok	→	*Gaajo* (tuculor)
Gaa-war	→	*Gawar?*
Jaa-logh	→	*Jallo*
Caa-Nath / *Caa-Naas*	→	explicaria *ca-Ndela* → *Tia-Ndela*

Anuak	→	*Anou* = tribo proto-histórica (Egito)
Nyajaani	→	*Njagjaan?*
Ladjor	→	*Latjor*
Jaanyen	→	*N̂aani?*[28]

Existem, portanto, no país nuer, ainda hoje, Njaajaan e Ladjor; um certo Ladjor teria até liderado, com o tempo, uma expedição ao leste.

Uma missão ao Alto Nilo talvez lançasse uma luz inesperada sobre a famosa tradição de Njaajaan Njaay. Não fosse o que sabemos sobre a antiguidade desses nomes na região do Alto Nilo, teríamos afirmado que se trata dos sobreviventes da coluna da Missão Marchand em Fachoda.

Por conseguinte, há, em uma época relativamente recente, uma migração de leste para o oeste do Alto Nilo, que veio a sobrepor-se na região da África Ocidental, região sudano-senegalesa, a uma migração norte-sul mais antiga e cujas primeiras ondas rebentaram por volta de 7000 a.C., com o início da seca do Saara, e cujas últimas ondas, em uma época proto-histórica, poderiam se constituir pelos proto-uangaras da língua mandê; enquanto as tribos vindas do leste trariam as línguas neobantus.

Para terminar, interpretemos uma tradição oral senegalesa à qual nunca se prestou atenção e que, em nossa opinião, apoiaria a hipótese de uma presença cartaginesa na Antiguidade nas margens do Senegal: seria uma confirmação singular da expedição de Hannon.

Conta-se que Barka era irmão de Ndiadjan Ndiaye e que sua mãe Farimata Sall, filha do Lam Toro, era da raça peul de Belianke. É do seu nome Barka que teria vindo a palavra *barka* ou *barak*, que designa o rei de Walo, região do estuário do rio Senegal, que os cartagineses teriam subido (de acordo com a interpretação bastante controversa de alguns documentos históricos romanos) rumo a Bambuque, aos confins de Kaarta: há nesse relato uma constelação de nomes cartagineses que talvez não sejam fruto do acaso; mas somente escavações devidamente efetuadas ao longo do rio Senegal até o país de Kaarta poderão um dia confirmar a hipótese, com a descoberta de objetos púnicos característicos.

De fato, Barka não é uma raiz árabe, mas cartaginesa, e designa a realeza do lugar onde os cartagineses teriam desembarcado se tivessem vindo ao Senegal. Belianke é um termo composto, que se decompõe da seguinte maneira em peul ou mesmo em soninquê: *Bel* + *nke* = os homens de Bel ou Bal (deus púnico); e sabemos que Bal é ainda hoje um nome próprio dos tuculor, a etnia que vive na referida região do rio.

Kaarta é praticamente o próprio termo usado pelos cartagineses para se referir à sua cidade, que os romanos chamavam de Cartago.

De acordo com o texto controverso da viagem de Hannon, os cartagineses teriam deixado uma colônia (sessenta pessoas ou trinta casais) na ilha de Cerne, que seria uma faixa de terra perto do estuário do rio Senegal. O termo Belianke, formado sobre o mesmo modelo de *Soni-nke*, *Mali-nke*, *Fouta-nke* etc., é necessariamente anterior ao islã e remontaria ao século VI a.C., até o tempo em que o culto de Baal ainda estava em vigor.

A tradição oral quase sempre contém alguma verdade, mas é muito difícil situá-la corretamente no seu quadro cronológico: uma história de Tarikh al-Sudan é atribuída hoje a contemporâneos, no Senegal. Trata-se de uma personagem religiosa que, tendo chegado atrasado a Meca para a peregrinação, teria visto as portas da Caaba abrirem-se milagrosamente à sua frente depois de ter recitado um versículo do Corão e tocado o portal.

Note-se que é Seligman, o inventor da teoria camítica que demolimos em *Nations nègres et culture*, que detecta a influência egípcia em toda a África negra; ele indica até mesmo os eixos de penetração: o Nilo Branco até o Congo, o Nilo Azul e o litoral da África do Norte até o Senegal, passando pela Mauritânia. Mas a ideia de um Egito negro era estranha para ele; e foi para escapar dela que inventou o camitismo.

Nota II

"A sentença dos canibais"
ou A ascensão do rei Unas para ganhar seu ka(w), no céu

O céu se carrega em nuvens
As estrelas se obscurecem

O véu celestial estremece
Os ossos da terra tremem
Todo movimento se estanca,
Pois que vimos o rei Unas
Como um deus poderoso e brilhante,
Pois que vive por seus pais
E se nutre de sua mãe
Tão bem provido está o rei Unas,
Que se incorporou às suas forças.
Quem quer que encontre em seu caminho,
Ele o devora pedaço por pedaço,
Mordeu o primeiro na vértebra dorsal
De sua vítima, como assim o desejou,
Arrancou o coração dos deuses.
O rei Unas se nutre do fígado dos deuses
Pois que contêm a sabedoria.
Sua dignidade nunca lhe será retirada,
Pois que engoliu a força de cada deus.
É o rei Unas quem come os homens
E vive dos deuses,
Pois que tem seus mensageiros
E as suas ordens.
Nós os agarramos pelo topo do crânio, por ele.
Com a cabeça de pé, a serpente os vigia, para ele.
Aquele que se senta o trono vermelho de sangue, os amarra por ele.
Chonsu, que sangra os senhores,
Corta-lhes a garganta para o rei Unas.
E, por ele, os despoja,
O deus dos lagares os decepa para o rei Unas
E os cozinha ao fogo para a refeição da noite.
Esse é o rei Unas,
Que incorporou as suas forças mágicas
E tragou os seus poderes

Entre eles, os maiores são para o almoço,
Os médios para o jantar
E os menores para a ceia.
Ele aquece sua casa com os velhos e as velhas.
As estrelas do céu noturno atiçam o fogo
Onde cozinham em caldeirões as coxas dos seus ancestrais
Os deuses servem o rei Unas.[29]

Unas é o último rei da v dinastia. Esse texto é o documento escrito mais antigo que permite estudar as práticas vitalistas que conduzirão ao mito do feiticeiro comedor de seres humanos, na África negra de hoje. Ele deve ser comparado com os ritos osirianos (ver p. 357) e com a eucaristia cristã.

13. Revisão crítica das últimas teses sobre o MPA[1]

AS DIVERSAS ABORDAGENS DO MPA na obra coletiva citada abaixo são notáveis em muitos aspectos, mas todos os autores parecem ter esquecido o ponto essencial: na verdade, para demonstrar o dinamismo das sociedades escravagistas ou ocidentais em oposição à estagnação das sociedades de MPA, que não possuiriam força interna suficiente para desenvolver sua contradição fundamental até o ponto de sua dissolução, teria sido útil aplicar um método exemplar. Não bastava fazer uma descrição mais ou menos exaustiva do MPA. Aqui, impõe-se o método comparativo; é preciso comparar o que é comparável.

Ao compararmos a evolução sociopolítica de uma simples cidade (a cidade-Estado) com a de um Estado territorial agrupando centenas, até milhares de cidades, negligenciamos desde o início, e sem nos darmos conta disso, o fator fundamental que é a diferença de estruturas. Não é difícil entender o que há de errado em tal atitude; por causa da grande diferença de escala, as realidades estudadas não são mais da mesma natureza.

A cidade antiga foi uma formação sociopolítica efêmera, não viável por essência, e que desaparece após uma breve existência de apenas quatro séculos, dando lugar ao Estado romano, de dimensão e de forma exterior asiáticas.

O Estado romano herdou o efeito cumulativo do regime de escravidão da cidade antiga; ele deu à propriedade privada, à economia monetária mercantil e à escravidão privada suas formas jurídicas clássicas.

Portanto, todas as condições previstas teoricamente estavam presentes para que transformações revolucionárias pudessem ocorrer a partir de fatores endógenos. No entanto, em vão se irá esperar por essa revolução durante meio milênio. Assim que o Estado assume a forma asiática, independentemente do conteúdo das suas instituições, a revolução torna-se impossível, como nos outros Estados do autêntico MPA. Essa lei geral não sofre exceções desde o início da história, 3300 a.C., no Egito, até os tempos modernos, no século XVII, na Holanda, na Inglaterra.

Esse fracasso total das revoluções na Antiguidade, à medida que o Estado assume a forma asiática, obriga-nos a reavaliar a importância relativa dos fatores na teoria das revoluções.

Ora, nenhum dos autores citados a seguir colocou o problema em termos tão claros; eles não se comoveram com os fracassos da revolução em Roma durante quinhentos anos, apesar da existência do regime escravagista mais feroz que o homem já inventou. Lançaram um véu modesto sobre a estagnação romana em vez de compará-la à "estagnação" dos Estados no MPA, na tentativa de estabelecer a sociologia das revoluções sobre bases mais objetivas, mais científicas, menos etnocêntricas. Ao longo do caminho, eles esqueceram o objetivo essencial de suas teorias: mostrar como uma sociedade escravagista do tipo romano era mais revolucionária do que as sociedades no MPA, e em seguida explicar a contradição fundamental da sociedade romana, a saber: por que a sociedade mais dinâmica e revolucionária da Antiguidade, por ser a que mais possuía escravos, não realizou uma revolução? Por que todas as tentativas de revolta foram facilmente sufocadas assim que ela adotou a estrutura asiática?

É importante apontar os traços específicos dos Estados no MPA, que lhes permitem dominar constantemente as situações revolucionárias, e que legaram aos Estados modernos, pois que também é necessário se perguntar por que a revolução é cada vez mais difícil de se realizar nos Estados contemporâneos, que têm todos a forma e a estrutura do MPA....

A *extensão* do território abrangendo várias cidades, até milhares, a *complexidade* do aparelho de Estado e dos centros decisórios são duas características comuns aos Estados de MPA e aos Estados atuais, e que lhes permitem adaptar-se a situações variadas de perigo.

A ideia de um Estado no MPA sem revoluções, sem convulsões sociais, é um erro ao qual a teoria nos habituou. Ion Banu mostra que a revolta camponesa era quase endêmica na China,[2] e que, no Egito, o enfraquecimento da superestrutura ideológica desde o Antigo Império, por mais imponente que fosse, se reflete no diálogo de um homem desesperado com sua alma, onde ele diz que "os deuses apenas se interessam pelos ricos; eles permitem que se faça o mal impunemente, por isso os sacrifícios são inúteis".

No texto literário "Vérité et mensonge" [Verdade e mentira], que data do Novo Império, o homem despojado de seus bens deve fazer justiça por conta própria, sem contar com os juízes, o rei ou os deuses. A aventura de Hórus e Seth (Império Médio) trata do problema da justiça no Estado.[3]

Em outro lugar, na lenda de Hórus de Behdet, este promete ao faraó estar ao seu lado em caso de rebelião.[4] Por consequência, desde muito cedo, a ordem divina e a ordem cósmica deixaram de se reunir, de se confundir com o Estado na mentalidade do povo explorado e revoltado.

A história de todos os Estados do MPA é, portanto, marcada por revoltas contidas e finalmente dominadas. Logo, a cada vez, é importante estudar os vários meios de intervenção do Estado para jugular os descontentamentos e restaurar a ordem, se não a paz: isso também é uma característica comum aos Estados modernos. A intervenção econômica é um meio em comum com os Estados modernos para restabelecer a harmonia social, mas é completamente estrangeira aos Estados escravagistas e feudais, fundados na produção privada. O processo de acumulação pelo aumento da produção, pelo próprio fato de sua base coletiva e pela natureza livre da mão de obra, é infinitamente mais importante do que a produção privada, quantitativamente medíocre, dos Estados escravagistas e feudais, que não permitem a priori qualquer aumento, qualquer progresso técnico à parte: seria um absurdo falar em aumento da produção pelo efeito cumulativo em Esparta, que é o Estado mais escravagista de todos os tempos.

As noções de capacidade de aumento da produção nos Estados do MPA e nos Estados escravagistas devem ser revistas em bases mais objetivas.

É necessário acrescentar que a formulação da contradição fundamental dos Estados no MPA é errônea e etnocêntrica: a saber, "exploração de uma propriedade comunitária tribal sobre uma base de classe". Com efeito, não é científico confundir, numa mesma definição, a noção de propriedade da época proto-histórica dos clãs do Gavião e do Crocodilo com a ideia que os egípcios tinham de propriedade do solo, mesmo coletiva, na época de Ramsés II, após 2500 anos de vida nacional integrada, entre o povo que apresentou a mais forte coesão na história da Antiguidade: opera-se um salto qualitativo, que não é levado em conta nas análises, quando há uma transição de tribo para nação.

O Estado no MPA surge toda vez que as tribos, a fim de sobreviver, se integram para formar uma nação ao enfrentar um desafio da natureza, graças a uma organização racional e a uma divisão do trabalho. Consequentemente, os conceitos que caracterizam a situação inicial tornam-se inadequados quando se trata de analisar as instituições nacionais. É também a necessidade de sobrevivência para toda a coletividade que explica a rapidez relativa com que a unidade nacional se realiza, de maneira tão precoce, para permitir a criação de um Estado territorial que agrupe todos os antigos *nomes* (território tribal), de onde surgirão milhares de cidades onde os indivíduos vivem completamente cortados do cordão umbilical das suas antigas tribos, cuja lembrança podem até esquecer.

A propriedade é, portanto, simplesmente coletiva, e não mais tribal, porque os que nela trabalham são apenas indivíduos que podem ser originários de qualquer outra região do país.

O Estado no MPA, como os Estados modernos, para embotar a ponta de espírito revolucionário, combina interesses públicos e privados em uma base nacional, e não tribal, e isso é particularmente verdadeiro para o Egito faraônico. Mas o Estado no MPA, ou seu aparelho de direção, não se confunde com a classe dirigente, como se postulou: a terrível prática da morte efetiva do rei, tão geral na África negra (e provavelmente no Egito proto-histórico), mostra que desde cedo os africanos fizeram uma distinção muito clara entre o Estado, concepção abstrata da coisa pública, e seus servidores, a tal ponto que o mais eminente dos seus servidores, o rei, nesse caso, lhe era sacrificado de forma geral a cada oito anos.

Assim, a realeza tradicional era concebida como um sacerdócio que lhe permitia ser útil à coletividade, sem ter o tempo para servir a ambições pessoais. Ainda hoje, oito anos representam a duração de dois mandatos presidenciais nos Estados Unidos.

Para que os deuses prodigalizem seus dons e a natureza seja fecunda, o rei deve ser o homem legítimo que permanece apenas o tempo necessário para a perenidade do Estado: claro, aqui e ali dificuldades foram contornadas, mas isso não muda em nada a própria essência do Estado no MPA, mesmo que revestida da forma monárquica.

Todos esses vários feedbacks, que muitas vezes geraram na África negra uma escassez de candidatos à realeza, testemunham a concepção terrivelmente clara que os africanos tinham do Estado: este, nascido de um ímpeto do grupo para sobreviver, é anterior ao antagonismo de classe; a oposição de classes pressupõe um embrião do poder do Estado, ainda que tribal, que obriga os indivíduos a obedecerem. Portanto, as opiniões de Engels sobre esse assunto não são muito exatas. Seria possível dizer, quando muito, que existe simultaneidade, que existe uma ligação dialética entre a exploração do homem pelo homem e o aparecimento do Estado, ainda que sob a forma embrionária, o que excluiria qualquer noção de anterioridade de uma das formas em relação à outra.

Consequentemente, em vez de a revolução estar ausente, ela ecoa a todo instante nas zonas rurais e aos portões das cidades, nos Estados do MPA, da China ao Egito, passando pela Índia e a Ásia Ocidental, e se a revolução é derrotada a cada tentativa, é graças a esse aparelho de intervenção ultrassofisticado que permitiu elevar a prevenção das revoluções, preocupação permanente dos reis, até o nível de um maquiavelismo *avant la lettre*, como na Índia de Cautília no século V a.C.

Esse intervencionismo em matéria de agitação social é um dos legados mais pesados que o Estado do MPA legou ao Estado moderno e o que explica as enormes dificuldades que o processo revolucionário mundial encontra hoje nos diferentes países.

Maurice Godelier: Artigo "La notion de 'mode de production asiatique' et les schémas marxistes d'évolution des sociétés"

O texto é brilhante, rico, documentado e reflete uma gama muito ampla de pontos de vista em sua análise, mas não trata da única questão aqui evocada, que nos parece fundamental: por que Roma, a Roma Imperial, se comportou de modo lamentável perante a revolução, como uma sociedade estagnada do MPA durante meio milênio? Um teórico da envergadura de Godelier não deveria ter se esquivado de tal dificuldade, e não poderia deixar de ter consciência disso. Todas as condições teóricas necessárias e aparentemente suficientes para desencadear o processo revolucionário estavam reunidas, mas Roma conhecerá o destino das sociedades do MPA pelo simples fato de ter assumido a sua estrutura, com todas as implicações que daí decorrem.

Portanto, o texto será majoritariamente descritivo. Godelier recorda os avatares da noção de MPA na literatura marxista, em seguida resume as fases sucessivas de evolução das sociedades, tal como consideradas no materialismo histórico:

- comunidade primitiva;
- MPA (modo de produção asiático);
- modos de produção antigo, germânico, feudal e depois capitalista.

Em relação ao MPA, ele considera que: "O comércio não é aqui a expressão de uma produção mercantil interior à vida das comunidades, mas a transformação do excedente em mercadorias [...]. O comerciante aparece como um funcionário do Estado".[5] Essa ideia que se quis fazer do comércio nas sociedades do MPA é totalmente errada e necessita de uma revisão: ela não é aplicável nem ao Egito faraônico, nem à Índia de Cautília, nem aos Estados medievais da África negra.

Por outro lado, o funcionário dos Estados no MPA responsável pelo comércio e que, de fato, tinha o posto e o título de ministro é, em todos os aspectos, comparável ao ministro do Comércio (Exterior) nos Estados modernos, capitalista ou socialista: esta é uma nova instituição que o Estado do MPA legou aos Estados modernos.

O autor prossegue sua análise: "O uso produtivo de escravos não pode se tornar a relação de produção dominante [...], mas um verdadeiro desenvolvimento da escravidão produtiva pressupõe a propriedade privada do solo nas comunidades rurais, e isso, na Europa, foi realizado dentro do que Marx chamou de 'modo de produção antigo'".[6]

Esse foi o caso de Roma (como mostra Godelier), que nem por isso realizou a revolução; ora, a finalidade da análise era demonstrar as virtudes revolucionárias do regime escravagista, o que é verdadeiro em si, mas tudo depende do contexto territorial, como já dissemos muitas vezes. O mais grave, contudo, é que a fase mais importante da análise se resume em uma frase neutra: "O modo de produção escravagista evolui e decompõe-se em uma longa agonia onde se estabelecem as formas germânicas de propriedades, uma das bases do modo de produção feudal".[7]

É necessário recordar que a chamada agonia do regime escravagista durou quinhentos anos e que o seu desaparecimento, ocorrido em 476 d.C., é atribuído ao acaso de uma causa externa quase mecânica: as invasões bárbaras; tanto que a metade oriental do Império Romano, poupada pelas invasões (após negociação), subsistiria por mais mil anos, até a conquista de Constantinopla por Mehmet II, o Conquistador, em 1453.

Entre 476, o fim do Império Romano, e o ano 800, com a coroação de Carlos Magno e o renascimento carolíngio, houve um verdadeiro retrocesso em todas as áreas do conhecimento; até mesmo as técnicas arquitetônicas da Antiguidade foram perdidas. O novo progresso científico deve-se ao contributo árabe e ao papel desempenhado pela Igreja católica, que, durante todo esse período da Alta Idade Média, foi a memória histórica do Ocidente, tornando possível qualquer processo cumulativo.

Com o monge irlandês Alcuíno, conselheiro técnico e cultural de Carlos Magno, o conhecimento começará a emergir dos mosteiros após um eclipse de meio milênio. O processo cumulativo que se desenvolverá com a nobreza latifundiária e os burgos do século XI não teria sido concebível sem o papel particular da Igreja: por conseguinte, é importante enfatizá-lo ao descrever a singularidade do caminho ocidental de evolução. Portanto, isso não se deve a fatores raciais, como o próprio Marx tendia a acreditar: "Os gregos eram crianças normais, enquanto muitas nações antigas pertenciam à categoria de crianças mal-educadas e antiquadas".[8] Se fosse de outra forma, persas, medas, arianos da Índia etc. deveriam ter seguido o mesmo caminho evolutivo que os gregos da mesma raça. Mas não foi bem assim. Por consequência, como bom marxista, deve-se purificar a teoria sociológica das tendências à hierarquização racial, que às vezes podem ser lidas em filigrana entre os seus melhores discípulos ou no próprio Marx. Como o objeto da sociologia é encontrar os fatores históricos objetivos responsáveis por essa evolução ocidental, não é científico omitir o papel da Igreja na formação das estruturas sociopolíticas no Ocidente.

Levando em consideração os numerosos pontos comuns entre o Estado no MPA e o Estado moderno, que assinalamos ao longo desta exposição e que deve ter levado Wittfogel, um adversário do marxismo, a afirmar que "a estrutura do Estado no MPA é a prova de que uma classe burocrática, dispondo de um poder despótico, poderia edificar-se sobre as formas de propriedade coletiva socialistas".[9] Maurice Godelier critica e rejeita com razão essa ideia.[10] Além disso, ele recorda, contra os defensores da tese da via universal de evolução das sociedades — comunidade primitiva, escravagismo, feudalismo, capitalismo, socialismo —, que a hipótese de uma pluralidade das formas de transição à sociedade de classes deslizava cada vez mais para as sombras, esquecendo a análise de Engels relativa às formações sociais germânicas.[11]

O MPA pode evoluir para o modo de produção antigo e desembocar no escravagismo (a via singular greco-romana), mas a evolução mais frequente leva ao feudalismo, com a transformação da propriedade comunal coletiva em propriedade privada individual pela aristocracia; isso aconteceu na China, no Vietnã, no Japão, na Índia, no Tibete, onde surgiram sociedades de classes.

Entretanto, o sistema feudal decorrente do MPA seria específico em mais de um aspecto e retardaria o desenvolvimento da produção mercantil e o surgimento do capitalismo. As características específicas do MPA sobreviveriam a isso, pela necessidade permanente de grandes obras.[12]

Embora em Roma não se tratasse de um sistema feudal, é preciso lembrar que a produção mercantil não engendrou uma dinâmica revolucionária que superasse a das sociedades do MPA à medida que as estruturas estatais se tornaram comparáveis.

Por outro lado, em muitos Estados sob MPA, como a Índia de Cautília, certos Estados medievais africanos etc., as grandes obras, no sentido em que as entendiam Marx e Engels, não existiam. Por outro lado, certas obras de utilidade pública são comuns entre os Estados do MPA e os Estados modernos, e são até mesmo em grande parte sua razão de ser teórica. O raciocínio de Godelier equivale a dizer que a revolução não é possível em Estados com grandes obras.

> Se o Egito [...] pertence ao MPA, escreve Godelier, ele corresponde às mais brilhantes civilizações da Idade dos Metais, aos tempos em que o homem se afastou definitivamente da economia da ocupação do solo, passou à dominação da natureza e inventou novas formas de agricultura, arquitetura, cálculo, escrita, comércio, moeda, direito, novas religiões etc.
>
> O MPA não significa, portanto, estagnação, mas o maior progresso realizado com base nas formas comunitárias de produção.[13]

Mas o autor continua:

> A via ocidental é universal porque singular, porque ela não se encontra em nenhum outro lugar. [...] A linha ocidental do desenvolvimento, por si só, criou as condições de sua própria superação [...] A universalidade desta singularidade! [...] Essa contradição está na vida, e não no pensamento. Se ela não for percebida, chega-se à impotência teórica.[14]

Jean Suret-Canale: Artigo "La Société traditionnelle en Afrique tropicale et le concept de mode de production asiatique"

De alguma forma Suret-Canale recorda o fato de que as instituições africanas são de estrutura semifeudal, com a exclusão do modo de produção, ponto de vista que apoiamos em nossa obra *L'Afrique noire pré-coloniale.*

O autor sustenta que

> o Estado não é a causa da exploração, mas a sua consequência. [...] Elemento da superestrutura, o Estado não poderia entrar na definição de um modo de produção. No Estado asiático, aparece uma classe dominante que, liberada do trabalho diretamente produtivo, se confunde com o aparelho de Estado. Este aparelho de Estado, enquanto tal, ainda não se dissociou da sociedade que o engendrou. [...] O aparelho confundido com a classe dominante ainda pertence à base.[15]

Nós já mostramos antes (p. 226) que os africanos faziam uma distinção clara entre o Estado e seu aparato, por um lado, e os servidores do Estado, o rei em particular, por outro. Por consequência, é insustentável a ideia de um aparelho de Estado confundido com a base, como tal defendido por Suret-Canale. Da mesma forma, o Estado no MPA, nascido de modo manifesto de um ímpeto de sobrevivência de toda uma coletividade ainda indiferenciada, é anterior ao antagonismo de classes, e não poderia ser sua consequência. É verdade que, uma vez afastado o perigo que ameaçava a sobrevivência da coletividade, ao longo do tempo, mesmo as intervenções econômicas do Estado passam também a mascarar relações de exploração.

Por último, existe uma relação evidente entre um determinado tipo de Estado e o modo de produção no qual ele está em vigor.

Suret-Canale acredita que

> a contradição interna própria ao MPA — exploração de classe e manutenção da propriedade coletiva da terra — não pode ser resolvida em um sentido progressivo pelo seu próprio desenvolvimento, pois a organização da exploração de classe, longe de destruir as estruturas baseadas na propriedade coletiva da terra, as reforça.[16]

Ora, já vimos (pp. 171, 230-1) que o contrário se produziu em muitas sociedades do MPA: China, Japão, Vietnã, Índia, Tibete etc.

A sociedade, no MPA, está constantemente gestando a revolução, que irrompe aqui e ali, mas que é com frequência dominada e derrotada, pelas razões já expostas. Nada é mais errado do que a ideia de uma sociedade de MPA desprovida de conteúdo e dinamismo revolucionários.

G. A. Melekechvili: Artigo "Esclavage, féodalisme et MPA dans l'Orient ancien"[17]

Melekechvili mostra que o trabalho livre era predominante nas sociedades de MPA orientais: Mesopotâmia, China, Índia.

Contrariamente às especulações teóricas, os proprietários de escravos, por razões de rentabilidade, preferiram a pequena exploração agrícola (caminhando assim para a transformação dos escravos em servos) a um grande empreendimento rural. Do mesmo modo, a escravidão por dívida era marginal (ver Toumenev) pelo próprio fato de ser um fator endógeno de desintegração: o Código de Hamurabi fixa os seus limites.[18]

O autor observa, de forma correta, que a noção de escravidão generalizada não deve ser tomada literalmente, pois existe uma diferença que não pode ser totalmente apagada, entre o homem livre do campo, dotado, em última análise, de uma personalidade cívica, e o indivíduo apartado da sociedade, que é o escravo.

Mas no Oriente, na Mesopotâmia como no Egito e na própria Assíria, os escravos instalados nas terras eram protegidos pela lei: há, portanto, o início de uma feudalização.

Para Melekechvili, as etapas fundamentais do desenvolvimento social são: a sociedade primitiva sem classe, a sociedade de classes e a sociedade sem classe desenvolvida.[19]

A etapa escravagista é a exceção, não a regra, e muito menos uma etapa necessária.

A história não conhece nenhum caso em que uma sociedade escravagista desenvolvida tenha sido formada pela simples diferenciação socioeconômica em seu próprio interior.[20] Não existe correlação entre a mão de obra escrava generalizada e o aumento das forças produtivas materiais; é antes o inverso que se constata, com a mediocridade do rendimento da mão de obra escrava.

Do mesmo modo, para o autor, não há relação demonstrável entre a passagem de um modo de produção para outro e o nível técnico, ou mais precisamente o desenvolvimento dos instrumentos de trabalho.[21]

Na Europa, a passagem do escravagismo ao feudalismo deu-se antes em condições de decadência do que de crescimento da produção: um único e mesmo instrumento de trabalho pode formar a base tanto da estrutura escravagista como da estrutura feudal; da mesma forma que hoje a mesma técnica pode formar a base do capitalismo em um caso, e do socialismo em outro.[22]

Charles Parrain, criticando a tese original apoiada por Melekechvili, observa que cada passagem de um modo de produção para outro é acompanhada por uma aceleração do tempo histórico.

Melekechvili acredita que a escravidão romana era um desvio momentâneo, e que, após a queda de Roma, a sociedade ocidental retomou a via universal normal em direção ao feudalismo.

Mas Parrain rejeita esse "pan-feudalismo" que não leva em conta o nível das forças produtivas no estudo das diversas variedades de "feudalismos".

> Para que se tratasse efetivamente de uma época de progresso (universal por natureza, e não de fato), no sentido dado por Marx, é indispensável que a antiga etapa escravagista contenha em germe a etapa seguinte de um feudalismo, tendo ela mesma contido em germe a etapa do capitalismo.
>
> Só existe feudalismo se a agricultura (fundamental nesse estágio) dispõe das aquisições técnicas da Antiguidade escravagista e se as condições de exploração dos produtores diretos permitirem uma reprodução ampliada e, por conseguinte, a maturação das novas forças produtivas necessárias à constituição do capitalismo.

É somente a despeito dessas considerações, diz Parrain, que se pode rejeitar a série marxista de épocas ou estágios progressivos, sem os quais toda lógica parece eliminada da história humana. "Se a capacidade de adaptação da sociedade às mudanças provocadas pelo desenvolvimento das forças produtivas fosse absoluta, não teria havido revolução: a sociedade poderia passar de um modo de produção a outro sem revolução."

Pode-se notar que Parrain se contenta aqui em colocar o problema inverso, sem criticar a ideia de que o capitalismo americano de hoje e o socialismo soviético repousam sobre a mesma base técnica e que isso ilustra bem a ideia de uma revolução sem salto qualitativo das forças produtivas.

Podemos até dizer que a tecnicidade americana é mais sofisticada, que com o aparecimento das filiais multinacionais assistimos a uma mudança progressiva do modo de produção e a uma mundialização das relações de produção que poderia engendrar uma revolução planetária.

Ion Banu: Artigo "La formation sociale 'asiatique' dans la perspective de la philosophie orientale antique"[23]

Banu recusa-se a deduzir a economia da ideologia ou a "sociologizar" o pensamento.

Para ele, não existem relações rígidas e absolutas entre a superestrutura e a estrutura social, determinação social das classes.

Há mesmo uma certa "permanência", no pensamento de uma sociedade, através de várias e mesmo de todas as formações sociais por ela percorridas: talvez esta seja a identidade cultural.

É provavelmente a superestrutura ideológica que identifica a ordem divina, a ordem cósmica e a do Estado, aquilo que revela do modo mais bem acabado o Estado no MPA. "A intervenção do soberano nas obras hidráulicas é benéfica e sagrada. O Estado desempenha uma função econômica e técnica benéfica. Há associação dos significados sociais e cósmicos na concepção do Estado."

No *Livro dos mortos* (Egito), a obrigação de não causar danos aos trabalhos de irrigação é considerado um dever ético, ao lado de não matar, não cometer adultério ou sodomia.[24] Este é um belo exemplo de uma origem utilitária da moral; quase se poderia falar de uma ecologia elevada no nível de uma moral.[25] "No universo, a mesma força vital mantém, por intermédio da realeza, a fertilidade da terra ao mesmo tempo que a da espécie humana."

Segundo Diodoro, Ísis inventou a agricultura e as leis[26]. A divindade da qual emanariam todas essas funções reais e terrenas será venerada como condição de sua constante realização. Todos estão interessados em garantir que as tarefas econômicas e técnico-científicas sejam bem cumpridas.[27]

Assim, a divindade ajuda o rei, o faraó, neste caso, a superar as perturbações populares que, exatamente por isso, estão longe de ser raras.

Compreende-se por que a ordem cósmica é supostamente perturbada durante as revoluções e os interregnos. Segundo Ipouser, as mulheres e a natureza tornaram-se estéreis como resultado da revolução osiriana do Antigo Império, uma revolução que profanou, até o limite, a realeza e suas instituições.[28]

O filósofo chinês Xunzi (século III a.C.) chegou a imaginar um sistema para avaliar as necessidades econômicas dos sujeitos, estimar numericamente a produção a fim de melhorá-la e enviar pessoas para vários setores de produção, conforme fosse necessário.

Ser um homem de Estado, dizia ele, é possuir o mecanismo da diferenciação econômica das pessoas.[29]

Assim, o Estado no MPA já tinha elaborado, guardadas todas as proporções, uma verdadeira ciência econômica destinada a manter o equilíbrio social.

Cálculos e especulações econômicas semelhantes já eram costumeiras entre os escribas egípcios do Antigo Império, e a quase totalidade dos exercícios matemáticos do Papiro de Rhind dizem respeito a cálculos econômicos desse gênero, estimando quantidades de mercadorias alimentícias e matérias-primas.

Assim, o Estado no MPA, em vez de corresponder a uma fase de balbucio da ordem sociopolítica, corresponde à mais completa teoria do Estado que o homem produziu até o alvorecer dos tempos modernos. Isso explica o paradoxo da redissolução, dentro dela, da cidade-Estado greco-romana, apesar da revolução que nela se realizara, pois a cidade-Estado foi atingida por um vício original, não estava apta para a sobrevivência.

Isso explica uma das características paradoxais da evolução das sociedades: a saber, a regressão e o eclipse da revolução, desde a Antiguidade até os tempos modernos, a partir do século IV a.C. até o século XVII (Cromwell e Jean de Witt).[30]

Todos os tipos de Estado atuais, revolucionários ou capitalistas, derivam em diferentes graus do Estado no MPA, do qual são apenas réplicas modernizadas, laicizadas; o legado do Estado no MPA é visível em todos os níveis: várias ideologias, fundamento da ontologia do Estado, estruturas socioeconômicas de intervenção, "ramos" de atividades, enquadramento territorial etc. Há, portanto, uma certa permanência do Estado no MPA, mesmo através das instituições dos Estados socialistas modernos que realizaram a sua revolução.

Uma das preocupações constantes do Estado no MPA era a ampliação, o aumento da produção (também a criação de um excedente de produção) para a constituição de reservas alimentares, a fim de prevenir a fome entre a população: é preciso dizer que essas boas intenções nem sempre foram coroadas com o sucesso; todavia, elas são estranhas aos Estados escravagistas e feudais.

Ion Banu observa que, nos Estados escravagistas, o escravo é silencioso; mesmo as oposições entre patrícios e plebeus, entre aristocratas e democratas, se situam no interior da categoria social dos homens livres.

O materialista Demócrito era tão escravagista quanto o idealista Platão, ou quanto Aristóteles; nenhuma voz se levantava contra a exploração do homem pelo homem, contrariamente à regra nas sociedades do MPA, onde essa reivindicação era defendida pelos próprios homens livres: assim, a contradição sublinhada pelo autor é que nos regimes escravagistas é o homem livre que reclama, em vez do escravo, cuja voz é o silêncio, enquanto nos Estados do MPA é o camponês livre e explorado que reivindica, excluindo sempre os escravos quase silenciosos;[31] por isso, é apenas em sociedades com MPA que a oposição ideológica traduz um antagonismo real de classes.

A presença de protestos sociais contra a opressão do homem pelo homem é frequente nos textos orientais. Enquanto a história da Grécia e de Roma está repleta de motins de escravos, a figura revolucionária dominante no Oriente é a do camponês.[32] "Ao longo dos milhares de anos de história egípcia pré-helenística, os documentos provam a preocupação dos governantes provocada pelo espírito de revolta dos camponeses."[33] Os agentes da chamada revolução osiriana descrita por Ipouser, e que pôs fim ao Antigo Império, eram homens livres, camponeses, que momentaneamente profanaram, dessacralizaram e derrubaram a realeza e seu aparelho estatal repressivo.[34] "No que diz respeito à China, o sinólogo Eduard Erkes afirma que, ao longo da história, 'os motins de escravos são desconhecidos', sendo a força motriz 'a revolta dos camponeses'." "Esse longo cortejo de fatos dificilmente se enquadraria num esquema social no qual os escravos apareceriam em primeiro plano, deixando nas sombras o campesinato explorado."[35] Na China, a crítica das injustiças sociais constitui uma vertente permanente do pensamento filosófico antigo: trata-se sempre do sofrimento dos camponeses, e não dos escravos.

Segundo o marxista chinês Yen-Zi-Yi, a descoberta precoce da dialética[36] pelos chineses está ligada à extensão dos movimentos sociais camponeses, sem equivalente na história.

A crítica jamais diz respeito às relações sociais, mas a como a cúpula cumpre suas obrigações em relação ao povo, pelo próprio fato da existência dessas relações. O soberano somente é ameaçado de substituição por outro mais humano.[37] É o contrário do que aconteceu no Egito, onde as relações sociais foram efetivamente questionadas pelo povo, que rasgou as leis "divinas" durante a revolução osiriana, o que confere a esta revolução um caráter de singular autenticidade.

Marinette Dambuyant: Artigo "Un État à 'haut commandement économique': L'Inde de Kautilya"[38]

"Ele sempre irá em direção ao que traz lucro, e evitará o que não traz."[39]

O *Artaxastra*, ensinamento sobre o lucro econômico, é o tratado político de Cautília, no século IV-III a.C.: teoria política consciente de si mesma, maquiavelismo *avant la lettre*, esse tratado, segundo Marinette Dambuyant, questiona radicalmente a afirmação de que foram os gregos que inventaram a política.

O objetivo cinicamente perseguido é a ampliação e a prosperidade do reino, não excluindo nenhum meio eficaz ou racional. Tudo o que aumenta as finanças públicas, sem as quais nada é possível, é bom.

Segundo Cautília, a criação deste império, que se situa na Ásia das monções, provavelmente não exigiu as "grandes obras". O poder é autocrático e laico, o rei não é divinizado.

O método de governo é baseado no uso sistemático de estatísticas, como no Egito: cadastro, recenseamento integral das pessoas e dos bens no país.

Todos devem ser bem pagos; os funcionários que causam descontentamento são deslocados para uma região ou a revolta é reprimida.

Várias técnicas, incluindo até a "fraude religiosa" (falso milagre), são utilizadas para encher os cofres do Estado; o rei é usurário e pratica o empréstimo a juros. Não se trata do MPA em estado puro, no sentido tradicional.

Em todos os ramos da economia, da agricultura e do comércio, existe um setor estatal e um setor privado: a força de trabalho é assalariada, até mesmo os escravos das oficinas reais, que podiam conseguir a liberdade colocando algum dinheiro à parte; a economia é monetária.

As classes sociais estão nitidamente divididas. Existe uma verdadeira classe de comerciantes, em vez de o Estado monopolizar todo o comércio. As cidades são funcionais e de modo algum supérfluas, como gostaria a teoria, sendo cada bairro habitado por uma determinada classe social. O nível econômico é muito elevado; a produção é abundantemente ampliada e apoia-se de fato em um setor da indústria pesada, dos metais e das minas. A moeda é corrente e a divisão do trabalho é muito avançada. Há uma ruptura total entre as atividades domésticas e o trabalho produtivo, sendo a própria agricultura tratada como um negócio. Vigora a separação entre a agricultura das aldeias e a indústria urbana.

Além disso, Dambuyant considera que é difícil, senão absurdo, considerar o MPA anterior e inferior ao modo escravagista. Pelo contrário, ele aparecerá como paralelo aos outros modos pré-capitalistas.

A sociedade não era escravagista. O Estado não era o representante dos proprietários de escravos, como em Atenas e em Roma. Os escravos não constituíam uma classe.

Somente o sudra, representante da população autóctone conquistada pelos recém-chegados arianos, era tratado como o hilota em Esparta: podia-se fazer com ele o que se quisesse; na época de Cautília, o assassinato de um sudra era punível como o assassinato de uma barata. O hilotismo atingiu seu ápice no tempo de Brahma e permanece, embora atenuado, na época da dinastia Máuria.

É proibido, exceto em casos de força maior, escravizar uma criança sudra, o que equivale (mais tarde) a torná-la ariana.

Vemos, no caso do sudra na Índia, um exemplo contundente em que a exploração do homem pelo homem, o antagonismo de classes, coincide com o contorno étnico do grupo dos primeiros ocupantes do solo, vencidos pelos invasores, como os hilotas de Esparta em relação aos senhores dóricos.

Portanto, a Índia do Império Máuria é uma sociedade de MPA altamente evoluída, animada por um dinamismo extraordinário, e se o regime não se desfaz, não é por falta de pressão interna, mas por uma aguda consciência dessas pressões, o que faz com que permaneçam em alerta e se defendam todos os dias através da espionagem, da fraude, de assassinatos… e da organização econômica e financeira a mais racional possível.

Hélène Antoniadis-Bibicou: Artigo "Byzance et le MPA"[40]

Para Hélène Antoniadis-Bibicou, o MPA só pode dizer respeito a Bizâncio pré-feudal. Bizâncio não é uma sociedade hidráulica ou marginalmente hidráulica. A propriedade privada estava em primeiro lugar, e a propriedade estatal em terceiro.

A comunidade rural é caracterizada pela solidariedade fiscal, como na Índia; mas é difícil estabelecer a relação entre a propriedade privada — relação que define aqui o modo de produção — e as estruturas socioeconômicas. A existência da pequena propriedade permitiu a emergência dos latifundiários e a feudalização: assim, do ponto de vista jurídico, Bizâncio não se enquadra no MPA.

Nos regimes do MPA, como o comércio é gerido pelo Estado, as trocas comerciais não podem atuar como solventes da comunidade rural.

A comuna rural bizantina, em vez de ser dotada de imutabilidade, é frágil: o comércio é em grande parte privado, a economia, monetária, como em Roma, e não condiz com o MPA.

A sociedade também é uma sociedade de classes e difere daquela do MPA. A grande divisão jurídica entre escravos e homens livres por si só já é prova disso. A nobreza é palaciana.

A Igreja, como os templos do Egito Antigo, possui uma imensa propriedade fundiária que absorve largamente as ocupações temporárias dos clérigos. Há uma verdadeira pré-burguesia.

O poder é centralizado e de direito divino. Mesmo a Igreja, tão poderosa e tão bem-organizada, não pode romper e tornar-se independente, como o ramo de Roma após a queda do Império Romano do Ocidente.

O imperador é o comandante supremo do exército, o juiz supremo e o único legislador, sobre as ruínas da cidade antiga; ele é o defensor da Igreja e da fé ortodoxa; é rei por investidura divina e não mais magistrado exercendo o império por delegação do povo: é um "déspota oriental" que, para governar, se apoia em um aparato burocrático muito desenvolvido. Não há feudalização do poder.

Bizâncio é uma autocracia, temperada pela revolução palaciana e pelo assassinato, concluiu Antoniadis-Bibicou.

Podemos constatar que o marxismo não construiu a teoria das regressões históricas e dos deslocamentos de áreas de evolução sociopolítica.

Bizâncio deveria ser a área sociopolítica onde o processo acumulativo é o mais intenso, e como tal o foco continuamente ardente de todas as revoluções.

Se a teoria fosse rigorosamente verdadeira, a revolução industrial deveria começar não na Inglaterra, mas em Bizâncio, que acumula a herança do helenismo, da cidade antiga em particular, de Roma e do cristianismo. Somente o gosto pela aventura e a vontade de poder explicam o desenvolvimento da Inglaterra, desde a Alta Idade Média até a época da industrialização da ilha, no século XVIII! O famoso poema de Kipling citado no artigo ilustra muito bem isso.

Charles Parrain: Artigo "Protohistoire méditerranéenne et mode de production asiatique"[41]

Charles Parrain observa que em 2800 a.C. a estrutura estatal egípcia já era muito sólida. Mas o modo de produção escravagista somente será plenamente estabelecido na Grécia no século XII a.C. e em Roma no século IV a.C. Para o autor, esse hiato de 2 mil anos acentua que, uma vez dissolvida a comunidade primitiva, o modo de produção escravagista não se constituiu facilmente.

Mostramos que isso não poderia e não deveria se constituir no quadro da evolução das estruturas do Estado faraônico, como o gostaria Parrain, e que a questão está mal colocada. De qualquer forma, concordamos com o autor ao dizer que esses dois milênios não poderiam ser um período de transição indefinida para o modo de produção escravagista, um período de maturação lenta.

Mas o próprio autor nos lembra que brilhantes civilizações se desenvolveram e declinaram no Oriente Próximo, sem nunca terem passado pelo modo de produção escravagista.

Ele considera que as civilizações megalíticas, creto-micênicas, etruscas se desenvolveram, em diferentes graus, à maneira do MPA. No entanto, escreve:

> Ora, esses três grupos não se constituíram espontaneamente, por assim dizer, por uma suposta regularidade de transição da sociedade primitiva à sociedade "asiática". Todos foram impulsionados, com intensidade e fortuna variáveis, pelos modelos propostos pelas grandes civilizações do Oriente Próximo, todas elas de tipo "asiático" e, sobretudo, o Egito, o modelo mais bem acabado.[42]

É preciso lembrar, a propósito, que esse é o ponto de vista que temos defendido desde 1954 em *Nations négres et culture*, e que agora parece cada vez mais aceito? Desde o início do segundo milênio a.C., o modelo de Estado meridional egípcio e da África negra se aclimatou no Mediterrâneo setentrional, em Creta, na Grécia, na Bretanha, o que não impedirá alguns ideólogos de se perguntarem como o conceito de Estado foi introduzido na África...[43]

Mas Parrain estabelece uma distinção entre os conceitos de escravidão generalizada, escravidão propriamente dita e corveia feudal, antes de abordar a análise das três civilizações mencionadas.

O MPA não é somente a combinação de comunidades aldeãs e um regime despótico. A característica importante, segundo Marx, é a escravidão generalizada, que permite considerá-la como um progresso após a dissolução da comunidade primitiva: é o elemento dinâmico do sistema.

O aproveitamento econômico desse fator é o mais importante, mas a utilização política (defesa militar) ou religiosa é possível; ela necessita de uma sociedade em que a exploração do homem pelo homem se faça por intermédio das coletividades que são como as comunidades aldeãs, um poder centralizado, autoritário e despótico: assim, a escravidão generalizada, por si só, explicaria todo o sistema do MPA.

A mão de obra é quase gratuita, não há necessidade de comprar e manter o trabalhador. Sua abundância geraria desperdício, cujo caso mais típico seria o das pirâmides do Egito. A mão de obra não especializada apenas seria adequada para as grandes obras. Para além disso, haveria um pequeno número de artistas dependentes do déspota.

> A escravidão generalizada teria tido como consequência direta o controle das águas, a melhoria das condições gerais da produção agrícola e, como consequência indireta, o florescimento cultural e artístico. Mas não teria favorecido o próprio progresso das técnicas de produção agrícola, daí uma espécie de impasse no movimento global das forças produtivas.

Parrain cita *O capital*, em que Marx escreve:

> É sempre na relação imediata entre o proprietário dos meios de produção e o produtor direto (cujos vários aspectos correspondem naturalmente a um determinado grau de desenvolvimento dos métodos de trabalho e, portanto,

> a um certo grau de força produtiva social) que se deve procurar o segredo mais profundo, o fundamento oculto de todo o edifício social e, consequentemente, da forma política que a relação de soberania e dependência assume, enfim, a base da forma específica que o Estado assume em um determinado período.[44]

Acreditamos que o processo previsto por Marx deveria, de uma vez por todas, ser revertido: é a causa material que está na base do nascimento do Estado que determina o processo do seu próprio surgimento, o tipo de Estado, sua forma política específica. Assim, a forma das relações de produção é determinada pelo tipo de Estado assim criado; consequentemente, as relações de produção de tipo escravagista são excluídas pelo MPA.

A exploração do homem pelo homem não é concebida fora de um quadro estatal, por mais embrionário que seja. Apesar dos desenvolvimentos de Engels no *Anti-Dühring*, o fenômeno não é anterior ao Estado. Essa forma muda quando se passa dos Estados escravagistas aos Estados não escravagistas, como aqueles "do MPA".

Por outro lado, seria difícil distinguir a escravidão generalizada, definida acima, da mobilização geral em tempo de guerra nos Estados modernos.

No sistema escravagista propriamente dito, o escravo é uma propriedade privada, uma mercadoria que deve, por sua vez, produzir bens comerciais, enquanto "o súdito do déspota" apenas produz valores de uso, ora no interesse da sociedade como um todo,[45] ora para satisfazer as exigências ou os caprichos do déspota e do seu entorno. A diferença entre os dois tipos de escravidão é gritante, observa Parrain.

Para Parrain, o Egito serviu de modelo para as civilizações megalíticas da Europa Ocidental, do período que vai de 2000 a 1400 a.C.

A mesa do dólmen da Ferté-Bernard pesa 90 toneladas; da mesma forma, o rei dos megalíticos bretões, o menir de Men'er-H'roeck, tinha 23 metros de altura, cinco de largura na base e um peso de cerca de 350 toneladas. Supõe-se que 15 mil indivíduos foram necessários para movê-lo sobre rolos de madeira. Charles Parrain escreve:

> A opinião geral é que o modelo longínquo de tais monumentos se encontra no Oriente Próximo, e que se trata de uma imitação indireta e necessariamente degradada de monumentos funerários ou religiosos como as mastabas e os obeliscos. É evidente que não se tratou de uma dispersão organizada, mas sim de uma imitação vinda aos poucos.[46]

Segundo o autor, os principais centros de difusão desse megalitismo a partir do modelo egípcio seriam o sul da Espanha e Malta, durante as idades do Cobre e do Bronze, de 2500 a 1500 a.C. e 1400 a.C. para o sítio de Stonehenge, na Inglaterra.

As rotas de difusão são o vale do Ródano e as costas atlânticas da Europa: Bretanha, ilhas Britânicas, Dinamarca, costas setentrionais da Alemanha, com penetração no vale do Elba, Escandinávia meridional e também no Cáucaso.

A influência egípcia no Mediterrâneo setentrional, naquela época, é igualmente atestada no campo da cerâmica. Na cerâmica neolítica, da Ligúria a Malta e na Itália meridional, encontra-se a decoração de um tipo de vaso de gargalo quadrado característica do Amarniano egípcio do pré-dinástico, com um deslocamento, ou seja, com um atraso de quinhentos anos.

Parrain surpreende-se com o fato de o megalitismo não ter sido sucedido por uma fase propriamente escravagista, como será o caso em Micenas e na Etrúria, após o estágio de escravidão generalizada correspondente ao MPA.

A civilização creto-micênica

A civilização palaciana de Creta serviu de modelo para a de Micenas, mais conhecida graças à decifração da linear B.[47] Trata-se, como mostrou Jean-Pierre Vernant, de uma réplica do modelo egípcio:

> O rei concentra e unifica em si mesmo todos os elementos do poder, todos os aspectos da soberania. Por intermédio de escribas que formam uma

> classe profissional fixada na tradição, graças a uma hierarquia complexa de dignitários do palácio e de inspetores reais, ele controla e regulamenta minuciosamente todos os setores da vida econômica, todos os domínios da atividade social.[48]

Vernant observa que esse modelo de Estado é manifestamente emprestado do Oriente Próximo, em particular do Egito.

Esse tipo de economia palaciana ocorre durante os *damos*, ou seja, o equivalente à comunidade rural do MPA. Não há comércio privado, portanto não há desenvolvimento de propriedade privada.

"O *damos* possui terras das quais uma parte é repartida e cedida em usufruto a beneficiários individuais, mas das quais uma parte era seguramente indivisível e comunitária. Essa parte indivisa devia ser objeto de uma exploração coletiva."[49] As transações comerciais são feitas por trocas. O *damos* está sujeito a diversos encargos em relação ao palácio, do qual um funcionário parece presidir o colégio de exploradores agrícolas que o gere.

Os escravos e os animais do *damos* eram propriedade coletiva; portanto, o escravo existia, mas a título marginal e patriarcal: não se tratava de um regime escravagista propriamente dito.

Parrain destaca ainda o atraso da Grécia em imitar o modelo egípcio por intermédio do cretense, que, como veremos, muito provavelmente teve nesse modelo a sua origem. Os primeiros palácios cretenses, Cnossos, Festo, Mália, datam de 2000-1700 a.C. A época dos segundos palácios começa por volta de 1700 a.C. Ora, em Micenas, diz ele, os túmulos de poço situam-se entre 1580-1500 a.C., e a civilização micênica realmente começa em 1450 a.C. Portanto, Micenas também é quinhentos anos mais antiga que Creta.

A mesma defasagem temporal aplica-se aos hititas, que teriam chegado à Ásia Menor por volta de 2000 a.C., no mesmo momento em que os primeiros gregos chegaram à Grécia. Mas foi apenas por volta de 1600 a.C. que se edificou o primeiro império hitita que durará até 1450.

O segundo império hitita é contemporâneo do apogeu de Micenas: 1450-1200 a.C.

Nesse ponto, vale a pena recordar um fato que não chama a atenção do autor: 1580 a.C. marca a expulsão dos hicsos do Egito e o início do imperialismo egípcio, que atingirá o seu apogeu com Tutemés III, por volta de 1470 a.C.

De acordo com a estela poética (texto em verso) desse faraó, mais de 119 estados e principados da Ásia Ocidental realmente caíram sob o jugo egípcio: todas as ilhas do mar Egeu, Creta em particular, foram conquistadas e pagaram tributo ao Egito. Os cretenses, sob o nome de *keftiou*, encontravam-se, de fato, entre as nações conquistadas que pagavam tributos ao Egito e que estão representadas precisamente no túmulo de Rekhmiré, vizir e cobrador do próprio Tutemés III (XVIII dinastia) (figs. 22 e 23).

Então, os fatos estão aí, não se trata de modo algum de uma lenda. Conhece-se até o nome de um general chamado Huri, que Tutemés III enviou, na mesma época, para arrecadar impostos nas Cíclades e que, cumprida a missão, recebeu como recompensa uma taça de ouro.

Portanto, foi provavelmente durante esses contatos históricos precisos que o Egito teria introduzido o seu modelo de governo e de administração nos países citados do Mediterrâneo setentrional.

Apesar das colônias assírias da Capadócia, datadas de 1850 a.C., no país hitita, o MPA apenas se implantará nessa região com o já considerado atraso de meio milênio.

A organização da defesa (muralha da China, as construções ciclópicas do Mediterrâneo proto-histórico, as fortificações de Micenas, de Tirinto) implica a escravização generalizada e o aparecimento do MPA, segundo Parrain.

Os Estados hititas e micênicos eram essencialmente guerreiros. Mas os micênicos também teriam realizado as grandes obras para o controle das águas, de acordo com algumas evidências indiretas, conforme o mesmo autor.

As invasões dóricas destruíram a civilização micênica. As sociedades de MPA seriam particularmente vulneráveis, apesar do seu caráter imponente: dessa forma, o Estado faraônico foi destruído três vezes e depois reconstruído. Na Grécia não houve nada disso, porque o desenvolvimento da propriedade privada havia destruído a coesão das comunidades rurais e consequentemente o equilíbrio social, observa Parrain.

Os trabalhos e os dias, obra de Hesíodo escrita por volta de 750 a.C., fornece informações valiosas sobre o período de transição.

O poder centralizado do *wanax*, desde o período micênico, desagregou-se e fragmentou-se nas mãos dos basileus do período de Hesíodo, "grandes proprietários de terras, injustos e monopolistas, em detrimento dos pequenos proprietários que levavam uma existência difícil". Os seus filhos tinham que viver com um pequeno pedaço de terra. Segundo Hesíodo, "para preencher o vazio entre os deuses e os homens, há apenas um meio, o trabalho agrícola como prática religiosa e como forma de justiça".

A solidariedade e a ajuda mútua aldeã típica do MPA dão lugar ao fortalecimento da propriedade privada e à devastação do individualismo calculista: "Faz as coisas em casa, todos os equipamentos,/ para que não peças a um outro e ele recuse, e tu daquilo tenhas falta,/ o tempo passe e teu trabalho se perca" (versos 407-9). "Pois é fácil dizer: 'Dá-me dois bois e um carro',/ mas fácil recusar: 'Meus bois têm trabalho a fazer'" (versos 453-4). A partir de agora, a riqueza é o objetivo supremo: "Tua riqueza: ao rico acompanham mérito e prestígio" (verso 313). "A vergonha não é boa para cuidar do homem necessitado" (verso 318). O escravo torna-se o instrumento de riqueza: Hesíodo cinicamente dá conselhos para a exploração máxima da mão de obra escrava.*

Os etruscos

A Grécia já estava atrasada em relação a Creta, e a Etrúria, ainda mais, pois a sociedade de MPA na Etrúria data da Idade do Ferro e não da Idade do Bronze. No século VII a.C. houve um desenvolvimento especial desse povo, com algumas características: situação privilegiada da mulher, em

* Versos citados em tradução de Alessandro Rolim de Moura para Hesíodo, *Os trabalhos e os dias*. Curitiba: Segesta, 2012. (N. T.)

oposição a Roma, mais tarde; vestígios ou memórias de grandes obras para o controle da água numa região mal drenada (canais escavados no vale inferior do Pó, nos arredores de Spina, e que desempenharam um papel econômico de primeiro plano nos séculos VI e V a.C. ou seja, na época dos poços com urnas funerárias, característicos do período anterior!).

"Essas obras supõem o MPA, pois o modo de produção escravagista supõe empreendedores privados, visando satisfazer interesses particulares, e não, como aqui, a interesses coletivos."[50] Assim, não havia um autêntico regime escravagista nos tempos da realeza, caso contrário não se explicaria a regressão de dois séculos que se seguiu à expulsão dos reis etruscos.

Segundo Tito Lívio, tratava-se de uma escravidão generalizada (livro I, cap. 39, Tarquínio, o Velho, início do século VI): drenagem dos baixios de Roma, construção do templo de Júpiter no Capitólio (voto feito durante a guerra das Sabinas), cloaca máxima etc. Foram utilizados trabalhadores vindos de toda a Etrúria, bem como fundos públicos e mão de obra plebeia. Tarquínio fez guerra contra Árdea, uma cidade dos rútulos, um povo muito rico, com o objetivo de realizar saques, restaurar as finanças arruinadas pelas grandes obras públicas e reduzir o descontentamento popular.

Tendo tomado o poder pela força, sem mandato do povo e do Senado, Tarquínio é protegido por guarda-costas.

> Entre 700-600 a.C., o período orientalizante, a influência grega gradualmente prevaleceu sobre a da Fenícia e do Chipre (vasos coríntios). Entre 600 e 475 a.C., a influência jônica e ática tornou-se predominante: no século VI a.C., o aparecimento do templo etrusco segundo o modelo dos santuários gregos, com esqueletos de madeira e revestimento de terracota.[51]

A estatuária de Vêtes remete à arte da Grécia arcaica. Por que a regressão, depois desse desenvolvimento artístico paralelo ao da Grécia?

O Estado republicano romano perpetuou o hábito das grandes obras da época despótica, como hoje os Estados modernos, que desse ponto de vista são de tipo asiático.

Os latinos revoltados conseguiram uma vitória com a ajuda de Cumas, cidade grega na Itália; esta, por sua vez apoiada por Siracusa em 474 a.C., conseguiu uma vitória naval decisiva sobre os etruscos na Campânia. Parrain prefere ver as razões do declínio da Etrúria na ausência de um regime escravagista propriamente dito, ao contrário da Grécia! "Talvez a grande sorte da Grécia tenha sido o fato de as invasões dóricas terem dado o golpe definitivo no modo de produção asiático."[52]

Poderíamos comparar com as invasões bárbaras que levaram à destruição de Roma, enquanto o Império Romano do Oriente perdurou e impediu o aparecimento de um estágio feudal. Assim, como resultado de um acidente externo, seria possível dizer que esse Império Romano unitário, governado segundo uma única lei, irá se dividir em duas partes que evoluirão de maneiras divergentes, uma levando ao capitalismo moderno e a outra à preservação das mesmas estruturas imperiais, congeladas até o alvorecer dos tempos modernos, talvez até os dias atuais.

> As considerações linguísticas permitem-nos verificar que, por um lado, dois modos de produção profundamente diferentes marcaram a Roma clássica, havendo, nesse intervalo, um período de decomposição e de lenta maturação, não somente de uma nova estrutura econômica e social, mas também de um novo estado da língua.[53]

Para caracterizar a língua latina partimos dos textos raros obscuros anteriores ao século IV, para falar de "proto-história do latim".

Giacomo Devoto distingue períodos, segundo Parrain:

- O período real etrusco, correspondente ao latim arcaico, já estabilizado, língua correntemente escrita, embora não se possua texto algum.
- O período obscuro da república (500-350 a.C.), fase de crise durante a qual o latim sofreu, in loco, mudanças mais profundas do que sofreria a partir de 350 a.C. até nossos dias; ou seja, o italiano atual está mais próximo do latim de Plauto do que o latim de Plauto está próximo do que pode ser reconstituído como o latim do século VI a.C.

Essa mutação entre 500 e 350 a.C. corresponde à cessação da ação coordenadora, política e cultural, exercida pelos reis etruscos e às lutas de classes entre plebeus e patrícios. A evolução é comparável com a que conduziu à passagem do latim da época imperial romana para o francês do século XI, após a destruição do Império Romano pelas invasões bárbaras. Esta última evolução corresponde à passagem do modo de produção escravagista romano, no início do século V, para o modo de produção feudal, no século XI.[54]

Na *Ideologia alemã*,[55] Marx, citado por Parrain, diz que foi a necessidade de calcular os períodos de transbordamento do Nilo que criou a astronomia egípcia e, ao mesmo tempo, a dominação da casta sacerdotal na organização da agricultura.

As condições naturais externas dividem-se em duas classes:

- as riquezas naturais como meios de subsistência: fertilidade do solo, águas ricas em peixes etc.;
- as riquezas naturais como meios de trabalho: queda d'água, rio navegável, metais, carvão etc.

No início da civilização, é a primeira categoria de riquezas que prevalece; no final, é a segunda.

Marx aplica essas considerações ao Egito: foi pela capacidade de empregar uma parte considerável da população para trabalhos improdutivos que o Egito Antigo realizou suas grandes obras arquitetônicas. Mas o uso da escravidão generalizada para o desenvolvimento do vale do Nilo teve maior importância histórica.

Conclusão

Acabamos de revisar os estudos mais recentes sobre o MPA. Todos eles contêm informações preciosas sobre as sociedades nesse modo de produção. Mas nenhum, em nossa opinião, abordou a questão fundamental, a saber: por que, a partir do momento em que um Estado tomou a forma do MPA na Antiguidade, a revolução tornou-se impossível? Por que, nessa ordem de ideias, a sociedade romana esperou em vão pela revolução durante meio milênio, quando todas as condições previstas pela teoria estavam reunidas desde o início?

A ideia desenvolvida por certos teóricos, como Maurice Godelier, segundo a qual a sociedade romana não conhecia uma burguesia que pudesse ter feito a revolução, é insustentável. De fato, os "publicanos" formavam a classe mais rica de homens de negócios e seus membros pertenciam à classe rica de "cavaleiros".

Eles constituíram sociedades empresariais do tipo moderno com a bênção do Estado romano; essas sociedades tinham o equivalente a um presidente diretor-geral, um conselho de administração e eram compostas de acionistas. O Estado podia encarregá-los da exploração de uma mina ou da cobrança do tributo de uma província. Os censores elaboravam os cadernos de encargos. Somente os senadores e seus filhos estavam proibidos de fazer negócios, mas a dificuldade era facilmente contornada, podendo o liberto servir como preposto, especialmente para armar navios para o grande comércio marítimo. Essas sociedades dedicavam-se igualmente a operações bancárias de trocas cambiais e de transferência de fundos, bem como a operações de empréstimos usurários.[56]

PARTE III

A identidade cultural

14. Como definir a identidade cultural?

Em se tratando de um indivíduo, a sua identidade cultural depende da identidade do seu povo. Por conseguinte, é necessário definir a identidade cultural de um povo. Isso equivale, em grande medida, a analisar os componentes da personalidade coletiva. Sabe-se que três fatores concorrem para a sua formação:

- um fator histórico,
- um fator linguístico,
- um fator psicológico.

Qualquer tentativa de reforçar ou modificar a personalidade cultural deve, portanto, consistir em estudar cuidadosamente um modo de ação adequado sobre esses três fatores. A identidade cultural perfeita corresponde à plena presença simultânea de todos eles no indivíduo. Mas este é um caso ideal. Na realidade, encontram-se todas as transições, desde esse caso normal até o caso extremo da crise de identidade em consequência da atenuação dos fatores distintivos acima referidos. As combinações específicas dos fatores dão origem a todos os casos possíveis, individuais ou coletivos: um deles é plenamente eficaz, enquanto outro tem pouco ou nenhum efeito, como veremos no caso da perda da expressão linguística, da língua materna, na diáspora.

Pode-se perguntar qual dos três é o mais importante; dito de outra forma, qual seria suficiente para caracterizar a personalidade cultural na ausência dos outros dois. Essa questão faz sentido? É possível isso acontecer?

Responder significa rever a importância relativa de cada um dos fatores em uma breve análise.

Fator histórico

O fator histórico é o cimento cultural que une os elementos díspares de um povo para fazer um todo, por meio do sentimento de continuidade histórica vivido pelo conjunto da coletividade. É a consciência histórica assim engendrada que permite ao povo distinguir-se de uma população, cujos elementos, por definição, são estranhos uns aos outros: a população de um mercado qualquer de uma grande cidade é composta de turistas estrangeiros provenientes dos cinco continentes e que não têm qualquer ligação cultural entre si. A consciência histórica, pelo sentimento de coesão que cria, constitui o baluarte de segurança cultural mais certo e mais sólido para um povo. É essa a razão pela qual todo povo busca apenas conhecer e viver sua verdadeira história e transmitir a memória dela a seus descendentes. O essencial para o povo é encontrar o fio condutor que o liga ao seu passado ancestral o mais distante possível. Diante das agressões culturais de todos os tipos, diante de todos os fatores desagregantes do mundo exterior, a arma cultural mais eficaz de que um povo possa se dotar é esse sentimento de continuidade histórica. Assim, o apagamento e a destruição da consciência histórica sempre fizeram parte em todos os tempos das técnicas de colonização, de escravidão e de degradação dos povos. A seguinte passagem de Albert Peyronnet, citada por Georges Hardy, é a prova disso:

> "Uma matéria que eu veria desaparecer sem arrependimento [do currículo de nossas escolas africanas] é a história", diz Peyronnet, senador por Allier, em um artigo recente nos *Annales Coloniales*. "Algumas leituras por ocasião da aula de francês seriam suficientes para lhes dar a noção do poder do nosso país." [...] Há uma forma muito mais simples de dar aos jovens indígenas uma ideia clara da nossa força, que é decorar a sala de aula com *manigolos* cruzados e colocar a miniatura de um canhão de 75 milímetros na mesa do professor. Isso por si pode, em certa medida e por um determinado tempo, substituir a história; mas não podemos esquecer que rapidamente nos habituamos aos espantalhos: os pardais acabam por fazer os seus ninhos nos bolsos dos senhores que gesticulam nas cerejeiras.[1]

São essas possibilidades de agressões culturais, ligadas à importância vital dessa matéria, que levaram os países em desenvolvimento que saem da noite colonial, como Marrocos, Argélia etc., a fazer do ensino de história uma atividade nacional. Em todo caso, este ensinamento deve merecer a atenção particular do Estado.

Pode-se ver que o que é importante para um determinado povo não é o fato de poder reivindicar para si um passado histórico mais ou menos grandioso, mas antes ser habitado somente por esse sentimento de continuidade tão característico da consciência histórica. Nunca poderia ocorrer ao pequeno povo albanês invejar o povo britânico pelo seu brilhante passado histórico. O conhecimento de seu verdadeiro passado, seja ele qual for, é o fato importante. Isso pressupõe uma atividade de investigação que se desenvolve inteiramente no terreno científico, livre de qualquer interferência da ideologia. A Unesco está hoje em uma boa posição para saber que os africanos são capazes de se envolver em tal atividade. Com efeito, ela dispõe agora em seus próprios arquivos de provas documentais sobre o assunto.

Dissemos mais acima que um povo sem consciência histórica é uma população. A perda da soberania nacional e da consciência histórica em consequência da ocupação estrangeira prolongada engendra a estagnação ou mesmo, por vezes, a regressão, a desagregação e a volta parcial à barbárie: tal foi o caso do Egito sob os romanos, se acreditarmos em Juvenal. Pela perda contínua da soberania nacional desde a chegada dos persas em 525 a.C., o Egito, que havia civilizado o mundo, e que desde 1600 a.C., sob o comando da rainha Hatshepsut, sulcava os mares com embarcações de alto-bordo até a terra de Punt, mas só puderam construir barcos de argila sob o comando dos romanos no século II.

Pior ainda, ela recairia na superstição e na barbárie. Juvenal descreve as lutas tribais de dois nomes, Denderah e Hombos, cujos totens são inimigos e que teriam terminado com cenas de antropofagia. Tal acontecimento situa-se sob o consulado de Júnio, no ano 127.[2]

Mesmo fazendo a distinção das coisas e levando em consideração o fato de que Juvenal era um autor tendencioso que não gostava dos "orientais", deve-se admitir que, no conjunto, houve uma verdadeira regressão local da civilização egípcia. A regressão atingiu o povo egípcio em seu próprio berço, antes de qualquer emigração, e isso, repita-se, unicamente por causa da ocupação estrangeira. Um dos grandes enigmas da história está sendo revelado sob nova luz: por que os povos responsáveis por grandes civilizações decaíram tanto posteriormente, em particular os povos africanos? É evidente que um desenvolvimento exaustivo dessa ideia ocuparia demasiado espaço, e por esse motivo iremos nos limitar a esboçá-la de passagem, mas de modo suficiente para fornecer alguns elementos de resposta. Em todo caso, relembrar tantos fatos é apenas uma forma de enfatizar a importância do fator histórico na definição da personalidade cultural de um povo.

Mas, então, o que chamaríamos de história africana? Há que distinguir dois níveis: aquele, imediato, das histórias locais, tão caras, fortemente vividas, em que os povos africanos, segmentados por diversas forças externas, cuja principal é a colonização, hoje encolhem-se, encontram-se sitiadas e vegetam.

Um segundo nível, mais geral, mais longínquo no espaço e no tempo e englobando a totalidade dos nossos povos, compreende a história geral da África negra, tal como a investigação permite restituí-la hoje a partir de uma abordagem rigorosamente científica: cada história particular é, assim, marcada e situada corretamente em relação a coordenadas históricas gerais. Desse modo, toda a história do continente é reavaliada de acordo com um novo padrão unitário capaz de reviver e cimentar, com base em fatos estabelecidos, todos os elementos inertes do antigo mosaico histórico.

Torna-se evidente que o sentimento de unidade histórica e, portanto, de identidade cultural que a investigação científica é capaz de reviver, no momento atual, na consciência cultural africana, não é somente qualitativamente superior a todos aqueles conhecidos até agora, mas desempenha também um papel protetor de primeira ordem neste mundo caracterizado pela generalização da agressão cultural. Surge, assim, uma linha de investigação recomendável para reforçar o sentimento de identidade cultural dos povos negro-africanos. Ao se dedicar a essa atividade de investigação nossos povos irão descobrir, um dia, que a civilização egípcio-núbia teve sobre a cultura africana o mesmo papel que a Antiguidade greco-romana teve sobre a civilização ocidental.

Definição: pode-se dizer que um povo emergiu da pré-história no instante em que toma consciência da importância do acontecimento histórico a ponto de inventar uma técnica — oral ou escrita — para sua memorização e acumulação.

Fator linguístico

Passemos ao fator linguístico como elemento constitutivo da personalidade cultural e, portanto, da identidade cultural. Seria difícil dizer, entre o fator histórico e o fator linguístico, qual dos dois é o mais importante do ponto de vista que nos interessa. Montesquieu se inclinaria muito provavelmente para o fator linguístico, ao escrever que, "enquanto um povo vencido não tiver perdido a sua língua, pode conservar a sua esperança", sublinhando assim que a língua é o único denominador comum, o traço de identidade cultural por excelência.

Mas o que significa unidade linguística africana? Podem dizer que a África é uma torre de Babel. Não mais que a Europa, que também tem mais de 360 idiomas e dialetos.

Não há unidade linguística aparente em nenhum continente: as línguas seguem as correntes migratórias, os destinos particulares dos povos, e a fragmentação é a regra, até que um esforço oficial, uma vontade política, tente estender uma expressão em detrimento de outras: assim, a língua da Île-de-France, aquela dos reis da França, foi privilegiada em relação a outros dialetos, como o picardo, o provençal, o bretão etc.

No entanto, hoje em dia, graças à investigação linguística, todos sabem que a heterogeneidade superficial na Europa esconde um parentesco, uma unidade linguística profunda que se torna cada vez mais evidente à medida que recuamos até ao indo-europeu, que é a "língua-mãe", a ancestral da qual derivam todos os ramos atuais e passados, seguindo uma evolução altamente complexa.

Se hoje falamos de unidade linguística europeia é apenas nesse nível profundo, depurado e restituído à ciência pela arqueologia linguística.

De outro modo, franceses, ingleses, alemães, italianos, romenos, lituanos, russos etc. não se entenderiam mais do que os uólofe, os bambara, os hauçá etc. se entenderiam.

Mas a pesquisa linguística africana dos últimos anos permitiu atingir um grau em que o parentesco, a unidade linguística africana no sentido genético, é tão evidente como o da grande família linguística indo-europeia. E vemos os caminhos que se abrem para a afirmação e o fortalecimento da identidade cultural africana.

Da mesma forma, foi a pesquisa linguística, e somente ela, que muito recentemente permitiu aos europeus do século XX experimentar o sentimento de sua unidade linguística. Antes das pesquisas de gramática comparada do alemão Franz Bopp, no século XIX, não havia sentimento de unidade linguística europeia.

Nesse domínio, a África estará atrasada pouco mais de um século em relação à Europa. Por conseguinte, é necessário que uma investigação linguística africana devidamente conduzida leve os nossos povos a experimentar profundamente a sua unidade linguística, da mesma forma que a Europa, apesar da aparente heterogeneidade superficial. Nesse sentido, os resultados obtidos já permitem empreender a educação cultural da consciência africana.

Os africanos descobririam muito rapidamente, e para sua grande surpresa, que foi uma língua tipicamente negro-africana a mais antiga escrita da história da humanidade, há 5300 anos, no Egito; enquanto os primeiros testemunhos de uma língua indo-europeia (o hitita) remontam à XVIII dinastia egípcia (1470 a.C.), e isso provavelmente sob a influência da dominação política e cultural da Ásia-Menor pelo Egito. Mas isso nos levaria longe demais. Digamos somente que, de repente, a investigação linguística africana oferece possibilidades vertiginosas para a linguística comparativa e está em vias de inverter os papéis tradicionais neste domínio. Seja como for, é através do estudo das línguas egípcio-núbias que podemos introduzir a dimensão histórica que até agora tem faltado nos estudos africanos; o comparatismo daí resultante contribui para reforçar, a cada dia que passa, o sentimento de unidade linguística dos africanos e, por conseguinte, o seu sentimento de identidade cultural.

A revisão dos fatores históricos e linguísticos como elementos constitutivos da personalidade cultural evidencia a necessidade de uma reforma total dos currículos africanos nos campos aqui discutidos, e de focalizá-los radicalmente nas antiguidades egípcio-núbias, da mesma forma que a educação ocidental se baseia nas antiguidades greco-latinas: não existe um meio mais seguro, mais radical, mais científico, mais saudável e mais salutar de reforçar a personalidade cultural africana e, consequentemente, a identidade cultural dos africanos.

Fator psicológico

Ainda dentro do quadro da análise dos três fatores mencionados no início de nossa apresentação, chegamos ao terceiro e último fator constitutivo da personalidade cultural: o fator psíquico, apreensível à primeira vista por todos, se é que existe. O médico grego Galeno, que viveu no século II, reduziu a dois os traços característicos do negro que lhe pareciam fundamentais: o comprimento desproporcional do pênis e a hilaridade, uma forte propensão a rir. O negro é um ser hilário com um pênis desmesuradamente longo.

Para Galeno, esses dois traços, um físico e outro moral, eram suficientes para caracterizar o tipo genérico do negro. Embora ele fosse frequentador assíduo da biblioteca do templo de Mênfis, onde foi o último estudioso grego, seis séculos depois de Hipócrates, a consultar os anais de Imhotepe, o brilho da civilização egípcia estava prestes a ser esquecido, e Roma dominava o mundo. Galeno nasceu três anos após a morte de Juvenal. Testemunhamos a gênese do imaginário negro na literatura ocidental. Essas identificações caricaturais do negro a partir de alguns traços psicológicos mais ou menos mal definidos serão perseguidas até os nossos dias por autores em busca de definições, incluindo o conde de Gobineau, ancestral ideológico do nazismo. Para ele, toda arte resulta do casamento da sensibilidade vegetativa do negro, de qualidade inferior, com uma racionalidade apolínea branca, de qualidade superior. Ele escreve:

A partir de então, apresenta-se essa conclusão muito rigorosa, de que a fonte de onde as artes brotaram é estranha aos instintos civilizatórios. Ela está escondida no sangue dos negros. Poderão dizer que estou pondo uma coroa muito bonita na cabeça disforme do negro, e que lhe estou concedendo uma grande honra ao reunir à sua volta o coro harmonioso das Musas. A honra não é tão grande. Eu não disse que todas as Piérides estavam reunidas ali. Faltam os mais nobres, aqueles que se apoiam na reflexão, aqueles que querem beleza em vez de paixão [...]. Traduza para ele os versos da *Odisseia* e, em particular, o encontro de Ulisses com Nausícaa, o sublime da inspiração reflexiva: dormirá. Em todos os seres, para que a simpatia irrompa, a inteligência deve primeiro ter compreendido, e isso é o que é difícil no negro. A sensibilidade artística deste ser, em si mesma poderosa para além de toda expressão, permanecerá, portanto, necessariamente limitada aos trabalhos mais miseráveis [...]. De todas as artes que a criatura melaniana prefere, a música ocupa o primeiro lugar, na medida em que acaricia o seu ouvido com uma sucessão de sons em que nada exige-se da parte pensante do seu cérebro. [...] Como ele permanece estranho àquelas delicadas convenções pelas quais a imaginação europeia aprendeu a enobrecer as sensações [...] a sensualidade do branco, iluminada e dirigida pela ciência e pela reflexão, criará para si, desde as primeiras medidas, como se diz, um quadro. [...]

O negro não vê nada disso. Ele não compreende a menor parte disso; e, no entanto, se conseguirmos despertar seus instintos, o entusiasmo e a emoção serão muito mais intensos do que nosso prazer contido e nossa satisfação honesta.

Parece que vejo um bambara assistindo à apresentação de uma das músicas de que ele gosta. Seu rosto se inflama, seus olhos brilham. Ele ri e sua larga boca mostra seus dentes brancos e afiados cintilando no meio da face tenebrosa. O gozo vem [...]. Sons inarticulados se esforçam para sair da sua garganta, comprimidos pela paixão: fartas lágrimas rolam sobre suas faces proeminentes; mais um momento e ele vai gritar, a música para, estará dominado pelo cansaço [...].

Assim, o negro possui no mais alto grau a faculdade sensual sem a qual não há possibilidade de arte; e, por outro lado, a ausência de aptidões inte-

> lectuais torna-o completamente impróprio para a cultura artística, mesmo para a apreciação do que esta nobre aplicação da inteligência humana pode produzir de elevado. Para aprimorar suas faculdades, ele deve se aliar a uma raça diferentemente dotada. [...]
>
> O gênio artístico, igualmente estranho aos três grandes tipos, apenas surgiu após o himeneu dos brancos com os negros.[3]

A civilização egípcia, com a sua arte grandiosa, que se deve inteiramente a um povo negro, é a negação mais formal das bobagens "eruditas" de Gobineau, e não nos daremos ao trabalho de criticar essa constelação de erros.

Queremos somente salientar que o clima intelectual e psicológico criado por todos os escritos desse gênero tinha fortemente condicionado as primeiras definições que os pensadores negros-africanos, entre as duas guerras mundiais, tentaram dar de sua cultura.

Os poetas da "negritude" não dispunham na época de meios científicos para refutar ou questionar esses erros. A verdade científica havia se tornado branca por tanto tempo que, com a ajuda dos escritos de Levy-Bruhl, todas essas afirmações feitas em cores científicas deviam ser aceitas como tais por nossos povos subjugados. A "negritude", portanto, aceitou essa suposta inferioridade e a assumiu sem rodeios diante do mundo. Césaire exclamou: "Aqueles que não exploraram nem os mares nem o céu", e Léopold Sédar Senghor: "A emoção é negra e a razão helênica".

Fomos assim levados, passo a passo, a especificar demais, a privilegiar, talvez, este terceiro fator, psíquico, constitutivo da personalidade, e a que todos os outros povos chamam simplesmente de o temperamento nacional, e que varia do eslavo ao germânico, do latino ao papuano. A ladeira estava muito escorregadia e seguimos por ela. Isso se deve ao fato de que esse último fator é tradicionalmente apreendido de forma qualitativa a partir da literatura, e da poesia em particular: todos os povos cantaram suas virtudes; enquanto os outros dois fatores, histórico e linguístico, são suscetíveis apenas a uma abordagem científica rigorosa.

Mas hoje, para entender melhor a identidade cultural dos povos, pode-se igualmente tentar uma abordagem científica do fator psíquico. Para isso, seria necessário, no quadro de uma abordagem sócio-histórica, tentar responder à seguinte questão: quais são *os invariantes psicológicos e culturais* que as revoluções políticas e sociais, mesmo as mais radicais, deixam inalterados não somente entre o povo, mas também entre os líderes da revolução? Se se tentar responder a essa pergunta a partir da análise do condicionamento histórico de um determinado povo e dos povos africanos em geral, chega-se já a resultados relativamente mais elaborados do que antes. Apercebemo-nos de que a alegria comunicativa, que remonta ao tempo de Galeno, em vez de ser um traço psíquico permanente atribuível unicamente ao sol, é uma consequência das estruturas sociais comunitárias tranquilizadoras que ancoram os nossos povos no presente e na despreocupação com o amanhã, no otimismo etc., ao passo que as estruturas sociais individualistas geram nos indo-europeus ansiedade, pessimismo, incertezas quanto ao amanhã, solidão moral, tensão em relação ao futuro e a todos os seus efeitos benéficos sobre a vida material etc.

Hoje, com a fragmentação em todo o mundo dessas estruturas herdadas do passado, assistimos a um novo nascimento moral e espiritual dos povos: uma nova consciência moral africana, um novo temperamento nacional estão se desenvolvendo diante de nossos olhos, e, a menos que as estruturas resistam — e como elas poderiam resistir —, esse fenômeno de transformação espiritual dos povos ganhará em amplitude.

Até agora, as características culturais que herdamos do passado são as mesmas que analisamos em *Unidade cultural da África negra*, bondade, alegria, otimismo, senso social etc., e esta breve exposição mostra que elas não têm nada de fixo ou de permanente, mas que mudam com as condições: a África começa a experimentar consciências fortemente individualistas, com todas as consequências habituais. Como então explicar o sentimento de identidade cultural por meio dessa mudança permanente? Quais são as invariantes culturais sobre as quais falávamos? Não podemos aqui responder detalhadamente a essa questão, mas podemos lembrar, ao menos, que os fatores históricos e linguísticos constituem coordenadas, marcos quase absolutos em relação ao fluxo permanente das mudanças psíquicas.

E os negros da diáspora? O vínculo linguístico foi quebrado, mas o vínculo histórico continua mais forte do que nunca, perpetuado pela memória; assim como a herança cultural da África, evidente nas três Américas, atesta a continuidade dos hábitos culturais: creio que até já se disse que a diferença entre o norte-americano branco e o seu antepassado inglês, ou pelo menos o seu antepassado europeu, é o riso negro, tão simpático, herdado da escrava que educou as crianças...

15. Para um método de abordagem das relações interculturais

Uma iniciativa apropriada para esclarecer as dificuldades e os fracassos nas relações interculturais consistiria em analisar o processo pelo qual duas dadas culturas nascem, se desenvolvem, entram em contato uma com a outra e passam a se influenciar mutuamente no espaço e no tempo.

Tomemos como exemplo para estudo, por um lado, o espaço geográfico europeu, situado num clima temperado, com sua fauna e flora específicas, sua história própria, suas estruturas sociais e políticas, seus hábitos e costumes, resultantes do ambiente assim caracterizado; e, por outro lado, o espaço geográfico tropical, diametralmente oposto.

Para nos atermos a fatos objetivos, observáveis por todos, analisemos as limitações impostas pelas coordenadas histórico-geográficas à superposição dos campos semânticos dos conceitos, no domínio geral da expressão linguística, ao passar de um espaço geográfico a outro.

Como todas as línguas europeias (inglesa, alemã, espanhola, francesa, portuguesa, russa etc.) vêm do mesmo berço, as mais ricas expressões literárias e imagens poéticas que ali foram criadas são tecidas, feitas, com os mesmos elementos da realidade, extraídas do mesmo meio. Assim, os termos: carvalho, cipreste, abeto, prímula, campânula-branca, hera, rosa, lobo, urso, neve etc. entram na confecção de imagens literárias que geralmente não têm seus equivalentes em todas as línguas africanas da zona tropical.

Esse exemplo privilegiado evidencia as particularidades do problema das relações interculturais. Assim, parece que, no domínio da expressão linguística, que é o meio fundamental da comunicação "total", os europeus encontrarão apenas pequenas dificuldades para se comunicar entre si. Um escrito literário numa língua europeia qualquer é traduzível para uma outra língua europeia com o mínimo de empobrecimento; a similaridade da fauna, da flora, da história etc. garantem a existência de expressões rigorosamente equivalentes em todas as línguas do espaço geográfico-cultural considerado. Também por essa razão, os fenômenos de aculturação e de alienação cultural entre europeus são mais atenuados, porque ocorrem no interior de uma mesma grande civilização.

A situação é diferente quando um tradutor tenta transmitir a mensagem literária de um escrito, de um poema, de uma língua europeia para uma língua africana, ou vice-versa. Três situações são possíveis:

1. Os conceitos e as imagens que veiculam a mensagem são, em conformidade com o que foi exposto, de tipo específico, e por isso é impossível uma tradução literal para uma língua que não participa da mesma cultura. Por exemplo: "branco como a neve", "carregar sua cruz".
2. As imagens e expressões são de tipo universal, no sentido de que estão suficientemente desvinculadas de todas as coordenadas sociogeográficas e climáticas para que os termos que as transmitem em qualquer idioma sejam traduzíveis sem deformação para qualquer outro idioma de qualquer zona climática. Por exemplo: "não é um bicho de sete cabeças", "rir à larga", "isso me cheira mal".
3. Imagens específicas mas suscetíveis de tradução adaptada nas línguas das diferentes zonas climáticas. Assim, a expressão francesa "*attendre sous l'orme*" ["esperar sob o olmo", correspondente em português ao sentido de "esperar sentado"] poderia corresponder em uólofe, língua senegalesa, à seguinte tradução adaptada: "*neg ci ron dahaar gi*", que significa literalmente "esperar sob o tamarineiro", mas que conserva quase todo o sabor da expressão francesa original.

Pode-se assim demonstrar, de passagem, que a tradução sistemática para línguas africanas de expressões culturais do tipo 2 e 3 seria um meio de enriquecê-las sem fazê-las perder sua feição própria. Além disso, o inverso é possível, ou seja, introduzir nas línguas europeias (ou outras) expressões do tipo 2 e 3 provenientes das línguas africanas. Embora uma língua seja, em cada estágio de sua evolução, um sistema fechado que é suficiente em si mesmo para expressar todo o universo percebido pelo sujeito pensante, tais integrações de novas e frescas imagens enriqueceriam incontestavelmente a língua em questão, europeia ou africana, e não duplicariam o estoque de expressões já existentes. Isso facilitaria a tradução de obras inteiras e variadas em escala global.

A consciência linguística europeia, ou a consciência estrangeira em geral, aceitaria com mais facilidade essas saborosas expressões perfeitamente inteligíveis, encontradas em traduções de obras, do que os neologismos que nada mais são do que sons que absorvem o sentido da frase, porque não podem, a priori, evocar qualquer imagem precisa na mente do leitor. Isso ficará mais claro a seguir.

Do exposto, conclui-se que um italiano ou um romeno condenado a se expressar apenas em espanhol seria menos alienado e aculturado do que um africano na mesma situação. Suponhamos que este último seja um poeta. Cada vez que concebeu e elaborou mentalmente uma nova imagem com base nos elementos culturais de sua própria terra e tentou expressá-la adequadamente em francês, inglês ou espanhol, o ritmo poético se desfez com os neologismos "bárbaros" que entulham o campo poético: os termos adequados são radicalmente, irremediavelmente inexistentes. O baobá não equivale ao carvalho. A consciência linguística e estética europeia (e estrangeira em geral) ainda não assimilou esses termos que representam apenas sons.

A menos que o processo de aculturação esteja concluído, se o poeta africano ignorar esse fato e falar de rosas, de lírios-do-vale que ele nunca "colheu no bosque de Chaville", isso será bastante ridículo e não produzirá mais nenhum efeito. Além disso, ele não apresentará o selo da natureza exótica e selvagem em uma linguagem própria, verdadeiramente sua, original. Até mesmo Leconte de Lisle em seus poemas bárbaros terá mais sucesso nisso do que ele. É esse fracasso que Jean-Paul Sartre constata em "Orfeu negro", como uma ironia do destino. Ele escreve:

> O negro fica à vontade [falando francês], desde que pense como um técnico, um cientista ou um político. Em vez disso, deveria falar da ligeira e constante

> lacuna que separa aquilo que ele diz do que ele gostaria de dizer, assim que fala sobre si mesmo. Parece-lhe que um Espírito setentrional rouba suas ideias, flexionando-as suavemente para significar mais ou menos o que ele queria, que as palavras brancas bebem seu pensamento como a areia bebe o sangue. [...] Ele não expressará a sua negritude com palavras precisas, eficazes, que acertem sempre em cheio. Ele não expressará sua negritude em prosa. Mas todos sabem que esse sentimento de fracasso diante da linguagem, considerada como meio de expressão direta, está na origem de toda experiência poética.[1]

Sartre vai mais longe em sua análise:

> As características específicas de uma sociedade correspondem exatamente às locuções intraduzíveis de sua linguagem. Ora, o que arrisca dificultar perigosamente o esforço dos negros para rejeitar nossa tutela é que os arautos da negritude são obrigados a escrever seu evangelho em francês. [...] E, como o francês carece de termos e de conceitos para definir a negritude, já que a negritude é silêncio, eles usarão para evocá-la palavras alusivas, nunca diretas, reduzindo-se a igual silêncio.[2]

Sartre, um dos homens mais bem-intencionados entre os intelectuais ocidentais em relação à África, não falava pelo intelectual negro médio. O fracasso que ele descreve é o dos poetas africanos, aqueles mesmos cujos poemas ele analisa. Em todo caso, para ele, os poetas africanos se expressam em uma língua que não é o francês dos franceses. Esses autores, diz ele, vão "desafrancesar" o francês antes de escrevê-lo.[3] "É somente quando elas [as palavras] regurgitaram sua brancura que ele [o arauto negro] as adota, fazendo dessa língua em ruínas uma superlinguagem solene e sagrada, a Poesia."[4] Ele acrescenta:

> Entre os colonizados o colono conseguiu ser o eterno mediador; ele está presente, sempre presente, mesmo ausente, mesmo nos conciliábulos mais secretos. E, como as palavras são ideias, quando o negro declara em francês que rejeita a cultura francesa, ele pega com uma mão o que repele com a

outra, instala em si mesmo, como um triturador, o aparelho de pensar do inimigo.[5]

Naturalmente, Sartre mostra que uma linguagem poética alusiva, beirando o silêncio, em um francês desafrancesado, permanece possível. Em outras palavras: as imagens poéticas que eles expressam em nosso idioma são opacas para o nosso espírito francês. Seria necessária uma exegese bíblica para compreender o sentido: mas, a essa altura, todo o sabor poético já se evaporou.

Decorre do exposto que, para um africano que toma emprestado uma expressão europeia, apenas a literatura acadêmica, ideológica, militante ou a poesia que usa imagens universais do tipo 2, ou adaptáveis, do tipo 3, continua imediata e plenamente possível.

Poderíamos citar versos belíssimos, de uma beleza até mesmo admirável, escritos por negros-africanos e pertencentes a essa categoria, ou seja, utilizando imagens universais: "A emoção é negra e a razão helênica" (Senghor), "Aqueles que não exploraram nem os mares nem o céu" (Césaire). São sucessos semelhantes que dão a ilusão de que também um estrangeiro pode penetrar o núcleo cultural específico elaborado por outro povo, para explorar as suas riquezas e seus tesouros.

Mas um recenseamento exaustivo, por autor, revelaria a pobreza relativa do vocabulário constitutivo das imagens poéticas dos escritores africanos em línguas estrangeiras, europeias; uma lista muito curta de epítetos, especialmente os "morais", daria os termos mais frequentes: valente, nobre, ardente, lânguido etc.

Os termos pitorescos que pintam as nuances de cores, de sensações gustativas, olfativas, auditivas e táteis são proibidos para a poesia negro-africana, na medida em que pertencem ao estoque de vocabulário específico relacionado a coordenadas geográficas.

É assim que precisamos ressaltar os limites impostos à originalidade de uma literatura africana de expressão escrita em um idioma estrangeiro, ocidental, enquanto o processo de aculturação ou alienação não se tiver concluído.

Esse breve estudo comparativo permite-nos distinguir claramente três níveis conceituais a partir da análise da especificidade da expressão linguística. A observação é geral e poderia ser aplicada ao estudo comparativo de duas culturas estrangeiras quaisquer, desde que sejam suficientemente diversas.

A esses três níveis correspondem três tipos de aparatos conceituais, que é importante identificar com cuidado, ou pelo menos ter em vista nas relações interculturais, se quisermos aprofundar as análises, ordenando metodicamente as dificuldades. De fato, para o restante de nossa análise, reduziremos esses níveis aos dois principais patamares do fato cultural específico (do incomunicável) e do fato cultural universal: conceitos específicos e conceitos universais.

As artes

Depois de ter examinado a especificidade da expressão linguística e as limitações que ela impõe nas relações interculturais, vejamos se os outros modos de expressão são privilegiados, aqueles exclusivamente plásticos, tais como escultura, pintura, música, dança. Essas artes são, a priori, linguagens universais porque têm por vocação criar formas plásticas ou ritmos que nossos sentidos podem captar diretamente sem passar pela intermediação da linguagem falada. Assim, tem-se a impressão de que, no caso das artes plásticas, não existe, no domínio das relações interculturais, um núcleo irredutível, impermeável, em que estariam concentrados todos os elementos específicos de uma dada cultura.

Vejamos a escultura negra, que sem dúvida influenciou fortemente a arte moderna ocidental no século xx. Ao estudar esse fenômeno, percebemos que o artista ocidental pediu emprestado ao seu colega anônimo africano menos um cânone de beleza do que o direito de se libertar do cânone clássico da secção de ouro e do rigor anatômico; tantos fatores que, sob formas variadas, governaram a arte europeia de Fídias a Rodin, da Antiguidade aos tempos modernos. A liberdade criadora de formas e ritmos plásticos é a grande lição que a arte moderna tirou da arte negra. Evidentemente, esse sentimento de liberdade é dificilmente separável das invenções plásticas que engendra, e quase todos os artistas modernos criam formas semelhantes àquela da arte negra; a filiação, a influência são evidentes. Mesmo entre os artistas que gostariam de negá-la.

Deixando de lado o esnobismo, permanece o fato de que o ocidental médio, sem experiência ou educação artísticas, geralmente está muito mal preparado para apreciar o valor estético de um objeto de arte negra. E não teria André Malraux, que era um grande conhecedor da arte ocidental, chegado a ponto de negar pura e simplesmente a existência de uma arte negra, apesar de sua óbvia influência sobre a arte ocidental que ele adorava?[6]

Na mesma ordem de ideias, a pintura japonesa e chinesa é apreciada de forma diversa no Ocidente, embora se trate de uma linguagem universal cujo significado é evidente à primeira vista.

Como resultado, os detalhes e o conjunto da pintura, ou da escultura (arte negra), acabam por revelar um universo em que as particularidades incompreensíveis prevalecem sobre os traços universais comuns a toda a humanidade, e por falta de educação a mensagem humana veiculada pela obra de arte não é transmitida.

Além disso, no estado atual da educação artística no mundo, mesmo no domínio das artes plásticas, os hábitos culturais tendem a favorecer a existência de núcleos culturais residuais cuja substância (cultural) apenas poderia ser apreendida e apreciada a partir do interior.

Se tomarmos a música ou a dança africana, as constatações são similares, mesmo que despojemos, através da imaginação, de nossos balés todo o seu cunho etnográfico e brutalmente erótico. Um musicólogo ocidental, animado pelas melhores intenções, depois de muitos esforços de adaptação, confessa ter ouvido apenas uma cacofonia, enquanto ouvia a música e os cantos religiosos mouridas no Senegal. Outros ocidentais dizem o mesmo em relação aos cantos dos griôs, que estão entre as mais belas narrativas épicas da época pré-colonial.

Ouvi um grande intelectual ocidental descrever uma parte de música hindu onde todos os ouvintes hindus caíram em êxtase enquanto ele permanecia completamente frio e indiferente, de modo algum conseguindo apreciar a chamada música.

Portanto, pode-se dizer que em qualquer cultura há dois domínios.

- Um nível *específico* ao qual, de fato, corresponde um aparato conceitual específico. É o nível mais denso, em que são elaborados os elementos fundamentais da cultura, que a mantêm como foco de onde irradiarão seus efeitos. Esse núcleo pode explodir ou perecer como uma célula, então, não há mais irradiação cultural. E, no entanto, todos os fenômenos que daí decorrem são praticamente impossíveis de expressar por conceitos universais, em virtude do que foi dito. Se um estranho a essa cultura tentar penetrá-la, depara-se com uma barreira psicológica, quase se poderia dizer uma barreira de potencial.
- O segundo nível cultural corresponderia aos conceitos *universais*. Se tivéssemos o direito de usar a imagem atômica para a conveniência da apresentação, diríamos que as culturas interferem principalmente no plano de sua radiação fora de seu núcleo específico, no plano de seus cortejos eletrônicos, e que este é o domínio das relações universais.

Mas essa concepção atomística poderia rapidamente levar a visões mecanicistas perigosas e errôneas.

Também seria necessário estudar os fatores que poderiam ser chamados de invariantes culturais, ou seja, elementos que mesmo as transformações culturais revolucionárias radicais deixam inalteradas, como o profundo sentimento estético: a graça no bailarino e no desportista dos países ocidentais e socialistas; os invariantes culturais e sociais, tipicamente ocidentais, que podem ser encontrados, após a revolução bolchevique, em Lênin, Stálin, Trótski? Finalmente, pode-se constatar que, qualquer que seja o modo de conhecimento sob o qual se encaram os problemas, as conclusões dessa exposição permanecem as mesmas.

PARTE IV

A contribuição da África para a humanidade nas ciências e na filosofia

16. Contribuição da África: Ciências

Matemáticas egípcias: Geometria

Será instrutivo destacar, em termos de introdução a este capítulo, a inegável relação entre a matemática egípcia e as supostas descobertas que tornaram célebres os estudiosos gregos, como Arquimedes e Pitágoras, para citar apenas alguns.

No que se refere ao seu método de investigação, Arquimedes, o maior representante do intelectualismo grego na Antiguidade, não hesitou em revelar, em uma carta ao seu amigo Eratóstenes, que procedia por pesagem, a fim de constatar primeiro empiricamente a igualdade da área de duas figuras geométricas, antes de realizar uma demonstração teórica; e ele mesmo recomenda seu método a Eratóstenes, precisamente o método que utilizou na quadratura da parábola.

"Arquimedes dedica o seu tratado *Sobre o método* a seu amigo Eratóstenes, o geômetra, e lhe revela o seu método mecânico [de pesagem das figuras geométricas] como a fonte oculta das suas principais descobertas", diz Paul ver Eecke. Porém ele acrescenta, como se no seu foro íntimo acusasse Arquimedes de desonestidade intelectual:

> Com efeito, se o tratado do método mecânico, recentemente trazido à luz, veio nos revelar o segredo de algumas das mais belas descobertas do grande geômetra, ele apenas levantou uma ponta do véu que recobre a gênese do grande número de proposições, as quais, demonstradas por uma dupla prova por contradição [*reductio ad absurdum*], pressupõem, apesar de tudo, uma noção prévia, obtida por meios que Arquimedes manteve em silêncio, ou alcançada por vias que ainda hoje percorremos, mas sobre as quais ele teria apagado cuidadosamente o rastro dos seus passos.[1]

34. Texto em hierática do problema nº 10 do papiro de Moscou e a transcrição parcial das seis primeiras linhas em escrita hieroglífica, de acordo com Vassily V. Struve. Note-se que a última linha (6) contém a expressão que é objeto de controvérsias: *"ges pw n inr"* = "a metade de um ovo". (O. Neugebauer, *Vorlesungen über Geschichte der antiken mathematischen Wissenschaften*, t. 1, p. 129.)

Desde que Struve divulgou o papiro de Moscou[2] (figs. 34 a 36) a comunidade científica internacional sabe com certeza que 2 mil anos antes de Arquimedes os egípcios já haviam estabelecido rigorosamente a fórmula da área da esfera: $S = 4\pi R^2$. Struve, que se esforçou para recuperar a abordagem dos matemáticos egípcios, acredita que eles usaram um método empírico-teórico comparável em todos os aspectos ao de Arquimedes; isso ainda é discutível, mas o papiro de Rhind, divulgado por Thomas Eric Peet, nos mostra que os egípcios também conheciam a fórmula exata para medir o volume do cilindro: $V = \pi R^2 \times h$, e a relação constante entre a área de um círculo e seu diâmetro. Motivo ainda mais forte para saberem a área de um cilindro que, cortado ao longo de uma geratriz, se transforma num retângulo cuja área eles sabiam calcular. Eles tiveram que fazer uma conexão elementar bem óbvia em comparação com as outras fórmulas mais difíceis que estabeleceram, ou seja: instituir uma relação entre o comprimento da antiga circunferência, que se tornou o comprimento do retângulo, e o seu diâmetro, para encontrar $\pi = {}^{C}/_{D}$.

Eles conheciam a fórmula exata da área do círculo $S = \pi R^2$ com um valor de $\pi = 3{,}16$, então, muito provavelmente, conheciam o comprimento da circunferência $l = 2\pi R$ com a mesma aproximação, tal como mostrado por Struve: "O exercício nº 10 trouxe-nos conjuntamente a fórmula da área da esfera e aquela do comprimento da circunferência".[3]

Na mesma ordem de ideias, foi o exercício nº 14 do papiro de Moscou sobre o cálculo do volume de um tronco piramidal (fig. 36) que nos permitiu saber que os egípcios também conheciam a fórmula exata do volume da pirâmide, caso contrário ainda hoje discutiríamos se, apesar da materialidade das pirâmides do Egito, os egípcios realmente conheciam essa fórmula. Mas quem pode fazer mais pode fazer menos, e quem estabeleceu a fórmula do tronco da pirâmide — $V = {}^{h}/_{3}\,(a^2 + ab + b^2)$ — sabia com muito mais razão que $V = {}^{h}/_{3}\,a^2$.

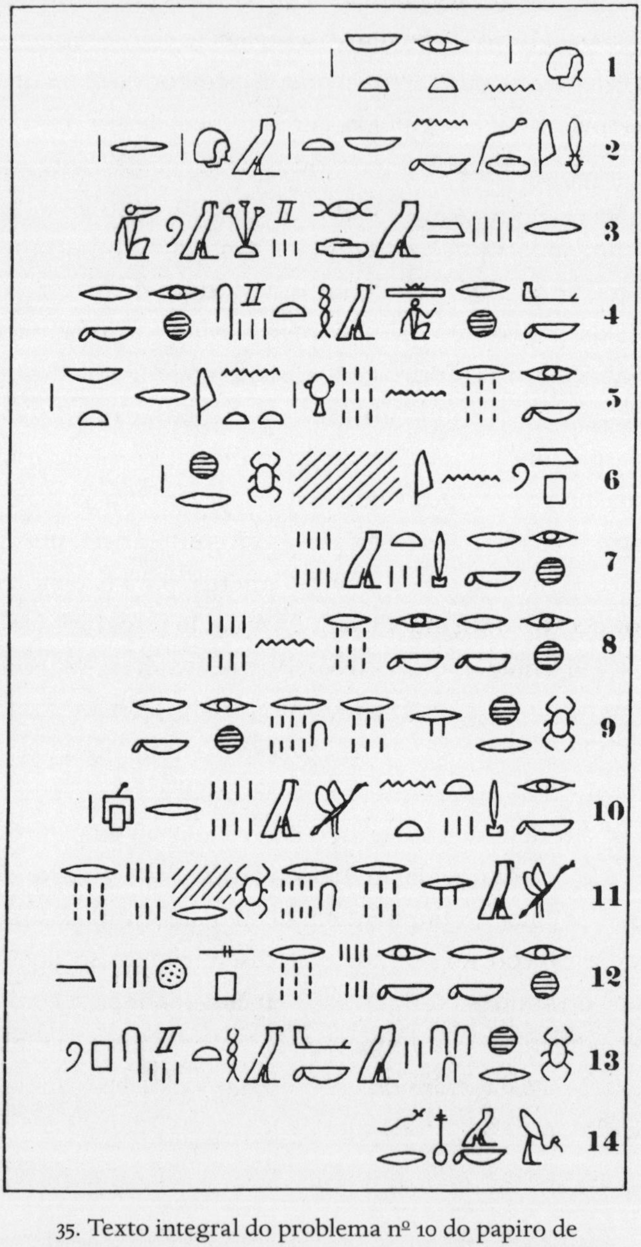

35. Texto integral do problema nº 10 do papiro de Moscou, segundo T. E. Peet. (T. Eric Peet, "A problem in Egyptian geometry", pp. 100-6, prancha XIII.)

Tradução do texto do problema nº 10

1 Método para calcular [a área] de uma semiesfera
2 Digamos que seja uma semiesfera (com uma abertura)
3 de 4 ½ (de diâmetro)
4 Pode dizer-me a sua área?
5 Calcule ⅑ de 9 porque [a cesta é] uma semiesfera
6 É a metade de um ovo. O resultado é 1
7 Calcule o resto, ou seja, 8
8 Calcule ⅑ de 8
9 O resultado é ⅔ + ⅙ + 1⁄18
10 Calcule o restante de 8
11 Após ter subtraído ⅔ + ⅙ + 1⁄18. O resultado é 7 + ⅑
12 Multiplique 7 ⅑ por 4 ½
13 O resultado é 32, ora, essa é a área
14 O cálculo foi feito corretamente

A sequência de operações é:

$9 - 1 = 8$

$8/9 = 2/3 + 1/6 + 1/18$

$8 - 8/9 = 8 - (2/3 + 1/6 + 1/18) = 7 + 1/9$

$(7 + 1/9) \times (4 + 1/2) = 32 =$ área pedida.

Como Richard Gillings salienta, o escriba se preocupou principalmente com a metodologia e realizou as seguintes operações neste problema nº 10:[4]

Ele começou por duplicar o diâmetro (d) da semiesfera na linha 5

$(4 + 1/2) \times 2 = 2\,d$

Nas linhas 6 e 7, calculou 8/9 de $2\,d$, ou $8/9 \times 2\,d$.

Nas linhas 8, 9, 10, 11, ele calculou 8/9 deste último resultado, que dá:

$8/9 \times 8/9 \times 2\,d$

Na linha 12, ele multiplicou o todo por d para obter a área (S):

$S = d \times 2 \times 8/9 \times 8/9 \times d = 2 \times 64/81 \times d^2$

daí (r sendo o raio da esfera):

$S = 2 \times 64/81 \times (2\,r)^2$ ou $S = 2 \times 256/81\, r^2$

$S = 2\,\pi r^2$ com $\pi = 256/81 = 3{,}16049$

A expressão precedente é equivalente à seguinte notação literal de Vassily Struve:

$S = [(2d - 2d/9) - 1/9\,(2d - 2d/9)]\,d$

$S = 2d^2\,[(1 - 1/9) - 1/9\,(1 - 1/9)]$

$S = 2d^2\,[(8/9) - 1/9\,(8/9)] = 2d^2\,[72 - 8/81]$

$S = 2d^2 \times 64/81$

$S = 2 \times 64/81 \times (2r)^2 = 2 \times 4 \times 64/81 \times r^2$

$S = 1/2$ esfera $= 2 \times 256/81 \times r^2 = 2\,\pi r^2$

Quis a sorte que a expressão mais complexa, analiticamente falando, a mais inacessível, tenha sido salva do esquecimento pelos raros papiros que sobreviveram ao vandalismo dos conquistadores. Assim, o exercício nº 14 do papiro de Moscou e os exercícios nºs 56, 57, 58, 59 e 60 do papiro de Rhind (figs. 37 a 40) nos mostram que os egípcios haviam realizado, 2 mil anos antes dos gregos, o estudo matemático da pirâmide e do cone, e que até mesmo utilizaram as diversas linhas trigonométricas, tangente, seno, cosseno, cotangente, para calcular suas inclinações. O que não impedirá Arquimedes de escrever ao geômetra Dositeu de Pelúsio que é a "Eudoxo de Cnido que se deve a medida da pirâmide e do cone".[5] Além disso, Eudoxo e Platão foram antigos alunos dos sacerdotes egípcios de Heliópolis,[6] mas, como provam os documentos, os egípcios já haviam procedido 2 mil anos antes de seu nascimento ao estudo dos corpos que lhes são atribuídos. Com efeito, o cubo, a pirâmide etc. também fazem parte dos volumes elementares "batizados" impropriamente de corpos platônicos.

Struve mostra que os matemáticos egípcios que estabeleceram rigorosamente a fórmula da área da esfera, fórmula idêntica àquela que dá a área do cilindro inscrito na esfera e de altura igual ao diâmetro desta última, não deixaram de associar essas duas figuras para identificar um método empírico-teórico geral de estudar áreas curvas e volumes,[7] e estabelecer as relações de área e de volume desses dois corpos.

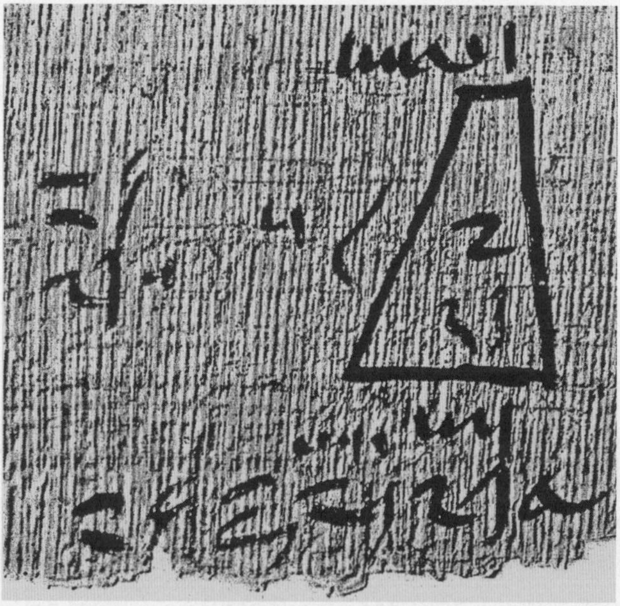

36. Problema nº 14 do papiro de Moscou, relativo ao volume do tronco da pirâmide. (O. Neugebauer, *Vorlesungen über Geschichte der antiken mathematischen Wissenschaften*, p. 127.)

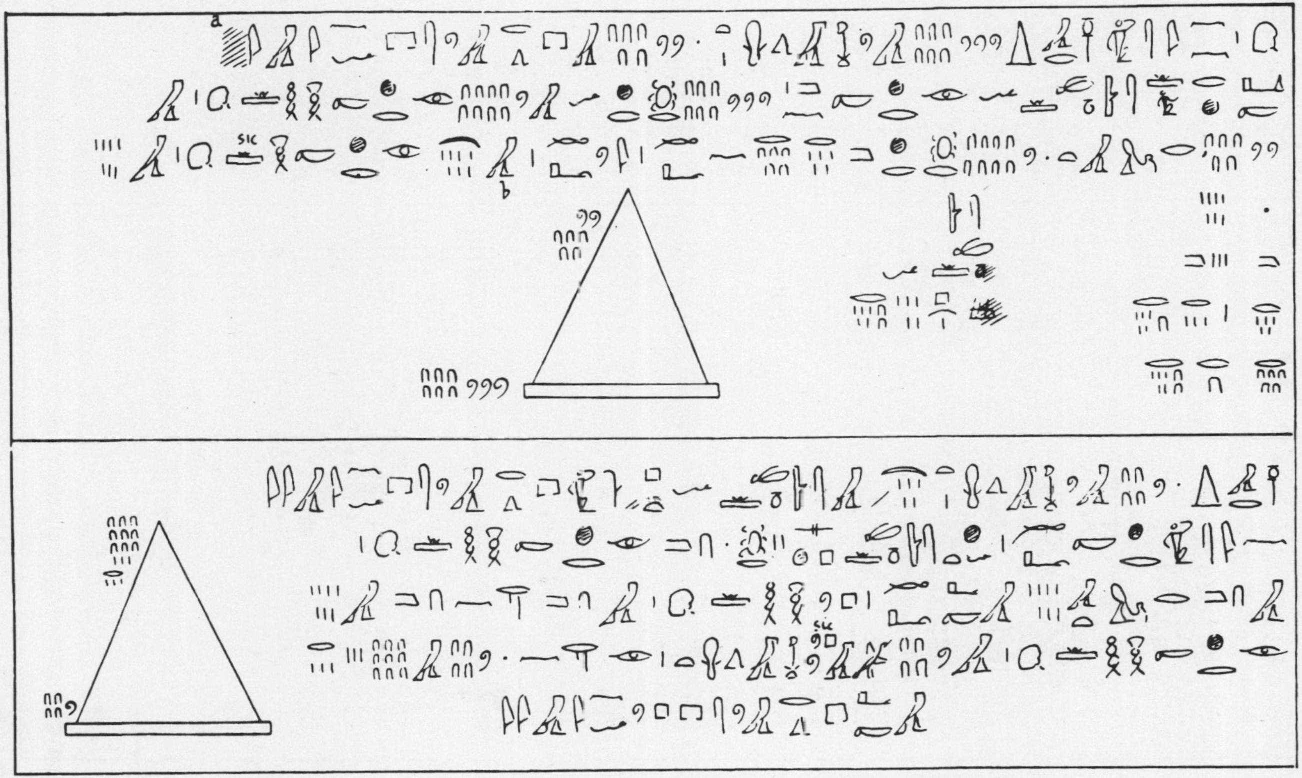

37. Problemas n.os 56 e 57 do papiro de Rhind.

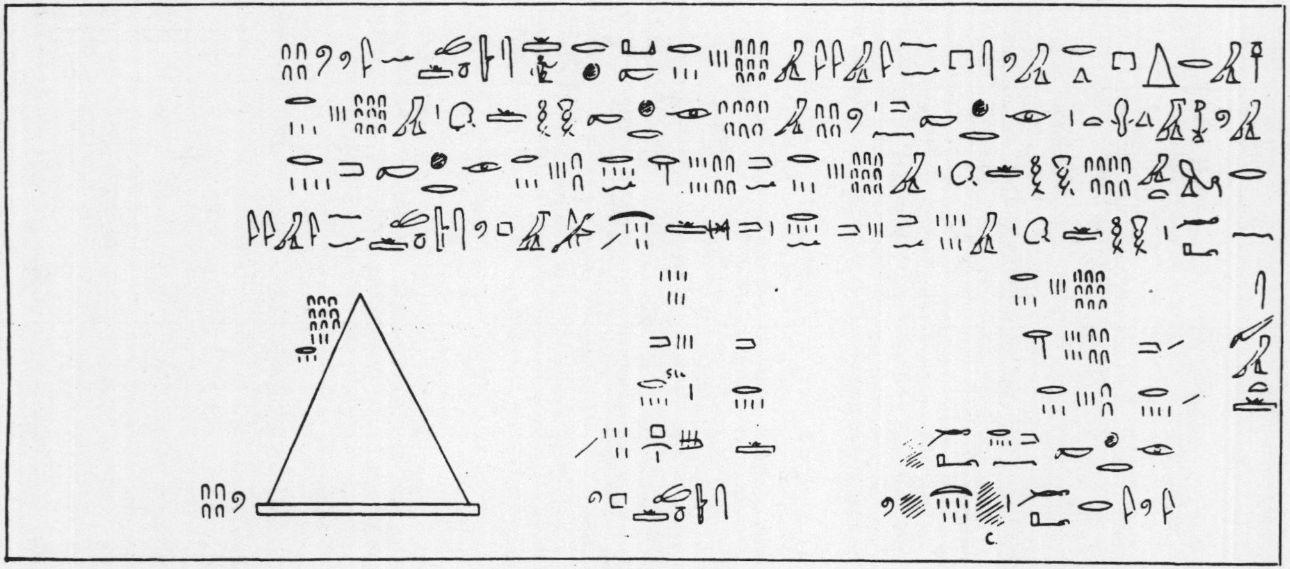

38. Problema nº 58 do papiro de Rhind.

Os problemas nºˢ 56 a 60 do papiro de Rhind dizem respeito à trigonometria, pela primeira vez na história das matemáticas, e tratam das inclinações da pirâmide e de um volume cônico. (T. E. Peet, *The Rhind Mathematical Papyrus*, prancha. Q. R.)

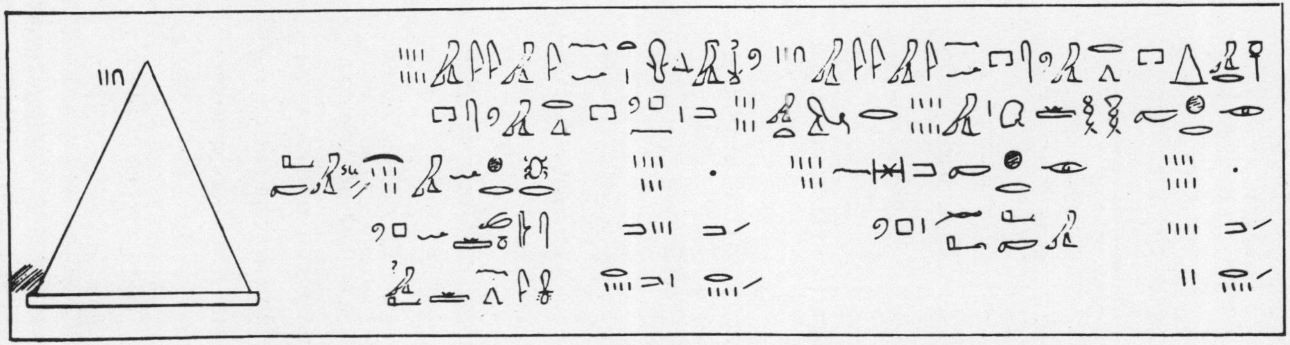

39. Problema nº 59 do papiro de Rhind.

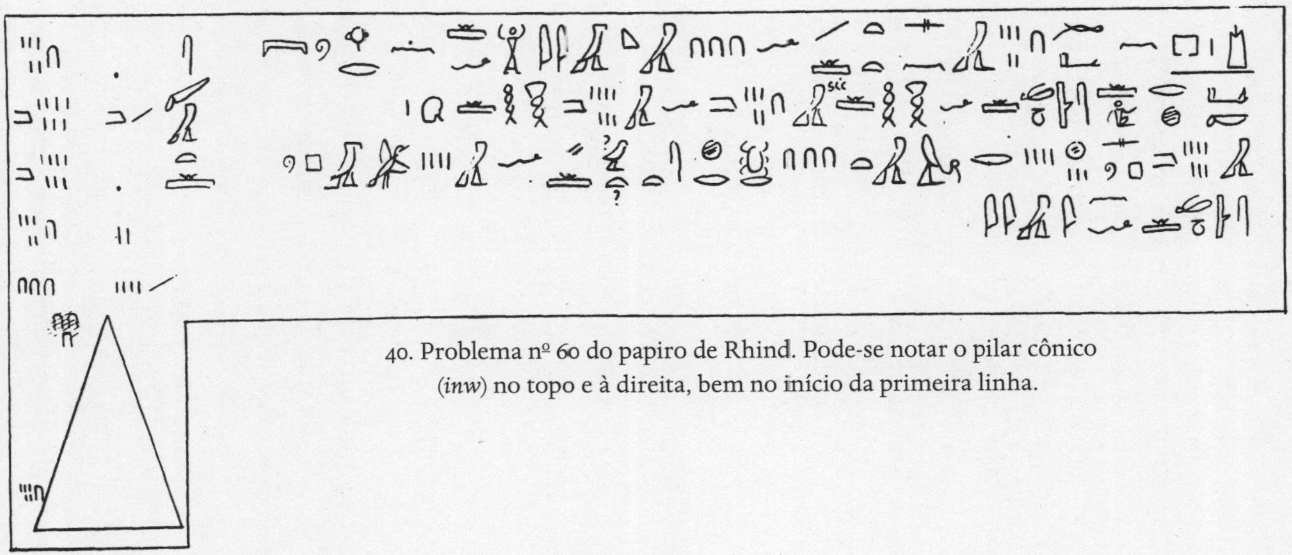

40. Problema nº 60 do papiro de Rhind. Pode-se notar o pilar cônico (*inw*) no topo e à direita, bem no início da primeira linha.

Ora, uma esfera inscrita em um cilindro de pé, cuja altura é igual ao diâmetro da esfera, é justamente a figura que Arquimedes havia escolhido como epitáfio, considerando que se tratava de sua mais bela descoberta (fig. 41). Ao fazer isso, Arquimedes nem sequer teve a desculpa de um cientista de boa-fé que redescobria um teorema estabelecido sem o seu conhecimento, 2 mil anos antes dele, pelos seus antecessores egípcios. Os outros "empréstimos" que fez durante e depois de sua viagem ao Egito, sem nunca mencionar as fontes de inspiração, mostram bem que ele estava perfeitamente consciente de seu pecado e que, nesse caso, se manteve fiel a uma tradição grega de plágio que remonta a Tales, Pitágoras, Platão, Eudoxo, Eunápio, Aristóteles etc., e que os depoimentos de Heródoto e Diodoro da Sicília nos revelam em parte.[8]

O epitáfio de Arquimedes, encontrado por Cícero em Siracusa, prova que não se trata de um mito propagado pela tradição.[9]

É notável que os romanos, que tiveram menos contato com os egípcios, não tenham contribuído em praticamente nada para as ciências exatas, para geometria em particular.

Portanto, as aquisições científicas anteriores dos antigos egípcios estão em grande parte implícitas nos livros de Arquimedes intitulados *Sobre a esfera e o cilindro* e *Sobre as medidas do círculo*, para citar apenas alguns.

Com efeito, Arquimedes, em *Sobre as medidas do círculo*, ao calcular o valor de $\pi = 3{,}14$ não fez referência alguma ao valor muito próximo de $\pi = 3{,}16$ encontrado pelos egípcios 2 mil anos antes dele. Ele não fazia ideia de que um papiro egípcio ensinaria acidentalmente a verdade aos pósteros.

Na realidade, Arquimedes não calcula explicitamente o valor 3,1416. Ele mostra que a relação entre circunferência e diâmetro está entre $3{,}1/7$ e $3{,}10/71$. Veremos que a melhor aproximação encontrada pelos babilônios era 3 (número inteiro) ou 3,8!

O tratado de Arquimedes intitulado *Sobre o equilíbrio dos planos* estuda o equilíbrio da alavanca, problema que os egípcios dominavam desde 2600 a.C., época da construção das pirâmides.

Com efeito, para erguer um monumento de 5 milhões de toneladas de pedras a 148 metros de altura e incluindo nele blocos de várias toneladas

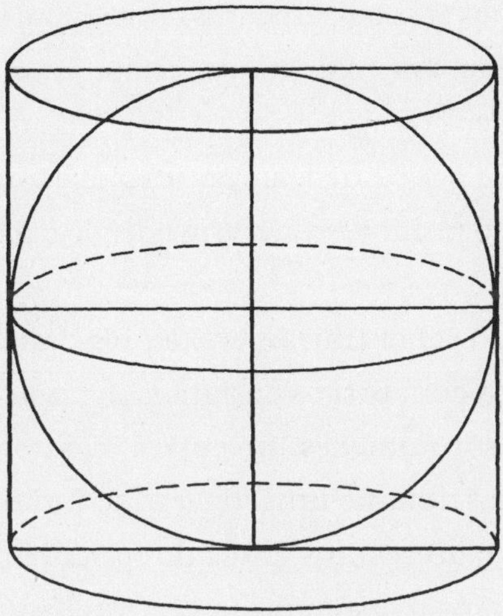

41. Cilindro exinscrito a uma esfera. Esse é o único caso em que a igualdadc cntrc a altura do cilindro c o diâmetro do círculo de base, que também é o da esfera inscrita, é de particular interesse. Esta é a figura que Arquimedes havia escolhido como epitáfio, porque ela representava a sua mais bela descoberta, dizia ele.

era necessário ter noções sólidas de mecânica e principalmente de estática; o conhecimento da teoria da alavancagem era indispensável,[10] e Struve escreve: "Portanto, devemos admitir que na mecânica os egípcios tinham mais conhecimento do que gostaríamos de acreditar". E acrescenta: "Os planos dos egípcios são tão exatos quanto os dos engenheiros modernos".[11]

Os egípcios são os inventores da balança. Se observarmos a figura 42, que representa uma balança de 1500 a.C., pode-se perceber que o manipulador atua sobre o cursor deslizante em posição inicial simétrica em relação ao suporte central, que é um modo de tornar mais exata a pesagem. É uma forma astuciosa de regular *com precisão* sobre a extensão de um braço da alavanca que constitui a balança, e de deslocar o centro de gravidade do sistema.[12] A balança é a primeira aplicação rigorosamente científica da teoria da alavanca.

As três primeiras proposições do livro de Arquimedes sobre o equilíbrio dos planos consideram

> uma alavanca, corpos pesados suspensos em cada uma de suas extremidades e um ponto de apoio. Por conseguinte, estabelecem sucessivamente que, quando os braços da alavanca são iguais, os pesos assumidos em equilíbrio também são iguais, e que pesos desiguais se equilibram a distâncias desiguais do ponto de apoio, o maior peso correspondendo à menor distância.[13]

O *shaduf* (1500 a.C.) já era uma aplicação mecânica, no sentido de Arquimedes, da alavanca com braços desiguais (fig. 43).

Da mesma forma, Arquimedes "inventará" o parafuso sem fim não em Siracusa, na Sicília, mas durante uma viagem ao Egito, onde esse engenho claramente foi inventado séculos antes do nascimento de Arquimedes, como fica evidenciado pelo testemunho de Estrabão.

A respeito da utilização desse parafuso para bombear água de minas na Espanha, Diodoro da Sicília escreve: "O espantoso é que eles [os mineiros] esgotam totalmente as águas com os parafusos egípcios que Arquimedes de Siracusa inventou durante sua viagem ao Egito".[14]

Mas Ver Eecke acrescenta: "Apesar desse testemunho, paira a dúvida sobre a origem do aparelho de drenagem que remonta, talvez, a maior antiguidade. Com efeito, Estrabão menciona também a utilização do parafuso sem fim no Egito, sem atribuir essa invenção a Arquimedes".[15]

Longe de nós pensar que Arquimedes ou os gregos em geral, que vieram 3 mil anos depois dos egípcios, não tenham ido mais longe do que estes últimos nos diferentes domínios do conhecimento; queremos apenas dizer que, como bons estudiosos, eles deveriam ter feito a distinção de cada coisa, indicando claramente o que haviam herdado de seus mestres egípcios e em que realmente haviam contribuído. No entanto, quase todos eles falharam nessa regra elementar de honestidade intelectual.

O problema nº 53 do papiro de Rhind nos mostra uma figura claramente derivada do teorema dito "de Tales", 1700 anos antes do nascimento de Tales (ver p. 302 e fig. 44).

O caso de Pitágoras também é típico, como veremos. A respeito do teorema que lhe é indevidamente atribuído, P. H. Michel escreve:

42. Balança egípcia com cursores. Note-se a simetria inicial da posição dos cursores anelares que o operador está manipulando para apurar a pesagem. Esses submúltiplos de pesos cujos deslocamentos equivalem a variar o centro de gravidade do sistema mostram que os egípcios tinham necessariamente dominado a teoria da alavanca, como confirmado pela figura 43, que representa uma alavanca no sentido mais geral, com os dois braços desiguais e um contrapeso em uma extremidade, para tirar água com o mínimo de esforço. O "ponto de apoio" de Arquimedes já estava lá, 2 mil anos antes de seu nascimento. (*Pesée de lingots d'or*, *c.*1500 a.C. Apud N. de G. Davies, *Rekhmire*, prancha LIV.)

43. Rega de um jardim com *shaduf*, na época do Novo Império. Aplicação da alavanca com braços desiguais: o instrumento que teria atendido a Arquimedes ("Dê-me um ponto de apoio, e eu levantarei a Terra") já havia sido inventado pelos egípcios mil anos antes de ele nascer. (N. de G. Davies, *The Tomb of two Sculptors at Thebes*, prancha 28.)

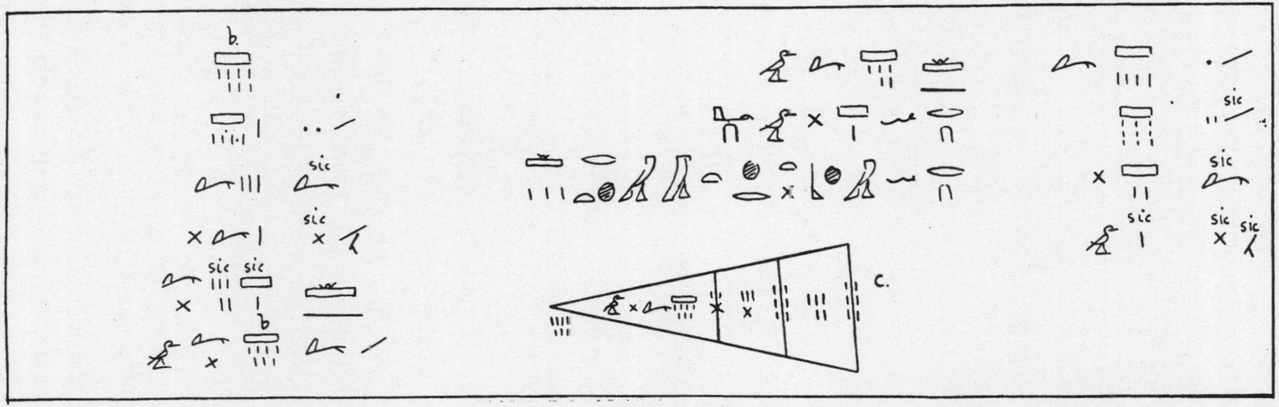

44. Problema nº 53 do papiro de Rhind. A célebre figura que pressupõe o conhecimento do teorema de Tales. (T. E. Peet, *The Rhind Mathematical Papyrus*, prancha P.)

> Enunciada ou não pelo próprio Pitágoras, [...] a relação [...] há muito era conhecida pelos egípcios e babilônios, que a demonstraram para certos casos. Faltava generalizar a fórmula e demonstrá-la geometricamente, sem recorrer a números. Muito provavelmente, esse progresso decisivo foi obtido com a descoberta dos números irracionais, por ocasião de um problema que não trazia solução numérica, o da duplicação do quadrado. É preciso demonstrar tanto a incomensurabilidade da diagonal com o lado (ou da hipotenusa do triângulo-retângulo isósceles com seus catetos) quanto o fato de que o quadrado construído sobre essa diagonal equivale ao dobro do quadrado primitivo.[16]

Veremos a seguir (p. 304) que a definição do "duplo-*remen*", ou "duplo côvado", egípcia responde exatamente a essas duas necessidades. Trata-se de definir um comprimento igual à diagonal de um quadrado de lado a, o que pressupõe necessariamente o conhecimento do teorema de Pitágoras sem dados numéricos, donde $d = a\sqrt{2}$. Sendo essa fórmula uma definição, ela mostra que os egípcios conheciam necessariamente o número irracional por excelência $\sqrt{2}$ (além de π) e que a finalidade da relação que tem o seu nome (duplo côvado) é a duplicação do quadrado; de fato, basta elevá-lo ao quadrado para ver que ele permite construir, na diagonal, um quadrado duplo de lado a. Gillings mencionou essa relação sem acompanhá-la desses poucos comentários que nos parecem necessários.

O comentário citado adiante, de Struve, mostra que muitas questões fundamentais relativas à ciência egípcia foram escamoteadas. Ele escreve: "Se a interpretação de Ludwig Borchardt de um desenho em uma das paredes do templo de Luxor (fig. 45) está correta, então os egípcios formularam o problema do cálculo da área de uma elipse".[17] Por consequência, mesmo Apolônio de Perga teria algumas contas a prestar à matemática egípcia.

Mas o autor vai mais longe: "O papiro de Moscou, que nos fornece, entre muitas outras, a prova de que uma célebre descoberta de Arquimedes deve ser inscrita na conta dos egípcios, confirma da forma mais evidente os depoimentos dos escritores gregos sobre os conhecimentos matemáticos dos estudiosos egípcios". E acrescenta: "Portanto, não temos mais nenhuma razão para rejeitar as afirmações dos escritores gregos segundo as quais os egípcios eram os mestres dos gregos em geometria".[18]

Para melhor sublinhar o caráter teórico já muito avançado da ciência egípcia em geral, Struve insiste no fato de que no chamado papiro de Edwin Smith a palavra "cérebro" é mencionada, que esse termo era desconhecido em todas as outras línguas [científicas] do mundo oriental da época e que o autor egípcio do papiro já conhecia a dependência do corpo em relação ao cérebro.

> Assim, essa é mais uma grande descoberta atribuída a Demócrito que teremos que recuar 1400 anos em relação a seu suposto inventor. Esses novos fatos, com os quais o papiro de Edwin Smith e o papiro de Moscou enriquecem o nosso conhecimento, obrigam-nos a rever radicalmente nosso juízo de valor, até agora tenaz, sobre o conhecimento egípcio. Um problema como o da pesquisa das funções do cérebro ou o [da determinação] da área de uma esfera não pertence mais ao círculo de questões por meio das quais se edifica um conhecimento empírico, no interior de uma cultura primitiva. Esses já são problemas teóricos puros, que provam então que o povo egípcio, assim como o povo grego, se esforçou para adquirir uma visão intelectual pura do universo.
>
> O fato de a geometria egípcia ser exata, o que significa que nenhuma nova descoberta poderá questioná-la, também foi sem dúvida a razão pela qual, de acordo com a tradição grega, a geometria chegou à Hélade vinda não da Babilônia, mas do Egito.
>
> Por essa razão, temos todo o direito de supor que as escolas egípcias [Casas de Vida, onde os papiros eram copiados] acumularam conhecimentos matemáticos muito vastos ao longo dos milênios, mas que, juntamente com os grandes templos e as bibliotecas reais, a maior parte desses conhecimentos se perdeu para sempre.[19]

Esses são os fatos. Veremos agora como um ideólogo do tipo de Eric Peet tentará em vão contestá-los.

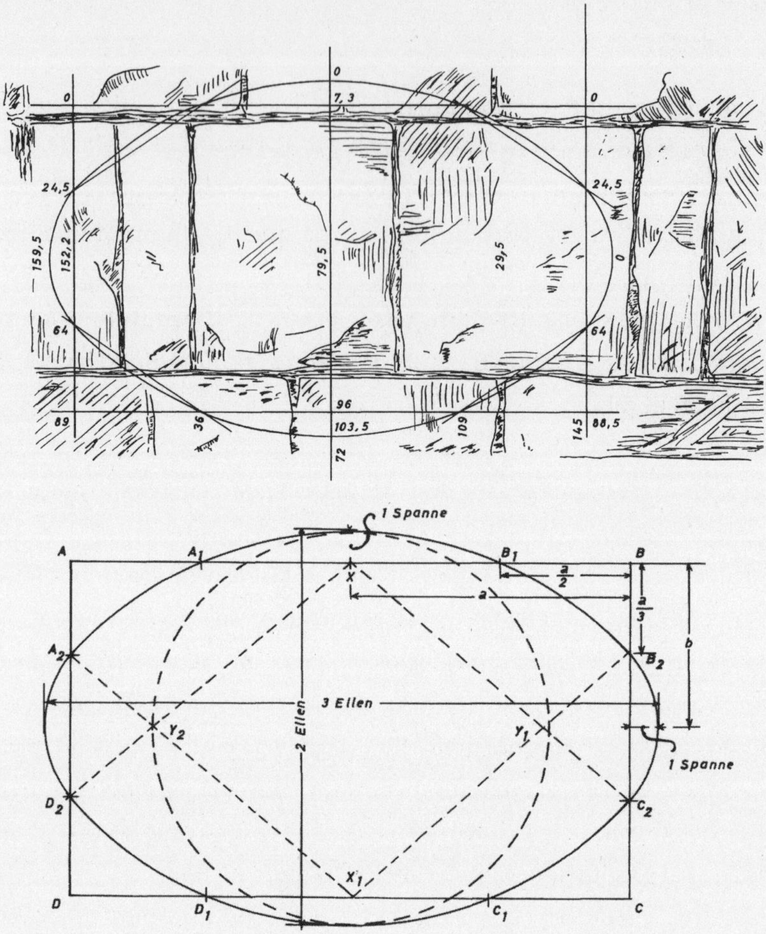

45. Reprodução da elipse traçada em uma parede do templo de Luxor. A parede foi construída no período de Ramsés II, por volta de 1200 a.C. (Desenho de Amadou Faye, Ifan, apud L. Borchardt, *Zeitschrift für Ägyptischer Sprache*, tomo 34, fig. VII.)

Pesquisas egípcias sobre a elipse (cálculo de área?)

A oval elíptica é cortada por um retângulo *ABCD* de tal modo que se tem:

$AB = DC = 2a = 2 + \frac{1}{2} + \frac{1}{4}$ côvados

e

$AD = BC = 2b = 1 + \frac{2}{3}$ côvados

e seguindo os lados do retângulo tem-se:

$AA_1 = BB_1 = CC_1 = DD_1 = \frac{1}{4}\,AB = \frac{a}{2}$

e

$AA_2 = BB_2 = CC_2 = DD_2 = \frac{1}{6}\,AB = \frac{a}{3}$

A figura é apresentada como se se tratasse de encontrar a área (S) da elipse:

$S = \pi ab = 1 \times 1\frac{1}{2} \times \pi = 4{,}71$ (valor exato)

Considerando não os semieixos, mas os diâmetros inteiros, que são, respectivamente, 2 e 3, obtém-se a seguinte fórmula:

$S = (2 - \frac{2}{7}) \times (3 - \frac{2}{7}) = 4{,}65$

e o erro do arquiteto egípcio seria $\frac{6}{471}$ ou $\frac{1}{78}$. No entanto, para Ludwig Borchardt, ainda resta dúvida sobre o problema que o técnico egípcio queria resolver. Mas não certamente se refere a uma propriedade da elipse.

Área da esfera $S = 4\pi R^2$

Peet fez um esforço sobre-humano e particularmente fantasioso para contestar a ideia de que o problema nº 10 do papiro de Moscou, estudado por Struve, trata da área curva de uma semiesfera. Ele pensou ter demonstrado isso, com base em considerações filológicas e modificações arbitrárias do texto.

Ele queria provar que o problema trata na realidade da área de um semicírculo, ou a área de um semicilindro. Por isso, não hesitou, com evidente má-fé, em propor mudanças arbitrárias no próprio texto do problema, apoiando-se em frágeis considerações filológicas, como se verá.

Portanto, o texto do papiro de Moscou e os problemas 10 (área da esfera) e 14 (volume de uma pirâmide truncada) está escrito em hierático, uma forma de escrita cursiva (2000 a.C.). Struve transcreve-a em sinais hieroglíficos (figs. 34 a 36).

Existe uma convenção formal na escrita egípcia: qualquer signo seguido de uma barra vertical representa rigorosamente o objeto figurado, nenhuma interpretação é permitida; assim 𓎟𓏏𓏤 = *nbt* = cabaça = semiesfera. Nenhuma regra da língua permite traduzir de outra forma. Struve insistiu acerca dessa lei fundamental da escrita hieroglífica nos seguintes termos:

> A palavra está escrita com o hieróglifo *nbt*, [acompanhado] do *t* do gênero feminino e de uma barra vertical. Esta barra vertical indica que o hieróglifo que ela segue denota em sentido próprio a coisa que ela representa. Como o hieróglifo *nbt* representa um cesto em forma de semiesfera, a palavra *nbt* significa aqui, no exercício nº 10, um cesto.[20]

Embora qualquer crítica de boa-fé deva começar eliminando essa dificuldade fundamental, Peet, ao longo do seu desenvolvimento, fecha os olhos resolutamente para a observação que o estorva, correndo o risco de parecer um ideólogo fantasioso, de confundir semiesfera e semicilindro. Ele escreve:

> A isso pode-se retorquir que Struve produziu poderosas evidências etimológicas para mostrar que *nbt* é de fato um hemisfério [...]. Struve, que a traduz por hemisfério, encontra uma confirmação disso na linha 6 do texto do problema, onde acredita que *nbt* é considerado metade de um ovo (*inr*), que ele julga ser o termo técnico para designar a esfera.[21]

A má-fé é evidente; não podendo criticar o já citado primeiro argumento de Struve (a saber: *nbt* seguido de uma barra deve ser tomada no sentido próprio), Peet ignora completamente essa afirmação, para o leitor desprevenido que não tenha consultado a análise de Struve; ele parte para o segundo argumento deste último, que acredita ser o mais fraco e o mais fácil de criticar, e procura torná-lo o argumento principal.

Por que ele se contenta em dizer que Struve forneceu "poderosas evidências etimológicas"? Quais? Ele tem o cuidado de não citar o mais importante, que, por si só, constitui um argumento indiscutível, que torna impossível confiar em qualquer obscuridade secundária do texto, ou no seu clássico laconismo matemático para questionar o verdadeiro significado de *nbt* = cesta = cabaça = semiesfera. Parece haver uma complacência implícita por parte de alguns estudiosos que levam em consideração as críticas de Peet, pois nenhum deles, Neugebauer em particular, aponta essa grave omissão; Peet, ao iniciar sua crítica a partir do segundo argumento de Struve, faz, consequentemente, uma importante admissão implícita: na linha 6 do texto do problema 10, diz-se: "pois o *nbt*, isto é, a cabaça, é a metade de um ovo". Mas a leitura da última palavra, *inr*, no texto hierático do papiro é difícil à primeira vista, pois o papiro está muito danificado neste ponto. No entanto, a primeira letra *i* da palavra é muito nítida, assim como o início do *n* e do *r* em hierático, bem como o determinante da palavra: um "ovo" inteiramente desenhado em posição oblíqua. Struve reforça sua argumentação mostrando que este não é o único caso em que o escriba egípcio compara em um problema um *nbt* (uma semiesfera) com a metade de um ovo. Para esse fim, ele até cita um texto grego do período ptolomaico, já que, como dirá a título de conclusão de seu estudo, a geometria grega não deriva da "geometria" babilônica, mas da geometria egípcia, como evidenciado pelos exercícios 10 (área da esfera) e 14 (volume do tronco da pirâmide) escritos 2000 anos antes do nascimento da matemática grega.[22]

Do mesmo modo, o autor explica a utilização do *m* em vez do genitivo *n*, na frase egípcia, para indicar a única dimensão necessária para conhecer o caso do exercício 10.[23]

Ora, é com esses dois fatos (termo discutível "ovo" e *m* em vez de *n* do genitivo) que Peet tenta jogar. Assim, para ele, o problema nº 10 não trata da área de uma semiesfera, mas de um semicilindro: ele quer demonstrar que o termo que falta na parte danificada do papiro é *ipt* e não *inr*. A primeira objeção relevante que os seus exegetas ou críticos se abstêm de lhe fazer é a seguinte: se, como ele afirma, o escriba quer falar de um cilindro (*ipt*) e não de uma esfera (*nbt*), por que empregou três vezes o termo *nbt* com a barra vertical e nem uma vez o termo *ipt*, na parte intacta do papiro? Devemos nos recusar a enxergar a realidade, como fez Peet, para não ver um ovo no determinante da palavra cuja leitura está sendo discutida; e essa certeza, extraída da evidência do determinante, confirma bem a ideia de que os dois signos que permanecem parcialmente após o *i* são de fato *n* e *r*, e não *p* e *t* em hierático, signos com os quais não têm nenhuma semelhança. Se em vez de um ovo como determinante, o escriba quis representar um barril com o jato de grãos habitual para escrever a palavra *ipt*, para onde foi esse jato? E, por outro lado, é muito diferente das formas habituais!

Mas aqui está outro argumento forte que não é valorizado: se o problema é a área de uma esfera, o escriba precisa fornecer apenas um dado, o diâmetro da esfera, e é exatamente isso o que ele faz. Se se tratasse de um cilindro, dois dados seriam necessários: o diâmetro ou o raio e a altura do cilindro; evidentemente, este último dado está faltando por todas as razões apresentadas acima. Mas Peet não recua diante dessa dificuldade; ele inventará o dado que falta, acrescentando uma frase sua ao texto do escriba; mesmo assim, as coisas não "colam", como se costuma dizer, porque por algum milagre a altura do cilindro e o diâmetro teriam que ser iguais. Peet postula arbitrariamente essa igualdade do diâmetro e da altura do cilindro de sua invenção, que ele substitui pela semiesfera do escriba. Ele está tão inseguro de suas modificações arbitrárias do texto do problema que acrescenta basicamente que também poderia se tratar de um semicírculo (que exercício banal, então), porém, com maior certeza, de um semicilindro. Tudo isso porque ele acredita que, caso se tratasse realmente de uma semiesfera, a ideia que se tem da matemática egípcia mudaria completamente:

> e nesse caso deveríamos, na visão de Struve, colocar os matemáticos egípcios em um nível muito mais elevado do que aquele que primitivamente parecia necessário. [...] Seria muito lisonjeiro para os egípcios, e muito importante para a história das matemáticas se pudéssemos dar a eles o crédito dessa brilhante conquista.[24]

Peet dá asas à imaginação para nos explicar como, segundo ele, o escriba copista — agentes especiais do Estado se encarregavam de recopiar esses papiros nas Casas de Vida — deve ter se enganado:

> Quando o copista, depois de ter escrito *nbt* na linha 2, voltou a olhar para o original, talvez tenha saltado do (*nt*) que vinha em seguida, e que ele já tinha observado vagamente, para o  (*m*), exatamente semelhante, alguns milímetros mais à frente, e assim teria omitido tanto *nt* quanto o numeral.[25]

Ou seja, o segundo dado numérico que falta! Peet defende que a palavra *inr* (pedra) é apenas uma metáfora quando designa o ovo e não seria inteligível sem a proximidade na frase da palavra *swht* = ovo. Ele afirma que *inr* empregado sozinho, sem associação com *swht,* não pode designar um ovo, e acredita que o escriba usaria esta última palavra como um termo técnico para designar a esfera. E contesta a transcrição da palavra *inr,* em sinais hieroglíficos, realizada por Struve, pois, diz ele, a ordem dos determinativos deveria ser invertida, o mais geral seguindo o mais específico: no sentido da escrita, deve-se encontrar primeiro o ovo, depois a pedra: assim 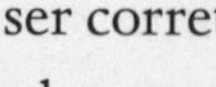, e não 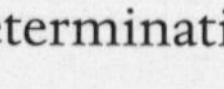. Peet quer dizer que, no caso em que ele supõe ser correto, o determinativo do ovo que precede o da pedra estaria invisível porque se encontraria na parte danificada do papiro; e, como resultado, o oval oblíquo que se vê no papiro em hierático não poderia representar um ovo, mas sim um barril oblíquo como na palavra: . Parece que Peet, no caso do problema nº 10 do papiro de Moscou, decidiu sistematicamente adotar a visão oposta à da análise de Struve, custasse o que custasse: a ideologia o leva, assim, a cair no ridículo e no extravagante.

Com efeito, tudo o que precede é literalmente falso, como veremos. Os termos atestados invalidam o ponto de vista de Peet. Por exemplo:

 = *inrty* = os dois ovos de onde saiu, de onde nasceu o deus Thot (*Livro dos mortos*)

Esse termo apresenta duas variantes:

 e  (textos das pirâmides)[26]

A forma gramatical comum a esses três termos é o dual egípcio. A primeira, a despeito da regra enunciada por Peet na ordem dos determinativos, reproduz a ordem inversa, de acordo com a restauração de Struve; primeiro a pedra e depois os dois ovos, estes tendo exatamente a mesma forma e posição inclinada que o determinante, preservados no texto do problema nº 10. Vê-se, portanto, que esse determinativo, pela sua forma elipsoidal e sua inclinação, não poderia ser confundido com o determinativo da palavra *ipt*. Por outro lado, esta última palavra não é o termo técnico para "cilindro" em egípcio; significa uma medida, uma quantidade de semente, e não uma forma ou um corpo geométrico. "Cilindro" se escreve *šꜣꜥ dbn* em egípcio.

Nas duas outras variantes, uma das quais é atestada nos textos das pirâmides, o determinativo constituído pelo bloco paralelepípedo de pedra ou de granito é regularmente omitido, contrariamente à opinião de Peet, e ficando apenas o representado pelos dois ovos, reforçado, até mesmo em um dos casos, por um pássaro.

Portanto, é errado sustentar que *inr* somente pode significar "ovo" quando associado com *swht*, e que ele tem apenas um valor metafórico.

Peet é surpreendido pela presença de um inexplicável nove (9) na linha 5 do texto do problema; Struve tinha notado que o escriba multiplicou o diâmetro 4½ por 2 para simplificar o resultado seguinte das linhas 5 e 6, ou seja, tomar $\frac{1}{9}$ de 9 = 1 para fazer 9 – 1 = 8 (linha 7).

Da mesma forma, nas linhas 8 e 9, ele descobriu que $\frac{1}{9}$ de 8 = $\frac{2}{3}$ + $\frac{1}{6}$ + $\frac{1}{18}$ sem fazer as operações.[27]

Resulta do que precede que, embora Peet não tenha sabido dissimular as intenções, suas críticas, longe de enfraquecer a análise de Struve sobre o papiro de Moscou, apenas confirmaram-na singularmente, pelo seu claro *parti-pris*, pela incoerência, a gratuidade e tão simplesmente sua falsidade.

Autores mais serenos e advertidos, como Richard J. Gillings, sabem disso, e portanto não duvidam do fato de que o problema nº 10 do papiro de Moscou trata da área de uma semiesfera e, portanto, de uma esfera. Com efeito, Gillings mostra que, em todo caso, o mal é idêntico, pois mesmo que se tratasse da área de um semicilindro, seria preciso admitir que os egípcios conheciam com 1400 anos de antecedência, do grego Dinóstrato, a fórmula $C = \pi d$ que dá o comprimento da circunferência. No caso da esfera, trata-se de uma antecedência de 2 mil anos em relação a Arquimedes.

É claro que, nesses exercícios práticos em que se tratava de aplicar fórmulas conhecidas e estabelecidas por meios que apenas poderiam ser teóricos, o escriba não repetia uma demonstração da fórmula que aplicava. Assim, os estudiosos modernos estão perdidos em conjecturas para encontrar os métodos egípcios. Todos os estudiosos que se esforçaram para demonstrar que os egípcios utilizavam receitas empíricas em vez de demonstrações matemáticas rigorosas chegaram a resultados de uma estupidez proverbial. Mesmo um estudioso como Gillings, cuja honestidade, serenidade e alta competência devem ser saudadas, quase caiu diante dessa dificuldade.

Por conseguinte, depois de rejeitar a ideia de semicilindro de Peet, ele assume que os egípcios foram capazes de estabelecer a fórmula rigorosa da área da semiesfera $S = 2\pi R^2$, considerando que a quantidade de fibras utilizadas para trançar um cesto é o dobro da necessária para a tampa, que é um círculo cuja área sabiam calcular.[28] Se assim fosse, todos os artesãos de cestaria analfabetos do mundo se tornariam matemáticos por força de observações cotidianas. Não, fórmulas como a da área de uma esfera só podem ser derivadas de altas especulações matemáticas. Qualquer pessoa com o mínimo de familiaridade com a matemática sabe que é absurdo tentar determiná-las a partir de considerações empíricas.

Se fosse esse o caso, os gregos, contemporâneos dos egípcios, seriam os primeiros a nos apontar o fato. Se os egípcios fossem apenas empiristas vulgares que somente estabeleciam as propriedades das figuras através de levantamentos e medições, se os gregos fossem os fundadores da demonstração matemática rigorosa, a começar por Tales, sistematizando as "receitas empíricas" dos egípcios, os gregos não teriam deixado de se vangloriar de tal proeza. Teria sido importante encontrar, no registro de um biógrafo antigo, que a demonstração matemática, teórica, rigorosa é de origem grega e que os egípcios foram apenas empiristas. Não é o caso; todas as declarações saídas da pena dos seus maiores estudiosos, filósofos e escritores são unânimes, elas glorificam as ciências teóricas dos egípcios; fato ainda mais importante, uma vez que se trata de testemunhos dos estudiosos gregos contemporâneos aos antigos egípcios. Era de esperar que os gregos, que acabavam de suceder os persas no trono do Egito, por orgulho nacional, procurassem disfarçar os fatos sobre o ponto crucial da origem da ciência teórica e, em particular, da matemática: a ideia não lhes poderia ter ocorrido, porque seu surgimento era muito recente, e a reputação da ciência egípcia, muito antiga! Assim, o Egito, mesmo derrotado, permaneceria a venerável pátria das ciências que havia guardado em segredo por milênios. Mas então o bárbaro forçou a porta de seus santuários, foi derrotado e irá se tornar mestre forçado das jovens nações, dos gregos em particular: "o milagre grego" começará como uma consequência da ocupação do Egito por estrangeiros, pelos gregos em particular, e, portanto, do acesso forçado aos tesouros científicos, da pilhagem das bibliotecas dos templos e da submissão de sacerdotes. Deve-se enfatizar fortemente que os gregos nunca disseram que eram alunos dos babilônios ou dos caldeus;[29] os seus estudiosos mais conceituados para sempre irão se gabar de terem sido alunos dos egípcios, tal como se depreende dos escritos dos seus biógrafos: Tales, o pai semilendário da matemática grega, Pitágoras de Samos, Eudoxo etc.

O teorema atribuído a Tales é ilustrado pela figura do problema nº 53 do papiro de Rhind, escrito 1300 anos antes do nascimento de Tales. Note-se que o texto correspondente à figura 53 foi perdido, e que o que está ao lado dele lida com outro problema que não tem nada, ou quase nada, a ver com a figura, que representa três triângulos semelhantes com o mesmo vértice e bases paralelas. A anedota de que Tales descobriu o "seu" teorema fazendo coincidir o fim da sombra projetada por uma haste de madeira, plantada verticalmente, com o fim da sombra projetada pela Grande Pirâmide, para materializar uma figura idêntica à do problema nº 53, simplesmente provaria que ele realmente permaneceu por um tempo no Egito, que foi de fato pupilo dos sacerdotes egípcios e que não poderia ter sido o inventor do teorema atribuído a ele.

Heródoto trata Pitágoras como um mero plagiador dos egípcios; Jâmblico, biógrafo de Pitágoras, escreve que todos os teoremas de linhas (geometria) vêm do Egito.

De acordo com Proclo, Tales foi o primeiro pupilo grego dos egípcios e introduziu a ciência na Grécia em seu regresso, em particular a geometria. Depois de ter ensinado todo o seu conhecimento ao seu pupilo Pitágoras, aconselhou-o a ir para o Egito, onde este permaneceu por 22 anos nos templos, para aprender geometria, astronomia etc.[30]

Um sacerdote egípcio disse a Diodoro da Sicília que todas as supostas descobertas pelas quais os estudiosos gregos são famosos foram coisas que lhes foram ensinadas no Egito e cuja paternidade atribuem a si mesmos quando voltam para casa.[31]

Platão, no *Fedro*, faz Sócrates dizer que aprendeu que o deus Thot foi o inventor da aritmética, do cálculo, da geometria e da astronomia.[32]

Aristóteles, que muito lucrou com o saque das bibliotecas dos templos egípcios, reconhece o caráter essencialmente teórico e especulativo da ciência egípcia e tenta explicar seu surgimento não por meio de levantamento topográfico, mas pelo fato de que os sacerdotes estavam livres de preocupações materiais e tinham todo o tempo necessário para aprofundar a reflexão teórica.[33] Segundo Heródoto, os egípcios eram os inventores exclusivos da geometria, que ensinaram aos gregos.[34] Demócrito gabava-se de igualar os egípcios em geometria.[35]

Assim, não se encontra vestígio em lugar algum, nos textos antigos, da suposta dualidade de uma ciência teórica grega em oposição ao empirismo egípcio: o Egito, mesmo derrotado militarmente, continua a ser a mestra indiscutível em todos os domínios científicos, em particular nas matemáticas. A ideia de uma ciência egípcia empírica é invenção dos ideólogos modernos, os mesmos que procuram apagar, na memória da humanidade, a influência do Egito negro sobre a Grécia.

Isso nos leva ao segundo teorema fundamental aplicado pelo escriba egípcio no problema nº 14 do papiro de Moscou (fig. 36). A solução dada pelo escriba mostra que os egípcios conheciam o teorema relativo ao volume de um tronco piramidal — $V = \frac{1}{3}h\,(a^2 + ab + b^2)$ —, fórmula que, de acordo com Peet e Grün,[36] não foi superada ou melhorada por 4 mil anos. Na verdade, Peet tentou, timidamente a princípio, desafiar também essa fórmula, e depois mudou de ideia. Ele começou escrevendo que ela é exata, desde que h represente de fato a altura do tronco da pirâmide e não o lado (!), depois conclui que os sacerdotes, que surpreendentemente conseguiram estabelecer corretamente a expressão analítica $(a^2 + ab + b^2)$, não poderiam confundir altura e lado, e que, portanto, o termo *mryt* certamente designa uma altura no caso desse problema; por isso, é necessário colocar esse desempenho na conta da matemática egípcia.[37]

É a certeza da fórmula do volume do tronco da pirâmide que prova hoje que os egípcios também conheciam a fórmula do volume da pirâmide:

$$V = \frac{1}{3}\, a^2 h$$

Ora, trata-se do volume elementar mais corrente no Egito; e se não fosse o acidente com o papiro de Moscou, haveria dúvidas sobre se os egípcios conheciam a fórmula.

Mais uma vez, os processos empíricos que se tenta atribuir-lhes para chegar ao teorema do volume do tronco de pirâmide são tão insignificantes como os precedentes relativos à área da esfera: encher volumes ocos de areia e comparar os pesos da areia por pesagem etc. Repetimos que os teoremas relativos à área da esfera, ao volume do tronco da pirâmide e à área do círculo não poderiam ser estabelecidos por receitas; porque são receitas empíricas singulares que os matemáticos eruditos de todo o mundo vêm tentando encontrar sem sucesso faz um século! As receitas dos egípcios seriam, portanto, mais difíceis de evidenciar do que os próprios fundamentos teóricos dos teoremas em questão: suprema consagração do gênio egípcio; pelo menos uma vez o empirismo teria superado a teoria! Eis o impasse a que conduz a negação dos fatos.

Uma fórmula deduzida de considerações empíricas nunca é exata, mesmo em casos excepcionais; e isso, todos os matemáticos sabem. Ora, todas as fórmulas dos egípcios são rigorosamente exatas.

A matemática babilônica oferece-nos o exemplo de uma fórmula estabelecida empiricamente e relativa ao mesmo volume do tronco de pirâmide; ela resulta na fórmula seguinte — menos que aproximada: claramente falsa!

$$V = \tfrac{1}{2} h(a^2 + b^2)$$

Raiz quadrada, teorema dito "de Pitágoras" e números irracionais

Sabemos que os egípcios sabiam extrair rigorosamente a raiz quadrada, mesmo dos números mais complicados, inteiros ou fracionários (papiro de Berlim). O termo usado para designar a raiz quadrada na língua faraônica é significativo a este respeito: o ângulo reto de um quadrado, *knbt*; "fazer o ângulo" = extrair a raiz quadrada. Ora, os egípcios definiram uma unidade fundamental de comprimento chamada "duplo-*remen*", que é igual à diagonal de um quadrado com lado pequeno a = um côvado (real); em outras palavras, se d é essa diagonal, temos necessariamente, pela própria definição desse comprimento, "duplo-*remen*",

$d = a\sqrt{2} = (\sqrt{2} \times 20{,}6) = 29{,}1325$ polegadas.[38]

O côvado real = 20,6 polegadas (fig. 46).

O *remen* = $d/2 = \sqrt{2}/2 = a = 14{,}6$ polegadas.

Os egípcios, que determinavam assim a diagonal do quadrado a partir do valor do lado e que dominavam a operação de extração da raiz quadrada, conheciam, como prova a definição acima:

a) o número irracional por excelência que é $\sqrt{2}$, assim como conheciam o número transcendente π (também irracional);

b) o teorema do quadrado da diagonal (falsamente atribuído a Pitágoras) pelo menos no caso de um triângulo retângulo isósceles, para nos atermos aos fatos inegáveis. Os egípcios, que sabiam calcular a área de um triângulo, escreveram certamente a seguinte igualdade, seguida de uma extração de raiz quadrada:

$$S = \tfrac{1}{2} a^2 = \tfrac{1}{4} d^2 \rightarrow a^2 = \tfrac{1}{2} d^2 \rightarrow 2a^2 = d^2$$

de onde se tem: $a\sqrt{2} = d$ = um duplo-*remen*.

É certo que, comparando estes fatos com as propriedades do triângulo sagrado (triângulo retângulo), que estão sempre relacionadas com o quadrado da hipotenusa, pode-se ver que os egípcios conheciam perfeitamente o teorema atribuído a Pitágoras, como outros afirmaram.

Esta definição do "duplo-*remen*" por si só, e suas implicações matemáticas, mostram claramente que Pitágoras não foi o inventor dos números irracionais (da incomensurabilidade da diagonal e do lado do quadrado), nem do teorema que leva seu nome: ele levou todos esses elementos do Egito, onde foi, no dizer de seus próprios biógrafos (como Jâmblico), pupilo dos sacerdotes durante 22 anos.

Platão considerava que a alma do mundo é constituída de triângulos retângulos isósceles: ideia bizarra e gratuita se não levarmos em conta a origem egípcia de sua doutrina (ver pp. 406-7).

A lenda ligada à escola pitagórica diz que a descoberta da incomensurabilidade da diagonal e do lado do quadrado foi mantida em segredo por

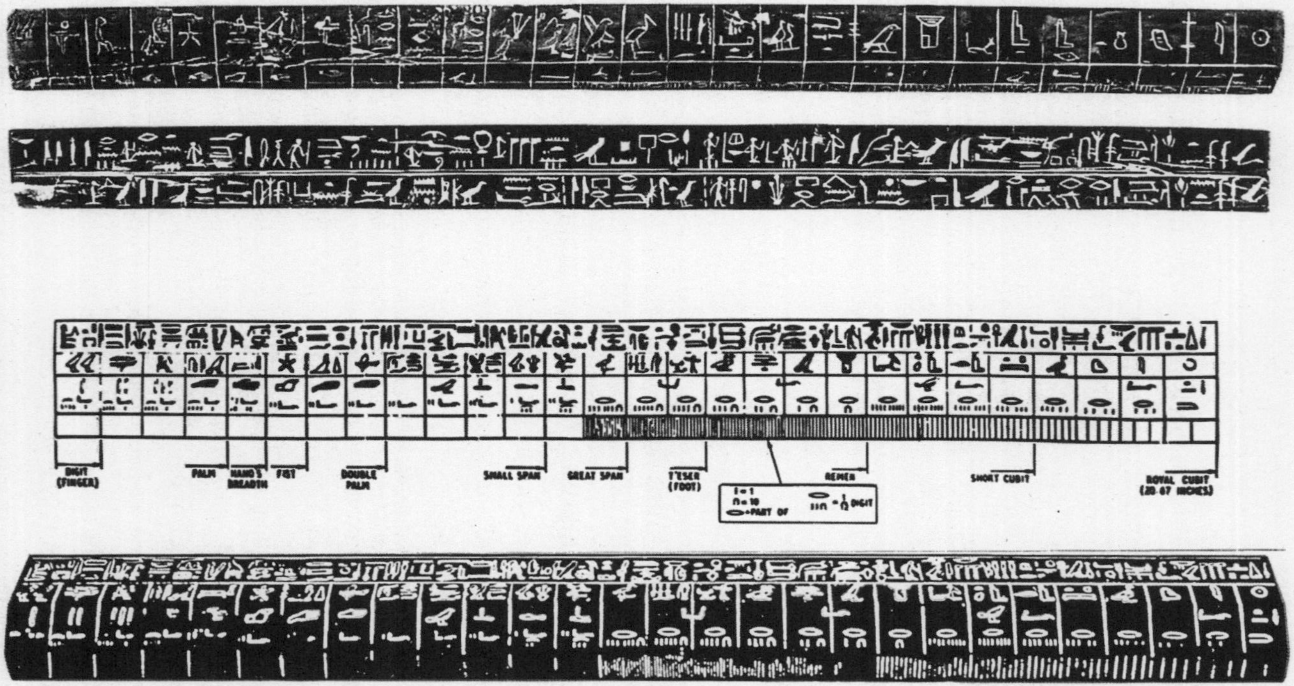

46. Côvado real de May (*acima*), graduado em subunidades fracionárias de medida, datadas do Novo Império. Visões da face superior e inferior, comprimento 52,5 centímetros. O original está no Museu do Louvre, em Paris. (Foto: Museu do Louvre.) Desenho e visão de outro côvado egípcio real (*abaixo*), provavelmente o de Amenófis I, datado do século XVI a.C. (Museu de Turin, apud R. J. Gillings; M. J. Puttock, "A possible division of an Egyptian measuring-rod".)

muito tempo, e que Hípaso de Metaponto, que a revelou, foi expulso da seita e pereceu em um naufrágio como um sinal de punição dos deuses.

Bela lenda que se desvanece diante da clareza dos fatos matemáticos egípcios mencionados.

É certo que a evidência desses fatos não poderia escapar à sagacidade dos matemáticos que se ocuparam da questão, mas eles preferiram permanecer em silêncio, como se nada percebessem.

Quadratura do círculo

Os egípcios não somente conheciam o problema da quadratura do círculo, como observa Struve,[39] mas foram os primeiros na história da matemática a postulá-lo. No problema nº 48 do papiro de Rhind trata-se de comparar a área de um quadrado de 9 unidades laterais com a do círculo inscrito também com 9 unidades (*khet*) de diâmetro (fig. 47).

Trigonometria

Os egípcios sabiam calcular a inclinação de uma pirâmide a partir das linhas trigonométricas usuais — seno, cosseno, tangente ou cotangente —, como se viu nos problemas de nº 56 a nº 60 do papiro de Rhind.[40]

No problema nº 56 (fig. 37), a altura é dada em 250 côvados e a base em 360 côvados; o que se chama aqui "a base" é o diâmetro do círculo inscrito no quadrado da base da pirâmide, que tem a mesma medida do comprimento do lado; o escriba toma o centro desse círculo como origem dos "eixos", pois divide o comprimento da "base" (ou do lado do quadrado, que é a base da pirâmide) por 2 para obter o raio desse círculo; a altura da pirâmide se confunde com o eixo dos senos cuja origem é o centro do círculo de base (fig. 51). Tem-se, então, de acordo com os dados do problema, que, se α é o ângulo de inclinação de uma face da pirâmide, então:

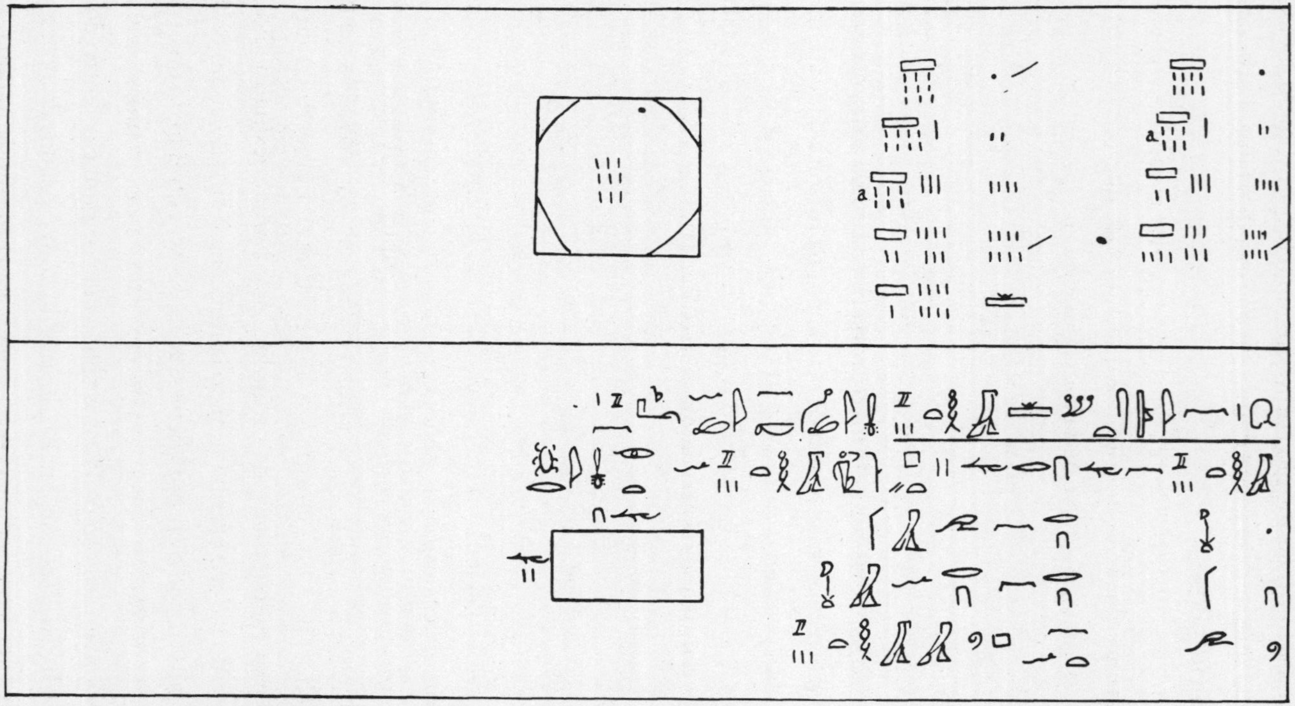

47. O problema nº 48 do papiro de Rhind trata da quadratura do círculo: comparar a área de um círculo com um diâmetro de 9 com a de um quadrado de lado 9. O problema nº 49 trata da área de um retângulo de largura 2. (T. E. Peet, *The Rhind Mathematical Papyrus*, prancha O.)

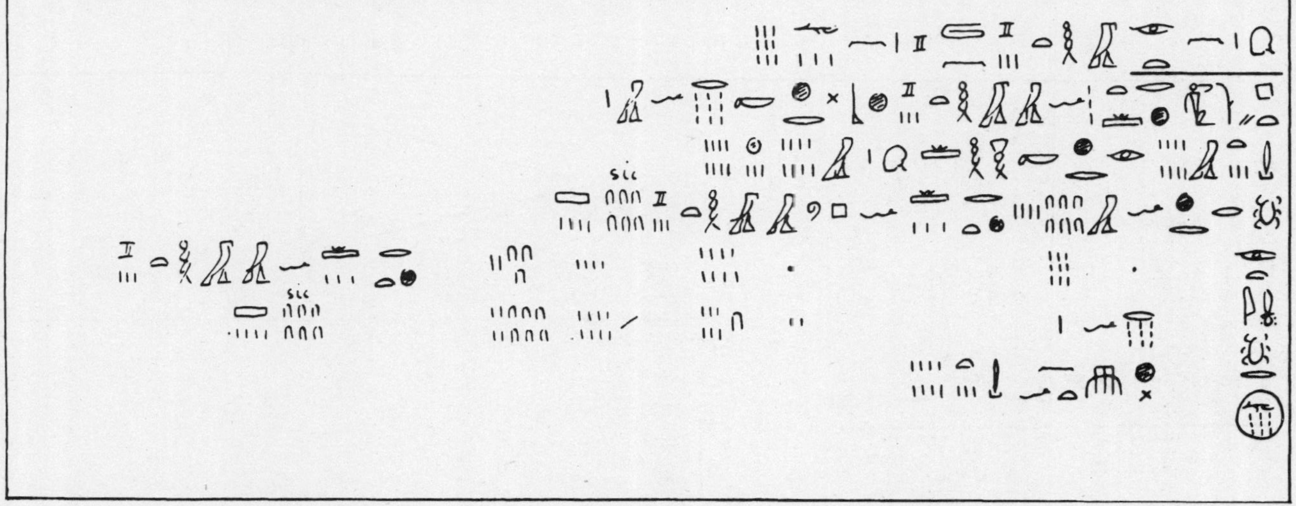

48. Problema nº 50 do papiro de Rhind: área de um círculo de diâmetro 9.

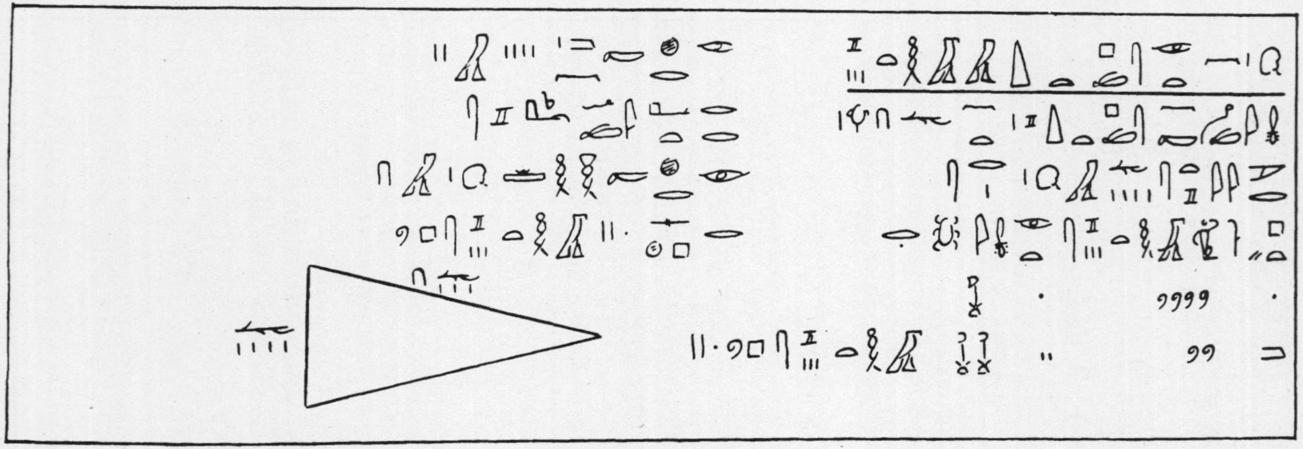

49. Problema nº 51 do papiro de Rhind: área de um triângulo de altura 13 e base 4.

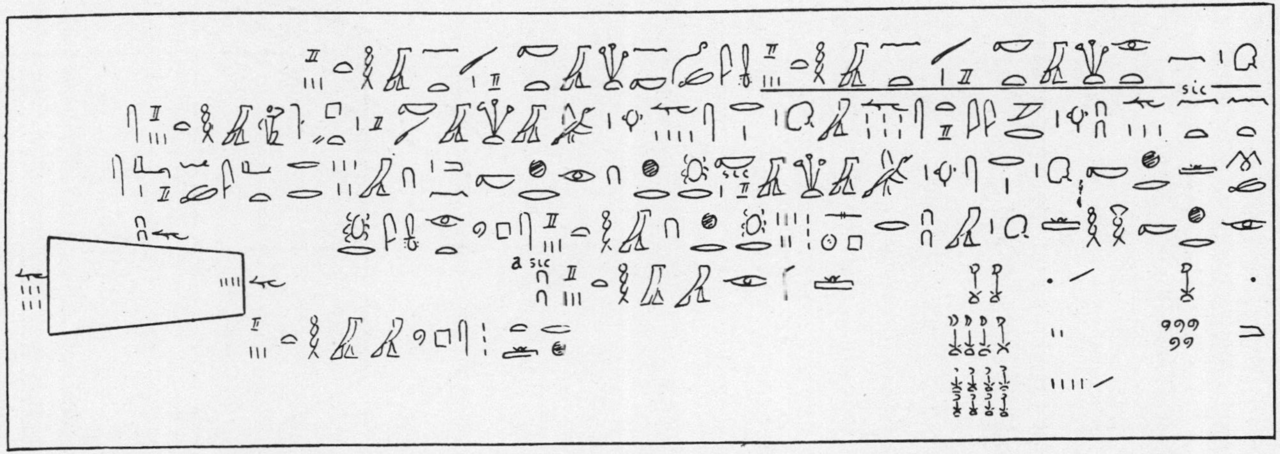

50. Problema nº 52 do papiro de Rhind: área de um trapézio cuja base grande é 6, a base pequena 4 e a altura 20.

$\text{sen}\ \alpha = 250$
$\cos \alpha = 360/2 = 180$
$\text{tg}\ \alpha = 250/180$

O escriba calcula a cotangente α:

$\text{cotg}\ \alpha = 250/180 = 1/2 + 1/5 + 1/50$

Ele multiplica esse resultado por 7 para expressar o resultado em palmos, pois um côvado = 7 palmos. Portanto:

$\text{cotg}\ \alpha = 7 \times (1/2 + 1/5 + 1/50) = 5 \text{ palmos } 1/25$

Para o escriba, esse resultado tem o valor de um ângulo, pois permite-lhe afirmar que uma deslocação horizontal de 5 palmos ao longo do eixo dos cossenos corresponde a um aumento de altura de 1 côvado ao longo do eixo dos senos. Pode-se ver que esses cálculos eram necessários para obter

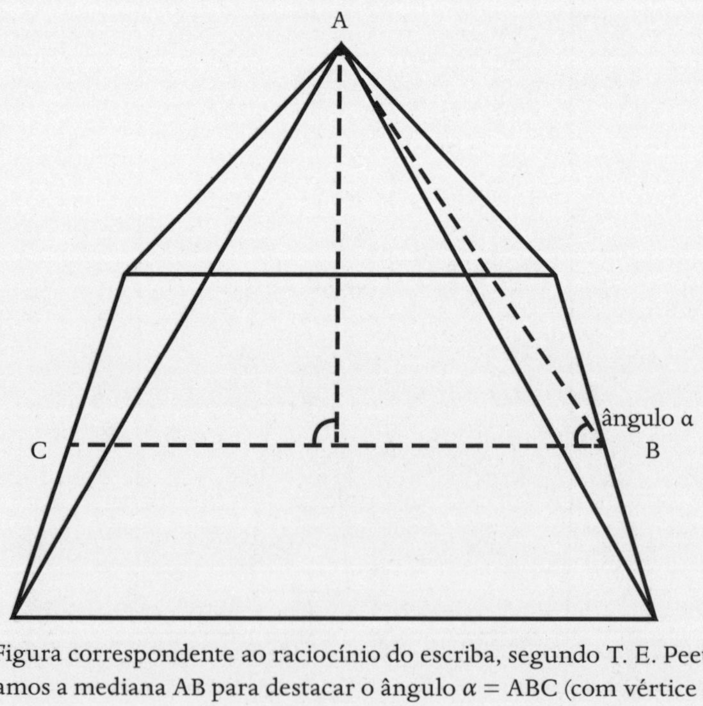

51. Figura correspondente ao raciocínio do escriba, segundo T. E. Peet. Traçamos a mediana AB para destacar o ângulo α = ABC (com vértice B).

a mesma inclinação regular em uma face inteira da pirâmide. O escriba escolheu a cotangente porque era mais útil neste caso, dada a forma como ele queria exprimir os resultados.

No problema nº 57 (fig. 38) do papiro de Rhind,[41] a cotangente é dada como = 5 palmos, 1 dedo (4 dedos = um palmo), e a "base" = 140 côvados, e pergunta-se a altura. Isso nos dá:

$h = \sin \alpha = \cos \alpha \times 1/\text{cotg}\ \alpha = 93\ 1/3$ (côvados)

O problema nº 60 (fig. 40) é particularmente interessante porque trata-se muito provavelmente do cálculo da inclinação de um cone ou de um pilar cônico, *inw*. Dá-se: $h = 30$ côvados e a "base" = 15 côvados, e pede-se a inclinação; aqui, a base é rigorosamente um círculo de diâmetro 15 côvados.[42]

Área do círculo: $S = \pi R^2$

Os egípcios conheciam a fórmula da área do círculo (fig. 48):

$S = (8/9\ d)^2$

equivalente a

$S = \pi\ d^2/4$ ou πR^2.

O valor de π extraído da fórmula egípcia = 3,1605 ≠ 3,1416, que é o valor exato. Esse resultado é surpreendente quando comparado ao valor adotado na matemática babilônica, que os modernos tentam erigir como rival da matemática egípcia: $\pi = 3$. Consequentemente, para os babilônicos, π era apenas mais um número inteiro entre outros, e o seu carácter transcendente e irracional não poderia ser percebido, porque nem sequer tinha sido calculado até a primeira casa decimal; era um número que parecia adequado.

Rigor tão expressivo das fórmulas na geometria egípcia não poderia ser fruto de receitas adicionadas no curso dos séculos para resolver problemas práticos: era obviamente o fruto de uma ciência altamente teórica e especulativa — como reconhecido por Aristóteles, Demócrito, Jâmblico, Platão, Sócrates, Estrabão e outros —, e cujos métodos perdemos, por enquanto, por causa da natureza extraordinariamente iniciática da ciência egípcia. A matemática empírico-técnica pode resultar apenas em fórmulas grosseiramente incorretas como as dos babilônios no que diz respeito à área do círculo e ao tronco da pirâmide. Todos os métodos gráficos (Vogel) e outros de caráter empírico sugeridos pelos autores modernos para encontrar os procedimentos egípcios não têm valor demonstrativo algum. A prova disso é que temos sempre o cuidado de não passar para uma aplicação numérica, porque a diferença em relação aos resultados obtidos pelos egípcios mostraria imediatamente a falsidade da solução proposta.

Área do retângulo: $S = L \times l$

Os problemas nº 49 do papiro de Rhind (fig. 47) e nº 6 do papiro de Moscou tratam da área de um retângulo de diferentes pontos de vista: no primeiro caso, dão-se as duas dimensões e pede-se a área, enquanto no segundo caso dá-se a área e a largura expressa como uma fração do comprimento.

$S = 12, \qquad l = \frac{1}{2} + \frac{1}{4}$ de L

Calcular L e l? Encontra-se $L = 4$; $l = 3$.

No método moderno, é necessária a utilização de duas equações simultâneas para determinar primeiro l e depois L. Mas, na última questão, pede-se para chegar ao ângulo do retângulo, ou seja, extrair a raiz quadrada dos lados!

O que não se enfatiza é que o problema nº 6 do papiro de Moscou trata certamente (pura coincidência?) do famoso triângulo sagrado tão controverso e que os egípcios teriam conhecido, segundo os próprios testemunhos gregos:

$L = 4, l = 3 \rightarrow d = 5$ necessariamente.

Área do triângulo

A fórmula S = ½ *ah* estava bem estabelecida. Não procuramos mais lançar dúvidas sobre o fato, alegando que a fórmula só está correta se *meryt* significar altura, e não lado. Struve mostrou que os egípcios geralmente usavam *k3w* para designar a altura de seres matemáticos tridimensionais e *meryt* para a altura de figuras planas. O significado primário de *meryt* é costa, cais. Note-se que o seu determinativo é essencialmente uma linha regularmente cortada em ângulos retos, o que implica a ideia de perpendicular.

Os egípcios, que conheciam a fórmula exata da área do trapézio, sabiam necessariamente calcular a do triângulo, e mesmo Peet finalmente concorda, e rejeita a ideia de Eisenlohr (tradutor do papiro de Rhind), que partiu da fórmula aproximada

$$S = \left(\frac{a+c}{2}\right)\left(\frac{b+d}{2}\right)$$

inscrita no templo de Edfu, construído por Ptolomeu XI, para dizer que os egípcios não deveriam conhecer a fórmula exata da superfície de um triângulo.[43] Com efeito, essa fórmula aplica-se em geral aos quadriláteros, para a determinação aproximada da área dos campos visando à tributação fundiária. Manifestamente, ela não pode ser verdadeira no caso do triângulo escaleno. Por outro lado, é muito recente e pertence à época grega helenística. Então, o que está em questão aqui é a ciência grega ou a ciência egípcia?

Finalmente, como já dissemos, quem calculou corretamente a área do trapézio sabe necessariamente a do triângulo: os inventores do fio de prumo não poderiam desconhecer a altura das figuras, e é por isso que Gillings escreve, acerca dessa discussão sobre o significado de *meryt*: "Todavia, essas diferenças de opinião são acadêmicas, e os historiadores de hoje concordam que o escriba quis dizer altura".[44]

Área do trapézio

O escriba aplicava a seguinte fórmula correta:

$S = {}^{A+B}/_{2} \times h$ (Ou a semi-soma das bases pela altura.)

Para o cálculo da área do trapézio: os cálculos feitos resumem-se à aplicação rigorosa desta fórmula.

Problema nº 52 do papiro de Rhind (fig. 50): um trapézio (triângulo do qual um dos vértices é cortado paralelo à base) de altura 20 *khet*, base grande 6 *khet* e base pequena 4 *khet*. Qual é a sua área? O escriba opera da seguinte forma:[45]

$6 + 4 = 10;\ {}^{10}/_{2} = 5;\ S = 5 \times 20 = 100$

Volumes do cilindro, do paralelepípedo e da esfera

Os problemas nº 41-43 do papiro de Rhind tratam do volume de um cilindro, designado por *šꜣꜥ* e não por *ipt*.[46] Esses são os dois termos que Peet fingiu confundir na ocasião, quando queria reduzir a área da esfera à do cilindro, para engolir a matemática egípcia — acreditava ele! No problema nº 44, trata-se de um cubo (base quadrada, *ifd*; três lados iguais).

šꜣꜥ dbn = cilindro

šꜣꜥ ifd = cubo ou paralelepípedo, conforme o caso.

O problema nº 41 trata do volume de um cilindro com diâmetro de 9 e altura de 10 unidades.

O cálculo do escriba resume-se à aplicação da fórmula exata que dá o volume do cilindro, a saber:

$V = \pi R^2 h = ({}^{16}/_{9}\ R)^2 \times h = ({}^{16}/_{9})^2 \times R^2 \times h = S \times h$

A área da base multiplicada pela altura, sendo S calculado com o valor de $\pi = 3{,}1605$.[47]

O problema nº 44 diz respeito ao volume de um cubo de 10 unidades de cada lado: $V = a \times a \times a = a^3$, ou $10 \times 10 \times 10 = 1000$. Aqui, o escriba propositalmente elevou o número 10 à potência de 3, e veremos, com as progressões geométricas, que ele já tinha o hábito de elevar qualquer número à n-ésima potência.

O problema nº 45 é o inverso do anterior: com o volume dado, pede-se o lado do cubo.[48] Isso equivale à extração de uma raiz cúbica.

O problema nº 46 refere-se a um paralelepípedo quadrado, do qual é necessário encontrar os três lados, conhecendo o volume.

Volume da esfera?

Como assumiu Ludwig Borchardt, é provável que o problema da tabuleta VIII do papiro de Kahun trate do volume da esfera de um hemisfério com 8 unidades de diâmetro.[49]

Para Gillings e Peet, é mais provável que se trate do volume de um celeiro cilíndrico, com 8 de diâmetro e 12 de altura.

Matemáticas egípcias: Álgebra

Séries matemáticas

Os egípcios tinham uma noção clara das séries matemáticas e de suas propriedades particulares: certamente conheciam as séries que são as progressões geométricas da razão *r* e as progressões aritméticas, e muito provavelmente outros tipos de séries com propriedades muito mais complexas.

O problema nº 79 diz respeito a uma progressão geométrica de razão 7; é comumente chamado de problema do "inventário de *bens* contidos em uma casa", expressão visivelmente imprópria. Eis o enunciado: considere 7 casas; em cada uma há 7 gatos, cada gato mata 7 ratos; cada rato teria comido sete grãos; cada grão produziria sete *hekat*. Qual é a soma de todos os elementos enumerados? (Qual é o total de todas essas coisas?) Trata-se uma progressão geométrica de razão 7 em que o primeiro termo também é 7. O raciocínio do escriba conduz ao mesmo resultado numérico que a aplicação da fórmula da álgebra moderna, que resulta da soma de uma progressão geométrica:[50]

$$S = ar^{n-1}/_{r-1} = 7 \times {}^{16\,806}/_{6} = 7 \times 2801 = 19\,607$$

O problema nº 40 do papiro de Rhind trata de uma progressão aritmética.

Consiste em dividir 100 pães entre 5 pessoas, de modo que as partes estejam em progressão aritmética e que a soma das duas menores partes seja um sétimo da soma das três maiores.[51]

O problema nº 64 diz respeito a uma repartição de diferenças: trata-se ainda de uma progressão aritmética. Repartem-se 10 pães entre 10 pessoas, de modo que a diferença entre uma pessoa e seu vizinho seja um oitavo de *hekat*. Chega-se ao mesmo resultado que o escriba ao aplicar a fórmula clássica de uma progressão aritmética:

$$l = a + (n - 1)\, d$$

onde
l = o último termo
a = o primeiro termo
d = a diferença comum: ⅛

O papiro de Rhind mostra que os egípcios foram os inventores das progressões aritméticas e geométricas. Ora, as "supostas" descobertas mais famosas de Pitágoras incidem sobre operações diversas das séries aritméticas e geométricas.

A somatória das progressões aritméticas dá os números poligonais. Por exemplo:

- A somatória dos termos da progressão aritmética mais simples, correspondente à série de números naturais (e cuja razão, ou diferença de termos, é igual a 1), resulta nos números trigonais ou triangulares.

- Aquela cuja diferença de termos é 2, ou seja, a dos números ímpares 1, 3, 5, 7, 9..., dará, pela somatória dos seus termos, os números tetragonais, ou quadrados, ou seja, 1, 4, 9, 16, 25..., representados da seguinte forma:

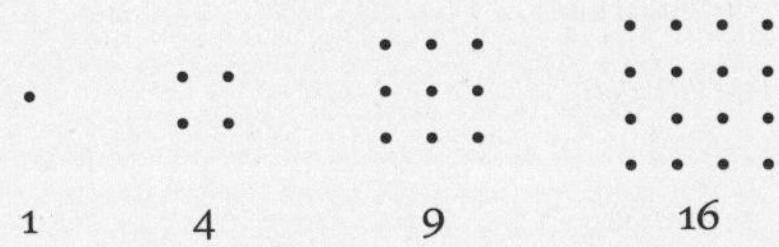

- Aquela cuja diferença de termos é 3 e resulta nos números pentagonais: 1, 5, 12, 22, 35...
- A progressão 1, 5, 9, 13, 17..., tendo 4 como diferença entre os termos, resulta na série de números hexagonais: 1, 6, 15, 28...

Da mesma forma, obtêm-se os números heptagonais, octogonais, eneagonais etc. E assim também os gnômones, ou cinturões retangulares sucessivos que permitem obter todos os quadrados a partir de uma unidade quadrada, formam a série aritmética dos números ímpares:

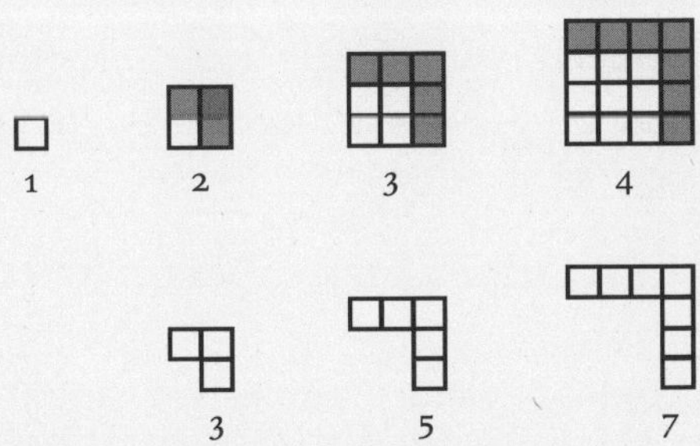

Pitágoras supunha a alma tetragonal ou quadrada, daí a importância da tétrade, ou *tetractys*, e do gnômon em sua filosofia.

A influência egípcia em Pitágoras foi tão forte que ele, ou pelo menos sua escola, apesar da diferença de língua e escrita, usou em sua notação matemática pré-algébrica os signos hieróglifos egípcios. Exemplos: o sinal de água (𓈖) simbolizava as progressões dos números. A série de números ímpares foi representada pelo gnômon em forma de esquadro (⅂); os números pares, pelo sinal (=) da balança; o círculo, hieróglifo de Rá, o Sol, representa o movimento perpétuo (○); o famoso sinal da cruz ansata de

Ísis (☥), dois esquadros ou gnômones apoiados, encimados por um círculo, simboliza a geração de quadrados pela série de números ímpares, que desempenharia um papel capital na doutrina pitagórica. E assim por diante.[52]

Uma passagem de Plutarco, citada por Hoefer, mostra que os gregos sabiam bem que o teorema dito "de Pitágoras" era uma descoberta egípcia:

> Os egípcios pareciam ter figurado o mundo na forma do mais belo dos triângulos, assim como Platão, em sua *Política*, parece tê-lo usado como símbolo da união matrimonial. Este triângulo, o mais belo dos triângulos, tem o seu lado vertical composto por 3, a base por 4 e a hipotenusa por 5 partes, e o quadrado desta é igual à soma dos quadrados dos catetos. O lado vertical simboliza o macho, a base, a fêmea, e a hipotenusa, a descendência dos dois.[53]

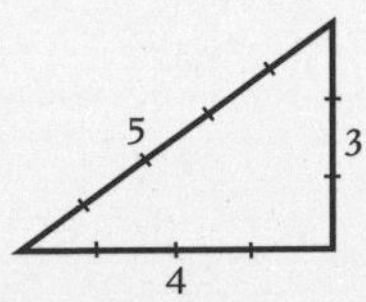

Por fim, Gillings mostra que os egípcios, sem sombra de dúvida, sabiam como somar uma progressão aritmética, e seu raciocínio equivalia à fórmula moderna abaixo:[54]

$$S = N/2\,[2\,a + (n - 1)\,d]$$

Por conseguinte, todos os elementos que conduziriam às "descobertas" de Pitágoras já estavam presentes na matemática egípcia.

Equações de primeiro grau: Problemas nº 24 a nº 38 do papiro de Rhind

Os egípcios formulavam uma série de problemas correspondentes, em álgebra moderna, às equações de primeiro grau; eles tinham uma ideia muito clara da noção abstrata e simbólica da incógnita, mas somente podiam materializá-la na escrita hieroglífica assimilando o número privilegiado 1 (= um) a X. É fácil perceber que em todos os problemas algébricos egípcios 1 representava X, e mesmo autores tão hostis como Neugebauer reconhecem que os egípcios conheciam a álgebra.

Para Eisenlohr, Cantor e Revillout, os egípcios raciocinavam como algebristas, enquanto para outros autores como Rodet não se tratava de álgebra, porque a incógnita não é aparente.[55]

Os problemas dividem-se em três grupos:

1) Os n°s 24-27 pertencem ao primeiro grupo e são resolvidos pelo método da falsa suposição. Considere, por exemplo, o problema nº 24, formulado da seguinte maneira: "Uma quantidade (qualquer) mais $1/7$ dela = 19. Qual é essa quantidade?". É claro que não se trai o espírito do escriba ao formularmos esse problema nos seguintes termos algébricos modernos: "Uma quantidade X mais $1/7$ dela = 19. Encontre X", ou como

$X + X/7 = 19$ (equação do 1º grau para uma incógnita)

Vemos que, nesse gênero de problema, se trata de números puros no sentido matemático e não de números que exprimem quantidades concretas (medidas de trigo ou outros cereais).

2) O nº 28 (e também o 29) pertence ao segundo tipo de problema, levando a uma equação do primeiro grau de maneira mais complexa que a precedente; a formulação do problema é a seguinte (irá se constatar que é de essência algébrica): considere um determinado número (qualquer número), some-se a ele $2/3$ dele, e dessa soma subtrai-se $1/3$ dele; restam 10. Que número é esse? Ao chamar esse número de X, a expressão moderna da equação de primeiro grau correspondente assume a forma seguinte:

$$X + 2x/3 - 1/3\,(x + 2x/3) = 10$$

3) Os nºs 30-34 pertencem ao terceiro tipo (Gillings). Os $2/3$ mais $1/10$ de um número = 10; qual é esse número? A equação está escrita imediatamente:

$(2/3 + 1/10)\,X = 10 \qquad X = 13\ 1/23$

Equações de segundo grau

Dois problemas no papiro de Berlim dizem respeito a um sistema de equações simultâneas, uma das quais é do segundo grau. Escritas sob a forma moderna, tornam-se:

$$1 \begin{cases} X^2 + Y^2 = 100 \\ 4X - 3Y = 0 \end{cases}$$

$$2 \begin{cases} X^2 + Y^2 = 400 \\ 4X - 3Y = 0 \end{cases}$$

Eis um enunciado explícito de um problema do segundo grau: como dividir 100 em duas partes, de modo que a raiz quadrada de uma delas seja ¾ da raiz da outra? A solução do escriba é rigorosamente exata. Nos símbolos modernos, tem-se:

$$X^2 + Y^2 = 100 \rightarrow Y = \tfrac{3}{4} X \rightarrow X^2 + \tfrac{9}{16} X^2 = 100$$

Gillings acredita que os problemas nº 28 e 29 do papiro de Rhind sejam os mais antigos exemplos registrados na história da matemática, muito antes de Diofante de Alexandria, formando uma classe que pode ser chamada de "Pensar em um número", "Encontre um número tal que...".[56]

Ponderação de quantidades: "pesou"

Nos problemas que tratam das massas e dos pesos, as quantidades mencionadas são afetadas por coeficientes de utilidade — são ponderadas. Exemplo: se o *pesou* de um pão é 12, é porque esse pão contém 1/12 de alqueire.[57]

Todos os problemas do tipo algébrico, ou seja, aqueles que lidam com quantidades abstratas no sentido moderno de álgebra, são chamados precisamente de problemas Aha.[58]

O título do papiro matemático de Rhind mostra que — independentemente do que se pense dele, mesmo que os cálculos ali contidos sejam elementares, e sabe-se o motivo — os egípcios, muito antes de Pitágoras, tinham um sentido agudo do domínio da natureza pelos números, pela matemática: "Regras para estudar a natureza e para compreender tudo o que existe, cada mistério, cada segredo". Será necessário esperar até o Renascimento para que Francis Bacon dê uma nova formulação da "onipotência da matemática".

O processo de demonstração da área do círculo mostra que os egípcios tinham adquirido a noção altamente abstrata da constância da relação entre qualquer área do círculo e seu diâmetro, relação de grandezas geométricas.

Segundo Demócrito e Aristóteles, não há dúvida de que os sacerdotes egípcios guardavam zelosamente, por trás das espessas paredes de seus templos, uma ciência altamente teórica. Tal afirmação, vinda de Aristóteles em particular, tem um significado colossal, pois ninguém estava em melhor posição para saber o que se passava com a ciência egípcia.

É notável que Aristóteles, que assim se expressa, não se refira explicitamente em nenhum lugar de seus escritos às obras egípcias. Ora, essa influência dos egípcios transparece em toda a sua obra. Ele não hesita em reconhecer que se os sacerdotes egípcios conseguiram atingir esse nível de especulação nas ciências teóricas era porque estavam a salvo das necessidades materiais.

A existência do triângulo retângulo sagrado mostra que, para os egípcios, certas proporções matemáticas tinham uma essência divina no sentido pitagórico e platônico.

Richard J. Gillings certamente é um dos estudiosos mais competentes, mais honestos e objetivos que se ocuparam da matemática egípcia.

Em se tratando da tabela de divisão do número 2 pelos números ímpares de 3 a 101, tabela encontrada de 2 mil a.C. a 600 d.C, ele observa que os matemáticos gregos, romanos, árabes e bizantinos nunca foram capazes de descobrir técnica mais eficiente para lidar com a fração banal P/*q*.

Os gregos conservaram em sua aritmética a velha notação egípcia das frações, de 2200 a.C., como prova um papiro onde se lê:

$1/17$ de um talento de prata $= 352 + 1/2 + 1/17 + 1/34 + 1/52$ dracmas.

Os matemáticos modernos, 4 mil anos depois, tentam encontrar as leis e os teoremas que estão na base da aritmética egípcia, e em particular seus procedimentos para o tratamento das frações, para elaborar a tabela $2/n$ sem um único erro. Como o escriba do papiro de Rhind pôde, entre as milhares de decomposições possíveis, escolher sempre a mais simples e a melhor, como observou Mansion em 1888.[59]

Em 1967, 4 mil anos depois, um computador eletrônico foi programado para calcular todas as expressões possíveis de frações com numerador unitário, divisões de 2 pelos números ímpares 3, 5, 7, ... até 101, a fim de comparar as decomposições dadas pelo escriba com os milhares de outras possíveis, perfazendo um total de 22 295 formas possíveis. Resulta dessa experiência que a máquina do século XX não derrotou o escriba de 4 mil anos atrás: ela não encontrou decomposições superiores àquelas fornecidas pelo escriba do ano 2 mil a.C.![60]

Esse resultado é incompatível com a ideia de uma matemática técnico-empírica que procede por tentativa e erro: certamente havia teoremas que ainda precisam ser descobertos e que incluem os da aritmética elementar.

Matemáticas egípcias: Aritmética

Quase nada diremos sobre esse assunto. O professor e amigo Maurice Caveing dedicou-lhe um estudo magistral sob a forma de tese de doutorado que será um marco na história da ciência. É necessário, portanto, consultar essa obra de referência que será publicada em breve.

A originalidade da aritmética egípcia é que ela não requer nenhum esforço de memória. A multiplicação e a divisão reduzem-se a adições após uma série de duplicações. É necessário conhecer somente a tabela de multiplicação por dois para efetuar facilmente as operações mais complexas; em contrapartida, na aritmética mesopotâmica, o conhecimento da tabela de multiplicações era indispensável para que se pudesse calcular.

As operações com frações geralmente envolvem frações com numeradores iguais à unidade; no entanto, os egípcios também conheciam e usavam as seguintes frações complementares: $2/3$ (utilizado com frequência), $3/4$, $4/5$, $5/6$ (utilizados com menos frequência). Como resultado, os egípcios elaboraram uma tabela de decomposição das frações do tipo $2/n$, incluindo frações de $2/5$ a $2/101$.[61] O método de decomposição assim inventado pelos egípcios era muito complexo, muito difícil de seguir; os estudiosos e os matemáticos modernos estão longe de concordar com os procedimentos utilizados para se chegar aos resultados. No entanto, ainda hoje admiramos a espantosa mestria e segurança com que os escribas tratavam as frações; os gregos e os romanos continuaram a utilizar os métodos egípcios.

Desde o terceiro milênio, os egípcios já haviam inventado a numeração decimal e descoberto ou pressentido o zero, como testemunham os espaços deixados onde hoje os colocaríamos.[62] As divisões proporcionais eram conhecidas.[63] Os exemplos tratados no papiro de Berlim mostram que sabiam extrair, de forma rigorosa, a raiz quadrada de qualquer número, mesmo fracionário, e os matemáticos ainda se perguntam o caminho seguido pelo escriba Amósis. Ele estava claramente com a mesma disposição de um professor que deve conceitos matemáticos muito complexos para alunos de nível médio. O problema nº 45 mostra que eles também sabiam extrair uma raiz cúbica.

TERMOS MATEMÁTICOS EGÍPCIOS QUE SOBREVIVERAM EM UÓLOFE

Egípcio	Uólofe
P(a) mr = pamer = a pirâmide	*ba-meel* = a tumba
(Outros exemplos tirados do egípcio confirmam essa regra de derivação.)	
*P(a) c*nh = *pa enh* a vida	*ba-neeh* = o prazer
P(a) h*(a)w* = *pa haw* a erva	*ba-haw* = a erva[64]
Sabe-se que em egípcio apenas os artigos *pa* (masc. sing.) e *ta* (fem. sing.) precediam o substantivo. Em uólofe, também existe uma derivação a partir do antigo artigo feminino egípcio. Exemplo:	
ta-ht = o templo	*tâh* = construção sólida, edifício
Em uólofe mesmo, esse processo de formação de palavras compostas é frequente. Exemplos:	
k(a)w = altura	*bw̄ - rȅy* (uma grande moeda antiga de 10 cêntimos), *bw - sé* < *bw - sew* (pequenas sementes de amendoim) *kaw* = altura
seked = inclinação	*sȅgg* = se inclinar sȅggay = inclinação
sšd = inclinação	*sadd* = inclinação (š → *d*)
nb = cesto, semiesfera	*ndab* = cabaça, semiesfera
inr = ovo, esfera (primeiro sentido = pedra)	*ina* = enorme[65] *g.inâr* = frango (galináceo)?

khar = 20 *sekat* (unidade de capacidade) = os ⅔ de um cubo de um côvado real de lado, portanto = cerca de metade de um cubo de um côvado comum de lado	*khar* = 20 unidades de medida de capacidade chamadas *andar* = ½ *mata* < *meh-ta*
 = *meh-ta* = um quadrado, de lado igual a um côvado real	*mata* = 2 *khar*, como resultado de alguma confusão, um cubo com lados iguais a um côvado era chamado de *meh-ta*
hsb ou *hsp* = côvado comum	*hasab* = côvado
(duplo) *rmn* = *remen* = unidade de comprimento igual à diagonal de um quadrado com lateral igual a um côvado	*laman* = proprietário hereditário da terra (*r* → *l*)
*dm*d = unificar, reunir	*dadalle* = reunir, unificar
gs = metade, lado	*ges* = olhar de lado
ro = a boca, a pequena porção	*re* = rir; *rôh* = engolir
knbt = ângulo = raiz quadrada	*kôn* = ângulo; não vem do francês *coin* [canto; esquina], como pensei de início
hayt = raiz quadrada[66]	*hay* = extrair, no sentido cirúrgico, extrair uma bala; aplica-se perfeitamente à extração de uma raiz quadrada: em última análise, é mais adequado do que o termo sinônimo d*uhi*
psš = dividir	*pa*tt = dividir (*š* → d ou t)
tp n = exemplo	*top* = seguir, no sentido de continuar, se exercitar, refazer, continuar fazendo
mi tp pn ou *mi tp pw* = semelhante a, como este exemplo	*mi top bw* = que segue este último
sdm-hel ou *sdm-hr-k* = forma em duplo sentido: 1) indica primeiro uma ordem, um mandamento diz polidamente: "deveis" 2) o resultado de uma operação	*hel* = é a partícula da forma verbal egípcia que introduz essas duas nuances expressas pelo verbo: é exatamente o mesmo em uólofe. Ex.: *hal-nga-dem* = "tens de sair" (ordem polida); *hal naa* d*ot* = Eu necessariamente receberei
mitt pw = este aí, semelhante = CQD	*miit bw* ou *miit bi* = este aí também, semelhante = CQD
gmk nfr = olha (bem) é isso (*Rh*. p. 22)*	*gimmi-nga*... = você abriu seus olhos
tp n sîty = método de prova (*Rh*. p. 22)	*top seet* = seguir e verificar (matemática) *seeti* = ir verificar *seét* = provar
išmt < *ššm* = conduzir, guiar (*Rh*. p.22)	dem = ir para

* Sendo Rh. abreviação para papiro de Rhind. (N. T.)

tp n sšmt = desenvolvimento (*Rh*. p. 23)	*tp mw dem* = seguir para, desenvolver...
mi hpr = conforme isso acontece	*mi sopi* = isso aqui muda
hpr → *sopi* (em copta) = transformação, devir	*sopi* = transformar, mudar
henu = $\frac{1}{200}$ de khar	*genn* = moedor (*h* → *g*)
khet = 100 côvados	*khet* = bosque
wd(a)t = olho sagrado de Hórus, cujas diferentes partes formam uma progressão geométrica decrescente de frações de $\frac{1}{2}$ até $\frac{1}{64}$ ($\frac{1}{2}$, $\frac{1}{4}$, $\frac{1}{8}$, $\frac{1}{16}$, $\frac{1}{32}$, $\frac{1}{64}$)	*da* = ver claramente, distintamente
kite = *kdt* = $\frac{1}{10}$ *deben* = anel	*khet* = um anel
snn pw n = é uma cópia	*sanen* = um outro semelhante
(hel), hr km $\frac{2}{3}$ = deve ser igual a $\frac{2}{3}$... a um (*Rh*. p. 54)	*hel kem* = *hala yem* = $\frac{2}{3}$... *ak* I = deve ser igual a $\frac{2}{3}$... a um
tp n sity ky = prova outra (*Kh*. p. 58)	*top seet ky* = verificar este aqui
y(a)i = excesso, diferença (*Kh*. p. 59)	*yaay* = tamanho, largura
ch'w = pilha, quantidade abstrata (*Rh*. p. 61)	*tahaw* − em pé, que toma o lugar de uma coisa *tahawé* = levar para
twnw = diferença entre partes (*Rh*. p. 77)	*tolloo* = ser iguais *tool* = o resto de uma divisão, depois de uma partilha
rht = número? (*Rh*. p. 86)	*reket* = correto
sity = prova (*Kh*. p. 86)	*seety* = ir verificar
seked = *skd* = *inclinação*	*segg* = inclinado; em declive
spdt = pontiagudo = triângulo (*Rh*. p. 91) } *spdt* = a estrela Sírio, a pontiaguda }	*pud* = pequeno cone pontiagudo
sti = altura (papiro de Moscou, problema nº 14, citado por Peet, *Rh*. p. 93)	*siit* = trajetória vertical da queda da gota d'água, que poderia ser o termo técnico para altura
h*nt* = remover, subtrair (*Rh*. p. 97)	*gente* = ação de sair *genn* = sair *genne* = subtrair
kr*y p* hw*i* = *o último (Rh*. p. 108)	*pegw* = periferia, estar ao ar livre (*h* → *g*)
hsb ni gm. k wi km kwi (= *mak*) = eu calculei enquanto achava que estava completo (*Rh*. p. 111)	*hasab on na, gimi- kw na, (k)emon n a* = eu medi, descobri, tinha chegado ao limite
sity mw = derramar água (*Rh*. p. 118)	*soty* = derramar (água)
r d*b* = em troca de	d*ab* = dar, estender a mão rapidamente, apertar as mãos, trocar, dar objetos
= h*rt* = partilhar, parcela[67]	*har* = partir, partilhar

Astronomia

As fontes são constituídas pelos calendários diagonais dos sarcófagos, a orientação dos monumentos, o estabelecimento do calendário astronômico desde 4236 a.C., o papiro demótico de Carlsberg, do nº 1 ao 9 (144 d.C.).

Fases da lua

Embora tardio, o papiro de Carlsberg nº 9 descreve um método de determinação das fases da Lua derivado de fontes mais antigas e sem qualquer traço de influência da ciência helenística; o mesmo se pode dizer de Carlsberg nº 1. Isso parece provar que havia tratados de astronomia egípcia.[68]

Calendário

Tal como acontece com a geometria, os egípcios foram os inventores exclusivos do calendário, o mesmo, apenas reformado,[69] que regula a nossa vida atualmente, e do qual Neugebauer diz "que é verdadeiramente o único calendário inteligente que alguma vez existiu na história humana".[70]

Eles inventaram o ano de 365 dias, que se decompõe assim: doze meses de 30 dias = 360 dias, mais os cinco dias epagômenos, correspondendo cada um desses dias ao nascimento de um dos seguintes deuses egípcios: Osíris, Ísis, Hórus, Seth, Néftis. São os mesmos deuses que darão origem ao gênero humano e inaugurarão o ciclo dos tempos históricos: Adão e Eva são apenas as réplicas bíblicas tardias de Osíris e Ísis.

O ano é dividido em três estações de quatro meses, o mês, em três semanas de dez dias que não se sobrepõem aos meses; o dia, em 24 horas. Os egípcios sabiam que esse ano civil era muito curto, que lhe faltava um quarto de dia para corresponder a uma rotação sideral completa. Assim, já em 4236 a.C. (a imaginação permanece petrificada), eles haviam inventado um segundo calendário astronômico baseado precisamente nesse atraso ou defasagem de um quarto de dia por ano do calendário civil de 365 dias em relação ao calendário sideral ou astronômico. O atraso assim acumulado após quatro anos é igual a um dia. Em vez de adicionar um dia a cada quatro anos e instituir um bissexto, os egípcios preferiram a solução magistral de seguir essa lacuna por 1460 anos.[71]

Por conseguinte, é a própria causa do ano bissexto que está na base do calendário sideral egípcio; os egípcios preferiram "retificar" a cada 1460 anos em vez de fazê-lo a cada quatro anos; quem pode fazer mais pode fazer menos, portanto, ao contrário da opinião generalizada, eles conheciam bem o ano bissexto. Mas o que é ainda mais surpreendente é que também tinham (observado?) calculado que esse período de 1460 anos do calendário sideral é o lapso de tempo que separa duas nascentes helíacas de Sírio, a estrela fixa mais brilhante do céu na constelação de Cão Maior; assim se designa a aparição simultânea de Sírio e do Sol na latitude de Mênfis. Dessa forma, o nascer helíaco de Sírio, que ocorre a cada 1460 anos, coincidindo com o primeiro do ano em ambos os calendários, é o marco cronológico absoluto que está na base do calendário astronômico egípcio; e perdem-se em conjecturas sobre *como* os egípcios poderiam ter chegado a tal resultado já na proto-história, pois sabemos com certeza que esse calendário sideral estava em uso já em 4236 a.C. Supondo que um fenômeno celeste tão fugaz como o nascer helíaco de Sírio tenha captado acidentalmente a atenção dos egípcios a partir do milênio IV, como eles poderiam adivinhar e verificar com poucos minutos a sua rigorosa periodicidade, durante um lapso de tempo de 1460 anos, e fundar seu calendário baseado nisso? Chegaram a esse resultado por meios empíricos ou teóricos? Certamente os detratores da civilização egípcia têm muito trabalho a fazer!

Sendo a duração do período considerado incompatível com a da vida humana, seriam necessários dons mágicos para encontrar uma solução empírica para o problema.

Assim que os romanos conquistaram o Egito, em 47 a.C., César reformou o calendário egípcio (ele recorreu a um sábio egípcio) introduzindo o reajuste a cada quatro anos (ano bissexto), e essa foi a origem do calendário atual. Já se disse que os egípcios desconheciam a noção de eras e que o ano civil era flutuante. Isso é esquecer que o faraó criou um serviço nacional presidido pelo grão-vizir, o mais alto funcionário do Estado egípcio e dedicado exclusivamente à observação dos levantes de Sírio: assim, os astrônomos egípcios elaboraram tabelas que permitiam acompanhar a cada ano a diferença entre o ano do calendário civil e o ano astronômico em que os acontecimentos históricos passaram a ser projetados, como numa escala cronológica absoluta.

Todos os eventos de importância histórica do ano civil poderiam ser objeto de dupla datação, de dupla marcação; assim, foram identificadas quatro datas duplas,[72] cada uma das quais tem quatro anos de distância, considerando o que já se observou.[73]

Tem-se aqui claramente a impressão de que as três últimas datas relativas à história egípcia correspondem bem a uma fixação na escala da cronologia absoluta, a uma localização tão importante nessa escala de eventos quanto, precisamente, o início dos reinados deste ou daquele faraó.

Ora, tendo em conta a extensão do período do calendário sideral, não foram necessários mais que quatro para cobrir a história da civilização egípcia. Assim, parece claro que o marcador cronológico absoluto, para os egípcios, era o número de nascentes helíacas de Sírio.

Assim, até os nossos dias, com o calendário sideral egípcio, que poderia muito bem ser reposto em vigor, a humanidade, em qualquer caso a África, dispõe de uma escala de cronologia absoluta diante da qual a era cristã, a hégira, os vários marcos são absolutamente relativos.

Ao lado dos calendários civis e siderais, os egípcios usavam outros calendários, o calendário litúrgico, por exemplo, baseado nas lunações e servindo para determinar as festas religiosas. Dessa forma foi inventado o método de previsão das fases lunares descrito no papiro de Carlsberg nº 9, para fixação das datas das festas móveis.[74]

Se um nascer do sol helíaco ocorreu em 139, pode-se deduzir que outros, separados por um período de 1460 anos, ocorreram em 1321-18 a.C., 2781-78 a.C. e 4241-38 a.C. Essas datas foram obtidas graças às datas duplas e ao conhecimento da curva de Sírio.

A escolha do nascer helíaco como um marco astronômico de cronologia absoluta não tem nada a ver com a marcação propriamente dita do início da inundação, pela simples razão de que em 4236 a.C., no momento em que o calendário foi inventado, o nascer helíaco situava-se fora da estação da inundação e não podia, portanto, anunciá-la; aqueles que apoiam a ideia são somente os mesmos que gostariam de reduzir o calendário sideral egípcio ao âmbito de uma rotina agrária. Eles também são adeptos da "cronologia curta", que situa a invenção do calendário em 2778 a.C., em vez de 4236 a.C., que corresponde à "cronologia longa", a data mais antiga da história (Meyer). Eles se baseiam no fato de que a data dupla mais antiga citada por documentos egípcios que chegou até nós é a festa que ocorreu no ano 7 do reinado de Sesóstris III, entre 1885 e 1882 a.C. Sabe-se hoje que a hipótese da cronologia curta é absurda e insustentável por várias razões.

Na verdade, se o calendário tivesse sido inventado em 2778 a.C., o acontecimento teria coincidido com o reinado de Djoser, primeiro rei da III dinastia. A invenção muito provavelmente teria sido obra do polivalente estudioso Imhotepe, arquiteto de Djoser, divinizado pela tradição e pelos gregos em particular. Essa invenção particularmente brilhante de um calendário sideral não deixaria de estar associada à sua lenda pela tradição. Por outro lado, o fato se situaria em plena época histórica, a história nos teria preservado pelo menos uma alusão ao assunto.

Finalmente, em uma tábua de marfim em uma tumba da I dinastia (3300 a.C.) em Abidos, Sírio é saudada como a estrela que inaugura o ano novo e traz a inundação. Isso mostra bem que o calendário sideral já estava em uso, e, por consequência, a data de 4236 a.C aparece como uma certeza.

Ressalte-se que a última data é necessária para acomodar os noventa reis que precederam Sesóstris III.

Um autor como Otto Muck,[75] que despreza o fato arqueológico concreto e privilegia a lenda em detrimento do documento histórico mais preciso, situa Quéops (2600 a.C.) no tempo de Djoser (2783), apesar de todas as evidências históricas. Essa torção grosseira dos documentos é essencial para que ele sustente — vejam só — a ideia de que uma decoração primitiva discreta da cobertura de uma urna funerária proveniente das escavações de Troia feita por Dorpfeld (sucessor de Seligman), representa um calendário solar que serviu de modelo para o do Egito. O pastor de ovelhas

Filitis o teria introduzido no Egito na época de Quéops.[76] O mesmo pastor teria levado ao Egito até mesmo o título de faraó:[77] consequentemente, tudo veio do norte, da Europa, como testemunha Stonehenge na Cornualha, onde o calendário nórdico indo-europeu, batizado de calendário "dardaniano", estava em uso, segundo Otto Muck.

Bobagens, bobagens que não têm nem a virtude de provocar risos: texto bem abaixo do limiar para merecer críticas; a interpretação dos signos decorativos da cobertura da urna é um romance sem sal.

Orientação dos monumentos

A exatidão da orientação dos grandes monumentos arquitetônicos, em particular das pirâmides, advoga em favor da existência de uma ciência astronômica firme; com efeito, o número de monumentos orientados em relação aos quatro pontos cardeais com um erro sempre inferior a 1º grau em relação ao norte verdadeiro elimina qualquer noção de acaso.[78] Certamente algum método de observação astronômica foi utilizado para determinar o norte verdadeiro, mas qual? Sabe-se que aquele baseado nas sombras projetadas mais curtas não é suficientemente preciso. A ideia de instrumentos ópticos com lentes se impõe cada vez mais, com as últimas descobertas.

Os decanos

Além disso, o ano egípcio foi dividido em 36 décadas ou períodos de dez dias, cada um governado por uma constelação. Isso perfaz um total de 360 divisões ou "graus" do círculo, é a base da primeira divisão sexagesimal datado na história da ciência.

Carlsberg nº 1 explica as lendas que acompanham os decanos. O texto antigo é transcrito em hierático e, em seguida, traduzido palavra por palavra em demótico. "Em alguns casos, os sinais hieroglíficos habituais foram substituídos por formas criptográficas, ocultando assim o significado real para o leitor não iniciado."[79]

Retornaremos a essa forma iniciática de educação egípcia, que persistiu na África negra até o presente.

Os decanos remontam pelo menos à III dinastia, 2800 a.C., e assumiram uma importância na astrologia da época greco-romana. Eles sobrevivem hoje na África Ocidental, no Senegal. É uma influência do islã?

Caráter empírico da ciência mesopotâmica

Os mesopotâmios (assírio-babilônios) conheciam apenas um calendário lunar grosseiramente impreciso, às vezes com anos de treze ou catorze meses. Quando a defasagem se tornou muito gritante, o rei decidiu adicionar um mês suplementar. Não havia nada de comparável ao calendário egípcio. As muitas observações astronômicas que foram feitas eram empíricas, e as tentativas de racionalização, associando arbitrariamente progressões geométricas e aritméticas no caso particular dos movimentos da Lua, não correspondiam a nenhuma lei: havia justaposição pura e simplesmente.

Será necessário esperar pelo período selêucida (310 a.C.) para estabelecer as tábuas empíricas, chamadas "efemérides lunares" para tentar, em vão, fixar a duração do mês lunar segundo os fatores de visibilidade do crescente lunar no horizonte (29 ou trinta dias).

Assim, os mesopotâmicos eram maus astrônomos, como eram maus geômetras, em comparação com os egípcios.

O cilindro é assimilado a um prisma com valor de $\pi = 3$, para o cálculo da área da base e do volume.

O volume do tronco do cone é dado pela fórmula errônea abaixo:

$V = \frac{1}{2} h (S + S')$

Da mesma forma que o tronco da pirâmide:

$V = \frac{1}{2} h (a^2 + b^2)$

citado na página 304, é falso, ao contrário do encontrado pelos egípcios.

Medicina

Teofrasto, Dioscórides, Galeno citam perpetuamente as receitas que possuem dos médicos egípcios, ou mais exatamente, como diz Galeno, que aprenderam consultando as obras preservadas na biblioteca do templo de Imhotepe em Mênfis, ainda acessível no século II d.C., e onde Hipócrates, o "pai da medicina", havia se instruído sete séculos antes.

Verdadeiro ou falso, o método indicado no papiro de Carlsberg nº 4 para realizar o diagnóstico de uma mulher infértil foi copiado textualmente por Hipócrates: "Um dente de alho na vagina durante uma noite, se o cheiro passar para boca, ela vai dar à luz".

A cura dos possuídos deveria ser feita pelo simples encantamento de fórmulas mágicas[80] como na África negra. O encantamento[81] age por sua própria virtude, sem tratamento farmacêutico: é o método psicológico.

Mas muitas vezes, para ser eficaz, a fórmula mágica tinha de ser acompanhada por um fármaco. O seguinte encantamento, que identificava o paciente a Hórus queimado, foi utilizado para tratar uma queimadura. "O meu filho Hórus está em chamas no planalto desértico. Não há água lá. Eu não estou lá. Eu trago água [proveniente] da margem da lagoa para extinguir o fogo." "A fórmula deve ser recitada sobre o leite de uma mulher que deu à luz um menino."[82] É como a África negra de hoje. O doente é curado pelo poder das palavras mágicas.

Também na África negra assistimos ao uso combinado da fórmula mágica encantatória e fármacos. Mas no Egito, com o tempo, a fórmula cede lugar ao tratamento médico, e assim nasceu a medicina: o médico substitui o mágico; de fato, a racionalização da medicina egípcia nunca se completou, alguns remédios eram de origem divina, como na África negra; a picada de um escorpião era curada apenas pela recitação de fórmulas mágicas destinadas a Ísis ou Thot.[83]

A medicina era praticada em três níveis diferentes:

1) Havia, além dos magos e médicos, o corpo paramédico dos sacerdotes de Sekmet que asseguravam a cura divina celestial ou milagrosa como nossos marabus e os santos das religiões reveladas, ou a água de Lourdes.

Era possível ser mágico e médico ao mesmo tempo. Foram os médicos egípcios os primeiros a ter a ideia de medir o pulso.[84]

2) Havia médicos generalistas e especialistas em diferentes doenças. A medicina, como o sacerdócio, era hereditária: assim como o sacerdote transmitia seus conhecimentos (palavras sagradas, ritos etc.) aos filhos, que lhe sucederiam, o médico comunicava seus conhecimentos ao filho que o substituiria após sua morte. É necessário dizer que a situação é a mesma na África negra? E são as más condições de transmissão desse conhecimento hereditário que levam a perdas frequentes e impedem o desenvolvimento de uma verdadeira ciência. No entanto, o médico poderia completar sua formação em uma instituição de ensino chamada Casa de Vida, onde viviam estudiosos especializados nas várias disciplinas e diretores de oficinas que escreviam ou copiavam os papiros. Foi assim que os papiros que chegaram até nós foram escritos.

3) Muitas vezes, os médicos eram funcionários públicos que, em alguns casos, administravam cuidados gratuitos: expedições militares, por exemplo. Havia o médico da Corte, o médico chefe do norte, o médico chefe do sul etc. Clemente de Alexandria cita, entre outras obras, aquelas que o médico deveria conhecer.

O papiro de Smith fala de 48 casos de cirurgia óssea e patologia externa. Sua concisão científica tem sido admirada pelos estudiosos modernos. Não é uma soma de receitas, mas um verdadeiro tratado de cirurgia óssea.[85]

O método indicado pelo papiro para tratar a luxação do maxilar inferior foi adotado por Hipócrates e pelos médicos modernos.

"As observações clínicas são de grande precisão e honram os cirurgiões do Antigo Império 2600 a.C. que viveram 2 mil anos antes de Hipócrates."

Eles foram os primeiros a praticar pontos de sutura e usar talas de madeira para fraturas. O curandeiro africano, para fazer sarar uma fratura, procede como neste último caso.

"Os cirurgiões egípcios alcançaram o ápice de sua arte desde a era menfita, pelo menos no campo da cirurgia óssea: tudo é para ser admirado neles, a engenhosidade, o bom senso."[86]

Química

Etimologia da palavra "química"

A raiz da palavra "química" tem origem egípcia, como já sabemos; vem de kemit = "preto", aludindo ao longo cozimento e destilação que era costume nos "laboratórios" egípcios a fim de extrair este ou aquele produto desejado.

Sabemos que essa raiz proliferou em outras línguas negras, onde manteve o mesmo significado. Em uólofe: hemit = preto, carbonizar etc.

O químico francês Marcellin Berthelot ficou admirado diante do conhecimento científico egípcio em química, a ponto de lhe dedicar uma tese.

Metalurgia do ferro

A produção voluntária de aço mais antiga do mundo até agora é apenas atestada no Egito, como se vê no texto citado a seguir.

Um exame microscópico metalográfico permite identificar acidentalmente um pedaço de ferro "aciarizado":

> Existe, no entanto, uma evidência indiscutível de cementação efetuada voluntariamente: é a presença em um objeto de aço de camadas sucessivas que compreendem diferentes porcentagens de carbono. Um ferreiro não teria nenhuma razão para fabricar um objeto dessa maneira se ele não tivesse entendido as propriedades diferentes das camadas sucessivas. O objeto mais antigo desse tipo é uma faca egípcia, provavelmente feita entre 900 e 800 a.C.[87]

As escavações arqueológicas no Saara do sul estão em vias de confirmar nossas ideias sobre a primeira Idade do Ferro (2600 a 1500 a.C.) publicadas no *Boletim do Ifan* e nas *Notas africanas*.[88]

Da mesma forma, o falecido professor Emery, de Oxford, teria encontrado, durante as escavações de salvamento arqueológico realizadas na Núbia sob a égide da Unesco, os vestígios de uma metalurgia do ferro datados do Império Antigo.

Arquitetura

Bases matemáticas da arquitetura egípcia

A obra arquitetônica egípcia implica conhecimentos mecânicos e técnicos sobre os quais os especialistas ainda não concluíram o debate.

Os estudiosos reconhecem que ninguém ainda é capaz de dar uma explicação satisfatória de como os egípcios procederam à construção da grande pirâmide de Khufu (Quéops): a técnica empregada para reunir 2,3 milhões de pedras, cada uma pesando em média 2,5 toneladas, e sobretudo a técnica utilizada para polir as superfícies e montá-las tão perfeitamente que, ainda hoje, em vão se tentaria introduzir entre elas uma lâmina de barbear. As grandes placas que formam a laje da câmara do rei pesam 50 toneladas cada...

Os egípcios usavam rampas, com inclinações variadas, para içar as pedras. Assim, Borchardt[89] mostra que os egípcios conheciam perfeitamente o princípio do plano inclinado e o utilizavam, em toda acepção mecânica do termo, para a elevação de materiais pesados. Os vestígios dessas rampas foram encontrados próximo das pirâmides, em particular na pirâmide de Seneferu perto de Meidum; a rampa de Meidum tem 65 metros de altura, 200 metros de comprimento e uma inclinação de 19°20', ou seja, cerca de 20 graus. Não nos esqueçamos que os egípcios faziam malabarismos com linhas trigonométricas (seno, cosseno, tangente, cotangente). Eles são os verdadeiros inventores da trigonometria e sabiam perfeitamente como estabelecer uma relação entre o ângulo do plano inclinado, representado por uma de suas linhas trigonométricas, e a diminuição do peso dos blocos observados e medidos durante a tração. Os exercícios trigonométricos do papiro de Rhind referem-se ao cálculo da inclinação de pirâmides e pilares cônicos (ver pp. 279-85 e 307-12).

Borchardt tentou calcular o número de trabalhadores e o tempo necessário para a construção das pirâmides.[90] Feitos todos os cálculos, ele encontra vinte anos para a pirâmide de Meidum, o que é uma duração normal, compatível com a duração do reinado de 29 anos, dada pelo historiador

Maneton para o faraó Seneferu.[91] Compreende-se por que a construção desses monumentos não levou séculos graças à utilização de rampas. O cálculo de Borchardt baseia-se na utilização simultânea de duas rampas.

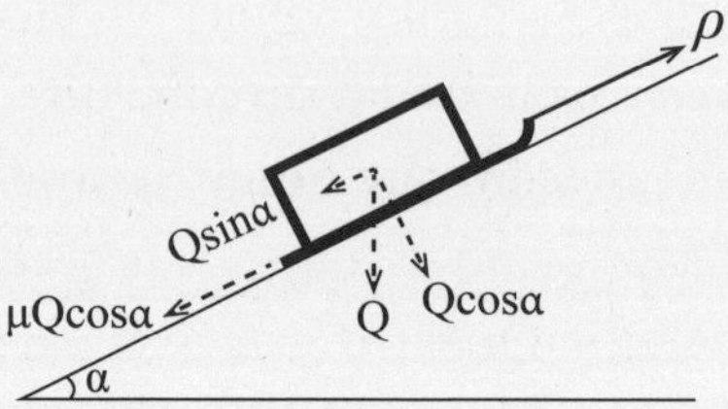

Borchardt tentou em parte encontrar o cânone arquitetônico egípcio, ou seja, o padrão de medida que seria a cota-parte das dimensões das construções egípcias. Ele constata que o côvado (523 milímetros) não atende a esse requisito, especialmente quando se examinam as dimensões das colunas dos templos, mesmo de épocas recentes, como o templo de Filas; é preciso enfatizar que mesmo esses monumentos tardios foram construídos rigorosamente de acordo com as regras arquitetônicas egípcias clássicas de períodos anteriores. Foi estudando os planos que os arquitetos egípcios desenharam deliberadamente nos monumentos que nos deixaram — como em Gebel-abu-Fodah,[92] ou no teto do salão hipostilo do templo de Edfu etc. — que ele percebeu que o padrão de medida que apresenta comensurabilidade com todas as dimensões é o côvado mais a série geométrica de frações com numerador unitário (½ + ¼ + ⅛ + 1⁄16), que também simboliza, lembremos, as diferentes partes do olho de Hórus.[93]

Assim, para fixar a altura de uma coluna, os arquitetos tinham que tomar um número inteiro de côvados (9, por exemplo, na fig. 52) aos quais adicionavam ¼ + ⅛ + 1⁄16. O diâmetro da base poderia ser 1 + ½, enquanto o afinamento para cima poderia ser 1 + ¼.

Reproduzimos igualmente o plano da tumba de Ramsés IV (figs. 56 e 57) publicado por Howard Carter e Alan H. Gardiner.[94] As partes escuras são aquelas que foram poupadas pelo tempo no papiro, mas a simetria do monumento facilitou a reconstrução, que é rigorosa. O plano não foi feito em escala, mas isso pouco importa, porque as dimensões exatas das várias partes da tumba estão registradas.

Em artigo já citado, Flinders Petrie publicou a planta de grade (uma planta lateral, por assim dizer) de um altar de madeira, suspenso como parte de um *naos* destinado a ser carregado durante as procissões. O documento é um papiro da XVIII dinastia.

Nas figuras 58 a 60, publicamos alguns tipos de colunas egípcias, de acordo com Lepsius.[95]

Cânone estético da arte egípcia

O cânone estético egípcio da secção quadrada é, em substância, equivalente à secção de ouro; isso explica por que esta última pode ser rigorosamente aplicada a todas as obras de arte egípcias. Se é assim, é porque a secção quadrada é uma convenção que permite reproduzir com precisão as proporções anatômicas do corpo humano, como se verá pela análise do estudo de Ernest Mackay.[96]

Os monumentos analisados datam da XVIII dinastia ou, posteriormente, das dinastias XXV ou XXVI.

A superfície sobre a qual o desenho ou a obra de arte vai ser instalada é previamente revestida com ladrilhos. O topo da cabeça de uma personagem está sempre situado três quadrados acima dos ombros; a parte superior da cabeça até a base da testa ocupa uma unidade quadrada;[97] daí para a base do nariz, uma unidade, isto é, um quadrado; da base do nariz à do pescoço, uma unidade. O corpo, da base do pescoço ao joelho, dez unidades; do joelho ao calcanhar, seis unidades. No total, o corpo humano ocupa, da cabeça aos pés, dezenove unidades ou quadrados.

Quando uma figura masculina usa a tanga pequena (*calasiri*), o limite inferior dessa tanga é de 12 ½ unidades do topo do crânio.[98] A profundidade da abertura do pescoço da vestimenta usada pelos homens é de meio quadrado, medida a partir da linha dos ombros. Uma linha vertical que passa na frente da orelha, quando não é mascarada por uma peruca,

Fig. III.

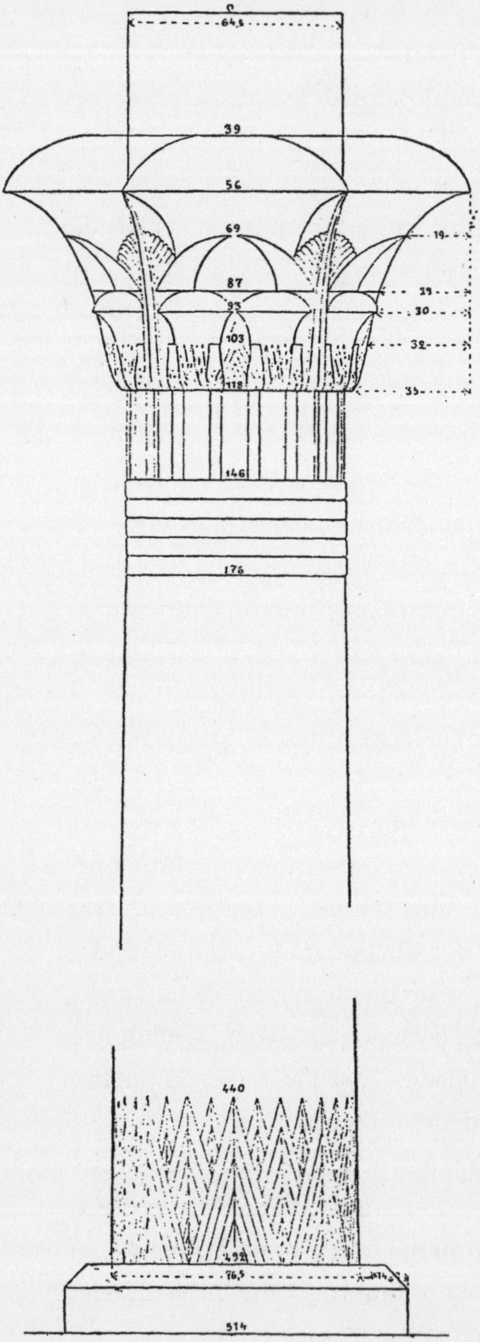

Fig. IV.

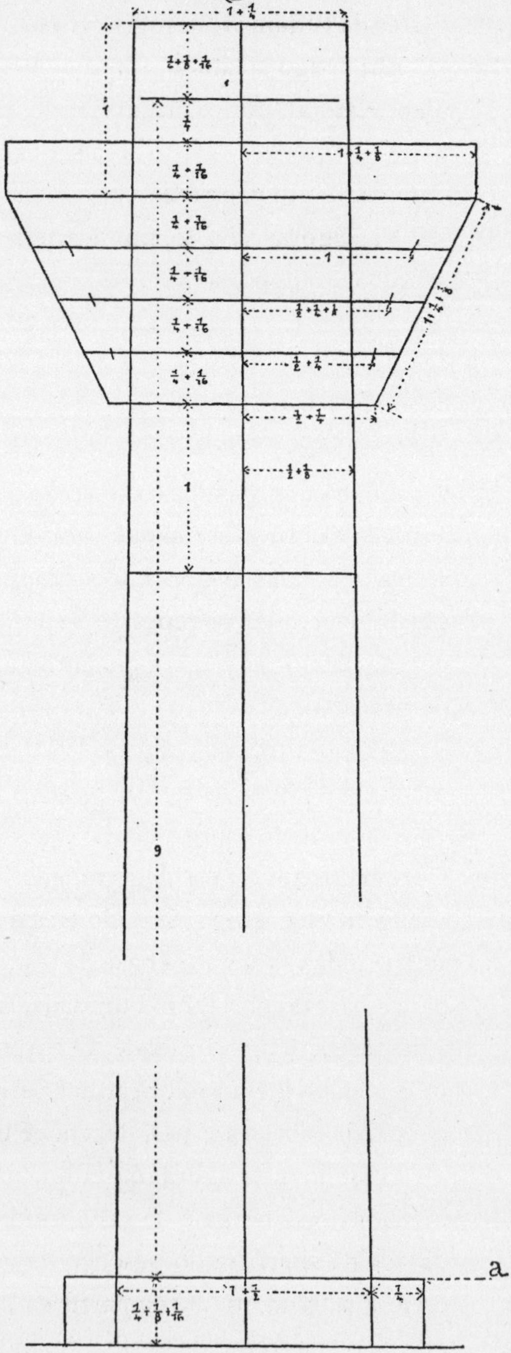

Fig. V.

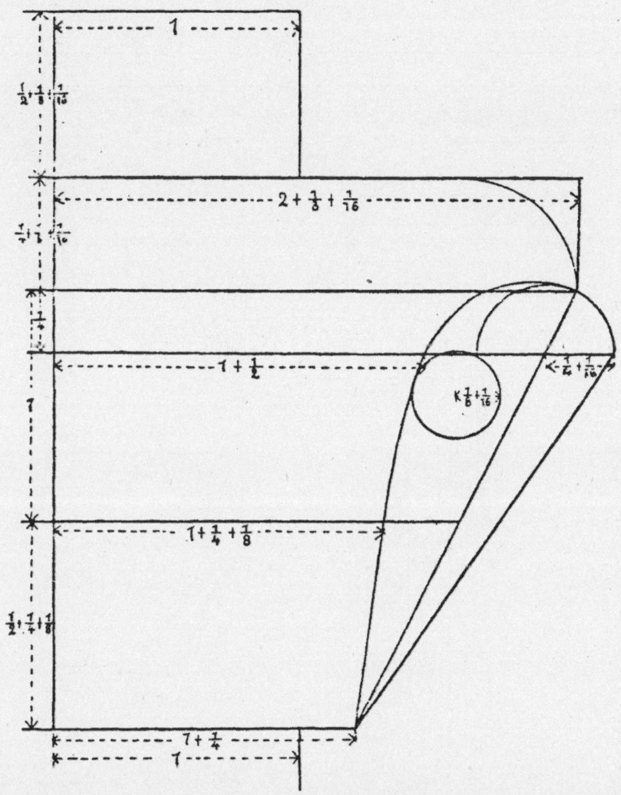

52 e 53. *Observar a redução do diâmetro da coluna para cima seguindo as razões da série geométrica (olho de Hórus), ou o afinamento dos capitéis para baixo seguindo as mesmas proporções geométricas, indicadas em números fracionários.*
(L. Borchardt. *Zeitschrift für Aegyptischer Sprache*, t. 34, 1896, prancha IV, figs. III e IV, prancha I, fig. V, esta última in W. M. Flinders Petrie, *Season*, prancha 25.)

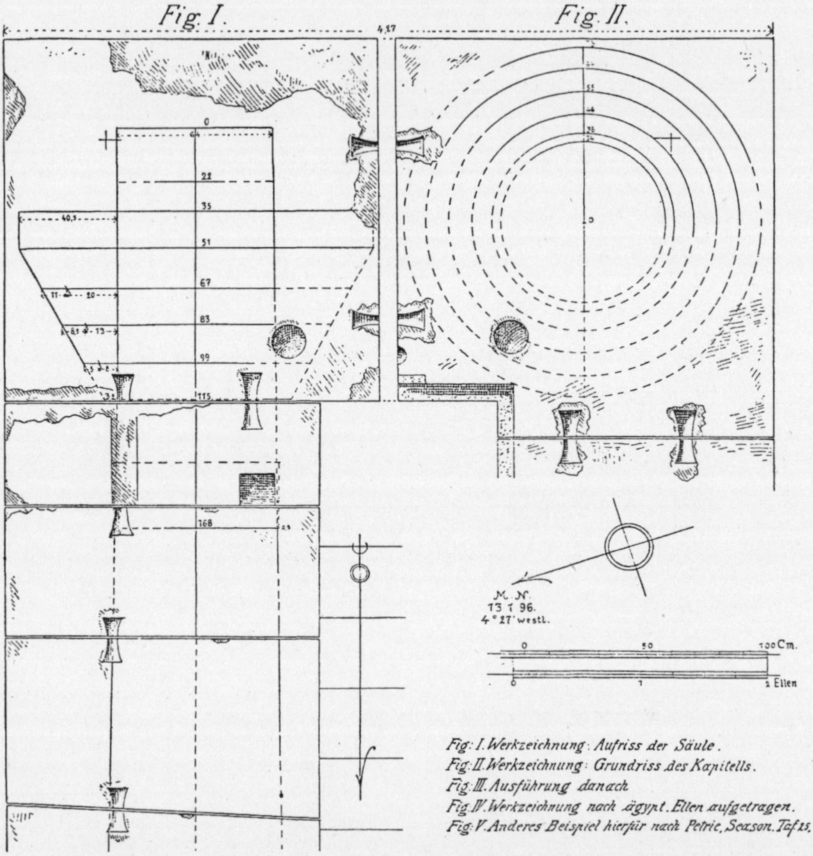

54. Corte e plano de um capitel, chamando atenção para as mesmas observações das duas figuras anteriores. (L. Borchardt, *Zeitschrift für Aegyptischer Sprache*, t. 34, prancha III, figs. I e II.)

Fig.VI.

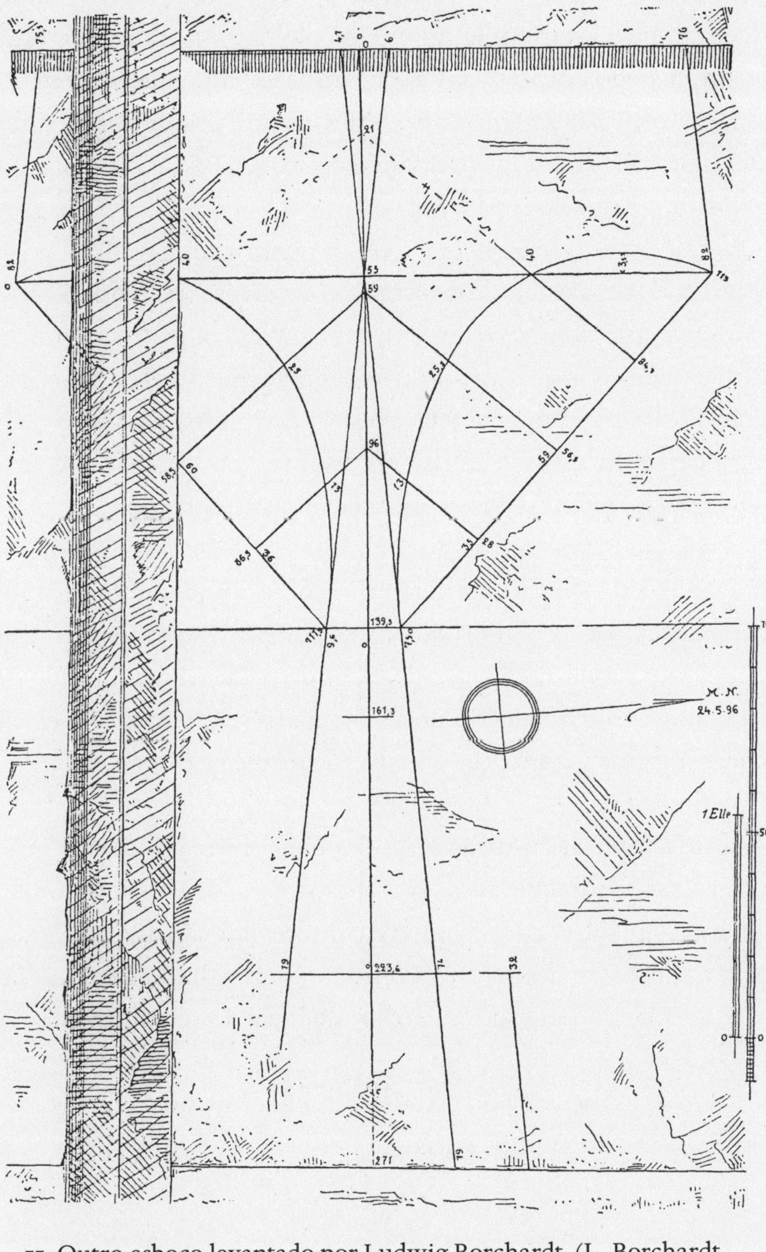

55. Outro esboço levantado por Ludwig Borchardt. (L. Borchardt, *Zeitschrift für Aegyptischer Sprache*, t. 34, prancha v, fig. vi.)

divide o corpo desigualmente em duas partes e alcança um quadrado atrás do dedo do pé traseiro quando o personagem normalmente está de pé. A maior parte do corpo se situa à frente dessa linha que divide a cabeça em duas partes iguais. Uma outra linha vertical importante é a que está à frente da primeira parte, atravessando o meio da íris do olho e terminando na ponta do pé traseiro.

Quando há dois personagens, um homem e uma mulher, o primeiro somente pode ser executado de acordo com essa regra, mas seis quadrados devem separar as duas verticais que passam pelo olho de cada um. A linha vertical situada dois quadrados atrás daquela que divide a cabeça em dois também é de suma importância, pois ela determina a posição da panturrilha da perna traseira e o equilíbrio do corpo em geral.

O comprimento total do pé, do calcanhar ao dedo do pé, é geralmente de três unidades, portanto, igual à altura da cabeça mais o pescoço. O dedo da perna traseira toca a vertical do olho, enquanto o calcanhar, três unidades atrás, toca a vertical que fixa a posição da panturrilha. Em geral, um quadrado e meio separa o calcanhar do pé da frente do dedo do pé de trás. Quando os braços estão dobrados na frente, o cotovelo está quatro unidades à frente da vertical que divide a cabeça e sete unidades abaixo do topo do crânio.

A altura total das figuras sentadas é de quinze unidades em vez de dezenove. Na tumba de Aba (XXVI dinastia), a altura total do corpo aumenta para 22 ⅓ unidades, a cabeça compreendendo agora três unidades e um terço.[99] Este fato foi provavelmente o resultado de uma mudança no cânone, que poderia ser uma consequência do renascimento das artes na XXV dinastia.

Os outros esboços[100] são estudos semelhantes ainda executados pelos artistas egípcios da XVIII dinastia.

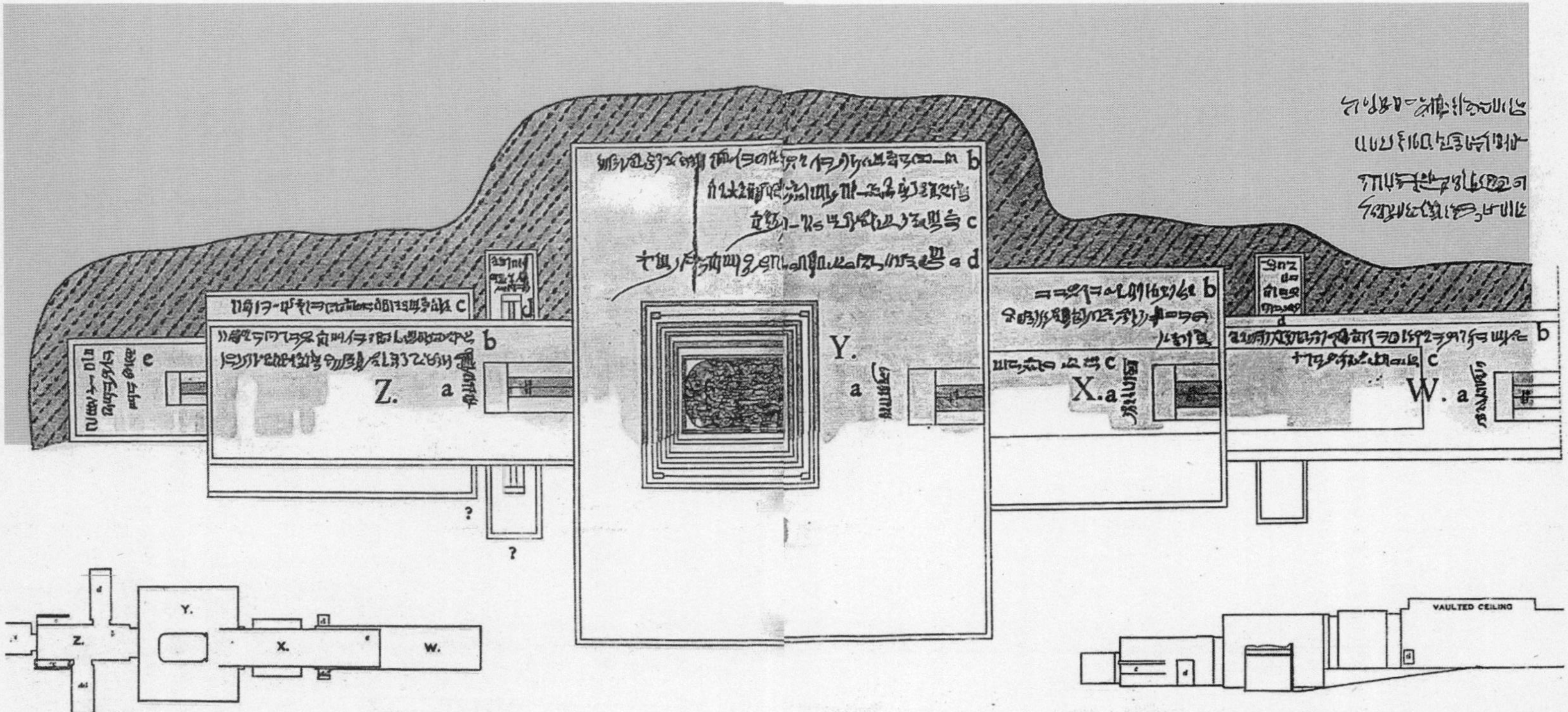

Parte do plano de H. Carter ilustrando o papiro

56. Planos da tumba de Ramsés IV, conforme concebido e desenhado em papiro pelos engenheiros egípcios da XIX dinastia. (Apud papiro de Turin, restaurado por K. R. Lepsius; ver artigo de H. Carter e A. H. Gardiner, "Plans du tombeau de Ramsès IV". *J. E. A.*, n. 4, prancha XXIX.)

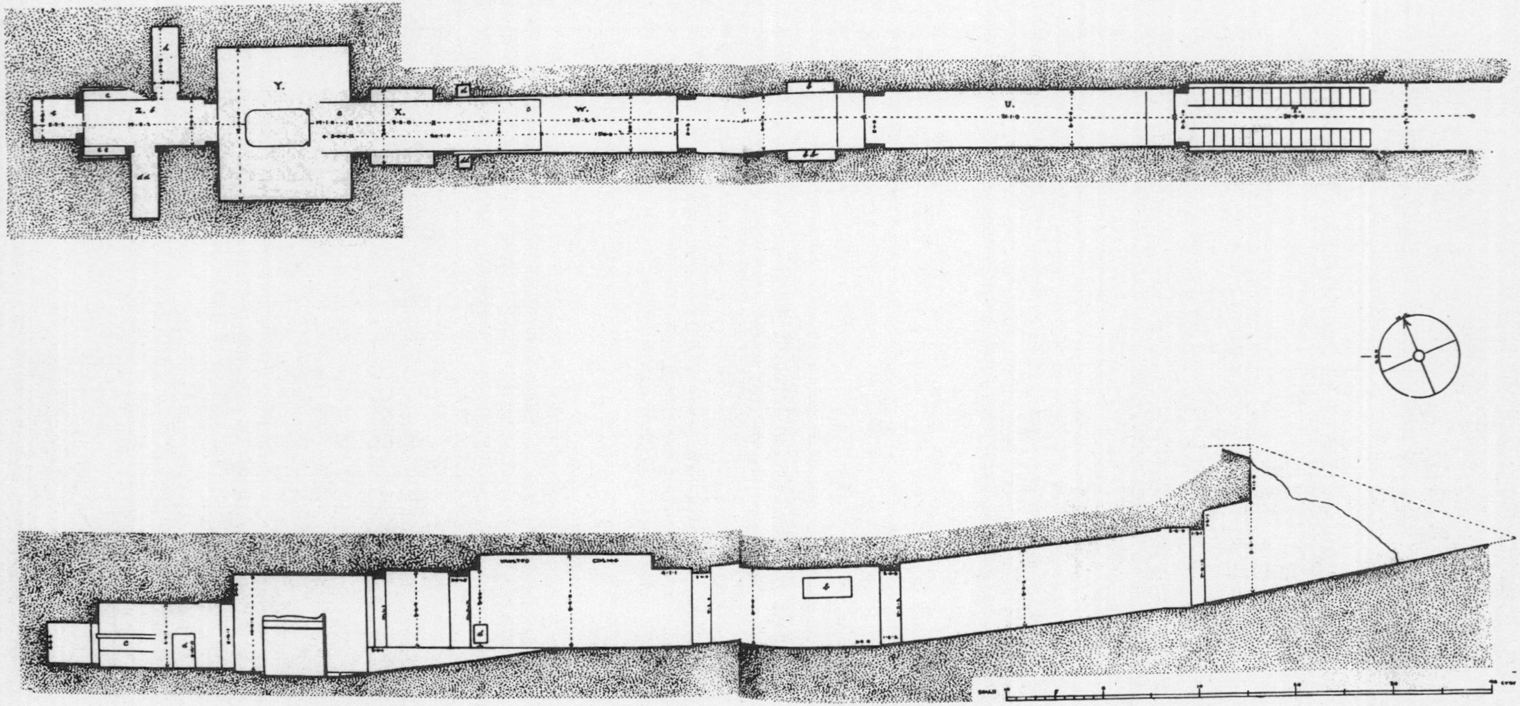

57. Plano e corte da tumba de Ramsés IV em Biban el-Molok, Tebas. (H. Carter e A. H. Gardiner, "Plans du tombeau de Ramsès IV". *J. E. A.*, n. 4, prancha XXX.)

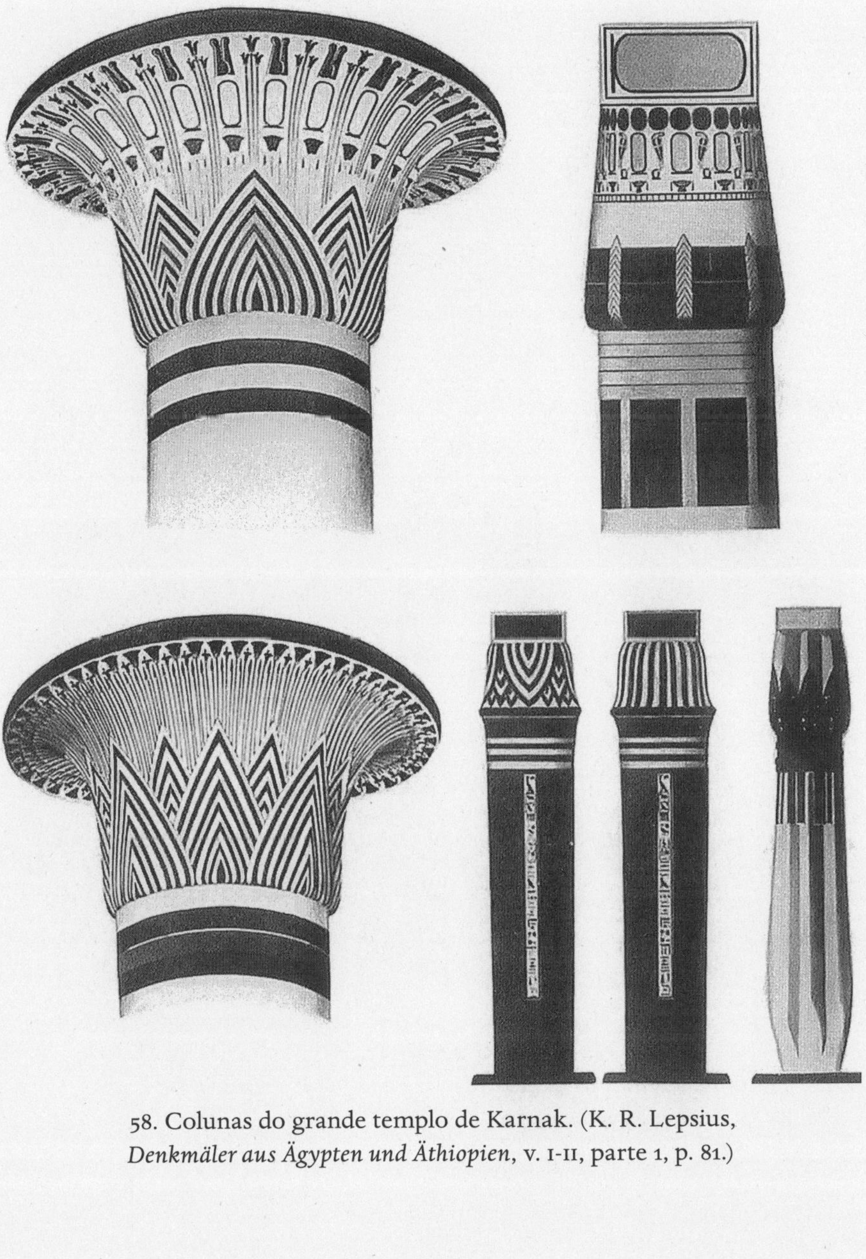

58. Colunas do grande templo de Karnak. (K. R. Lepsius, *Denkmäler aus Ägypten und Äthiopien*, v. I-II, parte 1, p. 81.)

59. *Capitéis das colunas do templo de Filas*. (K. R. Lepsius, *Denkmäler aus Ägypten und Aethiopien*, v. I-II, parte 1, p. 108.)

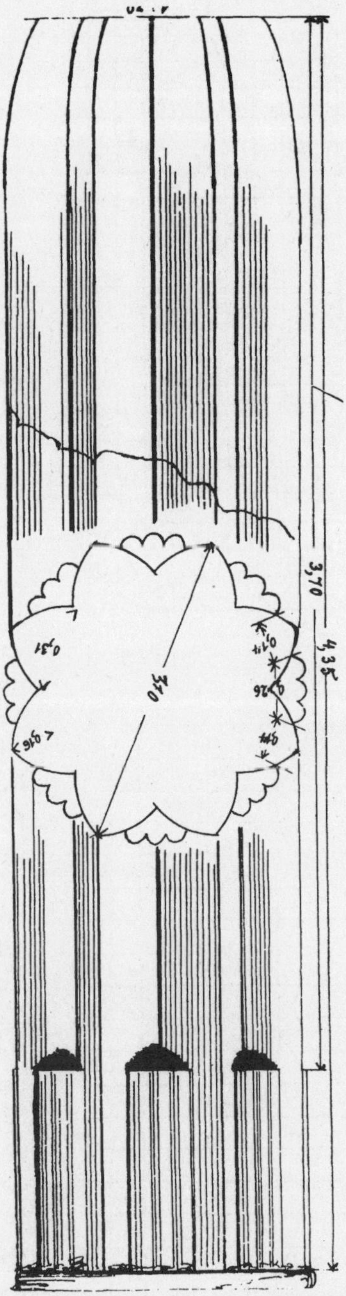

60. Corte de uma coluna, revelando sua estrutura geométrica em rosácea. (K. R. Lepsius, *Denkmäler aus Ägypten und Äthiopien*, v. I-II, parte 1, p. 211.)

61. Tumba 92, prancha XVII.

62. Tumba 52, prancha XV.

61-65. A "secção quadrada" nos esboços dos pintores egípcios da XVIII dinastia. A seção quadrada equivale à secção de ouro, porque em ambos os casos se trata de inventar uma técnica que permite a reprodução fiel das proporções anatômicas do ser. Assim, qualquer obra-prima egípcia obtida pela secção quadrada é inscritível em seus mínimos detalhes em retângulos correspondentes à secção de ouro, ou seja, cuja proporção do comprimento sobre a largura é igual a 1,618 (C. A. Diop. *L'Antiquité africaine par l'image*, p. 8). Os ladrilhos das figuras 61-65 são da época da XVIII dinastia; são os esboços e estudos dos pintores egípcios de então, e não obra de especialistas modernos. (E. Mackay, "Proportion Squares on Tomb Walls in the Theban Necropolis", pranchas XV, XVII, XVIII.)

63. Tumba 36,
prancha XVIII.

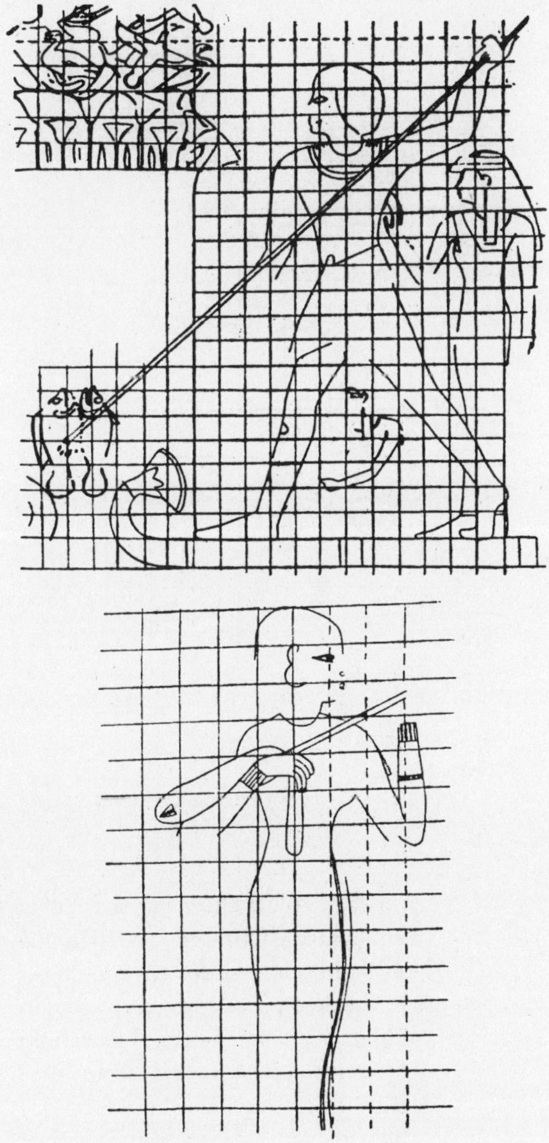

64. Tumba 92, prancha XVIII,
e tumba 93, prancha XV.

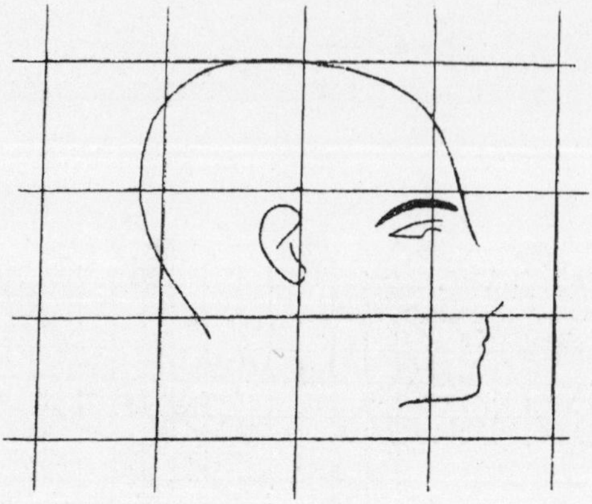

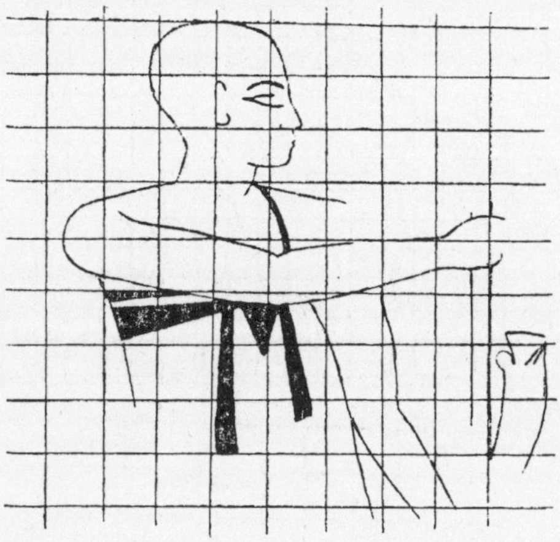

65. Tumba 95 e 55, prancha XV.

66. Estatueta em madeira, final da XVIII dinastia. Observe-se a harmonia das dobras do vestido, mil anos antes de Fídias esculpir os frisos do Partenon (desfile dos Panatenaicos). Um estudo particular deveria se dedicar a este detalhe, na arte egípcia, das dobras das vestimentas e da sua transparência, deixando aparecer a carne. (*Dictionnaire de la Civilisation égyptienne*, p. 191.)

67. Cabeça de homem, XXX dinastia. A escultura em relevo tridimensional (*ronde-bosse*) respeita rigorosamente as proporções da secção de ouro. Ela já é tão naturalista quanto a futura arte grega. Esse cânone poderia ser comparado ao da arte de Ifé, no país Iorubá. Isso confirmaria a equivalência da secção quadrada e da secção ouro. (Museu do Brooklyn; ilustração in: J. Pirenne. *Histoire de la civilisation de l'Égypte ancienne*, t. 3, fig. 57.)

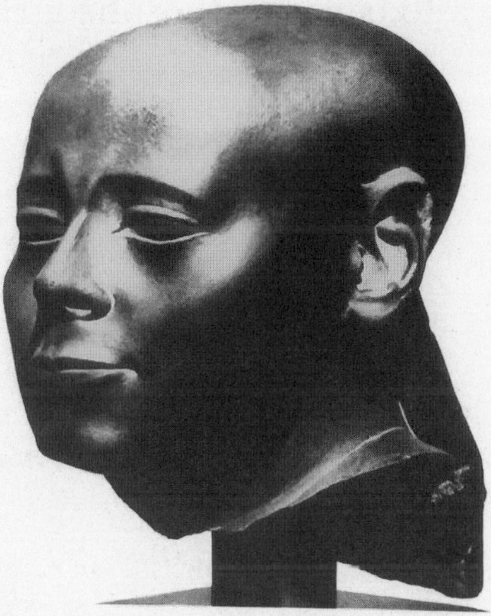

68. Combate de touros, Novo Império. A arte egípcia profana é uma arte do movimento. A atitude hierática caracteriza sobretudo a arte sacra monumental. (*Dictionnaire de la civilisation égyptienne*, p. 101.)

17. Existe uma filosofia africana?

Contribuição do Egito para o pensamento filosófico mundial

No sentido clássico do termo, um pensamento filosófico deve atender pelo menos a dois critérios fundamentais:

- Ele deve ter consciência de si mesmo, de sua própria existência como pensamento.
- Ele deve ter realizado, em grau suficiente, a separação entre mito e conceito.

Através dos exemplos dados a seguir, veremos como às vezes é difícil aplicar o último critério, até mesmo para a filosofia grega clássica. Antes de avaliar em que medida o universo conceitual africano atenderia a esses dois princípios, primeiro iremos delimitar com precisão a área cultural à qual se aplica a nossa análise: ela compreende o Egito faraônico e o resto da África negra.

O Egito desempenhou para a África negra o mesmo papel que a civilização greco-latina desempenhou para o Ocidente. Um especialista europeu, de qualquer área das ciências humanas, seria pessimamente conceituado caso se afastasse do passado greco-latino. Na mesma ordem de ideias, os fatos culturais africanos apenas recuperarão o seu sentido profundo e a sua coerência tendo como referência o Egito.[1] Só será possível construir um corpo de disciplinas em ciências humanas legitimando e sistematizando o retorno ao Egito: no curso desta exposição ficará patente que apenas os fatos egípcios nos permitem chegar ao denominador comum dos fragmentos de pensamento encontrados aqui e ali, uma ligação entre as cosmogonias africanas em vias de fossilização.

Uma vez que o pensamento filosófico egípcio lança uma nova luz sobre o da África negra e mesmo sobre o pensamento da Grécia, o "berço" da filosofia clássica, é importante primeiro resumi-lo, para melhor evidenciar, em seguida, as articulações muitas vezes insuspeitas, ou seja, os empréstimos. Essa maneira de apresentar os fatos, respeitando a cronologia de sua gênese e seus verdadeiros vínculos históricos, é a forma mais científica de traçar a evolução do pensamento filosófico e caracterizar sua variante africana.

A cosmogonia egípcia

A "cosmogonia" egípcia que será resumida aqui é atestada pelos textos das pirâmides (2600 a.C.), para nos atermos a fatos seguros, isto é, numa época em que mesmo os gregos ainda não existiam na história, e quando as noções de filosofia chinesa ou hindu não faziam sentido.

Podem-se distinguir três grandes sistemas de pensamento no Egito, para tentar explicar a origem do universo e o aparecimento de tudo o que é:

- o sistema hermopolitano;
- o sistema heliopolitano;
- o sistema menfita.

E poderíamos acrescentar o sistema tebano.

O resumo que se segue condensa a essência dessas quatro doutrinas, mas é rigorosamente fiel aos textos egípcios; não é uma interpretação tendenciosa.

De acordo com esses sistemas, o universo não foi criado *ex nihilo*, em um determinado dia; mas sempre existiu uma matéria incriada, sem princípio nem fim (o *apeiron*, sem limite e sem determinação, de Anaximandro, Hesíodo etc.); essa matéria caótica era, originalmente, o equivalente ao não-ser, pelo simples fato de que era desorganizada: assim, aqui o não-ser não é o equivalente do nada, de um nada do qual surgiria, um dia, não sabemos como, a matéria que será a substância do universo. Essa matéria caótica continha em estado de arquétipos (Platão) todas as essências do conjunto de seres futuros que seriam chamados um dia à existência: o céu, as estrelas, a terra, o ar, o fogo, os animais, as plantas, os seres humanos etc. Essa matéria primordial, o *nun* ou as "águas primordiais", era elevada no nível de uma divindade. Assim, desde o início, cada princípio de explicação do universo é duplicado por uma divindade, e à medida que o pensamento filosófico se desenvolve no Egito, e mais particularmente na Grécia (escola materialista), este cede o passo àquele.

A matéria primitiva continha, também, a lei da transformação, o princípio da evolução da matéria através do tempo, considerado igualmente como uma divindade: Khepri. É a lei do devir que, agindo sobre a matéria através do tempo, vai atualizar os arquétipos, as essências, os seres que foram, portanto, criados durante longo período em potência, antes de serem criados em ato. (Assim, em Platão: o Mesmo e o Outro, a teoria da reminiscência etc.; e em Aristóteles: a matéria e a privação, a potência e o ato etc.)

Assim, atraída para seu próprio movimento de evolução, a matéria eterna, incriada, pelo fato de atravessar os níveis de organização, acaba tomando consciência de si mesma. A primeira consciência emerge assim do *nun* primordial,[2] ela é Deus, Rá, o demiurgo (Platão) que vai concluir a criação.

Até aqui, a "cosmogonia" egípcia é essencialmente materialista; pois é uma profissão de fé materialista postular a existência de uma matéria eterna incriada, excluindo o nada e contendo como uma propriedade intrínseca seu próprio princípio de evolução. Este componente materialista do pensamento egípcio viria a prevalecer entre os atomistas gregos e latinos: Demócrito, Epicuro, Lucrécio.

Mas, com o aparecimento do demiurgo, Ra, a cosmogonia egípcia toma uma nova direção pela introdução de um componente idealista: Ra completa a criação através do verbo (religião judaico-cristã, islamismo), através do logos (Heráclito), através do espírito (idealismo objetivo de Hegel).

Basta que Ra conceba os seres para que eles emerjam na existência. Portanto, há uma relação evidente, objetiva, entre o espírito e as coisas. O real é necessariamente racional, inteligível, visto que é espírito, portanto o espírito pode apreender a natureza exterior. Rá é o primeiro Deus, o primeiro Demiurgo da história que criou pelo verbo. Todos os outros deuses da história vieram depois dele, e existe uma relação histórica demonstrável entre a palavra de Rá, o Ka — ou a razão universal presente em todo o universo, e em toda coisa — e o logos da filosofia grega ou o Verbo das religiões reveladas.

A "ideia objetiva" de Hegel nada mais é do que a palavra (de Rá) de Deus, sem Deus, uma mitificação da religião judaico-cristã, como observou Engels.

Então, Rá criará os quatro casais divinos, de acordo com a cosmogonia heliopolitana:

- Shu e Tefnut = o ar (o espaço) e a umidade (a água).
- Geb e Nut = a terra e o céu (a luz, o fogo).[3]

Nesses dois primeiros pares são reconhecidos os quatro elementos constitutivos do universo dos filósofos gregos pré-socráticos (Tales, Anaximandro, Heráclito, Parmênides, Anaxágoras), a saber, o ar, a água, a terra e o fogo; mesmo Platão ainda os adotará.

- Osíris e Ísis: o fecundo casal humano que vai gerar a humanidade (Adão, Eva).
- Seth e Néftis: o casal estéril que introduzirá o mal na história humana; aqui, não há noção alguma de pecado original; o mal é introduzido pelos homens, e não pelas mulheres; sem pessimismo ou misoginia, típico das sociedades nômades ariano-semitas.[4]

Em resumo, um componente idealista (ou espiritualista) é introduzido na cosmogonia egípcia com o aparecimento do demiurgo Rá, e ela está na base das concepções da escola idealista grega (Platão, Aristóteles).

Finalmente, um terceiro componente da cosmogonia egípcia está, historicamente falando, na origem das religiões reveladas (judaico-cristãs em particular).

Na verdade, Ra é de fato, na história do pensamento religioso, o primeiro deus, autógeno (que não foi gerado, que não tem pai nem mãe).

Por outro lado, Seth, ciumento porque estéril, mata seu irmão Osíris (que simboliza a vegetação, a partir da descoberta da agricultura no Neolítico). Ele ressuscita para salvar a humanidade (da fome!). Osíris é o deus redentor.

Em todo caso, Osíris é o deus que, 3 mil anos antes de Cristo, morre e ressuscita para salvar as pessoas. Ele é o deus redentor da humanidade; subirá ao céu à direita de seu pai, o grande deus, Ra. É filho de Deus. No *Livro dos mortos* se diz, 1500 a.C.: "Esta é a própria carne de Osíris". Dionísio, réplica de Osíris no Mediterrâneo setentrional, dirá 500 a.C.: "Bebei, este é o meu sangue, comei, esta é a minha carne". E vê-se como a degradação de semelhantes crenças pode levar à noção do feiticeiro comedor de gente na África negra.[5]

A cosmogonia egípcia diz igualmente: "Eu era um, tornei-me três"; essa noção de trindade preenche todo o pensamento religioso egípcio e é encontrada nas múltiplas tríades divinas, como Osíris-Ísis-Hórus, ou Ra, a manhã, o meio-dia, a noite.

O termo "Cristo" não seria de raiz indo-europeia. Ele provém da expressão egípcia faraônica *kher sesheta*: "Aquele que vela pelos mistérios", e que era aplicada às divindades, Osíris, Anúbis etc. Ele apenas foi aplicado a Jesus no século IV, por contaminação religiosa.[6]

A novilha (símbolo de Hator) recebe sobre ela um raio descido do céu e assim "dá à luz" o deus Ápis: trata-se sem dúvida de uma prefiguração da imaculada concepção da Virgem Maria.[7]

CONCEPÇÃO DE SER

Segundo o pensamento egípcio, o ser é composto de três princípios (Platão, Aristóteles etc.) aos quais poderíamos acrescentar um quarto: a sombra.

- O Zed, ou Khet, que se decompõe após a morte.
- O Ba, que é a alma corpórea (o "duplo" do corpo, no resto da África negra).
- O Ka, que é o princípio imortal que se une à divindade no céu após a morte. Assim se funda, no plano ontológico, a imortalidade do ser (3 mil anos antes do nascimento das religiões reveladas). Todo homem possui uma parcela da divindade que preenche o cosmo e o torna inteligível ao espírito. É talvez nessa qualidade que a cosmogonia egípcia faz Deus dizer "que fez o homem à sua imagem".
- A sombra do ser.

Finalmente, digamos que a ogdóade hermopolitana é composta especificamente de cinco casais divinos que representam os princípios opostos da natureza que estariam na origem das coisas:

- Kuk e Keket = as trevas primordiais e o seu oposto: a escuridão e a luz.
- Nun e Naunet = as águas primordiais e o seu oposto: a matéria e o nada.
- Heh e Hauhet = o infinito espacial e o seu oposto: o infinito e o finito, o ilimitado e o limitado.
- Amon e Amonet = o oculto e o visível: o número e o fenômeno.
- Niau e Niauet = o vazio e o seu oposto: o vazio e a plenitude, a matéria (mais tarde).

Percebe-se como se poderia construir o universo a partir dessas noções, que estarão também na base da filosofia ocidental e do pensamento dialético em particular.

Pode-se mensurar, à luz dessa exposição que apenas aflora o assunto, tudo o que a filosofia grega deve ao pensamento egípcio dos povos negros do vale do Nilo: a teoria dos contrários de Heráclito, a dialética de Aristóteles... as diversas cosmogonias dos filósofos pré-socráticos etc.

África negra atual

COSMOGONIA DOGON

A cosmogonia dogon, descrita pelo falecido Marcel Griaule em *Dieu d'eau*, lembra de muitas maneiras a cosmogonia hermopolitana: mesma ogdóade, mesma divindade primitiva que por vezes seria um réptil dançando nas trevas.[8]

As ideias egípcias também esclarecem a concepção andrógina do ser entre os dogon e fornecem os fundamentos ontológicos da circuncisão. Para os egípcios, Deus, em particular o deus Amon (em dogon: Amma), autógeno, era necessariamente andrógino. Essa androginia divina é encontrada entre os seres humanos em menor grau e explica, tanto no Egito faraônico quanto no resto da África negra, as práticas de circuncisão e excisão para separar radicalmente os sexos na puberdade.

Em artigo intitulado "Um sistema sudanês de Sírio",[9] Marcel Griaule e Germaine Dieterlen nos dão uma ideia da visão cósmica dos dogon, dos bambara, dos bozo e dos minianké, que vivem todos na região da curva do Níger: os dogon nas falésias de Bandiagara, os bambara e os bozo na região de Segu e os minianké na região de Cutiala.

Como acontece por toda a parte na África negra, a ideia-mestra de iniciação em diferentes níveis ou graus contribuiu em grande medida para a degradação e fossilização do que antigamente foi um conhecimento quase científico. Pode-se notar a presença de uma "sacerdotisa de Amma", deus da água, da chuva, deus atmosférico que tem os mesmos atributos que o deus Amon egípcio. Amon, o grande deus de Tebas, foi o único dos deuses egípcios a abrigar em seu santuário uma mulher inteiramente dedicada ao seu serviço e que era chamada de a adoradora divina, esposa do deus, sacerdotisa de Amon, e que necessariamente devia ser de sangue real "etíope", ou seja, princesa de Kush, negra.

Os dogon celebram a cada sessenta anos uma cerimônia chamada *Sigui*, que corresponde à renovação do mundo e durante a qual Amma e seu filho, o *nommo* ou demiurgo do mundo, aparecem. Veremos como será interessante comparar esse período de sessenta anos com o "grande ano" dos gregos, de mesma duração, supostamente descoberto por Enopides de Quios.

Os dogon conheciam as sizígias: assim o mundo foi criado durante sete anos gêmeos, o que perfaz catorze anos. Eles chamam Sírio, cujo nascer helíaco conhecem, *Sigui tolo* = "estrela de Sigui", a festa de renascimento do mundo dava origem à nomeação de um novo sacerdote *sigui* a cada sessenta anos.

O que é mais extraordinário é que, para os dogon, a estrela Sírio não é a base do sistema; uma estrela minúscula, chamada Põ tolo ou Digitaria,[10] é o verdadeiro centro do sistema dogon; na astronomia moderna é chamada de companheira invisível de Sírio, que também é uma estrela dupla. Põ tolo, sua companheira, é uma anã branca, invisível a olho nu, e sua presença insuspeitada explica as perturbações da órbita de Sírio, a estrela mais brilhante do céu e que também é a base do calendário sideral egípcio![11] A densidade da matéria em uma anã branca é tal que o volume de um dado pesa cerca de quarenta toneladas. Trata-se de uma estrela que queimou toda a sua energia e entrou em colapso, então a pressão colossal que acompanha esse colapso faz com que os elétrons das procissões atômicas se aglutinem nos núcleos dos átomos, e os espaços habituais que separam núcleos atômicos e camadas eletrônicas desaparecem, repletos de matéria eletrônica: a matéria, que em nosso sistema solar geralmente se apresenta como um vácuo, torna-se particularmente densa em uma anã branca e assume um novo estado que é chamado de "degenerado".

Está longe de nós pensar que os dogon ou os antigos egípcios já tivessem adquirido a mesma compreensão científica desses fenômenos que os estudiosos modernos. Mas é certo que eles adquiriram um conhecimento preciso da existência dessa anã branca, invisível a olho nu, e de sua enorme densidade; da mesma forma, conheciam sua trajetória e a de Sírio: "Digitaria é a menor de todas as coisas. Ela é a estrela mais pesada", dizem os dogon.[12]

Há apenas vinte anos, a ciência moderna não poderia contestar esses fatos; mas desde então, com os recentes progressos da radioastronomia, sabe-se que existem corpos no espaço interestelar mais pesados e ainda menores que as anãs brancas: as estrelas de nêutrons e os buracos negros — a realidade deste último ainda precisa se confirmar.

A linguagem pictórica utilizada pelos dogon não deve nos levar a desvalorizar sua compreensão do fenômeno, não poderia ser de outra forma. Além do movimento de translação sobre sua órbita em torno de Sírio, Põ tolo ou Digitaria realiza uma revolução completa em si mesma em torno de seu eixo, em um ano. É importante ressaltar que a astronomia moderna não é capaz de negar ou confirmar essa revolução anual de Põ tolo, mas confirmou outra ideia dogon, ou seja, o período de cinquenta anos de outra estrela que orbita Sírio. Eles conheciam os anéis de Saturno e as quatro maiores luas de Júpiter.[13]

A origem do mundo é percebida a partir de um aglomerado espiralado.[14] Essa mesma ideia também é encontrada entre os woyo da África Equatorial, de acordo com um antigo embaixador do Zaire, Nguvulu-Lubundi. A teoria dos quatro elementos é conhecida.[15]

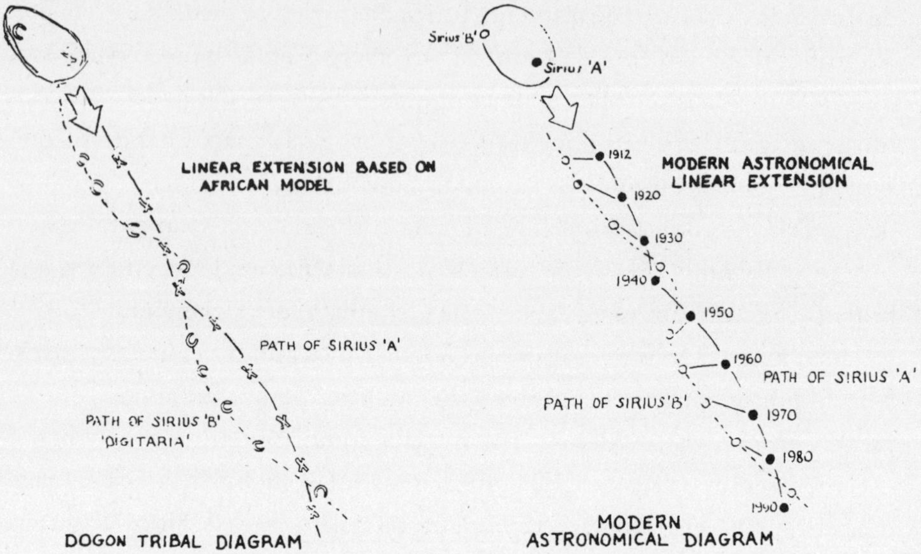

69. Desenvolvimento linear da órbita de Sírio de acordo com a tradição dogon e de acordo com a astronomia moderna. (Hunter Adams III, *Journal of African Civilizations*, v. L, n. 32.).

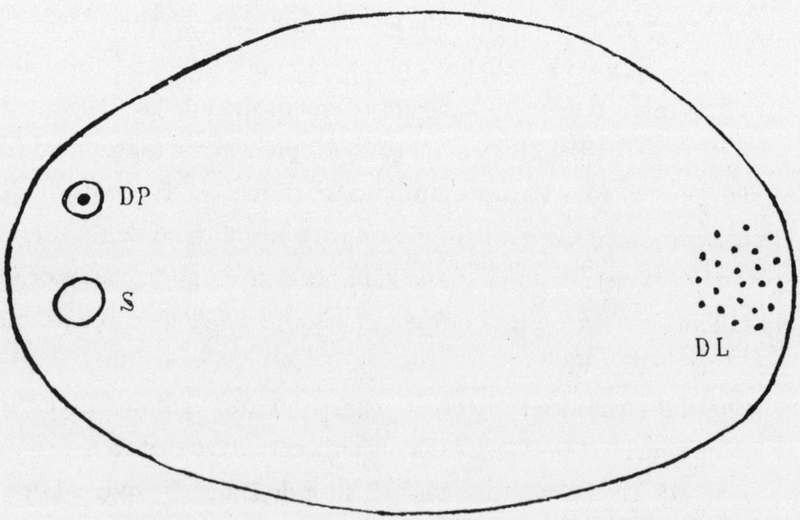

70. Trajetória da estrela Digitaria em torno de Sírio. (M. Griaule; G. Dieterlen, "Un système soudanais de Sírio", *Journal de la Société des Africanistes*, fig. 3.)

> A órbita de Digitaria está localizada no centro do mundo, Digitaria é o eixo de todo o mundo e sem seu movimento nenhum corpo celeste poderia se manter. Isso quer dizer que é a organizadora das posições celestes; ela regula em particular a posição de Sírio, a estrela mais desordenada; ela separa-a das outras circundando-a com a sua trajetória.[16]

De acordo com esse texto, vê-se que, para os dogon, a terra não é o centro do mundo; da mesma forma, a noção de atração, isto é, a ação à distância de um corpo celeste sobre um outro, é claramente expressa. Griaule e Dieterlen acrescentam:

> Mas a Digitaria não é a única companheira de Sírio: a estrela Emma ya, "sorgo-fêmea", mais volumosa do que ela, quatro vezes mais leve, percorre uma trajetória mais vasta no mesmo sentido e ao mesmo tempo que ela (cinquenta anos). Suas respectivas posições são tais que o ângulo de seus raios seria reto.[17]

71. Origem da espiral da criação. (Desenho indígena apud M. Griaule; G. Dieterlen, "Un système soudanais de Sírio", fig. 6.)

Então, para os dogon, as estrelas não são simples pontos luminosos suspensos no céu. Elas têm trajetórias e pesos, dimensões que se pode determinar, assim como o sentido dos seus percursos, a direção dos seus raios e o seu período de revolução, assim como a ação da sua irradiação sobre o comportamento humano.[18]

Os dogon descrevem a trajetória elíptica da Digitaria. Quando ela está perto de Sírio, então esta estrela parece mais brilhante, e quando está longe dela, dá a impressão do cintilamento de várias estrelas.[19]

Os dogon falam de uma alma masculina e uma alma feminina, de pares de raios.[20] Trata-se perfeitamente dos princípios contrários — as sizígias da cosmogonia hermopolitana — que estão na base da criação do universo.

No artigo intitulado "Graphie bambara des nombres", de Solange de Ganay, verifica-se que os bambara conhecem o simbolismo chamado "pitagórico" dos números e que eles adotaram até mesmo um sistema de escrita ou de notação original, que reproduzimos parcialmente.[21]

> Um primeiro grupo de oito signos, chamado de contagem secreta, reproduz os primeiros sete números que, segundo um mito bambara, se gravaram no espaço no momento em que, com sua palavra, o criador formava o universo. Eles contêm, diz-se, toda a criação, pois são um resumo aritmológico do criador e de sua obra. O um representa o pensamento primordial que formou o mundo. O dois simboliza o desdobramento do princípio primeiro. O número três corresponde ao elemento fogo e ao princípio masculino, é a origem da vida, do movimento e do tempo.[22] O número quatro simboliza o princípio feminino, derivado do princípio masculino, da natureza e do elemento água. O número cinco é a síntese do criador e de sua obra.* O seis representa a gemelidade masculina e feminina. E o sete, que soma os números três e quatro, figura o casal, a pessoa (tanto masculina quanto feminina), a inteligência, a fertilidade, a terra. Quanto ao primeiro desses oito sinais chamado *fu gundo* ou *foy gundo* (o segredo de nada), ele representa de alguma forma a criação em potência, seu ponto de partida, isto é, o pensamento primordial

* Ver cosmogonia hermopolitana, os cinco grandes.

que existia em segredo no "nada". A forquilha λ representa a dualidade do princípio primeiro gerador de si mesmo, a cruz figura a multiplicidade de todas as coisas, consequência desse desdobramento, enquanto a barra colocada na extremidade do sinal, chamada "nariz do vento" (*fyé nu*), significa que os quatro elementos dos quais os seres são formados provêm da própria substância divina e, antes de tudo, do ar.

Encontramo-nos na presença de uma expressão aritmológica do sistema do mundo e da divindade que o criou; assim, o adivinho que possui a fundo o conhecimento das sete tábuas e da representação numérica dos quatro elementos passa a ser o "mestre da arte divinatória".[23] Entre os dogon, os quatro elementos (*kize nay*, literalmente, "quatro coisas") também são expressos numericamente.[24] São os mesmos termos indicados acima.

Esse é um texto que nem os pitagóricos, nem os outros filósofos pré-socráticos nem Platão rejeitariam. A onipotência do Número é indiscutível no sistema bambara e dogon como na doutrina pitagórica, em que os primeiros dez números eram dotados de propriedades secretas comparáveis às que lhes eram atribuídas pelos bambara. O esforço de abstração que leva a representar os quatro elementos constituintes do universo da cosmogonia dogon e heliopolitana através dos números lembra curiosamente as especulações de Platão no *Timeu* (ver p. 367). Constataremos que, para os dogon e os bambara, se nos ativermos nisso ao texto citado, o universo é "um número que se move" no sentido literal, rigoroso, platônico do termo.[25] Pode-se pensar que se trata de um pensamento primitivo remodelado pelos cérebros ocidentais, ou mesmo da sobrevivência de antigas doutrinas filosóficas introduzidas pelos árabes em Tombuctu, na Idade Média. Com efeito, a contagem do número de *sigui* dogons (período de sessenta anos) remete à primeira metade do século XIII, com base no número de objetos rituais ligados a essa cerimônia e poupados da destruição.[26]

As múltiplas conexões íntimas das cosmogonias dogons e egípcias obrigam a descartar essas suposições. As diferentes tribos dogons especializaram-se cada qual no estudo de um domínio particular do céu: os ono ocupam-se de Vênus, os dommo do Escudo de Órion, a tribo arou, da Lua, e os dyon,

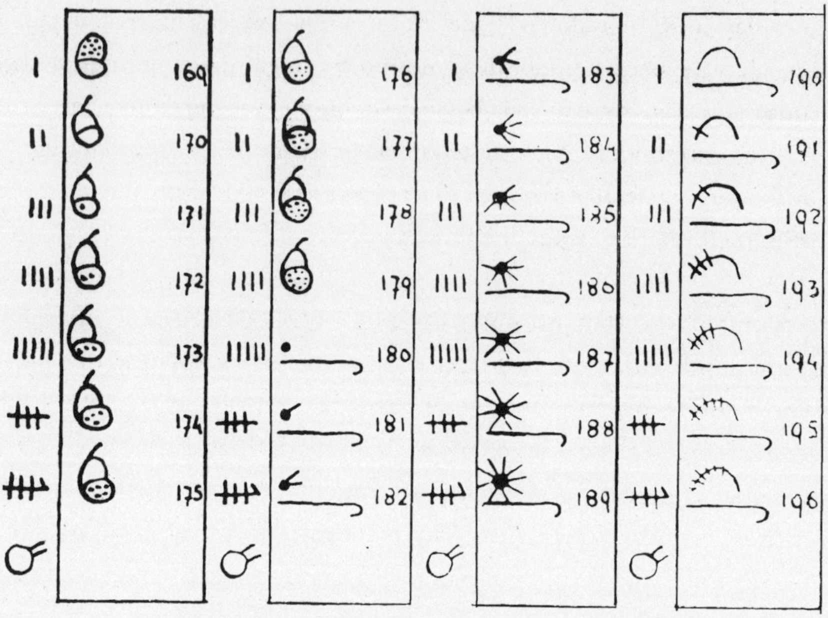

72. Símbolos bambaras para registrar os números.
(S. de Ganay, "Graphie bambara des nombres".)

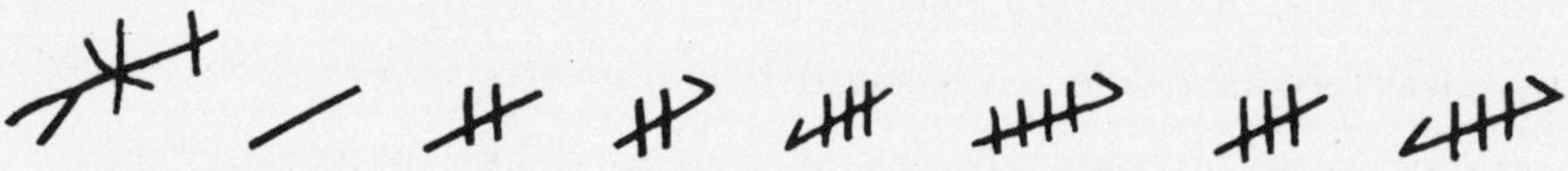

73. "O segredo do nada" e os números de 1 a 7 entre os bambara:
(*da esquerda para a direita*): "O segredo do nada"; 1, 2, 3 (fogo, masculino);
4 (água, feminino); 5, 6 (gemelidade); 7 (terra). Normalmente, esses signos
são desenhados na vertical. (S. de Ganay, "Graphie bambara des nombres".)

do Sol. Assim, os dogon possuem, a depender do caso, calendários lunar, solar e sideral, assim como os egípcios. Sua mitologia, conforme é descrita no artigo de Griaule e Dieterlen, revela, no domínio da organização sociopolítica, a passagem da imolação do "rei sacerdote", o *sigui*, a cada sete anos, para a morte simbólica, ou a renovação, a cada sessenta anos: "De acordo com a mitologia dogon, antes da descoberta de Digitaria, o líder supremo era sacrificado no final do sétimo ano de reinado (sétima colheita). Mas o oitavo líder, tendo descoberto a estrela, resolveu evitar o destino de seus predecessores".[27] No Egito, é o faraó Djoser quem parece ter inaugurado a cerimônia do assassinato simbólico do rei, de sua regeneração.

O mito dogon da raposa pálida *yurugu* lembra estranhamente aquele do deus egípcio Seth, que tem a mesma forma animal e que, como ele, introduziu na criação a desordem, o mal e a esterilidade.[28]

Por último, cabe assinalar correspondências com outras cosmogonias africanas que poderiam ser o ponto de partida de investigações frutíferas.

O sr. Nguvulu-Lubundi, de quem já falei, ensinou-me que entre os woyo, na África equatorial, o universo nasceu de uma matéria espiralada, como para os dogon, e o Número também é a base da criação.

Os woyo fornecem assim a seguinte série numérica simbólica, que comparamos com a série cósmica fornecida por Platão no *Timeu* (ver p. 403):

1, 2, 3, 4, 7	9, 10, 11 27	99, 100	(woyo)
1, 2, 3, 4	9, 8	27	(*Timeu*)

Toda a comunidade científica até hoje não conseguiu explicar por que a série de Platão termina arbitrariamente no número 27. Certamente não se esperava que os ritos iniciáticos dos woyo lançassem uma nova luz sobre a questão. O mesmo se passa entre os congo, o número 27 desempenha um papel particularmente importante; na cosmogonia, ele corresponde de certa forma a uma supertrindade da enéade egípcia: $3 \times 9 = 27$.

Assim, os woyo dizem que, para mudar a ordem cósmica — nesse caso a filiação matrilinear, para substituí-la por uma filiação patrilinear , seria necessário ter suficiente potência mística para tomar posse de nove divindades três vezes, o que perfaz 27 divindades. É assim que se encontra o simbolismo dos 27 anéis de cobre entre os woyo como entre os congo. O simbolismo do número também é a base da cosmogonia iorubá. A enéade egípcia sobreviveu do mesmo modo no niambismo, no Zaire, sob a forma de nove princípios de energia cósmica.

Os woyo possuem um sistema de escrita hieroglífica, cujo estudo foi realizado recentemente por um etnólogo belga, segundo Nguvulu-Lubundi. Na Zâmbia, um pesquisador austríaco, o dr. Gerhard Kubik, do Instituto de Etnologia da Universidade de Viena, acaba de descobrir ideogramas cha-

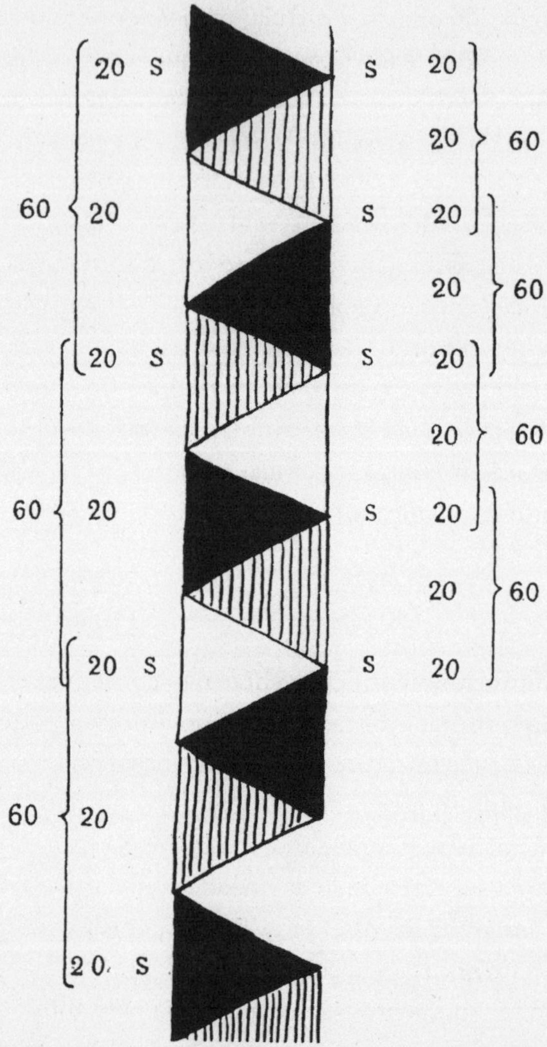

74. A contagem do *sigui* dogon. (M. Griaule; G. Dieterlen, "Un système soudanais de Sírio", *Journal de la Société des Africanistes*, fig. 2.)

mados tusona, com um significado filosófico, que somente os homens mais velhos que falam a língua luchazi no distrito de Kabompo agora conhecem. Portanto, não é por acaso que uma estatueta de Osíris foi encontrada *in situ* em uma camada arqueológica de Shaba, Zaire.[29]

Voltando ao período de sessenta anos do *sigui* dogon, Hunter Adams III escreve: "A cada sessenta anos, quando os períodos orbitais dos planetas Júpiter e Saturno estão sincronizados, uma cerimônia chamada *sigui* acontece".[30] Deve-se acrescentar que se trata realmente desse período sideral batizado "grande ano", e que Enopides, que tinha ido se iniciar no Egito, alegou ter descoberto.[31]

> Enopides de Quios viveu por volta de 450 a.C. e segundo Eudemos, citado por Téon de Esmirna, descobriu a obliquidade da eclíptica, cuja medida tinha o valor de 20 graus. Ele havia estabelecido na Grécia o grande ano (μέγας ενιαύτος) de 59 anos que, segundo ele, marcava o retorno de todos os fenômenos astronômicos, descoberta que havia gravado em uma mesa de bronze exposta em Olímpia.[32]

Consultando-se as páginas indicadas nesse livro, percebe-se que o processo continua o mesmo: os gregos que foram iniciados no Egito apropriaram-se de tudo o que aprenderam depois que regressaram para casa. Também se atribuiu a Tales a descoberta da eclíptica e até mesmo do calendário.[33]

Decorre do exposto que os africanos no interior do continente, como os gregos (Pitágoras, Platão, Enopides etc.), foram iniciados em diferentes graus a partir do Egito, que era então o centro intelectual do mundo; apenas isso pode explicar as numerosas descobertas assinaladas que não poderiam ser aleatórios, mas também que restabelecem a clareza e a racionalidade ali onde o plágio grego tinha criado uma zona de sombra e de obscuridade.[34]

Uma forma vigorosa e válida de construir uma ciência moderna no terreno da tradição africana reconhecida como tal, a partir do legado do passado, seria um jovem astrofísico africano se debruçar sobre a verificação da rotação anual da companheira de Sírio em torno do seu próprio eixo, movimento previsto pela cosmogonia dogon e que a astronomia moderna ainda não conseguiu confirmar ou infirmar.

Seja como for, podemos ver como essas antigas doutrinas africanas são preciosas para a arqueologia do pensamento africano e, nem que fosse apenas por isso, seu estudo será sempre indispensável para o pensador africano, se quiser construir uma tradição intelectual com base em um terreno histórico.

Acabamos de mostrar que elas constituem complementos insubstituíveis às fontes clássicas para reencontrar os caminhos sinuosos que as antigas doutrinas filosóficas seguiram a partir do Egito. Lançam uma luz inesperada sobre os empréstimos não reconhecidos que os gregos fizeram do pensamento egípcio nos mais diversos domínios, e assim revelam que tinham necessária ou provavelmente o mesmo status que o pensamento grego na época da iniciação comum grega e africana no Egito.

Mas a tradição iniciática africana degrada os pensamentos quase científicos que recebeu em épocas muito antigas, em vez de enriquecê-los ao longo do tempo.

Poderíamos rever, sob o clarão do pensamento egípcio, todas as cosmogonias africanas e redescobrir assim o seu sentido profundo, muitas vezes perdido.

Isso quer dizer que essas cosmogonias têm, hoje, o status de um pensamento filosófico consciente de si mesmo? É verdade que, em épocas pré-coloniais, quando eram intensamente vividas, essas cosmogonias estavam infinitamente próximas de um pensamento consciente de si mesmo, mas se degradaram, fossilizadas desde então, e seria exagerado tomá-las atualmente por sistemas filosóficos. Da mesma forma, seria um erro estabelecer um falso debate sobre o assunto.

"FILOSOFIA BANTO" DO PADRE TEMPELS

A "filosofia banto" estudada pelo padre Tempels é, segundo o abade Alexis Kagame, característica dos Baluba de Cassai. Ela revela concepções vitalistas que se tornaram semiconscientes, na base de toda atividade do ser. Todo o universo ontológico é preenchido por uma hierarquia de forças vitais que têm a propriedade de serem aditivas. As forças vitais de um indivíduo podem aumentar com o uso da presa de um animal selvagem ou diminuir como resultado do efeito negativo de uma prática mágica. Também aqui vemos que esse sistema de pensamento, do qual os defensores quase não têm consciência, não poderia ser considerado uma filosofia no sentido clássico.

Mais uma vez, o Egito nos permitirá penetrar melhor nos fatos: no Egito, a primeira manifestação concreta de concepções vitalistas remonta ao faraó Djoser (III dinastia, 2800 a.C.). No domínio funerário desse faraó em Sacara, se vê ainda hoje a parede com ângulos arredondados, ao longo da qual ele devia correr (entre outras práticas) para bem demonstrar aos sacerdotes que havia recuperado toda a sua força vital durante a cerimônia de regeneração: o "festival do *hep sed*. Como resultado dessa prova, o faraó estava novamente apto para reinar; caso contrário, provavelmente seria deposto por insuficiência de força vital. Outro exemplo não menos marcante é o do faraó Unas, da V dinastia que, após a morte, deve reforçar misticamente a sua força vital para poder juntar-se ao seu "Ka" a fim de se tornar imortal: ele engole em seu caminho todos os seres possíveis para fortalecer a força vital no sentido estritamente baluba.[35] Essas concepções vitalistas que remontam ao Império Antigo estão na base de todas as realezas africanas e explicam a sua estrutura. Em toda a África negra, nas sociedades que atingiram o estágio de organização monárquica, existe a matança efetiva ou ritual (cf. Djoser) do rei, após um número variável de anos de reinado, oito, em geral.

O faraó é o demiurgo na terra, que recria o universo através de seus gestos rituais. Se ele não tem a força vital do deus, o infortúnio se abate sobre a terra. O mesmo acontece na África negra para o rei tradicional, tanto que em toda a área sudanesa, um rei ferido na guerra necessariamente tem que deixar o trono até sua recuperação; da mesma forma, no Egito e na África negra, os períodos de interregno são tempos de caos e anarquia porque não há um intermediário entre o céu e a terra, entre divindades e homens.

Outras práticas osirianas mostram que os baluba vieram do nordeste e que estavam em contato com o pensamento egípcio. Com efeito, segundo o abade Kagame, "colocam-se pérolas na boca do morto para pagar o barqueiro do submundo que levará o defunto à outra margem", como em Tebas. É certo que o Estige grego é um empréstimo da mitologia egípcia, pois somente os egípcios tinham duas cidades, a dos vivos e a dos mortos, separadas por um rio, o Nilo: Karnak e Luxor de um lado, Tebas do outro, ao pôr do sol.

O Egito por vezes lança uma luz inesperada sobre os fatos culturais africanos. Basta recordar os esforços mágicos desenvolvidos por Sundiata, fundador do império do Mali, nascido inválido, para recuperar a sua força vital, se não no plano físico, pelo menos no plano ontológico: tais práticas estão diretamente ligadas ao vitalismo faraônico.

As muitas sobrevivências da metempsicose na África Negra (Iorubá, Sara etc.) poderiam dar uma ideia da amplitude dos contatos com o Egito faraônico. Tudo parece indicar que existiram, aqui e ali, no coração da África negra, centros secundários de difusão da religião egípcia. Sabemos que foi no Egito, e não na Índia, que se atestou a teoria mais antiga da reencarnação: tratava-se de uma busca de imortalidade. Seria possível enfatizar os muitos pontos em comum entre as religiões iorubá e egípcia: símbolo trinitário em forma de triângulo, simbolismo do Número quase no sentido pitagórico etc. São esses possíveis restos de crenças antigas, metempsicose, vitalismo etc., que indispõem nossos jovens filósofos. Mas a revolta é ineficaz diante de tais fatos, tão teimosos: somente o conhecimento que deriva da investigação científica permite compreendê-los, restituir todo o seu sentido e classificá-los em seu verdadeiro lugar na evolução espiritual da África.

Somente assim o demônio será exorcizado, o Muntu será superado em vez de ser em vão negado, ou ignorado; somente assim, o fantasma não virá mais assombrar o sonho do filósofo armado com o conhecimento de seu passado cultural.

A filosofia africana só poderá se desenvolver no terreno original da história do pensamento africano. Caso contrário, ela se arrisca a jamais ser.

AS CATEGORIAS DO SER NA "FILOSOFIA BANTO" SEGUNDO O ABADE KAGAME

Na sequência de uma análise linguística penetrante, o abade Kagame distingue quatro grandes classes nominais correspondentes a quatro categorias de seres:

Mu-ntu = o existente com inteligência (homem)

Ki-ntu = o existente sem inteligência (coisa)

Ha-ntu = o existente localizador (lugar-tempo)

Ku-ntu = o existente modal (modo de ser).[36]

Também aqui a filosofia é entendida em sentido amplo, porque o mínimo que se pode dizer é que os falantes dessas línguas não têm consciência da classificação implícita, mesmo que ela exista. Mas será que é assim?

A minha língua materna, o uólofe, falada no Senegal, é uma língua de classes e, como tal, uma língua semibanta. Há vários anos me interesso por essa fascinante particularidade do grupo de línguas chamadas línguas de classe. Em *Parenté génétique de l'égyptien pharaonique et des langues négro-africaines,* creio ter fornecido a explicação científica quase rigorosa da origem das línguas de classe, a partir de uma análise comparativa baseada em testemunhos anteriores do egípcio antigo: trata-se precisamente da língua clássica escrita desde a época das pirâmides, ou seja, de 2600 a 1470 a.C., da IV à XVIII dinastia.[37]

Ocorreu-me que as classes de nominais têm uma origem semântica, mas também, e sobretudo, uma origem fonética, como se pode ver nos exemplos a seguir.

Em uólofe há os seguintes pleonasmos:

m̱us-m̱i	=	*o gato*	sentido idêntico
w̱und-w̱i	=	*o gato*	
ḏanâb-ḏi	=	*o gato*	
s̱îru-s̱i	=	*o gato (selvagem)*	

Assim, com os três primeiros exemplos, temos três seres ou essências idênticas classificadas em três categorias diferentes, que são explicadas apenas foneticamente, pela consoante inicial da palavra, considerada como morfema de classe.

Da mesma forma, quando introduzimos uma palavra estrangeira (francesa, por exemplo), ela obedece à lei fonética. Exemplos:

ḇoyet-ḇi	=	*la boîte* [a caixa]	< francês
s̱ûkar-s̱i	=	*le sucre* [o açúcar]	< francês

A ausência de uma metalíngua mostra que esse pensamento não é autoconsciente.

Por vezes, um investigador faz uma descoberta mais importante do que aquela que esperava, e acredito ser esse o caso do eminente estudioso Alexis Kagame: ele fez um trabalho de pioneiro no domínio da linguística.

TOMBUCTU MEDIEVAL

Na Idade Média, a filosofia antiga foi introduzida em Tombuctu nas mesmas condições e na mesma época que na Europa, e em ambos os casos pelos árabes. Aristóteles era regularmente comentado em Sankoré. A introdução do *trivium* é atestada: Açadi, estudioso negro de Tombuctu, autor da célebre obra intitulada *Tarikh es-Soudan*, cita, entre as matérias que dominava, lógica, dialética, gramática, retórica, sem falar no direito e outras disciplinas.

Vários estudiosos se encontravam na mesma situação; e os dois *Tarikh* contêm as longas listas de matérias estudadas e dos estudiosos ou letrados africanos que os ensinam na Universidade de Tombuctu, na época em que a escolástica florescia na Sorbonne, em Paris, onde Aristóteles reinava sem concorrência.

O *quadrivium* também foi introduzido e temos várias evidências, muito extensas para incluir aqui. Digamos que os conhecimentos astronômicos eram necessários para a orientação das edificações religiosas (mesquitas), e isso levou a medições, a cálculos e determinações sofisticadas. Os estudantes de Gao decidiram um dia realizar um censo dos habitantes da cidade, o que não é concebível sem cálculo. As práticas astrológicas também implicam cálculos laboriosos. Mas é analisando o conteúdo das obras dos programas citados pelos dois *Tarikh* que se poderá fazer um estudo exaustivo da questão.

Para terminar, digamos que a Cabala, ainda praticada por marabus alfabetizados apenas em árabe, dá uma das diversas maneiras em que o *quadrivium* foi introduzido: a cada letra do alfabeto árabe faz-se corresponder um número hindu até 10, depois, de 10 em 10 até 100, depois, de 100 em

100 até 1000 e finalmente de 1000 em 1000; no total, a soma das letras do alfabeto corresponde ao número 5995.

Para criar um talismã para um indivíduo, calcula-se, por assim dizer, o peso numérico do seu nome. Assim, Cheikh Diop = 1000 + 10 + 600 + 3 + 6 + 2 = 1621. Essa soma deve sofrer diversas manipulações, adições, subtrações, divisões, de acordo com a finalidade do talismã.

Assim, os africanos letrados de Tombuctu conheciam o pensamento conceitual no sentido clássico do termo: o ensino da gramática, que era comum, exigia a conceituação e a criação de uma metalinguagem, nas línguas africanas, em que frequentemente se extraíam as imagens e os exemplos didáticos.

Nas cidades africanas da costa leste, no Oceano Índico, a situação talvez fosse a mesma, e uma pesquisa sistemática poderia levar a resultados análogos.

Mas será que se pode falar de filosofia africana quando se trata manifestamente de uma aclimatação do pensamento ocidental em solo africano, pela intermediação dos árabes?

Dissemos, no início desta exposição, que esse pensamento nasceu pela primeira vez na África negra, experimentou um desenvolvimento particular na Grécia e retornou à África na Idade Média. Qual era então a originalidade da Grécia quando recebeu, quase copiou, o pensamento egípcio? Veremos o caráter verdadeiramente original que a Grécia acrescentou ao pensamento filosófico egípcio. Para isso, voltemos aos dois critérios colocados no início e que qualquer pensamento filosófico em nossa opinião deve atender: tratando-se do primeiro critério, foi plenamente verificado no Egito e, em menor grau, nas outras cosmogonias africanas.

Os gramáticos e os matemáticos egípcios

Os gramáticos egípcios que, durante a XIX dinastia, 1300 a.C., mandavam os seus alunos copiarem exercícios e textos literários do Antigo Império (2600 a.C.) em *ostracas*, conheciam o pensamento conceitual, no sentido mais rigoroso, 2 mil anos antes de Aristóteles, o "criador" da lógica da gramática, isto é, da lógica formal.

Do mesmo modo, é impossível estabelecer uma fórmula matemática, mesmo por vias empíricas, sem ter criado previamente uma lógica matemática rigorosa; ora, os egípcios são os únicos inventores da geometria e Jâmblico nos ensina que "todos os teoremas das linhas [geometria] vêm do Egito". Contrariamente à opinião persistente, os egípcios sempre terminavam as suas manifestações com a expressão: *momitt pw* = "este também é o mesmo" = CQD.

Por conseguinte, mesmo que a demonstração não fosse rigorosa (mas ela era), a preocupação de provar já habitava o matemático egípcio; e isso é suficiente para que a necessidade de um aparato lógico seja conscientemente vivida.

É, portanto, colocando os problemas em sentido inverso que se poderá medir a importância dos empréstimos que os gregos, Pitágoras, Aristóteles, em particular, Platão, Euclides e outros tomaram das ciências egípcias, ao mesmo tempo que permaneciam em silêncio a respeito das fontes. Assim, o honesto Heródoto trataria Pitágoras como um plagiador vulgar dos egípcios…

1) Pode-se ensinar a gramática sem ter criado uma metalíngua, sem conceituar, sem descobrir, em particular no nível da sintaxe, toda a lógica gramatical da língua ensinada? Os egípcios fizeram tudo isso, mais de 2 mil anos antes de Aristóteles.

2) Pode-se estabelecer uma fórmula matemática, mesmo por vias empíricas, sem ter previamente inventado uma lógica matemática? Ora, os egípcios eram os únicos inventores da geometria elementar.

3) Pode-se criar uma aritmética, mesmo elementar, sem se apoiar conscientemente numa lógica matemática?

4) Podem-se realizar operações matemáticas rotineiras (cálculo de superfície, de volume, avaliação de quantidades numéricas etc.) sem ter separado radicalmente o mito do número, do conceito de número? Portanto, se os reunirmos novamente, como nas altas especulações metafísicas dos sacerdotes egípcios, isso apenas pode acontecer na condição de simbólico, e não como resultado de confusão mental.

O segundo critério, a separação entre o mito e o conceito, foi plenamente realizado no Egito a nível de ciência, e a Grécia muitas vezes não fez mais do que adotar a filosofia egípcia das populações negras do vale do Nilo como sua própria filosofia.

Essa separação entre mito e conceito se operou igualmente na África negra, no domínio da vida cotidiana, sem que se pudesse falar de uma ciência rigorosa. É, pois, no plano da metafísica que o grego se distingue radicalmente dos outros.

Se considerarmos a escola idealista grega (Platão, Aristóteles, os estoicos), não existia uma diferença essencial em relação ao Egito, uma vez que se trata de um pensamento egípcio pouco modificado: por toda parte, na cosmogonia platônica e na metafísica aristotélica, o mito coabita pacificamente com o conceito. Platão poderia até ser chamado, com razão, de "Platão, o Mitólogo". Mas as coisas mudam radicalmente com a escola materialista grega: os princípios, as leis da evolução da natureza tornam-se propriedades intrínsecas da matéria, que não é mais necessário duplicar, mesmo simbolicamente, com qualquer divindade, elas são suficientes em si mesmas. De forma equivalente, toda causa primeira de natureza divina é rejeitada; o mundo não foi criado por nenhuma divindade, a matéria sempre existiu.

Embora esse pensamento seja o desenvolvimento lógico do componente materialista da cosmogonia egípcia, ele se desviou o bastante de seu modelo para se tornar prosperamente grego; o materialismo ateu é uma criação puramente grega, o Egito e a África negra parecem tê-lo ignorado. Quanto às condições sociopolíticas de seu nascimento, essa é uma outra história.[38]

Durante toda a Idade Média europeia, o espiritualismo religioso, neste caso, a Igreja católica, tentou acomodar-se ao idealismo filosófico grego, em particular ao aristotelismo. Mas no final da Idade Média, a escolástica esgotou toda a sua seiva e o Renascimento inaugurou a era de Demócrito, Epicuro e Lucrécio: Galileu, Descartes, Kant, Newton, Leibniz, Lavoisier, os atomistas modernos foram muitas vezes fortemente inspirados por essa escola que, ao retransmitir o pensamento egípcio africano, está em grande medida na origem da ciência moderna, mesmo que se finja ignorá-la!

Detalhes das cosmogonias egípcias

No capítulo XVII do *Livro dos mortos*, é dito sobre Rá, o deus universal:

> Diz as palavras do Mestre Universal; disse depois de se tornar: Eu sou o devir de Khepri, quando se tornou para mim o devir dos devires posteriores ao meu devir, pois muitos foram os desejos que saíram da minha boca, quando nada havia se tornado a terra, quando as crianças da terra, as serpentes, ainda não tinham sido moldadas, fora do lugar onde ascendi dentre eles, fora do *nun* onde eu estava entre os enfraquecidos, quando não havia lugar para mim onde eu pudesse permanecer. Encontrei em meu coração aquilo que me seria útil: e no vazio aquilo que [deveria me servir] de fundamento, quando eu estava sozinho, quando eu não tinha emitido o Shu (o ar, o espaço vazio) que não tinha cuspido Tefnut (a água), que não havia se tornado uma [outra] divindade que teria sido feita comigo. Eu mesmo fundei [portanto] sozinho em meu coração o devir dos meus muitos devires dos meus devires nos devires das crianças, nos devires dos filhos dessas crianças [...]. Disse meu pai *nun*: "Eles enfraqueceram meu olho [minha consciência, minha atenção] por trás deles desde períodos seculares que se distanciaram de mim" [isto é, que se passaram no estágio da criação em potência do universo]. Depois de ter sido apenas um Deus, foram três Deuses que eu me tornei para mim, e Shu, certamente, e Tefnut elevaram-se do *nun* onde estavam: eles me trouxeram o meu olho atrás de si [...]. Shu e Tefnut geraram Geb e Nut, Geb e Nut geraram Osíris, Kharkhentimiriti [o príncipe dos dois olhos, ver p. 416, Set, Ísis e Néftis; do ventre, um após o outro, eles geraram [crianças] que se multiplicaram sobre a terra.[39]

Vê-se, nesse texto, trecho do capítulo XVII do *Livro dos mortos*, cuja concepção provavelmente remonta às primeiras dinastias, 3 mil anos antes de Cristo,[40] tudo o que as religiões reveladas, o judaísmo e o cristianismo, devem à religião egípcia: teoria da criação pelo verbo, pela visão simples, pela representação na consciência divina de Rá, de seres futuros; criação em potência, primeiro por uma eternidade (séculos de séculos), de essências inteligíveis antes da sua atualização em seres sensíveis, objetos de uma segunda criação. Por fim, a trindade divina, expressa pela primeira vez neste texto, na história das religiões.

Amélineau tem razão em decifrar, com a ajuda desta cosmogonia heliopolitana, essa passagem obscura do *Timeu* de Platão, que de repente se esclarece por uma luz singular: "O ser, o lugar e a geração são três princípios distintos e anteriores à formação do mundo".[41]

Com efeito, ressalta da passagem citada do *Livro dos Mortos* que "o ser", isto é, as essências inteligíveis, o "lugar", isto é, o espaço (Shu), "a geração", isto é, o ato pelo qual o deus Ra gera os primeiros seres Shu e Tefnut, pertencentes ao estágio da criação em potência e, por consequência, são anteriores à criação, um segundo ato, do mundo sensível; assim, os paradoxos aparentes de Platão apenas podem ser compreendidos e formulados remetendo à sua fonte de inspiração egípcia, que ele manteve em silêncio.

O verbo de Rá é o logos de Heráclito e Platão, é também o *Nous* de Anaxágoras e o *Koun* das religiões reveladas.[42]

Osíris e Ísis são Adão e Eva das futuras religiões reveladas.

Na cosmogonia tebana, o deus Amon dirá: "Eu sou o Deus que se criou por si mesmo e que não foi criado".

Finalmente, a cosmogonia heliopolitana aparece sob os traços de uma "filosofia" do devir, no sentido estrito do werden (tornar-se) germânico.[43]

Rá também dirá: "Eu sou o grande Deus, que se criou por si mesmo — eu sou o ontem e conheço o amanhã".

Essas frases são na realidade questões que se colocam aos mortos, enigmas que devem ser decifrados antes de entrar no "Paraíso", a morada dos deuses na vida após a morte.

Osíris, a personificação do Bem, é o filho de Rá, como o Cristo é filho de Deus.

Do mesmo modo, os filósofos gnósticos do século II inspiraram-se na velha religião egípcia, tanto mais que eles próprios eram egípcios e que inicialmente o cristianismo se desenvolveu sobretudo no Egito.

O *nun* ou *toum* egípcio corresponde bem ao "Ουκ ων" de Basilide ou ao "βυθος", ou "tesouros de germes", isto é, os arquétipos, as essências de Valentin, o heresiarca gnóstico originário do Egito e estabelecido em Roma.

O ogdóade dos gnósticos, com o seu chefe à parte, não é outro senão a enéade egípcia: a enéade de Valentin é composta de quatro sizígias, de Æons mais o βυθος. Como na cosmogonia egípcia, o homem aparece apenas na terceira sizígia na gnose de Valentin: o intelecto e a verdade, "o verbo e a vida", precedem "o homem e a igreja".[44]

E Amélineau escreve:

> Tinha-se razão em admirar o gênio especulador dos filósofos gregos em geral e de Platão em particular; mas esta admiração que os gregos sem dúvida merecem, os sacerdotes egípcios merecem ainda mais e, se lhes devolvemos a paternidade do que inventaram, faremos apenas um ato de justiça. [...]
>
> O Egito havia inaugurado, desde as suas primeiras dinastias e provavelmente antes, um sistema de cosmogonia que os primeiros filósofos gregos, jônicos ou eleatas reproduziram, em suas linhas essenciais, e do qual o próprio Platão não se esquivou de tomar emprestada a base de suas vastas especulações, que os gnósticos, cristãos, platônicos, aristotélicos, pitagóricos, por sua vez, não fizeram nada além de decorar com nomes, conceitos, mais ou menos pretensiosos cujos protótipos se encontram nas obras do Egito, palavra por palavra para a enéade e a ogdóade, e mais ou menos para o semanário. [...]
>
> Entre a doutrina [de Aristóteles], a doutrina de Platão e a doutrina dos sacerdotes heliopolitanos, não vejo outra diferença senão uma diferença de expressão.[45]

Os gnósticos preencheram o espaço entre o céu e a terra com todos os tipos de mundos mais ou menos fantásticos surgidos da sua imaginação. Mais tarde, eles serão retransmitidos pela gnose muçulmana — diferente do verdadeiro Verbo corânico —, cuja sobrevivência na África negra mostra que, também deste lado, a cadeia nunca foi completamente rompida.

Paraíso e inferno na religião egípcia

Sem dúvida, a história e as realizações de cada povo estão intimamente ligadas ao modo como ele resolve o problema da morte, à filosofia que adota diante do destino humano.

A religião de Osíris foi a primeira datada, na história da humanidade, a inventar as noções de paraíso e de inferno. Dois mil anos antes de Moisés, e 3 mil anos antes de Cristo, Osíris, a personificação do Bem, já presidia o tribunal dos mortos no além, usando o *Atew* ou *Atef*.[46] Se o morto cumpriu durante a sua vida terrena os diferentes critérios morais que seria demasiado longo citar aqui,[47] ele alcança o *Aarure* ou *Aaru*, um jardim protegido por um muro de ferro com vários portões e atravessado por um rio. Este campo é cultivado pelos manes, os bem-aventurados, que nele percorrem; os caminhos que conduzem até lá são misteriosos; os mortos devem atravessar uma ponte suspensa sobre o vazio e constituída por uma serpente hedionda que paira sobre os abismos do inferno.[48] O morto, justificado, torna-se um Osíris, imortal, e daí em diante vive entre os deuses pela eternidade; acredita-se que o campo de *Aaru*, o paraíso egípcio, serviu de modelo para os Campos Elísios de Homero, contemporâneo de Piankhi ou Xabaka e que teria visitado o Egito, segundo a própria tradição grega.

O paraíso também é chamado de "a terra da verdade da palavra", ou o *Amenti*, ou seja, o reino de Osíris; este submundo é também aquele em que Rá, o princípio do Bem, luta todas as noites ferozmente contra a serpente Apep ou Apófis, o princípio do Mal, o demônio, por assim dizer, que é quase tão poderoso quanto ele e que seria, segundo Amélineau, uma criação direta do *nun*, independentemente de Rá.

Mas Rá, o Bem, sempre triunfa e reaparece diariamente no horizonte oriental: assim, o Bem é superior ao Mal, embora este último seja muito poderoso; esse movimento dialético, simbolizado pela luta incessante entre dois princípios, um positivo e outro negativo, não contribuiu pouco para o nascimento do maniqueísmo e da dialética em geral.

O inferno é reservado para o castigo dos ímpios, representados por almas, por sombras mergulhadas em abismos de fogo onde também se veem cabeças decepadas. As mulheres carrascas vigiam esses abismos,

75. O inferno da religião egípcia representado no túmulo de Seti I, pai de Ramsés II (XIX dinastia, 1300 a.C.). Uma serpente monstruosa forma com suas sinuosidades espirais uma ponte terrível suspensa no vazio, acima do inferno, cujos carcereiros atiçam as chamas. O morto, à direita, de frente para a boca da serpente, é amparado apenas por suas ações anteriores na terra para atravessar essa ponte e chegar ao paraíso. Se o bem prevalecer, ele será salvo. Caso contrário, é jogado nas chamas do inferno, que o devoram. É de fato o *sirat al-moustaqim* do islã, 1700 anos antes do nascimento do profeta Maomé, e percebe-se a inegável ligação histórica que existe entre a religião ancestral egípcia e as religiões reveladas. Poderia também ter se reproduzido o tribunal de Osíris (Aras do islã), no Dia do Juízo. (Foto do autor.)

deusas com cabeças de leoas, que se alimentam dos gritos dos ímpios, dos rugidos das almas e das sombras, que lhes estendem os braços do fundo dos abismos. "Essas súplicas são executadas sob as ordens de Hórus, que, punindo o Mal, vinga seu pai Osíris, o ser do Bem."

Por outro lado, "será apenas no século II a.C. que o judaísmo, sob a influência do Irã e do Egito (sobretudo da colônia judaica de Alexandria), adotará definitivamente a concepção da vida no além".[49]

76. O deus Thot inscrevendo o nome do rei Set I na árvore sagrada ished no templo de Karnak (*Dictionnaire de la civilisation égyptienne*, p. 220). Encontramos uma cena semelhante no *Denkmäler aus Aegypten und Aethiopien*, de K. R. Lepsius (v. V-VI, parte III, p. 37), em que o deus Atom e a deusa Hathor guiam Tutemés III em direção à árvore sagrada, enquanto o deus Amon, sentado à direita, inscreve seu nome nas folhas. Sabe-se que essa árvore sagrada que cresce no paraíso desempenha um papel crucial na mitologia muçulmana senegalesa.

Ao lado dessas cosmogonias filosóficas e da religião de salvação da alma de Osíris, reinava, como é natural, a superstição popular, como hoje na África negra: amuletos já existiam e eram armas preventivas contra os perigos dos dias nefastos, como o 19 Phamenot,[50] contra potências inimigas, como Apep etc. Havia de todos os tipos, com a forma de escaravelho, coração, pilar de Osíris, cruz ansata de Ísis etc.: "Recitar o que precede sobre uma figura de Apep traçada num papiro que nunca tenha sido usado e no meio do qual tenha sido escrito o nome do réptil, depois queimá-lo...",[51] até parece que estamos no Senegal em 1980.

O aparelho sacerdotal egípcio

Os sacerdotes egípcios são, sem dúvida, negros, e é Luciano, autor do *Filopseudes*, quem os descreve como tais no conto do feiticeiro-aprendiz. "*É de Pancrates que você fala*", disse Arignoto, "ele é meu mestre, um homem sagrado, barbeado, vestido de linho, pensativo, falando grego (mas mal), alto, o nariz achatado, os lábios proeminentes, as pernas delgadas...".[52] O rei é o demiurgo Rá, na terra, que reflete e perpetua a criação; é ele o intermediário entre Deus (seu pai) e os homens, e como tal garantidor da ordem cósmica; portanto, é ele em pessoa que deve oficiar nos templos; ele, sozinho, estaria cara a cara com o deus no seu santuário, no fundo do templo: mas o culto do deus é feito diariamente em todos os templos do Egito, verdadeiros Estados dentro do Estado, sobretudo quando se trata do domínio de Amon em Tebas; e como não pode estar em todos os lugares ao mesmo tempo, delega suas funções religiosas aos sacerdotes dos diferentes templos.

Os servos do Deus só podem se aproximar dele quando estão livres de qualquer impureza física, por isso devem, duas vezes por dia e duas vezes por noite, fazer as suas abluções (incluindo até lavar a boca com natrão) à beira do lago sagrado que, em cada templo, simboliza a água primordial do *nun* de onde saiu a criação; todo o corpo é raspado a cada dois dias para evitar a contaminação por piolhos...

O batismo real é assegurado com água lustral. O batismo cristão (João Batista e a água do Jordão), a tonsura do sacerdote católico, as abluções muçulmanas encontram aqui a sua origem distante. Eudoxo de Cnido foi raspado antes de ser iniciado pelos sacerdotes egípcios.

A circuncisão era a regra.[53] Essa prática é uma das mais tipicamente africanas, pois os corpos dos túmulos pré-dinásticos estudados por Elliot Smith mostram que ela já existia; está ligada a uma concepção andrógina do ser (Deus Amon incriado), e por isso implica a excisão, também constatada nas múmias e cuja prática é confirmada por Estrabão.[54] Assim, a circuncisão, embora abandonada aqui e ali, não deixa de constituir um traço etnológico africano específico: a sua presença no mundo semítico revela uma influência muito antiga do mundo negro sobre ele, como fazem fé as declarações de Heródoto.[55]

Os jejuns e as proibições alimentares não são menos reveladores do legado egípcio para religiões posteriores, judaísmo, cristianismo, islamismo: carne de porco, peixe, vinho etc. são proibidos aos sacerdotes; uma lenda persistente entre os astrólogos muçulmanos do Senegal diz que aqueles que comem peixe não conseguem ver a divindade em sonhos, quando deveria ser o contrário, dado o teor de fósforo contido na carne de peixe.

Segundo Heródoto, "quase todos os homens, exceto os egípcios e os gregos, fazem amor em lugares sagrados e passam dos braços de uma mulher para um santuário sem terem se lavado";[56] isso que é formalmente proibido também pela religião muçulmana.

O sacerdote egípcio, como o sacerdote da Igreja católica, tinha uma vestimenta regulamentar que no caso egípcio excluía a lã, como matéria de sujeira animal.

A administração dos templos, aquela do domínio de Amon em Tebas, em particular, com o seu exército de clérigos, prefigurava a organização de pesquisas da Igreja católica.

O sacerdote egípcio é casado, geralmente monogâmico, talvez por abstinência, mas as mulheres não são explicitamente admitidas na casta: "A instituição tebana de uma esposa terrena do Deus, a divina adoradora, que ocupa um lugar eminente no clero de Amon, permanece um caso isolado, sem paralelo nos outros colégios religiosos".[57]

A Paixão e os Mistérios de Osíris foram representados em frente ao templo (ver p. 387). O templo era uma réplica do céu na terra, e toda a sua arquitetura era um vasto símbolo do universo. Clemente de Alexandria apresenta uma lista das matérias ou obras que o sacerdote horólogo deveria dominar, como uma obra sobre a ordem das estrelas fixas, o movimento da Lua e dos cinco planetas, o encontro e a iluminação do Sol e da Lua, o nascer dos astros.[58]

Entre as obras sagradas da biblioteca do templo de Edfu, podem-se citar como confirmação dos depoimentos de Clemente de Alexandria os seguintes livros: *Conhecimento dos retornos periódicos dos dois corpos celestes*

(Sol e Lua), Controle de retornos periódicos dos (outros) corpos celestes, Livro para conhecer todos os segredos do laboratório; e também *Proteção mágica do rei em seu palácio* e *Fórmulas para afastar o mau-olhado*.[59]

A ciência pertencia a — e era desenvolvida por — um corpo a serviço do Estado, ela nasceu com esse Estado; o clero, fonte da ciência no Egito, e o Estado ao qual ele servia não podiam, portanto, entrar em conflito por motivos científicos ou ser anti-intelectualistas e sectários como na Grécia continental, em Atenas, onde Anaxágoras, Sócrates, Platão, Aristóteles foram todos condenados à morte ou quase por terem professado ideias científicas recebidas do Egito e que estavam à frente das instituições locais: a tradição religiosa ateniense protegia-se contra a ciência que vinha do Egito, enquanto a religião egípcia engendrava a ciência, e essa situação muito especial explica muitas das divergências na evolução comparativa das sociedades egípcia e grega.

A civilização egípcia era iniciática e elitista: a franco-maçonaria moderna, nascida dela, é a desnaturação abusiva do seu modelo.

O culto no templo incluía três serviços, manhã, tarde e noite, acompanhados de procissões, orações, cantos, música para a glória do deus — que às vezes vem habitar o seu suporte, a estátua no santuário, o santo dos santos —, que recebe, em forma de oferendas, refeições colocadas no altar e as quais ele utiliza espiritualmente. Esses diversos alimentos são então distribuídos entre os membros do clero.

A saída do deus na sua barca sagrada, levada por um grupo de sacerdotes seguidos de uma procissão, recorda de muitos modos os usos da Igreja católica: o transporte do papa em baldaquino.

Tudo é idêntico, até a utilização da pia de água benta e as defumações com incenso para afastar os maus espíritos.

Os oráculos proferidos pelo deus durante suas saídas são feitos inclinando o barco em uma direção positiva (afirmação) ou negativa, para trás (recusa, negação): esses movimentos são impostos aos carregadores por um brusco e misterioso aumento de peso que se torna insuportável; tal superstição sobreviveu no Senegal, onde o morto transportado para o cemitério em maca deve ser dotado do mesmo poder, não para prestar qualquer oráculo, mas para expressar uma última vontade, uma recusa de algo em geral; o termo consagrado em uólofe é *sisou* = (o morto) recusa-se a seguir em frente!

Seria interessante renovar a experiência corajosa de Alain René, não com um objetivo crítico ou de difamação, mas para melhor evidenciar as raízes egípcias das religiões reveladas, e do cristianismo em particular: Tratar-se-ia de realizar um filme em que se colocariam em paralelo as liturgias cristãs e egípcias.

Os arqueólogos israelenses descobriram em Jerusalém, em 1972, textos da época romana evocando de maneira muito precisa a pessoa do Cristo. Esses manuscritos têm, de certa forma, um caráter explosivo, já que seu conteúdo seria contrário a várias versões da vida de Jesus segundo o Novo Testamento.

Para não ofender as suscetibilidades da Igreja católica, os israelitas mantiveram essas descobertas em segredo e convidaram o Vaticano a enviar um especialista para examiná-las: o que foi feito. Depois disso, essas descobertas excepcionais são mantidas em segredo por mútuo acordo...

Por outro lado, o Cristo, em sua juventude, fez uma viagem ao Egito, onde foi iniciado nos mistérios.

> Os mitos órficos (Trácia) contavam como Dionísio, despedaçado pelos titãs, encarnações do Mal, havia sido ressuscitado por seu pai Zeus [...] Aqueles que as propagaram prometiam a felicidade na vida futura a todos aqueles que seguissem a ascese moral e física que eles recomendavam a todos os homens, nos quais a morte separaria a alma do elemento carnal impuro.[60]

Dionísio era nada menos do que um deus lúbrico, bebedor de vinho, pregando o desregramento.

Teatro egípcio e grego

Em *A unidade cultural da África negra,* havíamos mostrado a origem egípcia do teatro grego a partir dos Mistérios de Osíris, ou de Dionísio, sua réplica em terra helênica.

Até a primeira dinastia Tinita, a própria família real representava o drama de Osíris, equiparado ao faraó falecido. Mais tarde, só os sacerdotes interpretarão a paixão de Osíris, o mistério da morte e da ressurreição do deus diante da família real.

A escola egiptológica inglesa traduziu uma dessas peças escritas em hieróglifos; uma equipe de atores britânicos paramentados a executou, seguindo fielmente o texto. O filme extraído desse documento único foi projetado pelo poeta e dramaturgo G. M. Tsegaye, durante o último Congresso Pan-Africano, em 1973, em Adis Abeba. "A tirania ateniense oficializou e organizou a celebração de suas festas [de Dionísio], de onde sairiam as apresentações teatrais. [...] As festas de Dionísio conduzem, através do teatro, à vida literária."[61]

Foi através das Dionísias Urbanas que se instituíram, no século VI a.C., as representações teatrais que se estenderam a outros assuntos.[62] Essa origem dionisíaca do teatro grego é confirmada por Jean Delorme:

> A origem [do teatro] como gênero literário ainda é discutida.
>
> Quis-se tirar [a tragédia] do ciclo de Dionísio para vinculá-lo ao culto funerário dos heróis da sociedade aristocrática. Mas o fato é que ela constitui uma parte integrante da religião do deus quando ela nasceu em Atenas em 534.
>
> A ação então teve que ser muito reduzida em relação aos cantos do coro [somente um ator para dialogar com o corifeu, depois um segundo personagem na geração seguinte]. No entanto, esse progresso talvez não seja anterior a Ésquilo, que obteve a sua primeira vitória no concurso das Dionísias em 484.[63]

A relação entre as cosmogonias egípcia e platônica através do *Timeu*

O mundo, para Platão, é feito segundo um modelo perfeito e imutável, em oposição ao devir perpétuo da matéria (nascimentos e mortes) que é a materialização da própria imperfeição: o demiurgo (o Rá da cosmogonia heliopolitana, digamos assim), o operário que cria os seres sensíveis, tem os olhos sempre fixos no seu modelo, que é a ideia absoluta, bela, perfeita, o arquétipo, a essência eterna do ser, e que ele copia:

> Ora, na minha opinião, em primeiro lugar podem ser feitas as seguintes divisões. Qual é o ser que é eterno e nunca nasce, e qual é o ser que nasce sempre e nunca existe? O primeiro é apreendido pela intelecção e pelo raciocínio, porque é constantemente idêntico. Quanto ao segundo, ele é objeto de opinião aliada à sensação irracional, pois nasce e morre, mas nunca existe realmente.[64]

Aqui podem-se facilmente reconhecer os arquétipos de todos os seres futuros no *nun* egípcio, já criados em potência e aguardando a sua atualização graças à ação de Khepri, deus do devir ou lei da transformação perpétua da matéria: a cosmogonia heliopolitana é essencialmente uma filosofia de devir, mais de dois mil anos antes de Heráclito e de todos os pré-socráticos:

> Ora, se este mundo é belo e o artífice é bom, é evidente que ele fixa o seu olhar no modelo eterno. Se não fosse esse o caso, o que nem sequer é permitido supor, ele teria olhado para o modelo que nasceu; ora, está absolutamente evidente para todos que o artífice contemplou o modelo eterno. Pois este Mundo é a mais bela das coisas que nasceram e o artífice é a mais perfeita das causas.[65]

A inteligibilidade do mundo, do universo, é fundada em leis, como na cosmogonia heliopolitana egípcia, em que as essências, os seres racionais, se encontram na matéria primordial incriada, sem princípio nem fim, ela mesma divindade.

Para Platão, a ciência da verdade absoluta é possível e acessível ao homem, mas através do intelecto, o único que pode apreender e pensar os arquétipos, as essências dos seres, com a exclusão da intervenção enganosa de nossos sentidos.

A cosmogonia platônica está impregnada de otimismo em oposição ao pessimismo indo-europeu em geral. Trata-se, acima de qualquer evidência, de uma herança da escola africana. Ainda no tempo de Estrabão mostravam-se as habitações dos antigos "alunos" Platão e Eudoxo, em Heliópolis, no Egito, onde passaram treze anos para estudar as diversas ciências, a filosofia etc. Cada iniciado ou aluno grego era obrigado a escrever um memorial de estudos finais sobre a cosmogonia e os mistérios egípcios, independentemente do ramo de estudo seguido. Foi este o caso de Eudoxo, um dos mais brilhantes matemáticos gregos e que traduziu, pela primeira vez, memórias de astronomia egípcia para o grego e introduziu na Grécia a teoria egípcia dos epiciclos.[66]

"A causalidade perfeita do mundo", para Platão, confunde-se com o seu autor, o artífice, o demiurgo que se identifica ponto a ponto com o deus Rá, de Heliópolis, cidade criada pelos anus da raça de Osíris, nos tempos proto-históricos. A providência divina, causa do mundo, é boa e apenas pode conceber o que é bom e belo, como Rá, Amon, Ptah, todas as grandes divindades egípcias que criaram o mundo em diferentes graus. Este criador, segundo Platão,

> quis que todas as coisas nascessem o mais possível semelhantes a ele [...] Ele excluiu, tanto quanto estava em seu poder, toda imperfeição e também toda essa massa visível, ele a tomou, desprovida de todo descanso, mudando sem medida e sem ordem, e a trouxe da desordem para a ordem, porque acreditou que a ordem é infinitamente melhor que a desordem. [...] E não foi permitido, nem é permitido, ao melhor fazer qualquer coisa, senão, o mais belo.[67]

Essas preocupações divinas que consistem em amar o Bem e odiar o Mal passaram para o âmbito popular como ideal moral, no Egito e no resto da África negra.[68]

Assim, o universo platônico, como mais tarde o de Leibniz, é otimista, idêntico nisso ao do Egito e do resto da África.

A passagem citada de Platão poderia ser considerada um extrato (sem referência) da cosmogonia heliopolitana: com efeito, nela, o *nun*, a matéria primordial caótica, foi em primeiro lugar a sede de uma desordem indescritível, e é a ação do deus Khepri, através do tempo, que atualizará a essência de Rá, aquele que traz a ordem e remata a criação, em beleza e bondade. Esta é a razão pela qual a ordem (*Hou*), a justiça ou a verdade (*Maat*) são de essência divina para os antigos egípcios, bem como para Platão. Rá, como o deus de Platão, que não tem nome, é a ideia absoluta do Bem, e o princípio ordenador do mundo.

Mas, como Albert Rivaud observa em sua nota ao *Timeu*, uma certa imprecisão reina em Platão:[69] não sabemos onde estão as ideias, em que lugar se encontravam originalmente; seriam elas distintas das coisas sensíveis? Quais são as relações entre o mundo das ideias, o vivente em si, Deus e a Alma do Mundo? Não está claro. Ora, na cosmogonia filosófica egípcia, todas as noções análogas às quais Platão faz alusão são claramente definidas: o *nun*, ou a matéria caótica primordial, é o ser vivente em si, que contém potencialmente todo o universo em gestação sob a forma de essências eternas ou de ideias puras, modelos indestrutíveis, arquétipos dos futuros seres, mas também a força necessária para a sua própria evolução em direção a atualização do mundo; assim, sabe-se onde estavam as formas eternas de que fala o *Timeu*, na origem das coisas. Do mesmo modo, o Ka universal, presente em todo o universo, após o nascimento de Rá e a criação do mundo sensível, será a alma imortal deste universo, o espírito objetivo que o anima e o torna inteligível ao espírito individual do sábio, o logos do mundo do próprio Platão, como veremos adiante. A imortalidade da alma individual e do mundo, afirmada no Timeu, está ontologicamente fundada na cosmogonia egípcia, porque o Ka individual, isto é, as parcelas do intelecto, são elementos indestrutíveis do Ka universal. Eles são estranhos ao corpo. Unidos ao Ba, a alma sensível individual, e ao suporte físico que é o corpo, formam o ser humano vivente. Após a morte, o Ka reunido ao Ba ganha o céu e o indivíduo goza da imortalidade, se sua existência terrena foi exemplar. Caso contrário, a alma reencarna, por castigo, no corpo de um animal, porco, cachorro, cavalo, molusco ou de uma planta, mas a salvação está no fim dessa longa e dolorosa expiação pela alma, imortal em essência.

Em todo caso, a parcela Ka individual se junta ao Ka universal — ao intelecto ou Alma do Mundo — e nunca se perde no grande Todo: assim, a cosmogonia filosófica egípcia inventou a imortalidade da alma desde o Antigo Império, 2600 anos a.C., e ainda antes, como evidenciado pelos textos das pirâmides, mais de mil anos antes da primeira religião revelada. De acordo com uma crença popular egípcia, cada alma individual estava ligada a uma estrela, que se destacava do céu com a morte do indivíduo.

Platão, sem citá-las, utiliza no *Timeu* e em seus outros diálogos, em diferentes graus, todas essas ideias egípcias: arquétipos (ou realidade das ideias ou essências), alma do mundo, imortalidade da alma do mundo e da alma individual, composição do mundo e da alma individual, teoria dos quatro elementos — terra, fogo, ar, água —, essência matemática do mundo concebida como número puro, metempsicose, alma das estrelas, esfera das estrelas fixas, equador celeste, eclíptica, teoria do movimento dos planetas, noção do tempo matemático, teoria do Mesmo e do Outro, ou dos arquétipos, em oposição ao devir perpétuo da matéria simbolizada por Khepri.

É por não citar as suas fontes egípcias evidentes que o seu sistema filosófico parece pairar suspenso no ar, mesmo e sobretudo para os seus exegetas modernos.

Apesar de Proclo Lício afirmar que Platão se inspirou na obra de Timeu de Lócrida intitulada *Sobre a alma do mundo e da natureza* para escrever o *Timeu*.[70]

O demiurgo de Platão não é outro senão o deus egípcio Rá, embora Platão não o diga: como Rá, ele não cria *ex nihilo*, mas limita-se fundamentalmente a atualizar essências preexistentes, desde toda a eternidade, no *nun* divino, e mesmo anteriores à sua primeira aparição.

Esse princípio essencial da cosmogonia egípcia, que Platão adotou fielmente sem o admitir, nunca deve ser perdido de vista: a filosofia cosmogônica egípcia é integralmente evolucionista e transformadora, claro, não no sentido de Spencer. A matéria primordial eterna, sem princípio nem fim, está engajada em uma evolução, um devir perpétuo, graças à sua propriedade intrínseca que é a lei da transformação, elevada ao nível de uma divindade. A matéria e o movimento evolutivo que sempre a impele a mudar de forma, a evoluir, são dados eternos. Não existiu na cosmogonia egípcia um momento zero a partir do qual o ser, a matéria, surge do nada, do não ser; o ser, no sentido de Heidegger e J.-P. Sartre, é eterno; sua plenitude exclui a priori a possibilidade mesmo hipotética do não-ser, do nada, como suprema absurdidade. O nada, o não-ser, na filosofia cosmogônica egípcia, é o equivalente da matéria concreta em desordem, em estado caótico do *nun*, do abismo primordial. Mas este *nun* continha em si, sob a forma de um desejo de ordem e de beleza (tantas noções chamadas platônicas), uma força capaz de assegurar a sua evolução, no mesmo sentido em que os marxistas (Lênin) dizem que o movimento é uma propriedade intrínseca da matéria. E veremos também que a "causa final" de Aristóteles, responsável pelo movimento do universo físico, se confunde com a propriedade intrínseca da matéria simbolizada na cosmogonia egípcia pela divindade Khepri,[71] que se limita a atualizar as "formas", ou seja, as "essências" do ser, tanto no sentido aristotélico como no sentido platônico.

É verdade que Platão nem sempre interpreta literalmente os textos egípcios, inventados 2 mil anos antes dele, e que por vezes os revestiu de um brilho incomparável, segundo a expressão de Amélineau. Com efeito, o *nun* primordial, sob a ação do deus do devir, gera Rá, que é o primeiro "olho", a primeira consciência que observa o mundo e que toma consciência da sua própria existência. O *nun* é o pai de Rá e, de fato, Rá o chama assim na cosmogonia heliopolitana. Portanto, é o filho do *nun*, Rá, que, uma vez que aparece, conclui a criação como demiurgo, enquanto seu pai, o *nun*, retorna ao seu repouso inicial e não interfere mais na criação. Aqui tudo está claro, uma vez que se adotam os princípios de partida da cosmogonia egípcia: Rá, o deus-filho, o demiurgo, conclui a criação de seu pai, *nun*, que volta ao descanso.

No *Timeu*, Platão nos conta que o demiurgo, depois de ter fabricado as almas com ingredientes preexistentes, semeou-as sobre a terra, na Lua, nas estrelas, estes instrumentos do tempo: "E depois dessas semeaduras, deixou aos jovens Deuses a tarefa de moldar os corpos perecíveis [...] E o Deus, que havia resolvido tudo isso, permaneceu em seu estado habitual. Enquanto ele descansava, seus filhos, tendo absorvido suas instruções, as cumpriram".[72]

A teogonia de Platão, seja no *Timeu* ou nos outros diálogos, não explica o nascimento dos deuses secundários, os filhos sobre os quais se descarrega o demiurgo, o deus-pai, que, como seu homólogo egípcio, o deus *nun*, vai mergulhar então no descanso, "seu estado costumeiro" e deixar os seus filhos completarem a criação.

Platão, no parágrafo citado, fala da semeadura das almas; ora, sabemos que Rá criou assim os "deuses-filhos" ou divindades-segundas em número de oito, que deviam terminar a sua criação por geração normal e dar origem a Osíris e Ísis (ou Adão e Eva), portanto, ao gênero humano: Shu (o ar), divindade, saiu primeiro da semente de Rá, por um ato solitário e arcaico, é preciso dizê-lo: mas, como observa Amélineau, como poderia ser de outra forma? Em seguida, é a divindade feminina Tefnut (água), que foi cuspida por Rá: Assim nasceu, através dos cuidados do demiurgo Rá, a primeira sizígia, ou seja, o primeiro casal divino, constituído pela união dialética de dois princípios, ou elementos constituintes do universo, um masculino ou ativo, outro feminino ou passivo.

O primeiro casal gera o seguinte, Geb (a terra), princípio masculino aos olhos dos inventores da cosmogonia egípcia, e Nut, o céu (o fogo do céu, das estrelas, do éter), princípio feminino; foi assim que surgiram os quatro elementos, segundo um processo rigorosamente lógico e claro: o ar, a água, a terra, o fogo, que estarão na origem da teoria dos quatro elementos na filosofia grega, desde os pré-socráticos (Tales, Pitágoras, Empédocles etc.) até o próprio Platão que, precisamente no *Timeu*, explica a formação do universo a partir desses quatro elementos.[73]

Para dar uma aparência de profundidade à sua teoria, Platão não hesitou em abusar do método simbólico egípcio que Pitágoras havia introduzido na Grécia, de acordo com Plutarco, em *Sobre Ísis e Osíris*: o elemento terra corresponde ao ser geométrico que é o cubo, pela sua massividade, escreve ele, o tetraedro ou a pirâmide corresponde ao fogo, pela sua leveza, o octaedro ao ar e o icosaedro à água. Segundo Platão, os metais são variedades de água, os minerais são derivados da água e da terra etc.[74]

Vimos, portanto, que Rá, "criado" em potência desde toda a eternidade e jazendo como essência, arquétipo, no seio do *nun* primordial, foi atualizado, isto é, "criado" em ato, pelo deus do devir da matéria bruta, Khepri ou *sopi* (em copta). E *sopi* em uólofe significa "transformar", "devir", assim como nas duas primeiras línguas. Rá era inicialmente um deus solitário e teve que criar em ato, isto é, atualizar as essências das primeiras divindades secundárias, Shu (o ar) e Tefnut (a água); foi então que ele exclamou: "Eu era um, tornei-me três". Aqui temos a expressão da primeira trindade divina na história das religiões. Essas noções emprestadas, sem confissão, tornam-se, em outras religiões futuras, mistérios inextricáveis que desafiam o espírito.

O deus de Platão, como o seu protótipo, Rá, cria apenas ordem e Beleza, ou o Bem, através da introdução da harmonia — matemática — na evolução; nem ele nem Rá criam *ex nihilo*: o Belo e o Bem se confundem nos dois sistemas cosmogônicos, que compartilham o mesmo otimismo.

Da mesma forma, no *Timeu*, ao lado do grande deus (Rá), há um cortejo de divindades secundárias: a terra, os cinco planetas, os astros, todas com almas divinas. Essa alma do mundo, a do universo das estrelas e dos planetas, da terra e do sol, é formada por três substâncias, segundo Platão:

> A alma é, portanto, formada da natureza do Mesmo ["essência" do *nun* egípcio ou Ká, logos universal] e da natureza do Outro [matéria em devir pela ação de Khepri] e da terceira substância [...]. E composta da mistura dessas três realidades, compartilhadas e unificadas matematicamente, [veremos de que maneira artificial, e seguindo os conhecimentos já adquiridos da matemática egípcia,] ela se move de si mesma em círculo, voltando-se sobre si mesma.[75]

É claro que Platão retoma aqui a teoria egípcia do ser, composta de três elementos: o Ká (o intelecto), o *ba* (a força vital), o *sed* (corpo mortal), com uma ligeira adaptação, e mudando as denominações habituais.

A origem heliopolitana da doutrina de Platão ficará ainda mais luminosa com a exposição das ideias astronômicas no *Timeu*, porque se trata de uma retomada completa das teorias egípcias, como evidenciam, aliás, os depoimentos de Estrabão, um grego chauvinista, de quem não se pode suspeitar de complacência para com os antigos egípcios.

Platão, por uma exposição fraca e degradada, mística, para introduzir o tempo matemático no universo, retoma, em um plano puramente qualitativo, as ideias egípcias sobre os calendários sideral e civil:

> Ora, quando o Pai que o havia gerado compreendeu que ele se movia e vivia, este Mundo, imagem nascida dos Deuses eternos, ele se alegrava e, na sua alegria, refletia em maneiras de torná-lo mais semelhante com o seu modelo. É por isso que seu autor se preocupou em fazer uma certa imitação móvel da

> eternidade, e enquanto organizava o céu, fez, a partir da eternidade imóvel e una, essa imagem eterna que progride segundo a lei dos Números, essa coisa que chamamos de tempo. Na verdade, os dias e as noites, os meses e as estações não existiam antes do nascimento do céu, mas o seu nascimento foi organizado ao mesmo tempo que o céu foi construído. Porque tudo isso são divisões do tempo: o passado e o futuro são espécies geradas a partir do tempo, e quando os aplicamos inadequadamente à substância eterna é porque ignoramos a sua natureza.[76]

Platão então opõe as qualidades da substância eterna — que como um ser eterno simplesmente "é", sendo assim inadequado aplicar a noção de tempo físico determinado a partir do mundo sensível — às da matéria em processo de devir: "E, além disso, todas as fórmulas desse tipo: o que se tornou está se tornando; o que está se tornando está em processo de se tornar; ou ainda: o futuro é futuro; ou ainda: não-ser é não-ser, todas essas expressões jamais são exatas".[77] Platão usa aqui uma linguagem pura e simples, as próprias frases da cosmogonia heliopolitana relativas ao devir do deus Khepri (ver p. 378).

Em seguida, Platão fala da conjunção e das oposições dos planetas, das oito órbitas dos cinco planetas então conhecidos e da Lua e do Sol, do seu curso oblíquo de acordo com o movimento do Outro e o movimento do Mesmo, da origem da noite e do dia, das fases dos planetas, do "grande ano":

> Todavia, ainda assim é possível conceber que o número perfeito de tempo tenha completado o ano perfeito quando as oito revoluções, tendo equalizado as suas velocidades, regressam ao ponto inicial e dão como medida comum dessas velocidades o círculo do Mesmo, que possui um movimento uniforme.[78]

Não há dúvida de que todas essas ideias já eram conhecidas no Egito 2 mil anos antes do nascimento de Platão; e, de resto, lendo atentamente, percebe-se que Platão expõe furtivamente as concepções científicas da astronomia egípcia sobre um plano unicamente qualitativo e deformando-as precisamente porque ele não as compreende bem.[79] Platão quer fazer uma astronomia vaga, mas sem se comprometer: na citação acima, sobre o "grande ano", é claro que ele quer falar sobre o nascer helíaco de Sótis,[80] ou seja, o período de 1460 anos ao final do qual o primeiro dia do ano civil — o dos planetas, de certa forma — coincide novamente com o primeiro dia do ano sideral, o da esfera das estrelas fixas, que ele chama de "o círculo do Mesmo".

Com a invenção desse calendário, os egípcios haviam igualmente introduzido na vida cotidiana, desde a proto-história, o fato de que o universo, a mecânica celeste e portanto o mundo por excelência, é governado pela harmonia do número puro, reduzido ao tempo matemático de que fala Platão, que desenvolve essa mesma ideia da onipotência do número.

Isso não impede que os ideólogos ocidentais atribuam essa inovação a Pitágoras ou a Platão, fingindo desconhecer o contexto egípcio.

O curso oblíquo do Sol (eclíptica) em relação ao equador celeste, os eclipses dos astros (ver citação de Estrabão adiante), as fases dos planetas, a própria anterioridade da noite em relação ao dia, no processo criacionista, são todas ideias egípcias retomadas por Platão, sem referência, segundo procedimento dos gregos.

Mesmo no início da era helenística, quando um eclipse solar semeou o pânico nas fileiras do exército de Alexandre, o Grande, lutando contra o exército persa do rei Dario, para acalmar o medo dos soldados, Alexandre apelou não a Aristóteles, seu preceptor, ou a qualquer outro estudioso grego, mas à ciência de um sacerdote egípcio que restaurou a calma ao dar uma explicação científica, natural, do evento.[81]

Platão e Eudoxo permaneceram treze anos na própria Heliópolis, cidade onde nasceu a chamada cosmogonia heliopolitana, na qual Platão se inspirou intimamente para *Timeu*, chegando ao ponto de reproduzir frases de textos egípcios sem referenciá-los, como quando escreve: "O que se tornou está se tornando; o que está se tornando está em processo de se tornar".[82]

De acordo com seus biógrafos — Olimpiodoro, *Vida de Platão* e *Vida anônima* —, Platão foi ao Egito para se iniciar precisamente em teologia e geometria. Eis em que termos Estrabão, um dos maiores estudiosos gregos do seu tempo (58 a.C.,25 d.C.), confirma a estada de Platão e de Eudoxo em Heliópolis, no Egito:

> Vimos lá [em Heliópolis] os edifícios outrora consagrados ao alojamento dos sacerdotes; mas isso não é tudo: também nos foi mostrada a morada de Platão e de Eudoxo, pois Eudoxo tinha acompanhado Platão até então; chegando a Heliópolis, fixaram-se e ambos viveram ali treze anos na sociedade dos sacerdotes: o fato é afirmado por vários autores. Esses sacerdotes, tão profundamente versados no conhecimento dos fenômenos celestes, eram ao mesmo tempo pessoas misteriosas, muito pouco comunicativas, e foi somente através do tempo e de uma aproximação hábil que Eudoxo e Platão conseguiram ser iniciados por eles em algumas de suas especulações teóricas. Mas esses bárbaros mantiveram a melhor parte escondida. E se o mundo deve a eles hoje saber quantas frações de dia (de dia inteiro) é necessário adicionar aos 365 dias completos para ter um ano completo, os gregos ignoraram a verdadeira duração do ano e muitos outros fatos da mesma natureza até que tradutores das memórias dos sacerdotes egípcios em língua grega difundiram essas noções entre os astrônomos modernos, que continuaram até o presente a se alimentar largamente dessa mesma fonte, bem como dos escritos e observações dos caldeus.[83]

De acordo com Diógenes Laércio, Eudoxo foi pioneiro ao traduzir pela primeira vez obras científicas egípcias para o grego "e introduziu pela primeira vez na Grécia noções exatas sobre o curso dos cinco planetas, até então mal determinados, e cuja natureza real lhe teria sido ensinada no Egito, e sem dúvida a teoria dos epiciclos".[84] Resulta desses dois textos que Platão e Eudoxo experimentaram as mesmas dificuldades que Pitágoras para serem iniciados e ensinados pelos sacerdotes egípcios, e que no final das contas essa iniciação foi apenas parcial, sobretudo no que diz respeito a Platão (apesar da longa permanência de treze anos), que se revelou muito menos matemático do que Eudoxo. E já dissemos que, por essa razão, Platão se abstém de fazer digressões ou desenvolvimentos matemáticos sérios, isto é, consequentes e aprofundados. Todos os elementos matemáticos de sua obra são emprestados (do *Teeteto*, por exemplo) ou foram noções aprendidas no Egito e já difundidas na Grécia, como a teoria das séries (geométrica, aritmética, harmônica) de que ele faz uma larga utilização na sua construção da alma do mundo.

É notável que nem Platão nem Eudoxo citem seus professores egípcios, apesar do testemunho formal de Estrabão. Já dissemos que se poderia facilmente acreditar em Estrabão quando ele nos revela a existência de sacerdotes egípcios que se dedicam a especulações teóricas, as de uma astronomia verdadeira, única, na qual ele próprio e todos os estudiosos gregos do seu tempo ainda se alimentavam; pode-se acreditar quando ele nos ensina que antes da tradução das obras científicas egípcias para o grego os gregos não sabiam quase nada sobre astronomia e ciências teóricas e ciências práticas em geral, nem mesmo a duração exata do ano. Note-se que está fora de questão que um estudioso grego, apesar de chauvinista como Estrabão, apresente os egípcios como simples empiristas ao lado dos gregos que seriam os verdadeiros teóricos. Essa ideia não poderia ter ocorrido aos estudiosos gregos, que haviam sido todos alunos dos egípcios quando do nascimento da ciência grega. Tales, que inaugurou o ciclo introduzindo pela primeira vez a ciência egípcia na Grécia, a geometria e a astronomia em particular, nunca ousou fazer tal afirmação porque teria sido ridícula aos seus próprios olhos. Além disso, ao terminar de ensinar tudo o que sabia a Pitágoras, aconselhou-o a seguir seu exemplo e completar sua formação com os sacerdotes egípcios, os verdadeiros detentores do saber científico da época; foi assim que Pitágoras passou 22 anos no Egito para se instruir em todas as ciências que lhe permitiram, após retornar para Grécia, fundar a seita que leva o seu nome, caracterizada sobretudo pela manutenção quase integral dos métodos egípcios: o método simbólico,[85] a ideia da onipotência do Número que governa o universo (ver pp. 318-20), a metempsicose ou transmigração das almas, que também é encontrada em Platão, o chamado "teorema de Pitágoras" e os números irracionais (ver pp. 288, 304-7). Tantos fatos fizeram com que Heródoto afirmasse que Pitágoras era apenas um plagiador comum de seus mestres egípcios.[86]

De acordo com seu próprio biógrafo, Jâmblico, "Pitágoras adquiriu no Egito a ciência pela qual é geralmente considerado sábio".

Viu-se antes que os egípcios inventaram o calendário sideral e civil e dividiram o ano em 365 dias e ¼ de dia, divididos em três estações de quatro meses cada, isso desde a proto-história, em 4236 a.C., ou seja, 3600 anos antes do nascimento de Tales e 2800 anos antes da emergência do povo grego na história; escreve ainda Diógenes Laércio: "Diz-se que ele [Tales] descobriu as estações do ano e as dividiu em 365 dias". Veem-se em ação os métodos gregos de plágio. E Diógenes Laércio prossegue: "Ele [Tales] não seguiu as lições de nenhum mestre, exceto no Egito, onde ele convivia com os sacerdotes desse país. Hieronymus diz que ele mediu as pirâmides calculando a razão entre a sombra delas e a do nosso corpo".[87]

Essa é a origem da lenda que atribui a Tales (que não deixou uma única linha escrita para a posteridade, exceto hipoteticamente algumas cartas, incluindo aquela em que diz a Ferécides que não escreve, que não está habituado a escrever) o teorema que leva o seu nome e que é ilustrado pela figura do problema nº 53 do papiro de Rhind, 1300 anos antes do nascimento de Tales (fig. 44).

Seria preciso imaginar a pobre figura intelectual e moral que um grego tinha no Egito na época de Tales, por volta de 650 a.C., para representar a si mesmo supostamente fazendo medições teóricas ao pé da Grande Pirâmide: isso é realmente o cúmulo do grotesco!

Os próprios sacerdotes egípcios costumavam dizer aos estudiosos gregos que eles tinham aprendido no Egito a ciência que lhes davam fama na Grécia. São todos esses fatos que os ideólogos ocidentais ingenuamente, ou cinicamente, falsificam quando decretam de maneira dogmática que a ciência faraônica era apenas empírica e que foi a Grécia que introduziu a teoria: se Tales, Pitágoras, Demócrito, Platão, Eudoxo, Estrabão, Diodoro, Euclides, Eratóstenes, Arquimedes, Clemente de Alexandria, Heron de Alexandria, Diofante, Hipócrates, Galeno, qualquer um desses estudiosos gregos contemporâneos dos antigos egípcios tivesse tido a coragem para fazer essa afirmação, isso teria tido peso e, ainda assim, não lhes faltava soberba; mas tal atitude era inconcebível por todas as razões já expostas: somente os ocidentais modernos, com o retrocesso do tempo, ousam mostrar tanto desprezo pelos fatos, chegando mesmo a negar a existência de uma astronomia egípcia, apenas por razões ideológicas.

Imagine se daqui a 2 mil anos, os descendentes dos estudantes africanos em Paris e em Londres argumentassem "insistentemente" que seus antepassados haviam ensinado a moderna teoria científica para o Ocidente atual, a situação seria idêntica!

Voltemos ao *Timeu*. O mundo contém quatro espécies: os deuses, os peixes, os pássaros, os animais terrestres.[88] É uma classificação análoga que se encontra na cosmogonia heliopolitana, com o aparecimento dos seres com os quais Rá povoou o universo.

Em seguida, Platão continua a geração dos deuses vulgares da Grécia com uma ironia contida: "Oceano e Tétis eram filhos de Gaia e Urano" etc.[89] Encontramos, sob uma forma popular, na Grécia, a sizígia egípcia Geb e Nut = terra e céu, no casal grego Gaia (terra) e Urano (céu). E assim por diante.

Platão chega à descrição da alma do mundo. Albert Rivaud observa a esse respeito:

> Pelo fato de não implicar uma teologia completamente elaborada, a doutrina do *Timeu* pode ser interpretada, dependendo das disposições do intérprete, como uma espécie de teoria do processão, ou como uma doutrina da criação ainda confusa e pouco definida. Parece que se cruzam, no pensamento de Platão, várias inspirações diferentes, entre as quais ele não soube nem quis tomar partido.[90]

Segundo Platão, a alma do universo é esférica "porque a configuração circular é a mais bela de todas, porque contém o maior número de seres no menor volume".[91] Platão quer demonstrar que todo o céu está organizado seguindo razões e leis matemáticas, muitas das noções científicas que os egípcios haviam implementado desde a proto-história ao inventar os calendários sideral e civil.

A alma é composta, considerando todas as coisas, de dois princípios, um procedente da essência indivisível e imutável das formas, os arquétipos (do *nun* egípcio), o outro da matéria divisível engajada no devir do mundo sensível (segundo a lei da divindade egípcia do devir, Khepri). A mistura destas duas essências numa determinada proporção dá origem a um terceiro princípio, e a mistura destes três princípios, a um quarto. Estes são os quatro princípios que Platão chama de ingredientes constitutivos da alma do mundo e até mesmo dos seres humanos. Rivaud observa que Platão, que se colocou do ponto de vista da transcendência, faz agora uma concessão à doutrina da imanência, o que altera a economia de sua construção porque a Forma imutável, ideia eterna, "desce ela mesma à matéria para ordená-la, através de uma ação direta".[92]

Deus fez o mundo com terra e fogo, estes dois elementos unidos por um terceiro, segundo as razões de uma progressão geométrica: estamos verdadeiramente no seio do universo egípcio:[93]

> Disso resulta que Deus, iniciando a construção do corpo do Mundo, começou por formá-lo, tomando o fogo e a terra [Geb e Nut]. Mas não é possível que dois termos sozinhos formem uma bela composição sem um terceiro, pois deve haver alguma conexão entre eles que os una. Agora, de todas as conexões, a mais bela é aquela que dá a si mesma e aos dois termos que ela une a mais completa unidade. E esta é a progressão que naturalmente o realiza da maneira mais bela.[94]

A unicidade das relações ou das mediedades que Platão supõe entre os meios e os extremos é falsa, no caso de "números lineares ou planos", como observa Rivaud, mas esse é apenas um detalhe que mostra que Platão não era de forma alguma um matemático no sentido de um descobridor de teoremas; ele era um simples erudito, que podia seguir um raciocínio matemático não complicado e utilizá-lo, se necessário, em suas especulações místico-superficiais, como na passagem a seguir:

> Mas, de fato, era imprescindível que esse corpo [o corpo do mundo] fosse sólido, e, para harmonizar dois sólidos, uma única mediedade jamais foi suficiente: são sempre necessárias duas [Isso é inexato]. Assim, o Deus colocou o ar e a água no meio, entre o fogo e a terra, e dispôs esses dois elementos uns em relação aos outros, tanto quanto fosse possível na mesma proporção (ou mediedade), de tal forma que o fogo está para o ar, o ar estava para a água, e o que o ar está para a água, a água estava para a terra.[95]

Trata-se, verdadeiramente, de um comentário matemático da cosmogonia heliopolitana egípcia.

O Deus de Platão (Rá) também criou o céu "visível e tangível" com a ajuda dos quatro elementos da cosmogonia heliopolitana, segundo uma proporção divina.

A ordem dos elementos indicados por Platão é idêntica à da cosmogonia heliopolitana: com efeito, sabe-se que nesta cosmogonia, Geb (a terra) e Nut (o fogo, o céu) estavam unidos, e que Shu (o ar) teve de separá-los suspendendo o céu, de modo que o ar e a água se encontram interpostos entre o céu e a terra; assim, a ordem dos elementos é idêntica: terra, água, ar, céu, correspondendo ainda à ordem aparente ou ordem das densidades.

Por outro lado, na cosmogonia egípcia, o embaraço do demiurgo solitário, Rá, cessou assim que ele criou a primeira sizígia, Shu e Tefnut; assim surgiu a primeira tríade formando uma unidade divina; é exatamente essa ideia de trindade divina que Platão parece querer encontrar a todo custo em suas construções; somente isso pode explicar uma afirmação tão sem sentido como a já citada: "Mas não é possível que dois termos sozinhos formem uma bela composição sem um terceiro". Por que não?

Mas sigamos com Platão na construção da alma do mundo pelo demiurgo (Rá). Recordem-se os três princípios constitutivos dos quais o terceiro é uma mistura dos dois primeiros: o demiurgo divide assim a "composição" obtida em "sete partes[96] que estão entre si como os termos de duas progressões geométricas, uma de razão 2 (1, 2, 4, 8) e outra de razão 3 (1, 3, 9, 27)".[97] O demiurgo recombina essas duas progressões para formar uma terceira (1, 2, 3, 4, 9, 8, 27) na qual, detalhe significativo, inexplicado até agora, o demiurgo, segundo Platão, inverteu a ordem dos termos 8 e 9 sem dizer a razão.

Ora, esse fato particular é singularmente revelador sobre a fonte egípcia que serviu de inspiração para Platão; com efeito, essa intervenção, conhecida como "inversão respeitosa", é imposta na escrita egípcia sempre que implica o nome de um deus: o sinal que o representa deve passar à frente de todos os outros, mesmo que, foneticamente, tivesse de estar no final da palavra. Aqui, na terceira progressão, o nove é perfeitamente o número da enéade heliopolitana, ou seja, as oito divindades primordiais criadas por Rá, o demiurgo, mais ele mesmo:

Shu, Tefnut = o ar, a água

Geb, Nut = a terra, o fogo

Osíris, Ísis, = Osíris, Ísis (Adão e Eva)

Set, Néftis = Set, Néftis

Essas oito divindades formam a ogdóade heliopolitana, sem Rá. Quando reunidos com Rá, formam a enéade (ou os nove), que tem assim prevalência sobre a ogdóade, daí as razões místicas prováveis para a interversão, na progressão, dos números 9 e 8, simbolizando respectivamente a enéade e a ogdóade heliopolitanas.

O demiurgo preenche os intervalos dessa última progressão segundo um procedimento arbitrário, laborioso e às vezes elementar, que não seria útil expor aqui: saibamos somente que Platão parece inspirar-se nas teorias ditas pitagóricas, pois os intervalos matemáticos da progressão foram a partir de então considerados intervalos musicais que ele preenche com mediedades, isto é, termos meio aritméticos e meio harmônicos, de tal forma que se passa imperceptivelmente, isto é, harmonicamente, de um extremo ao outro: a relação ou a razão matemática que une os tons musicais é chamada de λόγς = logos; trata-se de uma operação de harmonização; uma sinfonia existe quando todos os intervalos estão afinados.

Na verdade, é somente a nomeação dos intervalos que é musical, mas Platão os preenche usando procedimentos puramente matemáticos e arbitrários que não correspondem de forma alguma às verdadeiras relações entre os sons musicais de uma escala.

A série de Platão é muito mais longa do que a escala musical, e "somente o intervalo chamado δια πασών (diapasão) corresponde a dois *grupos de quatro cordas, ou dois tetracordes; por conseguinte, pressupõe um instrumento de oito cordas*".[98] Recordemos que a harpa egípcia, de oito ou nove cordas, reproduz os números da ogdóade ou da enéade e que Pitágoras, que permaneceu vinte e dois anos no Egito, tinha-se familiarizado bem com as teorias musicais egípcias.

O fragmento 6 de Filolau já continha considerações musicais semelhantes às expostas por Platão sobre as harmonias. Então, mesmo que

Filolau não seja anterior a Sócrates, percebe-se que tais ideias já estavam difundidas.

Para Platão, enquanto a música utiliza apenas o intervalo de 2/1 = a relação δια πασών partindo da corda υπατη , a mais grave das cordas da lira, até a νήτη, a harmonia da alma do mundo inclui todas as gamas possíveis de acordo com a série acima. Assim, o número puro constitui a parte imortal mais importante da nossa alma, se não a única, e Rivaud mostra que "Xenócrates permanece fiel ao espírito das doutrinas do *Timeu*, ao definir a alma por um número que se move".[99]

Os egípcios já haviam estabelecido que o número pode reger todas as manifestações do cosmos e seus movimentos em geral desde a proto-história, com a invenção do calendário, como já dissemos: por conseguinte, todas essas teorias gregas sobre a onipotência dos números são manifestamente importadas do Egito, como o revela a frase introdutória do papiro de Rhind (ver p. 322). É necessário que os musicólogos africanos estudem matematicamente as proporções de comprimento ou peso das cordas dos instrumentos egípcios, e da harpa em particular, para ver se podemos encontrar proporções semelhantes às do Timeu para os intervalos: seria uma confirmação suplementar da origem egípcia das ideias de Platão (*Timeu*, 36a-b-c; d).

Platão descreve o modo como o demiurgo se pôs a fabricar o equador celeste, animado pelo movimento do Mesmo (essência eterna) e a eclíptica, animada pelo movimento do Outro, matéria engajada no perpétuo devir de nascimentos e mortes:

> Ora, toda esta composição, o Deus cortou-a em duas no sentido do comprimento, e tendo cruzado as duas metades uma sobre a outra, fazendo coincidir seus centros, como um chi (X), dobrou-as para juntá-las em círculos, unindo as extremidades de cada uma, no ponto oposto à sua intersecção.[100]

> O movimento do círculo exterior, ele designou como sendo o movimento da substância do Mesmo; o do círculo interior, para ser o da substância do Outro. O movimento do Mesmo, ele o orientou ao longo do lado de um paralelogramo, da esquerda para a direita, o do Outro, seguindo a diagonal, da direita para a esquerda.[101]

Trata-se certamente da trajetória oblíqua da eclíptica em relação ao equador celeste. Estrabão já nos disse (ver pp. 397-8) que os gregos não sabiam uma palavra dessas noções antes da tradução das obras astronômicas egípcias para o grego, obras perdidas em grande parte hoje, mas cuja existência não pode haver dúvidas, em virtude da própria precisão do testemunho de Estrabão, que era um erudito em toda a acepção do termo, e, além do mais, ele próprio utilizador desta ciência astronômica egípcia: então ele sabia do que estava falando, pois ele falava por si mesmo; Estrabão citava precisamente a eclíptica e o equador celeste.

Da mesma forma, Diodoro da Sicília nos ensina que Enopides aprendeu com os sacerdotes e astrônomos egípcios vários segredos, e em particular que o sol tem uma marcha oblíqua (a eclíptica, oblíqua em relação ao equador celeste) dirigida em sentido oposto ao dos outros astros (ver p. 369).[102]

Da mesma forma, Demócrito permaneceu cinco anos no Egito para aprender a astronomia[103] e a geometria.[104] Segue-se, portanto, que a origem egípcia das ideias astronômicas de Platão, registradas no *Timeu*, não poderia ser posta em dúvida, especialmente no que diz respeito à teoria do movimento das "esferas celestes".

Para Platão, o Uno, isto é, o Mesmo, e o Múltiplo, isto é, o Outro, não podem existir separadamente no absoluto, mas devem necessariamente coexistir no ser, segundo as leis, para formar o universo (*Timeu*, p. 65).

Platão considera os sólidos elementares — o cubo (correspondente ao elemento terra), o tetraedro ou pirâmide (fogo), o octaedro e o icosaedro — como tipos de átomos geométricos constitutivos do universo, mas suscetíveis ao desgaste, em vez de serem indestrutíveis, porque a necessidade está presente neles. Estas figuras geométricas dos elementos participam da natureza das ideias, mas é por intermédio delas que a ideia se faz coisa ou carne.

Platão constrói todos esses elementos com a ajuda da essência do Mesmo, representada pelo triângulo retângulo isósceles, sempre idêntico a si mesmo, e da essência do Outro, representada pelo triângulo retângulo escaleno, do qual existe uma variedade infinita, correspondente à matéria em devir. Com a ajuda desses materiais geométricos, ele constrói — à sua maneira, isso precisa ser enfatizado — o cubo e a pirâmide, isto é, a terra e o fogo, isto é, Geb e Nut.

O demiurgo une esses dois elementos por uma mediedade geométrica formando uma trindade implícita, assim como já vimos na página 402; finalmente, ele constrói segundo o mesmo procedimento, com triângulos, o octaedro, figura do ar, e o icosaedro, a figura da água, dito de outro modo, a sizígia egípcia (Shu e Tefnut: *Timeu*, 53c, d-e, 54, 55a-b-c).

Finalmente, o mito da Atlântida, que ocupa a segunda parte da obra, o *Crítias*, é devolvido à ciência graças à datação por radiocarbono, que revelou que a ilha de Santorini, nas Cíclades, tinha sido sede de uma explosão vulcânica em 1420 a.C., provavelmente sob o reinado de Amenófis III.

Assim, a "lenda" da Atlântida entra definitivamente na história, e lá também as declarações dos sacerdotes egípcios de Saís, recolhidas por Sólon com alguns erros prováveis e transmitidas por Platão no *Crítias*, revelaram-se de uma exatidão surpreendente (ver pp. 103-6) contrariamente à opinião de A. Rivaud.

Relações entre a física de Aristóteles e as cosmogonias egípcias

Recordemos, em primeiro lugar, que a cosmogonia hermopolitana, provavelmente mais recente que a heliopolitana, como supõe Amélineau, constrói o universo a partir de oito ou dez princípios, representados sob forma de quatro e às vezes cinco sizígias, que estão na origem do futuro método dialético grego:

- Nun e Naunet = a matéria primordial eterna incriada e o seu oposto, portanto, com todo o rigor lógico, o ser no sentido geral e o não-ser, dito de outra forma, a matéria e o nada; o nada significando não a ausência de matéria, mas esta matéria no estado caótico.
- Heh e Hauhet = a eternidade temporal e o seu oposto; outros dizem: o infinito espacial e o finito.
- Kuk e Kauket = as trevas primordiais e o seu oposto, portanto as trevas e a luz.

- Gareh e Garehet = a noite e o seu oposto, portanto a noite e o dia.
- Niau e Niauet = o movimento e o seu oposto ou oposto passivo, portanto o movimento e a inércia, segundo Amélineau;[105] outros traduzem: "o vazio espacial e o seu oposto".[106]
- Amon e Amonet = aquilo que está escondido e o seu oposto, portanto, com todo o rigor, o mundo numênico, inacessível aos sentidos, e o mundo fenomênico: o númeno e o fenômeno no sentido kantiano.

O demiurgo da cosmogonia hermopolitana é o deus Thot, que criou todo o universo através do Verbo, o logos (Platão), e isso desde a época das pirâmides: ele é o célebre Hermes Trismegisto da época greco-romana.[107]

Não há dúvida de que a teoria do movimento dialético pela ação de pares opostos (tese, antítese, síntese) tem origem na cosmogonia hermopolitana, que explica todos os fenômenos do universo pela ação de princípios opostos.

Aristóteles inicia o livro I da *Física* com uma crítica aos filósofos gregos anteriores (os antigos), o que nos confirma que todos eles extraíram os elementos de suas doutrinas da cosmogonia heliopolitana (teoria dos quatro elementos: terra, fogo, água, ar), ou da cosmogonia hermopolitana, com a adoção de princípios físicos abstratos ou sensíveis: "o infinito, o finito", "o ilimitado, o limitado" etc.

> É a mesma questão que se colocam aqueles que investigam o número de seres, pois é em relação aos componentes que começam a sua investigação, perguntando-se se há um único componente ou vários (o ar, a água), e, supondo que sejam múltiplos, se são limitados ou ilimitados; isso equivale a investigar se o princípio e o elemento são um ou vários.[108]

Todo o pensamento grego antigo, desde o poeta Hesíodo no início do século VII a.C. até o próprio Aristóteles, passando pelos pré-socráticos, traz as marcas das cosmogonias egípcias: "o caos e o vazio" da teogonia de Hesíodo; "Tales suspeitava que a água era o princípio das coisas".[109]

O autor da obra intitulada *Sobre a natureza* supõe que o primeiro princípio é a água, o fluido, a umidade, sendo todas essas substâncias animadas (hilozoísmo); a ideia de passividade ainda não penetrou a matéria, a substância; com exceção do *nun* hermopolitano, que a princípio era inerte antes de se agitar, o inesgotável, o ilimitado, o *apeíron*, a matéria ilimitada de Anaximandro (de Mileto), está na base das coisas. Para Anaxímenes, o terceiro filósofo jônico depois de Tales e Anaximandro, o primeiro elemento é o ar. A segunda geração de filósofos gregos depois da jônica é representada por Pitágoras, Heráclito, Parmênides. É também a época do movimento órfico, culto orgíaco de Dionísio, vindo da Trácia no século VI a.C. e que invade a Grécia e as colônias gregas do sul da Itália (teoria da reencarnação e da sobrevivência, já conhecida no Egito).

A filosofia torna-se mais abstrata, com um estudo aprofundado da alma, mas sua origem egípcia permanece evidente. Para Pitágoras, o número inteiro é a base da construção do universo, pois com Um construímos por adição todos os outros números.

Para Heráclito, apelidado de "o obscuro" porque, na verdade, tudo o que ele supostamente diz é obscuro, o primeiro elemento é o fogo. O mundo está em perpétuo devir, permanece apenas a lei da transformação (Khepri), enquanto Parmênides opõe Uno ao múltiplo como princípio constitutivo do universo; seu pupilo Zenão de Eleia, ao explorar a ideia do uno, imóvel, o princípio primordial, descobre as antinomias do infinito: Aquiles e a tartaruga, o ser é "uno" e se identifica com o pensamento (arquétipos egípcios do *nun*).

Heráclito afirma a luta dos opostos, mas cada oposto resolve-se em unidade e harmonia (sizígias egípcias). Uma razão universal, o logos, governa o cosmos (Ká egípcio). Heráclito acredita na reencarnação (Egito). Empédocles (490-430 a.C.) foi um adepto do orfismo (Egito) e da teoria dos quatro elementos (fogo, ar, terra, água). A força cósmica que mistura e separa as coisas — porque nada se transforma —, segundo ele, resulta da oposição do amor e do ódio (sizígia egípcia). Fragmentos de seus poemas doutrinários permanecem: seus escritos sobre a natureza tratam da física (φυσεωω = *physis* = "o que se tornou", literalmente). A própria origem dessa raiz poderia ser negro-africana e egípcia.[110]

Anáxagoras, contemporâneo e amigo de Péricles, acredita em um caos original impulsionado por uma força inteligente e ordenadora do universo, segundo um desígnio, é o *νους* = "nous" (*nun*, Khepri e Ká egípcios).

Demócrito (460-360 a.C.) acredita no ser e no não-ser, isto é, na matéria e no vazio (Niau, Niauet, sizígia da cosmogonia hermopolitana). Mas, para ele, não há acaso nem finalidade na natureza. A força que impulsiona e ordena o caos (*nun*) é puramente mecânica e cega, a alma é composta de átomos de "fogo" (Egito) que percorrem o corpo.

Seguindo o matemático Arquitas de Tarento, cujas obras Platão utilizou no *Timeu*, os pitagóricos tinham desenvolvido um atomismo matemático, reduzindo todos os corpos e seres geométricos a uma representação pontual no espaço; tudo é formado do "limitado" (ponto) e do "não limitado" (continuum). Os corpos geométricos regulares — tetraedro (pirâmide), cubo, octaedro e icosaedro —, chamados de "corpos de Platão" e especialmente "de *Teeteto*", são coordenados com os quatro elementos: terra, fogo, água, ar, (teoria dos quatro elementos, Egito) como já vimos. Curiosa maneira de atribuir esses corpos a Platão ou ao *Teeteto*, quando se sabe que os egípcios descobriram suas propriedades e calcularam seus volumes (cubo e pirâmide, pelo menos, e os outros provavelmente também) 2 mil anos antes do nascimento da matemática grega! Melhor ainda, a palavra grega "pirâmide" é certamente de origem egípcia, como tantos outros termos científicos gregos, e vem de *pa mer* ou *per m ws* em egípcio.

Voltando a Demócrito, ele adota a teoria atômica para a matéria e admite a continuidade do espaço vazio, sem dúvida levando em conta as antinomias do infinito, Zenão de Eleia, e as dificuldades assim levantadas. Mas os pitagóricos admitem um espaço material, confundindo assim matéria e extensão, como o fará Descartes a seguir, no século XVII.[111]

Ao longo desta revisão das doutrinas filosóficas gregas pré-socráticas e mesmo pós-socráticas, a influência do pensamento egípcio é revelada de várias formas, e permanece evidente.

Aristóteles critica quase todas essas doutrinas no livro I da *Física*, antes de expor sua própria concepção de uma filosofia da natureza, ou de uma física.

Ele refuta as teses dos eleatas, de Parmênides e especialmente de Melisso sobre o caráter infinito do ser não gerado (*Física* I-3). Em seguida, critica aqueles que considera como os verdadeiros físicos: Anaxágoras, Anaximandro, Empédocles etc. (*Física* I-4). Então ataca a opinião dos antigos, que, seguindo a cosmogonia hermopolitana, tomam os opostos como princípios explicativos do universo.

> De qualquer maneira, todos tomam como princípios os opostos, aqueles para quem o todo é uno e sem movimento (Parmênides, na verdade, toma como princípio o quente e o frio, que ele chama, aliás, de fogo e terra) e os partidários do raro e do denso; e Demócrito, com o cheio e o vazio, um dos quais, segundo ele, é o ser e o outro o não-ser, e, além disso, com as diferenças que ele chama de situação, figura, ordem; estes são os gêneros opostos: a situação, para cima e para baixo, para a frente e para trás; a figura para o angular e o não angular, o reto e o circular.
>
> Assim, vemos que todos, cada um a seu modo, tomam os opostos como princípios; e com razão; porque os princípios não devem ser formados uns dos outros, nem de outras coisas; e é dos princípios que tudo deve ser formado; ora, aí está o grupo dos primeiros opostos; primeiros [porque] eles não são formados de nenhuma outra coisa; opostos [porque] *não são formados uns dos outros.*[112]

Vemos, portanto, como é abusivo atribuir a teoria dos opostos somente a Heráclito: ela era um lugar-comum para todos os estudiosos gregos que haviam se instruído com os sacerdotes egípcios e que retomavam quase palavra por palavra os "princípios dos opostos" da cosmogonia hermopolitana, ou contentavam-se em fazer variações sobre o tema, como mostra Aristóteles:

> Todos [os antigos], de fato, tomam como elementos e, como eles dizem, como princípios os opostos, ainda que os adotem sem motivo racional, como se a própria verdade os obrigasse a fazê-lo. Distinguem-se uns dos outros, conforme tomam o primeiro ou o último, o mais cognoscível de acordo com a razão ou com a sensação, alguns quentes e frios, outros úmidos e secos, outros ímpares e pares, enquanto outros postulam a amizade e o ódio como as causas da geração.[113]

Portanto, se Heráclito se destaca da concorrência, isso se deve, em grande parte, ao fato de Marx tê-lo consagrado como o inventor da dialética, embora ele fosse um espírito essencialmente obscuro.

Por fim, Aristóteles, embora critique os antigos, acaba por admitir os opostos como princípios, aos quais acrescenta a matéria, considerada como sujeito, o que eleva, escreve ele, os princípios explicativos do universo para três, e não apenas dois; para ele, a matéria é um não-ser acidental, enquanto a privação, ou seja, a ausência de forma, é um não-ser em si, uma distinção que Platão não faz entre matéria e privação. Assim, temos os dois opostos: a forma e a privação (ausência de forma), ligados pela matéria, sujeito que deseja a forma como a fêmea deseja o macho.

Trata-se quase de uma transposição no plano físico do par de termos de Platão, ligados por uma mediedade geométrica ou aritmética. Recorde-se que Aristóteles foi aluno de Platão:

> Por isso, deve-se dizer que os princípios são, em um sentido, dois, em um sentido, três; e, em certo sentido, são opostos, como se falássemos do letrado e do iletrado, ou do quente e do frio, ou do harmonioso e do desarmônico; em certo sentido, não, pois não pode haver paixão recíproca entre opostos. Mas essa dificuldade é eliminada, por sua vez, pela introdução de outro princípio, o sujeito [...] assim, de uma certa maneira, os princípios não são mais numerosos que os opostos, e são, pode-se dizer, dois quanto ao número; mas também não são absolutamente dois, mas três.[114]

Aristóteles acredita que um dos opostos será suficiente, por sua presença ou sua ausência, para efetuar o movimento. Para se ter uma ideia do assunto, basta pensar na "relação do latão com a estátua ou da madeira [material] com a cama", ou na "relação do informe com o que tem forma, anterior à recepção, à posse da forma; tal é a relação da matéria com o ser".[115]

Aristóteles mostra ou sustenta, no livro 7 de *Metafísica*, que é a forma que é a substância, e não o sujeito. A matéria é eterna. "As esferas da realidade são classificadas segundo graus, desde a matéria, o primeiro termo, cujo ser é apenas um ser em potencialidade, até a forma pura, a divindade, que é o primeiro motor, o princípio e, ao mesmo tempo, o objetivo da evolução do mundo, a causa eficiente e a causa final." Ao longo dessa exposição, encontramos os conceitos da cosmogonia egípcia rejuvenescidos, talvez embelezados, mas ainda reconhecíveis: a teoria dos opostos da escola hermopolitana, a criação em potência e em ato, a forma pura, isto é, a essência eterna, o arquétipo, como realidade última e causa final da evolução do mundo, tudo nos remete ao Egito. Não foi para atualizar as essências, os arquétipos, as formas puras do *nun* que a evolução se pôs em movimento com a lei da transformação da matéria? [Khepri → *sopi* (copta) *sopi* (uólofe)];[116] na filosofia egípcia, portanto, é mesmo a essência divina, a forma pura, que é a causa final do movimento da matéria e da sua evolução, o objetivo da matéria: o movimento da matéria não tem outra finalidade senão fazer com que essas essências, essas formas puras, passem de potência a ato; e Aristóteles adota a concepção "khepriana" de movimento, isto é, acompanhado de mudança e transformação, em vez de resolver a uma infinidade de deslocamentos idênticos. Há de fato, presente no *nun*, aquele desejo da matéria de tomar forma de que fala Aristóteles, essa passagem da potência ao ato, também, porque todos os seres, mesmo divinos, incluindo Rá, foram inicialmente criados em potência e esperaram "séculos de séculos", ou seja, uma eternidade, antes de serem criados em ato: assim, muitas vezes Aristóteles se contenta em inverter um pouco o sentido da evolução, e nem isso, uma vez que a forma pura, a causa final do movimento universal, já estava lá, originalmente, no sistema egípcio, bem como no de Aristóteles.

A matéria e a forma (essência do *nun*) são incriadas e eternas; o motor primeiro é imóvel (como o *nun* originalmente) e é forma pura; os seres naturais, objetos da física, são constituídos de matéria engajada na forma, portanto de seres em ato. Retomamos palavra por palavra as ideias egípcias.

Aristóteles nem de longe era um matemático; conhecia apenas "proporções diretas e às vezes se equivocava quando queria escrever proporções inversas";[117] por isso, na sua física, jamais conseguiu fazer uma descrição quantitativa, matemática, do movimento. Contentou-se em definir, de forma mais explícita, mas ainda qualitativa, as noções pressupostas pela evolução da matéria concebida como movimento, tais como: o infinito, o lugar, isto é, o espaço (que Platão já tentou definir de maneira muito nebulosa no *Timeu*), o vazio, o tempo, o contínuo, tantas noções já presentes explicitamente, mas em graus diferentes, nas cosmogonias heliopolitana e hermopolitana.

No plano psicológico, a alma, tanto para Aristóteles quanto para os antigos egípcios, é composta de três princípios: o intelecto (o Ká egípcio), a alma sensível (o *ba* egípcio), a alma vegetativa (o *sed* egípcio). Os egípcios acrescentaram a estes três elementos a imagem do corpo, ou a sombra, e os quatro princípios devem ser reunidos na vida após a morte para reconstituir o ser completo e eterno, na permanência dos deuses.

LISTA NÃO EXAUSTIVA DOS CONCEITOS FILOSÓFICOS EGÍPCIOS QUE SOBREVIVERAM EM UÓLOFE

Egípcio	Uólofe
Ta = terra.	*Ta* = a terra inundada, a própria imagem do Egito, do vale do Nilo.
Ta-tenen = a terra que se ergue, o primeiro montículo que apareceu no seio do *nun*, da água primordial, para servir de lugar de aparição ao deus Rá no mundo sensível.	*Ten* = esboço grosseiro de uma forma (no barro), como fez Deus para criar Adão; emergência, montículo terrestre. *Ta-ten* = captar água da chuva. *Tenden* = edema.
Kematef = misteriosa serpente inicial que envolve o mundo e se alimenta da própria cauda. (?)	*Kemtef, kematef* = limite de alguma coisa; poderia aplicar-se à serpente mítica que rodeia o mundo e a cada dia se alimenta da própria cauda.
Etbo = o "flutuador" = a colina emergente onde apareceu o sol na origem dos tempos = a cidade de Edfu.[118]	*Temb* = flutuar. (um *m parasita* na frente do *b*).
Ermé = as lágrimas de Rá, pelas quais ele criou os homens, daí o nome dos egípcios. *Ermé* = os homens por excelência.	*Erem* → *yeram* = misericórdia; sentimento de compaixão muitas vezes acompanhado de lágrimas.
Aar, aarou = Paraíso, Campos Elísios.	*Aar* = proteção divina. *Aarou* = protegido pela divindade.
Khem-min(t) = santuário do deus Min. *Χεμμις* = *kemmis* em grego.	*Ham "Min"* = conhecer Min; pode aplicar-se ao profeta de Min, isto é, ao seu primeiro sacerdote.
Anou = grupo étnico de Osíris, uma palavra escrita com um pilar.	*Enou* → *yenou* = portar na cabeça. *K-enou* = pilar.
Di Ra = Rá faz/fez.	*Dira* → *dara* = alguma coisa; o ser, e também o não-ser, conforme o caso.
Di ef = ele faz/fez.	*Di-ef (na)* = se fará/faremos. *def* = ação. *Def dara* = fazer alguma coisa.

Irt = fazer = o olho de Rá = a consciência de Rá, que é sua ferramenta de criação do mundo, em potência e em ato.	*Ir* → *yer* = Ver. Agora percebemos a ligação etimológica com o verbo auxiliar egípcio que significa "fazer", o único que eu acreditava não atestado em uólofe.[119]
Tefnut = a divindade que Rá criou, cuspindo-a.	*Tef-nit* = cuspir um ser humano; tirar um ser humano da saliva, cuspindo-a, daí *Teflit* = escarro.[120]
Shu = *šou* = o espaço, a primeira divindade criada por Rá.	D*aw* = o espaço (*š* → d).[121]
Nuter-kher = terra dos deuses, ou *ntr-kher*: *ntr* = deus protetor, *twr* = libação.	*Ker* = casa. *Twr* = deus protetor, totem. *Ker-twr* = a casa do deus protetor. *Twr* = libação.
Geb = a terra, divindade que nutre.	*Gab* = cavar a terra. *Goub* = espiga. *Gôb* = colheita, safra de espigas de milho ou de trigo.
Nwt = céu, divindade luminosa, o fogo do céu.	*Nit* = claridade noturna.
Khepri = *šopi* (copta) = transformar, devir.	*Sopi* = transformar, devir.
Nun = a água primordial lamaçenta e preta.	*Nwl* = negra/preta (*noire*). *Ndoh um nwl* = a água do "Negro", do [rio] negro, do Nilo (?).[122]
Nen ou *nwn* = a água primordial inerte.	*Nen* = o nada, o não-ser. *Nenn* = inerte.
Wsr = Osíris = o ser, o deus cujos membros foram cortados e espalhados por seu irmão Seth para que não ressuscitasse.	*Wasar* = espalhar. *Wasar* = nome próprio Serere; p. ex. *Wasar Ngom*, um antigo lamane ou proprietário de terras serere, que dizem ter sido generoso; daí, seu nome simbolizaria a forma como costumava dispersar os seus bens com prodigalidade! Este é um exemplo de etimologia popular que provavelmente está errada.
Dn d = cair sem ser empurrado.	*Dell* = cair sem ser empurrado. (*n* → *l*) *Dell-dell* = queda múltipla. *Dân* = derrubar/deixar cair. *Dânou* = caiu/caído.
Toum = o deus que não é mais, Rá no mundo subterrâneo, quando ele não pode mais ver ou reconhecer seu caminho e se deixa guiar pelas divindades infernais, que são personagens divinos que revivem um instante para iluminá-lo na passagem e retornam à escuridão eterna imediatamente depois.	*Toum* = o cajado do cego, que ele usa para se guiar. *Tul* = que não é mais, sufixo verbal que indica a cessação de uma ação.

Tem = cessar de, não-ser, completamente parado.	*Tem* = cessar de, imobilidade absoluta, completamente parado.
Ká ou *kaou* = a razão universal.	*Ká* = etnônimo peul.
Kaou = o alto, parte superior.	*Kaou* = alto, céu.
Ba = força vital, alma.	*Ba* = etnônimo peul e tuculor. *Bâ* = avestruz; confusão semântica com o sinal hieroglífico.
Sa = deus que alimenta a compreensão da verdade; deus do conhecimento.	*Sa* = ensinar, instruir.
Kwk = as trevas primordiais.	*Kwk* = trevas.
N heh = o tempo (de espera?) dos seres antes de serem criados em potência e em ato; a eternidade, o infinito espaço-temporal. (O *n* protético da palavra existe desde a época das pirâmides).[123]	*Neg* = esperar. *Ëlëg* = amanhã.[124]
New = o vazio.	*Nèw* = raridade, raro, facção.
New = agita. (?)	*Leww* = calmaria absoluta.
Atef, atew = penteado de Osíris julgando no tribunal dos mortos.	*Ate* = julgar, julgamento.
Set = Ísis = mulher.	*Set* = esposa.
Sat = filha.	*Sat* = descendência (uterina, originalmente?).[125]
Wer = grande (Thot).	*Wer* = pessoa confiável.
Tiou = cinco.	*Diou-rôm* = cinco.
Oudjat = olho sagrado de Hórus, cujas partes individuais constituem uma série geométrica de razão ½, partindo de ½ até $1/64$.	*Dia* = ver plenamente, fixar o olhar em/sobre…
Harkhentimiriti, Khentr-miriti = o príncipe de dois olhos.	*Harkanam* = o rosto humano.
Tn-*r* = lembrar-se.[126]	*Dênêr* = ver na imaginação, imaginar-se.
Seh, sih = nobre.	*Seh* = dignitário.
Seke(t) (?) = nobre feminina.	*Seket* = cabra (confusão semântica ?).
 = *kouchet* = *koush*.[127]	*Kous* = pessoa pequena, anã.
D*tti* = o deserto, a terra selvagem.	D*atti* = a mata selvagem, a grande natureza, desabitada.
Hab = *sed* = festa da revitalização do rei.	*Hab-tal* = ação de vitalizar ou condicionar um homem ou um animal para que se torne apto a atacar, com chances de sucesso, indivíduo de uma espécie naturalmente superior. *Hamb* = canário para libações rituais (*m* oblíqua entre *h* e *b*; frequente em uólofe).

 = *ikw* — *T3*= [*ikouta*] Pyr: como nome de Osíris.[128]

A ser aproximado do seguinte termo em iorubá:

Ojo-Jakuta = "o dia do lançador de pedra", isto é, do deus Xangô, que lança raios sobre a terra.[129]

Com efeito, o termo egípcio poderia etimologicamente significar: "que se levanta", "que agarra a terra", e Xangô-Jakuta é o deus "que lança as pedras sobre a terra".

O relâmpago de Xangô também é simbolizado pelo machado duplo sobre sua cabeça; símbolo a ser comparado ao *labris* > labirinto (Creta). Labirinto = "morada dos *labris*", ou seja, do machado duplo, que é o símbolo mais sagrado da religião minoica e que está gravado várias vezes em paredes e pilares do palácio de Minos (Cnossos). Uma tabuleta em linear B revelou a existência do título do culto "Nossa Senhora do Labirinto".[130]

Esse último fato, aliado à presença do tridente de Poseidon entre os Mbum dos Camarões, tende a confirmar a ideia de antigos contatos marítimos entre a África Ocidental e o Mediterrâneo Oriental, como observara Frobenius.

Perspectivas de pesquisa para uma nova filosofia que reconcilia o homem consigo mesmo

A África será capaz de salvar, através do calor do seu tecido social, o homem ocidental do pessimismo e da solidão individualista? É verdade que, como disse Renan, somente o pessimismo é fecundo?

Mas seria preciso demonstrar que esse senso africano de solidariedade é um traço psicológico e social capaz de sobreviver à revolução, uma invariante cultural. Não pertence a uma superestrutura ideológica condenada pela história e pelo progresso e que deve afundar inteiramente na onda revolucionária que derrubará a ordem social? Não é incompatível com a consciência revolucionária do novo homem africano em gestação em toda a ação circundante, orientada para a elucidação de todas as relações sociais? É comparável a esse traço permanente da natureza humana (insaciável) sobre a qual o Doutor Fausto intimamente havia fundado a sua aposta com o diabo, Mefistófeles? Uma aposta que ele ganhou porque em nenhum momento sentiu satisfação suficiente para dizer: "Pare, momento supremo, você é tão lindo".

Uma análise aprofundada mostraria que o africano é dominado por suas relações sociais, porque elas fortalecem seu equilíbrio, sua personalidade e seu ser.

Isso é verdade, pois, que as superestruturas individualistas ou comunitárias estão caducas e evoluem em função das condições materiais que lhes deram origem. Em outras palavras, todos os traços específicos das sociedades africanas analisados em *A unidade cultural da África negra* não têm nada de permanentes; trata-se de traços profundos, mas não fixados para sempre. A natureza, as condições materiais que as forjaram, é possível desfazê-las mudando-as; portanto, não estou defendendo uma natureza psicológica africana petrificada; o senso de solidariedade tão caro aos africanos poderia muito bem, com uma mudança nas condições, dar lugar a um comportamento individualista egoísta do tipo ocidental.

Não é menos verdade que hoje assistimos a uma hipertrofia das estruturas individualistas na Europa e, inversamente, na África, de modo que, se as neuroses do ocidental pertencem aos primeiros, as dos africanos poderiam estar ligadas ao excesso de vida comunitária, que apaga até as fronteiras da vida privada. Entretanto, é importante distinguir entre dois componentes do mal-estar ocidental:

- um, de origem social e individualista, que acabou de ser mencionado, e nisso se poderia situar a contribuição africana, e vice-versa;
- outro, de natureza metafísica, consequência do progresso científico e do desenvolvimento do pensamento filosófico. A descoberta do infinito espaço-temporal a partir do Renascimento (Galileu, Copérnico) e o definhamento da fé religiosa ocidental, sobretudo a partir de Nietzsche, engendraram o mal-estar metafísico que caracteriza todo o pensamento ocidental moderno, pondo "bruscamente" o homem em face de si mesmo, de seu destino.

Não iremos analisar as várias respostas, todas insatisfatórias, até agora dadas à última pergunta.

Em contrapartida, é extremamente interessante abordar o problema da perspectiva do devir da razão humana e do devir do homem como ser biológico, para ver se existe um raio de esperança.

Estamos a atravessar um período de crise da razão em consequência do desenvolvimento vertiginoso das ciências; o que sairá daí?

Costuma-se distinguir a razão constituinte da razão constituída. Em outras palavras, existe, por um lado, "a capacidade do espírito humano" para organizar dados provisórios da experiência de acordo com regras igualmente provisórias, uma gramática lógica caduca, para adquirir uma compreensão mais ou menos adequada da realidade; e, por outro lado, esses mesmos dados da experiência e as regras citadas também incluem as extrapolações, formando no todo a razão constituída.

Há, portanto, a razão e seu conteúdo do momento, ou, mais propriamente, a aptidão, a faculdade de raciocinar, de um lado, e, de outro, os materiais provisórios mais ou menos consistentes resultantes das ciências sobre as quais se exerce a faculdade de raciocinar: há a estrutura permanente da razão e o seu conteúdo sempre caduco, que resulta diretamente do progresso científico, condicionando as regras operatórias da lógica do momento. Somente a razão atilada é permanente, seu conteúdo se modifica com o tempo.

A antiguidade erudita apenas conheceu a lógica do terceiro excluído, a lógica formal, porque isso era tudo o que o nível científico da época permitia.

Aristóteles se revirou em seu túmulo no dia em que o progresso científico permitiu inventar a lógica trivalente, ou melhor, as lógicas polivalentes e modais.

A física moderna impôs primeiro, como um fato da experiência, a dualidade onda/partícula, duas formas aparentemente irredutíveis uma à outra, portanto, de uma mesma realidade: a luz, ou de um modo mais geral, a radiação eletromagnética.

Uma experiência tão crucial exigiu a existência de um novo formalismo lógico-matemático que elevaria, pela primeira vez na história da ciência, a "dúvida", a "incerteza" até o nível de um valor lógico.

Já tinha passado o tempo da filosofia do "tudo acontece como se". No início do século XX, a física elevou à dignidade de conceito científico e filosófico operatório, de um conceito lógico, o "como se".

A antiguidade erudita não poderia elevar a dúvida e a incerteza até o nível de um valor lógico, criando assim uma lógica trivalente, porque o progresso da física, isto é, do conhecimento científico do real, não permitia isso.

Foi necessário o advento da física quântica para que os hábitos mentais mudassem arduamente, mas de modo seguro.

Engels diz que é a natureza que sempre corrige o espírito, nunca o inverso. O processo do conhecimento, o aperfeiçoamento do instrumento de aquisição do conhecimento que é a lógica, portanto, é infinito.

A razão, o cérebro, aparece como um computador programado que explora dados provisórios de acordo com regras caducas.

Pode-se supor que, com o progresso científico, aspectos insuspeitados do real apareçam todos os dias no campo da experiência, sobretudo no nível quântico e subquântico da matéria e também na escala das observações cósmicas da radioastronomia, e no domínio da biologia molecular:

- A massa da luz é de uma banalidade que já não mais surpreende ninguém.
- Pode-se, teoricamente, voltar no tempo em um buraco negro.
- Quais serão as implicações filosóficas da corrente neutra?
- O que acontece com as essências eternas dos arquétipos de Platão quando as células animais e vegetais se hibridizam?

É uma nova essência, um novo ser biológico vivo, que é assim criado pelo homem, em laboratório, e esse sucesso mostra que a barreira de espécie, de gênero ou de reino não existe na natureza no nível celular: as células do reino animal não secretam anticorpos que rejeitam as células do reino vegetal; há uma fusão dos dois reinos para dar nascimento a um novo ser celular zoo-vegetal capaz de se reproduzir e multiplicar. Há nisso algo que modifica profundamente os nossos hábitos de pensamento, uma verdadeira abertura para um desenvolvimento infinito das nossas estruturas mentais, da nossa lógica, da nossa razão.[131]

Os opostos lógicos tais como: ser/nada ou ser/não-ser; finito/infinito; matéria/vazio; natural/sobrenatural etc., são concepções puras da mente que parecem dotadas de uma evidência *a priori* apenas pela assimilação abusiva com pares de termos opostos reais tais como: luz/escuridão ou dia/noite, que de fato são dados da experiência.

Aos olhos dos filósofos da antiguidade, os pares natural/sobrenatural, matéria/vazio, ser/nada, luz/escuridão etc. impunham-se com igual evidência. Eles pareciam derivar da própria estrutura lógica do espírito humano e da natureza das coisas.

Contudo, o progresso da ciência nos obriga hoje a considerar os dois primeiros como simples aparências que não se conformam com a natureza íntima das coisas: mesmo o "ultravácuo" produzido em laboratório ainda contém matéria e é, em última análise, apenas uma noção relativa e filosófica ou cientificamente imprópria.

A matéria está presente em diferentes graus em todo o universo: o vácuo absoluto não existe. Mas a filosofia antiga, que não podia saber disso, havia elevado o vazio ao sentido absoluto, até o nível de uma categoria filosófica e científica. Assim, o progresso científico nos mostra a cada dia que o que parecia ser um traço específico do espírito humano era apenas um hábito mental dificilmente dispensável.

Na mesma ordem de ideias, a contradição fundamental que está na base das teorias criacionistas aparece cada vez mais, com o tempo.

O absurdo da noção de nada irá se impor progressivamente diante da plenitude da matéria. Talvez a humanidade resolva um dia o problema fundamental da filosofia, o problema do ser (por que o ser em vez do nada?), que Heidegger indagou ao longo da sua vida, seguido por Jean-Paul Sartre.

Assim como a atual noção ingênua e contraditória do infinito será passível de sucessivas revisões, como elemento da razão constituída e não constituinte. Ela está implicada direta ou indiretamente na quase totalidade dos paradoxos matemáticos.

A incapacidade da linguagem para se adaptar exatamente aos contornos do real é muitas vezes a causa de erros no raciocínio de filósofos, cientistas e até de matemáticos.

O acúmulo de todos esses novos dados da ciência não será capaz de deixar ilesos os hábitos de raciocinar e pensar. A lógica necessariamente evoluirá e passará de etapa em etapa indefinidamente.

Os teoremas de Gödel sobre a indecidibilidade da aritmética, a indecidibilidade ou os paradoxos do infinito refletem, talvez, apenas a incompletude da lógica matemática.[132] É conhecida a famosa controvérsia entre formalistas e intuicionistas sobre os fundamentos das matemáticas. Para os formalistas, Hilbert em particular, todo problema matemático é decidível, mesmo que não seja atualmente decidível porque o progresso da matemática ainda não o permitiu. Os intuicionistas (empiristas ou realistas) consideram que tudo o que está para além do contável deve ser eliminado do formalismo matemático. O contínuo não é mais por essência um infinito atual; ele é apenas um meio para o livre devir. Seria necessário suprimir também o teorema de equivalência; o teorema de Bolzano-Weierstrass; o teorema de Zermelo sobre a existência de uma boa ordem para todo conjunto.[133]

O conjunto dos números primos gêmeos é finito ou infinito: questão ainda não decidível. Todo número par é a soma de dois números primos (Goldbach) ou não: indecidível no momento.

Há pelo menos um tripleto de inteiros x, y, z para os quais $xn + yn = zn$ ($n = 3, 4, 5\ldots$) ou não há nenhum (teorema de Fermat): a questão permaneceu indecidível desde o século XVII.[134]

No âmbito da evolução geral do pensamento, a África negra postulou a tese, o *idealismo* (no sentido geral), a Grécia, a antítese, o *materialismo*, e os elementos de uma síntese e de uma superação estão apenas começando a despontar no horizonte científico. Quais são as condições para a mudança das regras gramaticais do cérebro ou da lógica sempre provisória? O que o destino, a salvação do homem, poderia esperar de tal modificação em relação ao mal-estar advindo do enigma do ser e do estar no mundo da concepção do infinito espaço-temporal, da ideia de morte?

Na ausência de uma solução relacionada à evolução da estrutura lógica do pensamento, poderia o homem se reconciliar consigo mesmo por meios biológicos: a biologia molecular seria a tábua de salvação? O homem é um animal metafísico, e seria catastrófico que uma manipulação genética ou de ordem química o privasse da sua inquietação inata, isso que equivaleria a infligir-lhe uma enfermidade que o faria deixar de ser ele próprio, um ser portador de um destino, ainda que trágico.

Talvez o pleno uso das associações dos bilhões de neurônios do cérebro continue sendo o caminho de esperança para uma evolução que tornaria o homem um deus na Terra, sem ter que criar artificialmente um super *Homo sapiens sapiens* que colocaria em risco a sobrevivência de seu criador. A adaptação a um ambiente cada vez mais complexo talvez seja a última via de evolução que resta à humanidade e que leva à implementação progressiva do formidável potencial do cérebro humano, através do acionamento de novos comandos genéticos, novas associações de neurônios que permaneceram latentes até agora e cujos efeitos serão benéficos para toda a espécie.

A parapsicologia em destaque

Os fenômenos parapsicológicos entraram no laboratório, onde eminentes cientistas do Oriente e do Ocidente (físicos, biólogos, médicos etc.) os estudam.

O Segundo Congresso Internacional de Psicotrônica foi realizado em Mônaco, de 30 de junho a 4 de julho de 1975, e reuniu duzentos especialistas de 22 países. O presidente da Associação Internacional de Psicotrônica é o professor Zdenek Redjak, pesquisador da Faculdade de Medicina Geral da Universidade Carolina de Praga. Ele afirma que "o homem, como a matéria viva em geral, é capaz de agir à distância".[135]

O sr. M. Martiny, médico antropólogo e presidente do Instituto Metapsíquico Internacional, constata: "Fenômenos como a telepatia, a premonição, a clarividência existem em estado selvagem". Agora mesmo, os sujeitos transmissores superdotados são levados a bordo de submarinos soviéticos ou americanos para serem submetidos a testes a fim de verificar a possibilidade de comunicação com outros sujeitos receptores superdotados, que permaneciam em terra, nos laboratórios, onde os sinais de chegada são registrados com toda a precisão cronológica desejada! Harold Puthoff, físico especialista em laser, e Russell Targ têm realizado pesquisas sobre visão remota desde 1973, no Stanford Research Institute, e publicaram um livro intitulado em francês *Aux confins de l'esprit*, citado por Pierre Thuillier em *La Recherche*: "Os autores demonstram indiscutivelmente que sujeitos trancados em uma sala são capazes de descrever com boa precisão os locais onde outros sujeitos se encontram".[136] Olivier Costa de Beauregard acredita que a mecânica quântica relativista poderia ajudar a entender os fenômenos da parapsicologia.

> Se isolarmos duas pessoas muito próximas em duas salas diferentes e mostrarmos a uma delas um documento, por exemplo uma fotografia, que lhe desperte uma emoção medida pelo plestimógrafo (inventado pelo professor Figar, para medir o volume de sangue passando pelas artérias), às vezes se observam variações idênticas na outra pessoa. Este é um caso de telepatia inconsciente ou biológica.[137]

Um engenheiro eletrônico soviético descobriu o "efeito Kirlian", que leva seu nome: "Ao colocar um filme fotográfico com um objeto entre duas placas de metal que transportam uma corrente de altíssima frequência, obtemos uma fotografia do objeto rodeado por um halo. No caso da mão, esse halo parece variar em função do estado emocional do sujeito".[138]

Para sublinhar o carácter estritamente científico dos seus estudos, os pesquisadores do Leste preferiram forjar o novo conceito de "psicotrônico" (vizinhança semântica com eletrônica), em vez de utilizar o termo parapsicologia, de origem anglo-saxônica, ou o de metapsiquismo, de origem francesa.

A imprensa informou nos últimos anos que uma mulher de Lion sonhou com a combinação vencedora: 14, 15, 18, na qual seu marido jogou vinte vezes no domingo seguinte e ganhou o prêmio: 2 070 000 francos, pagos pelo sr. Arnaud, chefe da casa de apostas de Lyon.

A nossa opinião sobre essas questões extremamente delicadas é que os fenômenos parapsicológicos que envolvem simultaneidade não são embaraçosos para a ciência, porque poderiam, em última análise, ser todos atribuídos a fatos físicos conhecidos, tais como a emissão de ondas cerebrais eletromagnéticas; isso explicaria todos os casos de telepatia. A premonição é uma questão diferente. Um único caso verdadeiro de premonição, isto é, de desvelamento do futuro, seria demais para a ciência atual; todas as suas bases estariam arruinadas, assim como as da filosofia. Seria necessário que o sonho premonitório não existisse e que tudo em última instância fosse ilusão, caso contrário seria o desvelamento de uma ordem natural, objetiva, independente de nós. Seria, então, a morte de qualquer noção de liberdade metafísica e, consequentemente, de toda liberdade concreta, da liberdade em todos os seus aspectos, essa liberdade tão cara que fazia Fausto dizer:

> Essa é a suprema lição da sabedoria; só ela merece a liberdade e a vida que deve conquistá-los diariamente.
>
> Eu gostaria de ver esse formigamento, de viver em uma terra livre com um povo livre. E a cada instante, poder dizer: pare aí, pois, você é tão belo!
>
> No pressentimento de uma felicidade tão nobre, agora desfruto do instante supremo.[139]

Max Jammer relembra que a física clássica é baseada em três princípios que a física quântica tem desafiado: determinismo, objetividade e completude.[140] O princípio do determinismo postula que todos os fenômenos da natureza obedecem a leis rigorosas, de modo que, conhecendo as condições iniciais de um sistema, neste caso, sua posição e quantidade de movimento, pode-se determinar rigorosamente sua evolução futura, escrevendo sua lagrangiana.

Na mecânica quântica, o princípio de incerteza de Heisenberg interdita o conhecimento simultâneo de duas quantidades conjugadas, como a posição e a quantidade de movimento de uma partícula. Daí resulta uma impossibilidade essencial, isto é, de princípio, de conhecer com precisão as condições iniciais que permitiriam acompanhar a evolução do sistema. A física clássica afirma que ela pode descrever a realidade física independentemente de sua observação. A teoria da complementaridade (onda/partícula) de Niels Bohr nega a objetividade das observações físicas no nível quântico.

Finalmente, o princípio da completude é satisfeito quando uma teoria é capaz de representar todos os aspectos do real.

Einstein, que desejava minar a física quântica porque não queria abrir mão dos três princípios acima enunciados, quis demonstrar sua incompletude num famoso artigo publicado em 1935 com seus colaboradores Boris Podolsky e Nathan Rosen — daí o nome frequentemente dado a essa publicação: "Paradoxo EPR", reproduzindo as três iniciais.[141] Segundo Einstein, duas partículas correlacionadas regidas pela função de onda de Born interagem e depois afastam-se uma da outra; determinando sucessivamente a posição e o impulso de uma, sem perturbar a outra, entretanto, obtêm-se informações análogas de ambas. David Bohm retomou a mesma experiência de pensamento substituindo as duas partículas por um sistema representado por uma molécula cujos dois átomos se afastam; sendo o spin total zero, os componentes dos spins atômicos de apenas um dos átomos são medidos em eixos *xy* perpendiculares. Bohr respondeu demonstrando que as quantidades conjugadas escolhidas por Einstein e seus colaboradores em seu artigo não eram observáveis simultaneamente, e que a definição de realidade na tese "EPR" era inadequada.

John von Neumann, em 1932,[142] queria tentar salvar o determinismo na mecânica quântica introduzindo "variáveis ocultas", ou seja, fatores não observáveis. Mas ele chegou à conclusão de que uma teoria com variáveis ocultas é incompatível com as predições da mecânica quântica.

No entanto, em 1952, David Bohm provou o contrário, construindo uma teoria coerente de variáveis ocultas da mecânica quântica. Entretanto, porém, os trabalhos de J. S. Bell tinham eliminado as dificuldades levantadas pelas teses de Von Neumann. Agora era legítimo aplicar teorias de variáveis ocultas à mecânica quântica. Bohm procurou reinterpretar o argumento "EPR" utilizando a teoria das variáveis ocultas, supondo ser possível a transmissão instantânea de perturbações incontroláveis de uma partícula para outra, enquanto a velocidade máxima de propagação de um sinal é a da luz, segundo a teoria da relatividade geral.

A noção de instantaneidade tem chamado a atenção para aquelas de validade e localidade já contidas, como princípios, no argumento "EPR" de Einstein. A "validade" de uma teoria pressupõe a confirmação pela experiência, e a "localidade" postula que dois sistemas separados no espaço e que não interagem mais não se influenciam. A tese "EPR" de Einstein mostrou que uma teoria não poderia respeitar os quatro princípios de realidade, de completude, de validade e de localidade ao mesmo tempo.

Um teorema de Bell (a desigualdade de Bell)

> implica que o princípio de localidade é incompatível com o princípio de validade. Se a mecânica quântica está correta, a natureza não verifica o princípio de localidade: duas partículas correlacionadas mesmo a anos-luz de distância são influenciadas pela medição que fazemos na outra. Se, contudo, a natureza satisfaz o princípio da localidade e a desigualdade de Bell é respeitada, deve haver algo errado em algum lugar na mecânica quântica. Somente a experiência pode decidir entre estas duas alternativas.[143]

Essas considerações levaram muito rapidamente, nos Estados Unidos e na França, ao desenvolvimento de experiências capazes de evidenciar a existência de fenômenos supraluminosos, ou seja, de interações instantâneas à distância. Segundo crê seus autores, os resultados obtidos até o momento confirmam a validade da mecânica quântica. Se isso realmente fosse assim, a física moderna nos obrigaria a aceitar a ideia de que a natureza está sujeita à causalidade não local (a ação à distância), à interconexão quântica e à não separabilidade, ou mesmo "à unidade indivisa do universo em sua totalidade", como Bohm prefere dizer.[144]

Para evitar a ideia de não localidade,

> Olivier Costa de Beauregard usa a reversão do tempo para explicar as correlações "EPR" entre duas partículas. [...] Ela [sua teoria] supõe que a informação se propaga a partir da partícula ao longo de um vetor de tempo direcionado para o passado. A mensagem, depois de atingir a partícula que se desintegraria (pósitron), partiria então para o futuro, para alcançar a partícula II. [145]

Alain Aspect, do Instituto de Óptica de Orsay, supõe uma interação supraluminosa sem transporte de sinal nem de energia, para estar de acordo com a relatividade geral (fig. 77). Ele desenvolveu um dispositivo experimental que permite a troca entre os dois instrumentos de medição num tempo inferior ao da propagação da luz, de modo que as correlações apenas se podem atribuir a uma interação supraluminosa.

Na verdade, de todos os dispositivos experimentais considerados, esse último é o único capaz de demonstrar fenômenos instantâneos supraluminosos. A experiência de Alain Aspect está em andamento, e, se ela confirmar as previsões da mecânica quântica, a não localidade da microfísica será confirmada.

Mas se fosse assim, ao mudar o referencial, a causa se tornaria o efeito! Portanto, é a causalidade física no sentido clássico que realmente está em jogo nas experiências.

Resulta de tudo o que precede que o desenvolvimento da microfísica contribuiu poderosamente para o advento da crise da razão: não é mais um a priori racionalmente absurdo conceber a intercambialidade entre o efeito e a causa, resultante da dependência de dois sistemas correlacionados, mesmo a distâncias fantásticas de milhares de anos-luz. A mecânica quântica está em vias de negar a causalidade física local da física clássica para admitir a possibilidade de interações instantâneas na escala das dimensões do universo.

A mesma disciplina permite agora às pesquisas mais avançadas do nosso tempo considerar um sinal que viaja no tempo em direção ao passado e sua mudança em direção ao futuro. Assim, Olivier Costa de Beauregard acredita que as propriedades físicas reveladas pela relatividade e pela mecânica quântica tornam os fenômenos parapsicológicos da visão ou da ação à distância possíveis e pensáveis.[146]

Os princípios do determinismo e da localidade da física clássica, aos quais Einstein tanto sustentava, são dificilmente aplicáveis à mecânica quântica, que permanece não determinística, não objetiva, não local, mas válida e completa.[147]

Assim, a física moderna criou uma situação própria a nos ensinar que a lógica clássica é apenas uma soma de hábitos mentais, de regras provisórias que podem mudar quando a experiência soberana o exige. A razão está em vertigem, mas não se transforma num círculo vicioso, ela está progredindo, está em processo de realizar, diante dos nossos olhos, o salto qualitativo mais formidável que já deu desde a origem das ciências exatas.

A razão atilada, apoiada na experiência da microfísica e da astrofísica, dará origem a uma superlógica que não será mais perturbada pelos materiais arqueológicos do pensamento, herdados das fases anteriores da evolução do espírito científico.

Um novo conceito filosófico deve ser forjado, o da "disponibilidade lógica" do espírito. Amanhã, a experiência soberana poderá transformar em fato racional aquilo que nos parece hoje logicamente absurdo ou impossível. O absurdo absoluto não existe mais aos olhos da razão. Na verdade, é notável que o sentido lógico esteja hoje em suspensão e aguarde o veredicto das experiências de laboratório em curso para manter ou rejeitar a categoria lógica fundamental, ou seja, a causalidade física clássica: corroboração singular do pensamento de Engels, segundo o qual *é a natureza quem corrige o espírito e não o inverso.* E podemos acrescentar que tal processo de aperfeiçoamento da razão é infinito. É o "real" que ajuda o espírito a refinar a sua racionalidade. A partir daí, a racionalidade do "real" se funda no fato e deixa de ser inconcebível, independentemente do status que a mecânica quântica confere à noção de "realidade".

Há, portanto, um momento em que a razão, tendo esgotado todos os recursos da soma de conhecimentos e experiências científicas anteriores, permanece em suspensão — as teorias matemáticas abrem-lhe então várias vias igualmente possíveis — sem que ela possa fazer mais do que uma opção provisória à "capela", esperando os únicos resultados decisivos da experiência. É esta nova atitude do espírito científico, à qual somente o progresso da mecânica quântica permitiu chegar, que merece uma designação particular para realçar a sua novidade: pensávamos que o conceito de "disponibilidade lógica" poderia ser apropriado.

Os aspectos insuspeitos do real que recaem no campo da experiência em microfísica, em astrofísica e em biologia molecular alargam os horizontes do raciocínio; as teorias de sistematização do real dispõem assim de dados

Aqui estão dois tipos de experiências destinadas a evidenciar os princípios de "não localidade" e "não separabilidade" na mecânica quântica. Em geral, estudam-se as correlações entre as polarizações de dois fótons emitidos em cascata por uma fonte (S). Em ambos os casos, trata-se de provar que o número de correlações medidas em um circuito de coincidência com polarizadores orientáveis viola a desigualdade de Bell, que pressupõe a separabilidade.

No caso clássico, efetuando três séries de medições *A*, *B*, *C*, de mesma duração, correspondendo cada uma a uma orientação diferente dos polarizadores, tem-se $A < B + C$, e no caso dos processos quânticos $A > B + C$; esta última medição, em particular, é reprodutível, e a diferença de valores excede a taxa de flutuações estatísticas. (Ver Bernard d'Espagnat, *A la recherche du réel*. Paris: Gauthier-Villars, 1980. As duas desigualdades acima seguem o modelo de Bell.)

A segunda experiência, feita por Alain Aspect, daria resultados mais convincentes pelo fato de que elimina, pela introdução de dois comutadores simétricos (Ca e Cb) entre polarizadores e fonte, qualquer interação entre eles. O cálculo mostra que se os comutadores estiverem localizados cada um a seis metros da fonte, e se o tempo de comutação for da ordem de vinte nanossegundos, será menor que o tempo de propagação da luz dos comutadores até a fonte.

Por outro lado, o circuito de coincidência é duplo a partir dos interruptores, de modo que, se os polarizadores dos dois circuitos estão orientados da mesma forma, os fotomultiplicadores (PM, na sigla em inglês) devem registrar o mesmo número de coincidências. Então, se com tal dispositivo, a partir de três orientações diferentes dos polarizadores, registrarmos, para a mesma duração, três séries de medições de coincidência *A'*, *B'*, *C'*, tais que a desigualdade de Bell seja violada ($A' > B' + C'$), então isso tenderia a provar que existem interações mais rápidas que a luz (fenômenos supraluminosos) entre a fonte e os polarizadores.

Aí, seria o princípio da separabilidade, e mesmo o da causalidade, que estaria seriamente questionado.

Mas para evitar violar o princípio fundamental da relatividade (o limite da velocidade da luz), Alain Aspect supõe que a comunicação superluminosa não carrega nenhum sinal ou energia. Mas, então, de que forma ela poderia ser entendida como uma interação causal que pode modificar os resultados das medições de eventos?

Ao mesmo tempo, a escola de Louis de Broglie tenta dar uma interpretação causal da mecânica quântica, supondo a realidade da onda piloto; no entanto, a exposição dessa teoria escaparia do escopo deste livro.

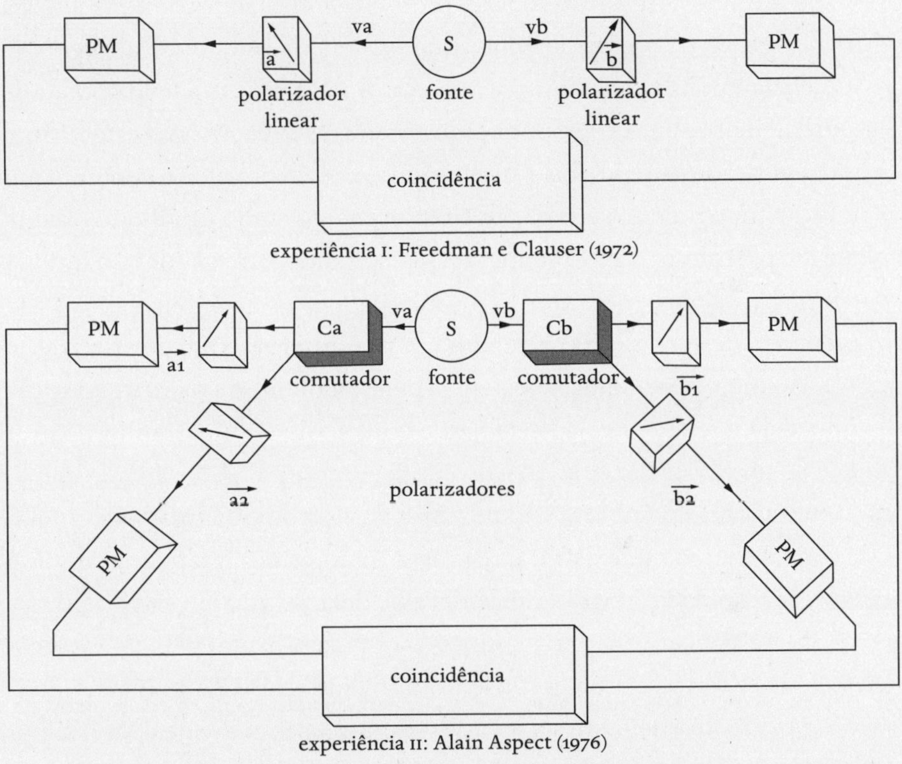

77. *Localidade, não localidade, separabilidade.* (M. Jammer, "Le paradoxe d'Einstein-Podolsky-Rosen", p. 515.)

mais ricos, permitindo potencialmente à teoria chegar a ponto de prever outros aspectos desconhecidos do real, antes de atingir os limites permitidos pelos fatos em que se baseia, e antes de dar lugar a uma nova teoria integradora em bases ainda mais amplas.

A tangibilidade dos fatos parapsíquicos tão complexos, aliada ao ardente desejo de sobrevivência imanente em cada indivíduo, levaram físicos de renome como Jean E. Charon[148] a tentar fazem com que a física desse um novo passo, conferindo uma parcela de psique, de alma ou de consciência implícita ao elétron. O professor Francis Fer defende ponto de vista semelhante em artigo publicado na *Science et Vie*.[149] Mas este último não chega a ponto de atribuir uma psique ao elétron; ele se contenta em dotá-lo de uma memória implícita e representá-lo como um fluido orbital, o que lhe permite, diz ele, recuperar os resultados da mecânica quântica a partir de princípios diferentes. Aqui suas palavras são críveis, pois os cálculos não poderiam ser apresentados em um simples artigo de divulgação científica. Ele recorda que a existência de uma memória da matéria bruta é conhecida e relatada pela física desde o início do século. Vamos ilustrar a ideia do professor Fer citando a liga de "níquel-titânio". De acordo com o dr. Ken Ashbee, do Laboratório de Física de Bristol, essa liga pode mudar de forma à medida que esfria e reaquece, para retomar a forma original em que foi moldada, como se se lembrasse dela.

É muito delicado atribuir memória à matéria bruta; percebe-se facilmente que se trata de uma noção absolutamente relativa, implícita. Entretanto, é evidente que na física levaria a uma acusação de idealismo supor que o elétron, ou qualquer partícula fundamental, estável ou instável, não guarda nenhum traço de nenhum tipo, qualquer marca de suas múltiplas interações com as outras partículas da matéria, do meio em que se move; portanto, a "memória", no plano da matéria bruta, seria, em nossa opinião, nada mais do que a soma dos efeitos dessas interações, dessas impressões indeléveis, cujo efeito cumulativo deve ser levado em consideração na evolução da matéria. Desse modo, uma partícula elementar estável que teria existido desde a origem dos tempos cósmicos manteria na sua estrutura profunda a soma dos acontecimentos do universo aos quais ela foi misturada no acaso da evolução. Existiria assim uma infinidade de relógios cósmicos que bastaria saber interrogar para retraçar a evolução, ou a história do universo. Mas todo o problema está aí: os atuais instrumentos de investigação científica, bem como os meios teóricos de análise, ainda não permitem, talvez, realizar essa descida vertiginosa ao seio da estrutura da matéria e relatar os acontecimentos que se desenrolaram através de uma modelagem ou de uma representação quantitativa: por enquanto, compreendemos apenas a necessidade qualitativa dos fatos.

Muitas entidades físicas foram dominadas no nível da formalização matemática, sem que ainda tenham revelado o segredo da sua natureza íntima. Este é o caso de todos os tipos de campos: gravitacional, eletromagnético, nuclear. Como o campo gravitacional age "instantaneamente" a distâncias de bilhões de anos-luz? De que maneira íntima, ou seja, exata, a estrela Vega retém instantaneamente todo o sistema solar a uma distância de vários anos-luz em seu campo de atração? Qual é a partícula do campo gravitacional responsável por essa atração? Qual é o modo de ação do gráviton, se é que isso existe? Como uma massa neutra, eletricamente falando, atrai outra massa neutra?

A poderosa resposta de Einstein a essas questões, através da construção da teoria da relatividade geral e da geometrização do espaço, por mais grandiosa que seja, não dá conta do mecanismo íntimo das interações campo/matéria, e o mistério da natureza íntima do campo gravitacional permanece completo. No entanto, calcula-se a sua direção, a sua magnitude, os seus diversos efeitos etc. Até sabemos como criá-lo ou anulá-lo localmente, nos libertar dele, multiplicar seu valor por *n*, domá-lo satelitizando "luas" artificiais ao redor dos planetas ao redor do Sol, mas sua natureza íntima ainda permanece um enigma para a ciência.

Qual é a natureza dessa força magnética que atravessa minha mão sem danos para suportar do outro lado, no vazio, quero dizer suspenso no ar, uma tonelada de matéria metálica?

O físico não é o naturalista que descreve em detalhes o agenciamento íntimo e funcional dos órgãos de um ser biológico para descrever a vida, e é por isso que ele se contenta em representar o campo eletromagnético por um triedro trirretângulo que se move no espaço.

Tudo o que precede mostra que a filosofia clássica, veiculada por homens de letras puras, está morta. Uma nova filosofia só pode ressurgir de suas cinzas se o cientista moderno, seja ele físico, matemático, biólogo ou de outra área, se tornar um "novo filósofo": até agora, na história do pensamento, o cientista quase sempre teve o status de uma besta, de um técnico, incapaz de extrair o significado filosófico de suas descobertas e invenções, cabendo sempre essa nobre tarefa ao filósofo clássico.

A miséria atual da filosofia corresponde ao intervalo de tempo que separa a morte do filósofo clássico do nascimento do novo filósofo; este último, sem dúvida alguma, integrará no seu pensamento todas as premissas acima assinaladas e que apenas despontam ao longe no horizonte científico, para ajudar o homem a reconciliar-se consigo mesmo.

Os fundamentos morais da conduta do homem moderno

A moral decorre da filosofia como o comportamento prático resulta da ideia que se faz coisas.

Somente o conhecimento científico diferencia a moral do homem moderno da moral do homem primitivo.

É possível demonstrar a base originalmente "racional" de qualquer comportamento moral, para cada nível mental dado. O que é moral e sentimento foi inicialmente concebido como conhecimento salvador na ordem natural.

Está se construindo uma nova moral que considera amplamente o conhecimento objetivo (no sentido de Jacques Monod) e os interesses da própria espécie humana; somente é difícil internacionalizá-la devido a conflitos de interesses nacionais.

A ecologia, a defesa do meio ambiente, tende a tornar-se os alicerces de uma nova ética da espécie, fundada no conhecimento: o momento não tarda em que a poluição da natureza se tornará um sacrilégio, um ato criminoso, mesmo e sobretudo para o ateu, pelo simples fato de o porvir da humanidade aí estar implicado; torna-se, portanto, pouco a pouco moralmente proibido aquilo que o conhecimento, a "ciência da época", decreta como prejudicial a todo o grupo.

Progresso da consciência moral da humanidade

A consciência moral da humanidade está progredindo lenta mas seguramente, depois de todos os crimes cometidos no passado, e isso é uma abertura para os outros e um poderoso elemento de esperança para ver amanhecer a era de uma verdadeira humanidade, de uma nova percepção do homem sem coordenadas étnicas.

O fim dos genocídios coincide com a emergência de uma opinião internacional. Este último fato provocou uma modificação do comportamento do universo capitalista em relação aos fracos; e o fenômeno é irreversível; o resultado disso é um progresso forçado da consciência moral do mundo. Os norte-americanos não se tornaram espontaneamente melhores do que eram em 1932, a era do Ku-Klux-Klan e dos linchamentos quase oficiais. Foi o aparecimento de um adversário à sua medida que lhes impôs a revisão do seu comportamento, e tanto melhor se o progresso social e moral ganha com isso. A atitude do jovem americano branco Slain, jogando seu carro contra uma reunião dos bruxos do Ku-Klux-Klan, é um ato de civilização de grande alcance. Em sua essência, é um ato pacífico, não violento.

A mundialização da informação força a consciência moral da humanidade a manter-se dentro de limites "aceitáveis", sem uma mudança radical.

18. Vocabulário grego de origem negro-africana

Recenseamento das raízes negras-africanas no grego clássico (método a seguir)

Em primeiro lugar, é importante recordar alguns fatos importantes que têm por natureza ilustrar o espírito da nossa abordagem.

"A língua grega adotou certas palavras que não são nem indo-europeias nem semitas; provêm de uma língua talvez mais antiga que o cretense; em qualquer caso, os cretenses e os micênicos as tinham usado."[1]

Sabemos com certeza que Pitágoras, que passou 22 anos com os sacerdotes egípcios para se iniciar, Platão e Eudoxo (treze anos), Demócrito (cinco anos), e muitos outros, receberam ensino na língua faraônica, que era a dos sacerdotes, seus professores, ainda mais nessas épocas em que a insignificância da Grécia, em todas as áreas, tornava absurda a necessidade de os sacerdotes aprenderem grego.

Assim, Diógenes Laércio nos ensina que "Pitágoras aprendeu a língua egípcia, como nos diz Antifonte em seu livro sobre homens de mérito excepcional".[2] Com Estrabão, sabemos que a tradução de obras egípcias para o grego tornou-se uma realidade comum e que Eudoxo, em particular, teve que fazer várias traduções desse gênero (ver pp. 389-90). O fato é ainda confirmado por este depoimento de Diógenes Laércio: "Eratóstenes em seus escritos em Baton nos informa que ele [Eudoxo] compôs 'Os diálogos dos cães', outros dizem, entretanto, que foram escritos pelos egípcios em sua própria língua e que ele os traduziu e publicou na Grécia".[3]

Esses fatos eram tão evidentes aos olhos dos próprios gregos que Diodoro da Sicília, desde a Antiguidade, tentou esboçar a lista das palavras gregas de origem egípcia.[4]

Não somente essas traduções existiram, mas, partindo da diferença de espírito entre as línguas grega e faraônica, os egípcios já alertavam contra as deformações e obscuridades que inevitavelmente iriam gerar.

> Hermes então, meu mestre, nas frequentes conversas que mantinha comigo [...], costumava me dizer que quem lê meus livros achará a composição muito simples e clara, ao passo que, ao contrário, ela é obscura e mantém oculto o significado das palavras, e que se tornará completamente obscura quando os gregos, mais tarde, decidirem traduzi-la da nossa língua para a deles, o que resultará numa distorção completa do texto e numa plena obscuridade. Por outro lado, expresso na língua original, esse discurso preserva claramente o significado das palavras: e de fato, a própria particularidade do som e a própria entonação dos vocábulos egípcios retém em si a energia das coisas que são ditas.[5]

Eis, portanto, o método que se poderia seguir nessa busca das palavras negro-africanas que, durante esses contatos de línguas e dessas traduções em particular, podem ter passado para o grego.

- Após análise, o termo grego não deve ser de origem indo-europeia ou semítica: em alguns casos, pode ser africano *e* semítico.
- Deve ser atestado em egípcio.
- O ideal é que seja atestado em egípcio, em grego e em uma ou mais línguas negras-africanas modernas, com a exclusão do indo-europeu e do semítico; caso contrário, assinalar as casas vazias com pontos de interrogação, para que a pesquisa continue.
- Os conceitos que teriam passado assim das línguas negro-africanas, do egípcio em particular, ao grego clássico, diriam respeito sobretudo aos diferentes domínios da civilização e das ciências: matemáticas, física, química, mecânica, astronomia, medicina, filosofia...[6]

Termos gregos de origem africana (por intermédio do egípcio antigo)

Por enquanto a lista abaixo tem apenas um valor sugestivo. As palavras gregas citadas aqui não são de origem indo-europeia.[7]

Egípcio	Grego	Uólofe
noh	Νικη = *dório*: que leva a vitória	*noh* = que inflige uma derrota
nwn	Νεῖλος = o Nilo[8]	*ñul* = negro
ba = a alma, a força vital	Βια = força vital Βα	*Ba* = nome próprio
tak = acender, ligar	Θαλνκρος = quente, brilhante	*tãl* = acende *tak* = acende
per = casa	Περας = limite[9]	*per* = cerca que rodeia a casa, que a limita
p(a)mer = pirâmide	Πνραμις = pirâmide	*ba-meel* = sepultura, túmulo (ver p. 325 a respeito da formação dessa palavra)
gen = falo	Γηγος = linhagem, clã patrilinear	*geño* = linhagem patrilinear, clã patrilinear
	Βαρβαρος = bárbaro. Os romanos eram bárbaros (Estrabão). *onom*: antigamente atestado em sânscrito (?) e em semítico	*bar* → *barbar* = que fala rápido
	αναξ Fαναξ = *wanak* (em micênico): sire, senhor, mestre, protetor	*wanak* = corte do palácio real; cor privada; daí toalete, lavabo
	Βακχος = nome de Dionísio; ramo mantido pelos iniciados no culto a Dionísio, daí a transformação do nome em Baco	*bankhas* = ramo

Reconhecimentos

Ao sr. Amar Samb, diretor do Ifan, e ao sr. Mahady Diallo, secretário-geral da Universidade de Dakar, pela decisiva contribuição para o desenvolvimento das estruturas de pesquisa africana.

Ao sr. Willy Girardin, que teve a gentileza de se dedicar inteiramente à produção desta obra. Agradeço fortemente. Sua minuciosa preparação técnica e o estabelecimento do índice tornam muito mais fácil a leitura do livro.

Notas

Introdução [pp. 15-22]

1. J. Ruffié, *De la biologie à la culture*, pp. 392-3.
2. A rua comercial onde se concentra uma maioria de sírio-libaneses, imigrantes.
3. Ver capítulos 16 e 17, fig. 75.
4. Ver pp. 370 ss
5. Ver capítulos 5 a 13.

1. A pré-história [pp. 25-39]

1. Uma campanha de coleta de amostras de tarolos geológicos no estreito de Gibraltar e nas duas fossas que circundam a Sicília permitiriam datar em C14 os sedimentos marinhos carbonatados e fixar a idade de morte nessas depressões. O mesmo procedimento permitiria precisar a época da formação do delta do Nilo. A análise isotópica ($^{18}O/^{16}O$) tende a provar que a depressão de Gibraltar é relativamente antiga (Duplessy). Mas isso não impede a existência de um rosário de ilhas. Por outro lado, sabe-se desde o Congresso de Nice, da Union Internationale des Sciences Préhistoriques et Protohistoriques (UISPP), em 1976, que as primeiras navegações datam do Paleolítico superior, de 20 mil a 30 mil anos. O exemplo do povoamento da Austrália é agora convincente.
2. C. A. Diop, "L'Apparition de l'*Homo sapiens*", p. 627. Ver também: H. Alimen, *Prehistoire de l'Afrique*. Partilhamos da opinião de Leo Frobenius, que pensa que pelo menos uma parte dessa arte é do Paleolítico Superior, e as pesquisas dos africanos deverão confirmar essa importante opinião. Eis em quais termos se exprime Frobenius: "Nenhuma província com imagens rupestres é tão extensa e tão fértil em espécimes quanto a África do Sul. O número de imagens que encontramos entre o Zambeze e a Cidade do Cabo, por um lado, entre as montanhas que bordejam o Sudoeste da África e as do Leste, por outro lado, supera em muito o conjunto de todas as outras obras dos tempos pré-históricos e dos primeiros tempos históricos de todo o mundo. Tentou-se explicar o fato dizendo que as imagens rupestres da África do Sul têm um significado etnográfico, que todas elas foram executadas em uma época recente pelos bosquímanos, e que, por consequência, não foram expostas às devastações dos séculos. [...] Essa teoria, que emana de um ingênuo entusiasmo de conquista, não suportaria a um exame aprofundado.

[...] As gravuras da África do Sul, executadas com mais cuidado, são verdadeiras maravilhas artísticas. Os contornos dos antílopes, hipopótamos e rinocerontes são gravados tão finamente, as dobras da pele, cobertas ou não de pelos, tão habilmente cuidadas, que os relevos quase dão a impressão de obras coloridas. A cor da pedra (basalto, *diábase*, diorito) é uniforme em áreas trabalhadas e não trabalhadas. Isso prova sua idade muito avançada. [...] Por sua técnica, essas imagens rupestres são semelhantes ao estilo do deserto da Núbia e ao estilo mais antigo e mais recente do Atlas do Saara. Sua arte as torna únicas. Em Klerksdorp e no rio Orange, foram desenterradas algumas vezes junto a essas maravilhosas gravuras ferramentas de pedra de caráter típico capsiano. Não há relação entre o estilo dessas obras gravadas e o das pinturas. Os dois estilos são estranhos um ao outro. Por vezes foram encontradas gravuras sob as pinturas." (L. Frobenius. *Histoire de la civilisation africaine*, pp. 50-2).

3. C. A. Diop, "L'Apparition de l'*Homo sapiens*".
4. K. Marshall, "The Desegregation of a Boston classroom", p. 38.
5. Invasores asiáticos vindos do Oriente.
6. K. R. Lepsius, *Denkmäler aus Aegypten und Aethiopien*.
7. M. Gimbutas, *Gods and Goddesses of Old Europe 7000-3500 BC*. Ver também artigo da mesma autora em *La Recherche*, n. 87, pp. 228-35.
8. M. Boule; H. V. Vallois, *Les Hommes fossiles*, p. 378.
9. M. Gimbutas, op. cit., p. 234.
10. Gimbutas supõe que essa carroça possa muito bem ser um empréstimo feito pelos hipotéticos curgãs aos mesopotâmios, o que implica uma significativa influência cultural oriental dessa época na Europa.
11. O que significa esse termo vago?
12. M. Gimbutas, op. cit., p. 234.
13. Ibid., p. 229.
14. *Dictionnaire archéologique des techniques*, t. II, p. 682 (Charles Mugler).
15. R. Furon, *Manuel de préhistoire générale*, p. 374.
16. Ibid., p. 375; C. Autran, *Mithra, Zoroastre et la pré-histoire aryenne du christianisme*. Ver também: C. A. Diop, *Nations nègres et culture*e *L'Antiquité africaine par l'image*, n. 145/6, p. 38, fig. 54, p. 42, fig. 63 e p. 43, mapa a respeito das virgens negras.
17. K. Schreiner, *Crania Norvegica*.
18. M. Boule; H. V. Vallois, op. cit, p. 238.
19. Ibid., pp. 385-6.
20. M. Gimbutas, op. cit., p. 235.
21. Ver nota 1 deste capítulo.
22. Isso lançaria uma luz singular sobre certas passagens da *Ilíada*; a demora é aparentemente de cerca de trinta anos.
23. Exceto a língua de Louwi ou Louï atestada por algumas palavras e os poucos espécimes do hitita em cuneiforme: 1700 a.C.

2. Revisão crítica das mais recentes teses sobre a origem da humanidade [pp. 40-90]

1. H. L. Movius Jr., "Radiocarbon dating of the Upper Paleolithic sequence at the Abri Pataud (Les Eyzies, Dordogne)", pp. 253ss.
2. R. Verneaux, *Les Origines de l'humanité.*
3. O "fóssil de Piltdown" foi descoberto em 1912 pelo geólogo britânico Charles Dawson e analisado principalmente por Smith Woodward, Elliot Smith, Arthur Keith e outros estudiosos.
4. M. Boule; H. V. Vallois, *Les Hommes fossiles*, p. 193.
5. Ao contrário da conclusão de Vallois, que, no entanto, cita os mesmos autores que nós. Oakley e Hoskins in Vallois, op. cit., pp. 182, 183 e 191.
6. K. P. Oakley, "Analytic Methods of Dating Bones".
7. J. S. Weiner, *The Piltdown Forgery.*
8. M. Boule; H. V. Vallois, *Les Hommes fossiles*, p. 196.
9. Ibid., pp. 198-9.
10. *La Recherche*, n. 91, 1978, p. 695.
11. K. Turekian em Labeyrie e Lalou (Orgs.), "Datations absolues et analyses isotopiques en préhistoire: Méthodes et limites", ver pp. 46 ss.
12. IX Congresso da UISPP, folheto do guia da excursão A5 Pireneus-Nice, 1976, pp. 72ss. Desde então, esse fóssil foi envelhecido em cerca de 500 mil anos, o que não muda nada. Datação por raios gama, de acordo com o novo método de Yuji Yokoyame e Huu-Van Nguyen, não traz nada de novo e apenas permite supor que a idade é superior a duzentos anos (*Le Monde*, 25 abr. 1981, p. 16). Da mesma forma, há muitas incertezas em torno do fóssil recém-descoberto em Petralona, na Grécia. Se fosse um verdadeiro *erectus* de 700 mil anos, isso não mudaria em nada os dados africanos muito mais antigos. Porém, nada de datação radiométrica. O crânio coletado pelos camponeses não foi encontrado *in situ*. O arcaísmo dos dentes, por si só, teria permitido atribuir-lhe por cálculo uma idade de 700 mil anos. Mas esses dentes, coletados independentemente do fóssil, seriam os de um urso, para alguns especialistas. A dosagem de flúor é necessária...
13. M. Boule; H. V. Vallois, *Les Hommes fossiles*, pp. 169-78.
14. "Haveria, portanto, apenas uma linhagem na Europa, a dos neandertalenses, que terminou no final do período Musteriano. A linha pré-*sapiens*, aquela que deu origem ao homem moderno, deve ser buscada em outras regiões. Foi ela que deu, em particular, os Cro-Magnons que vemos surgir na Europa por volta de 37 mil anos atrás e que hoje sabemos serem de origem oriental" (B. Vandermeersch, "Les Prémiers Néandertaliens", p. 696).
15. M. Boule; H. V. Vallois, *Les Hommes fossiles*, pp. 477-84. As três reconstituições do volume craniano de Boskop dão respectivamente 1830 centímetros cúbicos (Haughton), 1950 centímetros cúbicos (Broom) e 1717 centímetros cúbicos (Pycraft).
16. Ibid., p. 395.

17. "As idades de racemização de aminoácidos listadas na tabela 3 para Skhul e Tabuzs são consistentes com datas de radiocarbono e outras estimativas de idade para esses locais. Oakley lista A.2 datas em carvão de 39 700 ± 800 anos (Gr N - 2534) para [caverna] Tabun Layer B e 40 900 ± 1 mil (Gr N - 2729) para o osso da caverna Tabun Layer C. Fauna (osso da Camada C inferior fornece uma idade de aminoácidos de 44 000 anos)", J. L. Bada, comunicação no IX Congresso da UISPP, p. 51.
18. L. S. B. Leakey, "*Homo sapiens* in the Middle Pleistocene and the evidence of *Homo sapiens*' evolution", pp. 25ss (disponível em: <unesdoc.unesco.org/ark:/48223/pf0000002260>); M. H. Day, "The Omo Human Skeleton Remains", *Nature*, 21 jun. 1969, p. 31.
19. C. A. Diop, "L'apparition de l'*Homo sapiens*", p. 625.
20. A. Thoma, "L'Origine de l'homme moderne et de ses races", p. 334.
21. Ibid., p. 335.
22. H. V. Vallois, op. cit., fig. 250, p. 395.
23. Segundo Thoma, o prognatismo e a largura das narinas são regidos pelo mesmo gene.
24. C. Petit e É. Zuckerkandl, *Évolution génétique des populations: Évolution moléculaire*, p. 178.
25. J. Ruffié, *De la biologie à la culture*, p. 398.
26. A. Thoma, "L'Origine de l'homme moderne et de ses races".
27. Congresso UISPP, Colóquio de Paris XXII, *La Préhistoire céanienne*. A. J. Mortlock, "Thermoluminescence: Dating of Objects and Materials from the South Pacific Region", pré-impressão, p. 187.
28. A. Thoma, "L'Origine de l'homme moderne et de ses races".
29. H. V. Vallois, *L'Anthropologie*, pp. 39, 77.
30. C. Coon, *The Origin of Races*.
31. A. Thoma, "Le Déploiement évolutif de l'*Homo sapiens*".
32. A. Thoma, "L'Origine de l'homme moderne et de ses races", p. 332.
33. Y. Coppens et al., "Earliest Man and Environment in the Lake Rudolf Basin", pp. 19-20.
34. Ver *Nature*, 20 jul. 1969.
35. H. V. Vallois, op. cit., p. 464, e "Early Human Remains in East Africa".
36. C. A. Diop, op. cit., pp. 627-8.
37. H. L. Movius Jr., "Radiocarbon dating of the Upper Paleolithic sequence...", pp. 253ss.
38. A lista a seguir é retirada de ibid., pp. 258-9: Camada 14 (Aurignaciano de base), mais de sete metros de profundidade, 34 mil AP ou 32 050 ± 675 a.C.; Camada 13 (Aurignaciano de base), s/d.; Camada 12 (Aurignaciano de base), 32 250 AP ± 500 ou 30 300 a.C.; Camada 11 (Aurignaciano de base), 32 600 AP ± 800 ou 30 650 a.C.; Camada 7 (Aurignaciano intermediário), 32 800 AP ± 500 ou 30 850 a.C.; Camada 5 (Perigordiano IV), 27 900 AP ± 260 ou 25 950 a.C.; Camada 4 (Noailliano ou Perigordiano Vc), 27 060 AP ± 370 ou 25 110 a.C.; Camada 3 (Perigordiano VI), 23 010 AP ± 170 ou 21 060 a.C.; Camada 2 (Protomagdaleniano), 21 940 AP ± 250 ou 19 990 a.C.

39. *GrN*-2526 segundo Vogel e Waterbolk. Ver Movius Jr., "Radiocarbon dating of the Upper Paleolithic sequence...", p. 259.
40. M. Boule; H. V. Vallois, *Les Hommes fossiles*, p. 297.
41. Unesco, *L'Origine de l'homme moderne*, pp. 211ss.
42. Ibid., p. 214. C. A. Diop, op. cit., p. 631.
43. H. L. Movius Jr., "Radiocarbon dating of the Upper Paleolithic sequence...", p. 259, nota 1. Gruta de Renne (Arcy-sur-Cure), *GrN-1736*: 33720 AP ± 410 ou 31770 a.C; *GrN-1742*: 33 860 AP ± 250 ou 31 910 a.C. Essas amostras foram colhidas no nível VIII, que era do Perigordiano I.
44. D. de Sonneville-Bordes. "Environnement et culture de l'Homme du Périgordien ancien dans le sud-puest de la France", pp. 141-6.
45. Em outras palavras, negroides (sublinhado pelo autor).
46. M. Boule; H. V. Vallois, *Les Hommes fossiles*, p. 311.
47. J. Kozlowski (Org.), IX Congrès UISPP. Por fim, a recente descoberta do Neandertal de Saint-Césaire confirma singularmente nosso ponto de vista quanto à inexistência de um *Homo sapiens sapiens* nativo da Europa e anterior ao negroide grimaldiano. Este neandertal que viveu há apenas 35 mil anos encontra-se associado às formas mais típicas da indústria castelperroniana, da qual é o verdadeiro inventor. Uma mestiçagem com o *Homo sapiens* torna-se provável: Brno, Predmost (F. Léveque e B. Vandermeersch, "Le Néandertalien de Saint-Césaire", pp. 242-4).
48. Ver F. Mantelin, *Étude et remontage du massif facial du "Négroïde de Grimaldi"*.; Max Banti, *Reconstruction de la denture de "l'adolescent du Grimaldi"*. P. Legoux, "Étude odontologique de la race de Grimaldi"; L. Barral; R. P. Charles, "Nouvelles données anthropométriques et précision sur les affinités systématiques des négroïdes de Grimaldi"; G. Olivier; F. Mantelin, "Nouvelle reconstitution du crâne de 'l'adolescent de Grimaldi'".
49. M. Boule; H. V. Vallois, *Les Hommes fossiles*, p. 301.
50. Ibid.
51. Ibid., pp. 299-300.
52. Apud Unesco, *L'Origine de l'homme moderne*, pp. 287ss. Ver também Diop, op. cit., pp. 636ss.
53. A. Thoma,"L'origine de l'homme moderne et de ses races", op. cit.
54. Ver A. Thoma, *La Recherche*, n. 108, fev. 1980.
55. *Archeologia*, n. 123, out. 1978, p. 14. Ver também Kia Lan-Po, *La Caverne de l'homme de Pékin*, p. 2.
56. M. Boule; H. V. Vallois, *Les Hommes fossiles*, p. 405.
57. Ibid., p. 406.
58. C. A. Diop, *Parenté génétique de l'égyptien pharaonique et des langues négro-africaines*, p. xxix-xxxvii.
59. C. A. Diop, *Nations nègres et culture*, p. 180.
60. J.-P. Hébert, *Race et intelligence*, p. 44 (ambas as citações).
61. *La Recherche* n. 89, maio 1978, p. 447.

62. *Raison Présente*, n. 53, pp. 135-6. Dossiê estabelecido por Georges Chappaz, Jean--Paul Coste e France Chappaz.
63. A. Thoma, "L'origine de l'homme moderne et de ses races", p. 333. Nada é mais contrário à verdade do que as afirmações de que "a teoria de Coon foi quase oficialmente aceita pelos antropólogos reunidos pela Unesco em 1969 em Paris" e de que "a teoria policêntrica reúne agora a maioria dos votos entre os especialistas, como o demonstrou o Colóquio de Paris sobre as origens do *Homo sapiens*" (J.-P. Hébert, *Race et intelligence*, pp. 45, 88). Na realidade, a maioria dos participantes do colóquio não se confunde com a maioria de todos os especialistas ausentes e de opinião contrária. Tudo depende dos organizadores e do modo de convite. Muitos especialistas não quiseram participar por razões diversas.
64. J.-P. Hébert, *Race et intelligence*, p. 90.
65. A. Thoma, "L'Origine de l'homme moderne et des ses races", p. 84.
66. J.-P. Hébert, *Race et intelligence*, p. 91.
67. Ibid.
68. Ibid.
69. Ibid., respectivamente pp. 95 e 98.
70. Korsan, p. 113.
71. Ibid., p. 105.
72. Ibid., p. 115.
73. C. Brigham, *A Study of American Intelligence*, p. 160.
74. No século XIX, pretinhos [*négrillon*] eram vendidos a quilo na América.
75. C. A. Diop, "Processus de sémitisation". In: *Parenté génétique de l'égyptien pharaonique et des tangues négro-africaines*.
76. Ver pp. 77-9, o comentário sobre Nobuo Takano.
77. *Le Monde*, 4/5 fev. 1979, p. 2.
78. Ibid.
79. C. A. Diop, "Pigmentation des anciens Égyptiens: Test par la mélanine".
80. C. Petit; É. Zuckerkandl, *Évolution génétique des populations*, pp. 190-1. Ver fig. 7.
81. Preconceito lamentável, é certo, que Montesquieu já citava, mas que não deixa nenhuma dúvida sobre o fato de que o povo que procedia assim não era leucoderme.
82. Ver C. A. Diop, *L'Antiquité africaine par l'image*, p. 28, figs. 40 e 41.
83. G. Maspero, *Histoire ancienne des peuples d'Orient*, p. 259.
84. R. Mauny, *Tableau géographique de l'Ouest africain au Moyen Âge*, p. 59. A.-L. Guyot, *Origine des plantes cultivées*, p. 69.
85. C. A. Diop, *L'Afrique Noire précoloniale*, pp. 156-7.

3. O mito de Atlântida retomado pela ciência histórica por meio da análise de radiocarbono [pp. 91-126]

1. D. Ninkovich; B. C. Heezen, *Santorini Tephra*.

2. S. Marinatos, "La Destruction volcanique de la Crète minoenne".
3. Michael Ventris; John Chadwick, 1959.
4. A. Wace, *Mycenae: An Archaeological History and Guide.*
5. J. Pendlebury, 1939; R. Hutchinson, 1963.
6. J. H. Breasted, 1951.
7. S. A. B. Mercer (Org.), *The Tell El-Amarna Tablets*, 1939.
8. J. H. Breasted, 1912, 1926, 1951.
9. H. J. Kantor, *The Aegean and the Orient in the Second Millenium B. C.*; Vercoutter, 1954.
10. F. Fouqué, *Santorin et ses éruptions.*
11. R. Dussaud, 1914; A. Evans, 1921, 1936.
12. J. L. Myres, *Who Were the Greeks?*; J. Pendlebury, 1939; Vercoutter, 1945; R. Hutchinson, 1963.
13. J. H. Breasted, 1951.
14. J. G. Bennett, "The hyperborean origin of the indo-european culture".
15. F. L. Griffith, *The Antiquities of Tell El Yahudiyeh....*
16. A. H. Gardiner, *The Admonitions of an Egyptian Sage from a Hieratic Papyrus in Leiden.*
17. A. H. Gardiner, 1914.
18. C. Schaeffer, 1936.
19. F. L. Griffith, *The Antiquities of Tell El Yahudiyeh...*; A. H. Gardiner, *The Admonitions of an Egyptian Sage...* e A. H. Gardiner, 1914.
20. J. H. Breasted, 1951.
21. J. G. Bennett, "The hyperborean origin of the indo-european culture".
22. J. L. Myres, *Who Were the Greeks?*; A. G. Galanopoulos, "Tsunamis Observed on the Coasts of Greece from Antiquity to Present Time" e A. G. Galanopoulos, 1963.
23. J. L. Myres, *Who Were the Greeks?*.
24. Platão, *Timeu.*
25. J. Pirenne, *Histoire de la civilisation de l'Égypte ancienne*, t. 2, p. 203.
26. Ibid., p. 205.
27. Ibid., p. 206.
28. Ibid., p. 209.
29. Ibid., p. 213.
30. Ibid.
31. J. H. Breasted, *Ancient Records of Egypt.*, v. II, § 493.
32. Ibid., § 446.
33. Ibid., § 449.
34. Ibid., §§ 484-5.
35. Ibid., § 509.
36. Ibid., §§ 510-1.
37. Ibid., § 447.
38. Ibid., § 482.
39. G. Maspero. *Histoire ancienne des peuples d'Orient*, pp. 236-7.

40. Ibid., p. 237.
41. Ibid., p. 237.
42. Ibid., pp. 237-8, 242.
43. Ibid., pp. 239-40.
44. Ibid.
45. Ibid., p. 268.
46. Ibid., p. 269.
47. Heródoto, *Histórias*, livro II, §§ 102-3.
48. Prática exclusivamente egípcio-etíope que remonta aos tempos pré-históricos. Elliot Smith constatou que os egípcios pré-dinásticos dos tempos proto-históricos eram circuncidados (Heródoto, *Histórias*, livro II, §§ 104-5.)
49. A deusa Ísis é a figura de proa do barco que serve como brasão para a cidade de Paris. Esta última influência poderia muito bem remontar à época das navegações fenícias de Sidon. Ver B. Stavisky, "Liens culturels antre l'Asie Centrale ancienne et l'Egypte préislamique".
50. Heródoto, *Histórias*, § 106.
51. A palavra uólofe naar (em sírio), de etimologia desconhecida, mas não árabe, viria de Nahr el Kalb?
52. G. Lefèbvre, *Grammaire de l'égyptien classique*, p. 34.
53. "A escrita secreta ou criptográfica, conhecida talvez desde o Império Antigo, foi praticada no Império Médio, assim como sob as XVIII e XIX dinastias. É nela que se deve procurar o princípio das inovações que comportam as escritas da época grega e romana. Tendo em conta o caráter peculiar desta escrita, que é sobretudo um jogo, seus processos se resumem basicamente aos da escrita em texto simples. Com efeito, eis quais são suas principais características: 1) emprego extraordinariamente desenvolvido de sinais alfabéticos, cuja lista aumenta desmesuradamente ao gosto dos escribas, devendo-se os novos fonogramas unilaterais ao conhecido processo da acrofonia [...]." (G. Lefèbvre,*Grammaire de l'égyptien classique*, p. 38.)
54. Ver o hino poético de Amon, p. 109.
55. Por volta de 2340 a.C., Sargão I de Acádia tentou unificar as cidades-Estado mesopotâmicas para formar o primeiro Estado nacional semita que agrupava várias cidades. Tratava-se de uma tentativa efêmera de unificação nacional, e não de um império no sentido exato do termo.

4. Últimas descobertas sobre a origem da civilização egípcia [pp. 127-31]

1. The Oriental Institute, *News and Notes*, n. 37, nov. 1977; B. Rensberger, "Nubian Monarchy May Be World's Oldest".
2. O. Muck, *Cheops et la Grande Pyramide*, p. 36.
3. Ibid., p. 31.
4. Ver C. A. Diop, *Parenté génétique de l'égyptien pharaonique et des langues négro-africaines*, p. 287.

5. Ibn Battuta, *Voyages d'Ibn Batouta*, t. IV, pp. 388 e 417.
6. EGÍPCIO / UÓLOFE

EGÍPCIO	UÓLOFE
šema = sul; *our medj*	*dëm* = ir em direção a, se orientar
šema = *wr md šma* = (conselho) dos dez grandes do sul	em direção a (o sul)

7. Émile Amélineau, *Prolégomènes à l'étude de la religion égyptienne*, pp. 133-4.
8. Ibid.
9. Ibid., p. 90.

5. Organização clânica e tribal [pp. 135-8]

1. Para o desenvolvimento dessas ideias, ver Diop, *L'Unité culturelle de l'Afrique Noire.*
2. Exceção: os massais do leste da África, que desconhecem o culto dos ancestrais e expõem os mortos aos necrófagos, mas que são, de fato, seminômades.
3. Ver E. Benveniste. *Le Vocabulaire des institutions indo-européennes*, pp. 155-6.
4. A poliandria é encontrada em certas sociedades marginais em vias de regressão e degeneração física.
5. Hadith do Alcorão e da Bíblia.

6. Estrutura de parentesco no estágio clânico e tribal [pp. 139-47]

1. E. E. Evans-Pritchard, "Parenté et communauté locale chez les Nouers", p. 483.
2. Alphonse Tiéron, *Le Nom africain ou langage des traditions*, pp. 74-7.
3. R. H. Lowie, *Traité de sociologie primitive*, pp. 75-6.
4. Ibid., p. 76.
5. Ver P. Clement, "Le Forgeron en Afrique Noire".
6. C. A. Diop, "Introduction à l'étude des migrations en Afrique Centrale et Occidentale".
7. Ibid., pp. 769-92.
8. E. E. Evans-Pritchard, op. cit., p. 278.
9. É. Benveniste, *Le Vocabulaire des institutions indo-européennes*, p. 217.
10. Ibid., p. 218.
11. Ibid., p. 223.
12. Ibid., p. 279.

7. Raça e classes sociais [pp. 148-55]

1. De um correspondente do jornal *Le Monde* na Suécia.
2. F. Engels. *L'Anti-Dühring*, p. 215.

3. L. Halphen, *Les Barbares.*, v. 5, p. 56.
4. J. A. Gobineau, *Essai sur l'inégalité des races humaines.*
5. A. Cuvillier, *Introduction à la sociologie*, pp. 152-3ss. Quanto menor o índice cefálico, mais pronunciada é a dolicocefalia.
6. Ibid., pp. 153-4.
7. Ibid., p. 154.

8. Nascimento dos diferentes tipos de Estado [pp. 156-62]

1. Alguns autores pensavam poder falar do nascimento de Estados africanos em zonas de contato com outros povos graças ao controle do comércio nessas fronteiras, esquecendo-se de que a eficiência que permitia o controle do comércio, bem como a noção de fronteiras, pressupunha a existência prévia do Estado.
2. E, de um modo mais geral, a todo o Ocidente cristão engajado nas cruzadas contra o islã ou os "sarracenos"; nessa perspectiva seria interessante fazer uma releitura africana da literatura épica da Idade Média e em especial da *Canção de Roland*, em que é particularmente nítida a oposição dialética que marca a tomada de consciência do Ocidente ante o mundo árabe.

9. As revoluções na história: Causas e condições de sucessos e fracassos [pp. 163-8]

1. J. Chesneaux, "Le mode de production asiatique", p. 36, nota 5.

10. As diferentes revoluções na história [pp. 169-79]

1. J. Pirenne, *Histoire de la civilisation de l'Égypte ancienne*, t. 1, pp. 328-9.
2. Ibid., p. 392. Na mesma página: "Os ladrões tornam-se proprietários e os antigos ricos são roubados. Aqueles que estão vestidos de linho fino são espancados. As senhoras, que nunca tinham posto os pés do lado de fora de casa, agora estão saindo. Os filhos dos nobres são jogados contra as paredes. Foge-se das cidades. As portas, as paredes, as colunas são incendiadas. Os filhos dos adultos são jogados nas ruas. Os adultos estão com fome e em perigo. Os servos agora são servidos. As nobres senhoras fugiram [...] seus filhos prostram-se por medo da morte. O país está cheio de facciosos. O homem que vai arar carrega um escudo. O homem mata seu irmão nascido da mesma mãe. As estradas estão espionadas. As pessoas escondem-se nos arbustos até que o lavrador volte para casa à noite, para lhes roubar a carga: ele é espancado com porretes e assassinado vergonhosamente. Os rebanhos vagam ao acaso, não há ninguém para pastoreá-los. A classe rica é totalmente despojada. Aqueles que tinham roupas estão em trapos. Os adultos

trabalham nas lojas. As senhoras que estavam na cama dos maridos agora dormem sobre peles e sofrem como criadas [...]. As nobres senhoras estão famintas. Elas dão seus filhos para prostituí-los [...]. Cada homem leva os animais que marcou com seu nome. As colheitas estão perecendo por toda parte; faltam roupas, azeite. A sujeira cobre o chão. Os armazéns [do Estado] são destruídos e seus guardiões jogados no chão, come-se grama e bebe-se água. Rouba-se a comida da boca dos porcos, do tanto que se tem fome. Os mortos são jogados ao rio, o Nilo é um sepulcro. Os arquivos públicos são divulgados. 'Vamos!', dizem os meirinhos, 'vamos pilhar'. Os arquivos da sublime sala de Justiça são levados, os lugares secretos são divulgados, os serviços públicos são violados, as declarações [atos do cadastro do estado civil] são levados, assim, os servos se tornam os senhores. Os funcionários são mortos, seus escritos são roubados [...]. O celeiro do rei é para qualquer homem que grita: 'Cheguei, tragam-me isso'. A casa do rei, toda, não tem mais rendimentos. As leis da sala de Justiça são lançadas no vestíbulo. São pisoteadas em praça pública; os pobres as dilaceram nas ruas. Acontecem coisas que nunca aconteceram no passado: o rei é sequestrado pelos pobres. Tudo aquilo que a pirâmide escondia agora está vazio. *Alguns homens sem fé nem lei despojaram o país da realeza.* 'A pobre expectativa no Estado da divina Enéade [...]. O filho da senhora torna-se filho de serva.' Na sequência dessa inversão da situação social, a antiga classe dos pobres teria conservado, pelo menos durante algum tempo, as posições assim conquistadas, pois a vida econômica e o comércio retomaram o seu curso normal; a riqueza reaparece, mas mudou de mãos: 'O luxo corre o país, mas são os antigos pobres que possuem a riqueza. Aquele que nada tinha possui a riqueza. Aquele que nada tinha possui tesouros e os grandes os lisonjeiam [...] aquele que nada tinha, empregados domésticos dispõe de criados."

3. Até então, somente o fari ressuscitava e podia se juntar ao seu ka (ou kaou, sua parte eterna) no céu.
4. Isso lembra em diferentes graus os "modos" de propriedade antiga e germânica descritos por Engels e relembrados por Maurice Godelier (ver p. 230).
5. R. Grousset, *Histoire de la Chine*, cap. XX, pp. 203-7.
6. N. D. Fustel de Coulanges, *La Cité antique*, p. 243.

11. A revolução nas cidades-Estado gregas: Comparação com os estados em MPA [pp. 180-97]

1. Ver pp. 250-1 para perceber os erros grosseiros que seriam cometidos, por exemplo, se aplicarmos a glotocronologia à evolução do latim.
2. M. I. Finley, *Les Anciencs Grecs*, p. 19.
3. V. Berard, *Résurrection d'Homère.*
4. M. Finley, *Les Anciencs Grecs*, p. 30.
5. J. Delorme, *La Grèce primitive et archaïque*, pp. 64-6.

6. Ibid., pp. 66-7.
7. Ibid., p. 68.
8. Ibid., p. 72.
9. M. I. Finley, *Les Anciencs Grecs*, p. 50.
10. J. Delorme, *La Grèce primitive et archaïque*, p. 75.
11. M. I. Finley, *Les Anciencs Grecs* t., p. 68.
12. Ibid., p. 73.
13. Autor anônimo do século III a.C.; M. I. Finley, *Les Anciencs Grecs*, p. 79.
14. M. I. Finley, *Les Anciencs Grecs*, p. 84.
15. C. A. Diop, *L'Afrique Noire précoloniale*, pp.113-4.

12. As particularidades das estruturas políticas e sociais africanas e suas incidências sobre o movimento histórico [pp. 198-222]

1. Ver *Jeune Afrique*, n. 475, 10 fev. 1970, p. 26.
2. N. Ngono-Ngabissio relata num artigo que o sr. Malam Adi Bwaye, quinquagenário nigeriano da tribo jouko, na região central do país, antigo professor de ciências, não pregava os olhos há dois anos, exatamente desde 1967. Ele era aku uka, ou seja, rei dos joukos, e fora escolhido desde 1961 entre vários candidatos. Foi então entronizado com toda a pompa, pela sua posição. Mas a tradição jouko diz que o aku uka reina por apenas sete anos, e o rei deve ser sacrificado no final de seu mandato. No último mês de seu reinado, o sacerdote do culto tentou estrangulá-lo enquanto dormia. Ora, o septanato havia terminado em dezembro de 1967. Recusando-se a se submeter ao rito até o fim, Malam sempre dormia com uma arma carregada sob o travesseiro. A opinião pública nigeriana, alertada, ficou dividida. Uma pesquisa do *Lagos Sunday Times* revelou que, em quinhentas respostas, incluindo a do interessado, 55% foram a favor da não execução da sentença, mas 45% foram a favor. No final de sua vida, que terminou de forma natural em 18 de janeiro de 1970, ele era protegido durante as 24 horas do dia pela polícia federal nigeriana.
3. L. Frobenius, *Histoire de la civilisation africaine*.
4. O. Muck, *Chéops et la Grande Pyramide*, p. 85. Ver final do capítulo, nota II, pp. 236-7.
5. Ver C. A. Diop, *Nations nègres et culture*, p. 210.
6. C. G. Seligman, *A Study in Divine Kingship*.
7. J. P. Vernant, *Les Origines de la pensée grecque*.
8. Ver T. Obenga, *La Cuvette congolaise*. Ver a seguir uma análise da organização política do Cayor dos damel.
9. C. A. Diop, *L'Afrique Noire précoloniale*, p. 39.
10. C. A. Diop, *L'Antiquité africaine par l'image*, p. 36, fig. 91.
11. Ver, p. 205, a reprodução do mapa das "correspondências entre a economia dominante de uma região ou de um certo grupo e a atitude deste grupo em relação ao ferreiro". Apud P. Clement: "Le Forgeron en Afrique Noire", p. 51.
12. C. A. Diop, *L'Afrique Noire précoloniale*, pp. 84-7.

Egípcio	Uólofe
Per-aa = faraó	*Fari* = rei Supremo *Fara* = ocupante de algum cargo *Fara lëku* = guardião do harém
P(a)our = o líder > *P-our* = o rei	*Bour* = o rei
Π-oȣpo = *P.ouro* = rei (copta)	*P* (egípcio) → *b* (uólofe)
ND(e)m = O trono	*NDam* = a glória *NDamel* = a glorificação donde *NDamel* = a realeza em Cayor e *Damel* = o rei de Cayor
Remen = côvado, unidade para as medidas dos campos	*Laman* = proprietário de terra *r* (egípcio) → *l* (uólofe)

13. P. Clément, "Le forgeron en Afrique Noire", p. 51.
14. Ibid., pp. 43-4. Note-se a sobrevivência do rei ferreiro entre os malinka do Sahel.
15. Muito se tem escrito sobre o nome Gana: só sabemos que provavelmente não era um nome indígena, assim como o nome *Ganâr*, pelo qual nós senegaleses designamos a Mauritânia, é estranho à língua deste país, árabe ou berbere; assim o nome do antigo império de Gana e o da atual Mauritânia poderiam muito bem ter uma origem etimológica idêntica e exterior. Na época romana, não somente os habitantes das ilhas Canárias, mas os de todo o país ao sul do Marrocos eram chamados canari por assimilação aos primeiros. O historiador romano Plínio, o Jovem (livro v, cap. 1), referindo-se à expedição do pretor Suetônio Paulino contra os Gétulas (grupo ocidental dos líbios que habitam o sul de Marrocos) em 41-42 d.C., diz o seguinte: "Os romanos avançaram para o sul até ao território de uma população chamada canari, que se alimentava principalmente de cães e de carne de animais selvagens [...] esses canari viviam perto de Perorsos, a sul das Gétulas, perto do rio Salsum, Oued-el-Melh (rio Salado), na altura exata das ilhas Canárias". O cabo Gannaria, mencionado por Ptolomeu (*Geografia*) na costa africana, a 20°11' de latitude norte, na altura exata das Canárias, deve ter tirado seu nome desse povo, o kannurich dos autores árabes. Tendo em conta o que foi dito, não é inverosímil propor o seguinte esquema, a partir da denominação de Ptolomeu (ver C. A. Diop, *L'Afrique Noire précoloniale*, p. 85):

   Gannaria → { *Ganâr* = Mauritânia
   { *Gana* = a antiga Ghana.
16. C. A. Diop, *L'Afrique Noire précoloniale*, p. 51.
17. Heródoto, *História*, livro II, descrição da sociedade egípcia; ver também C. A. Diop, *L'Afrique Noire précoloniale*, pp. 7-14.
18. Ver C. A. Diop, *L'Antiquité africaine par l'image*, pp. 45-53.

19. C. A. Diop, *Parenté-génétique de l'égyptien pharaonique et des langues négro-africaines*, cap. "Processus de sémitisation".
20. Ver capítulo 3.
21. C. A. Diop, "Parenté génétique de l'égyptien pharaonique et des langues négro-africaines", p. 88.
22. A viagem do português Cadamosto ao país uólofe, em 1455, é um marco, pois o autor já havia encontrado ali estabelecida uma realeza dos damel de Cayor.
23. C. G. Seligman, *A Study in Divine Kingship*, p. 52.
24. W. M. F. Petrie, *The Making of Egypt*, pp. 69-70. Ver também C. A. Diop, *Antériorité des civilisations nègres*, p. 73.
25. C. G. Seligman, *A Study in divine Kingship*, p. 3. Mashona (Rodésia), balobedu (Norte do Transvaal), bakitara, banyankole, wawanga, zulu, jucun, bambara, mbum etc.
26. Ibid., p. 60.
27. Ibid., p. 10.
28. E. E. Evans-Pritchard, *Les Nuer*,
29. O. Muck, *Chéops et la grande pyramide*, pp. 85-6.

13. Revisão crítica das últimas teses sobre o MPA [pp. 223-52]

1. Publicado originalmente in: Centre d'Études et de Recherches Marxistes/Cerm (Org.). *Sur le "mode de production asiatique"*. 2ª ed. Paris: Éditions Sociales, 1974.
2. Ibid., p. 299.
3. Ibid., pp. 305-6.
4. Ibid., p. 294, nota 1.
5. Ibid., p. 65.
6. Ibid., p. 66.
7. Ibid., p. 67.
8. Ibid., p. 283. Karl Marx apud Charles Parrain.
9. Ibid., p. 81.
10. O perigo é real, mas evitável.
11. M. Godelier, "La notion de 'mode de production asiatique' et les schémas marxistes d'évolution des sociétés", p. 81.
12. Ibid., pp. 91-2.
13. Ibid., p. 89.
14. Ibid., p. 96.
15. Jean Suret-Canale, "La Société traditionnelle en Afrique tropicale et le concept de mode de production asiatique", p. 124.
16. Ibid., p. 127.
17. G. A. Melekechvili, "Esclavage, féodalisme et MPA dans l'Orient ancien", p. 257.
18. Ibid., pp. 263-4.
19. Ibid., p. 267.

20. Ibid., pp. 271-2.
21. Ibid., p. 273.
22. Ibid.
23. I. Banu, "La formation sociale "asiatique" dans la perspective de la philosophie orientale antique", p. 285.
24. Ibid., p. 289.
25. Ibid., p. 473.
26. Ibid., pp. 290-2.
27. Ibid., p. 293.
28. Ibid., p. 180.
29. Ibid., p. 297.
30. A exiguidade da Inglaterra e dos Países Baixos não foi um fator de sucesso da revolução, recordando em uma certa medida o caso da cidade-Estado grega e do Estado latino (do século VI ao III a.C.)?
31. A exceção confirma a regra: Espártaco, Bagdá (século IX), Toussaint-Louverture.
32. I. Banu, "La formation sociale 'asiatique' dans la perspective de la philosophie orientale antique", p. 301.
33. Ibid., p. 302.
34. Ibid.
35. Ibid., p. 301.
36. Muito posterior às cosmogonias egípcias, em particular a cosmogonia hermopolitana.
37. I. Banu, "La formation sociale 'asiatique' dans la perspective de la philosophie orientale antique", p. 303.
38. M. Dambuyant, "Un État à 'haut commandement économique': L'Inde de Kautilya", p. 369.
39. Cautília, *Artaxastra* II, 16.
40. H. Antoniadis-Bibicou, "Byzance et le M.P.A.", p. 195.
41. C. Parrain, "Protohistoire méditerranéenne et mode de production asiatique", p. 169.
42. Ibid., p. 170.
43. C. A. Diop, *Nations nègres et culture*, cap. VII.
44. K. Marx, *Le Capital*, livro III, t. VIII, p. 172.
45. É o que comparamos com a mobilização geral nos Estados modernos.
46. Ver Centre d'Études et de Recherches Marxistes/Cerm (Org.). *Sur le "mode de production asiatique"*, p. 175.
47. Ibid., p. 178.
48. J. P. Vernant, *Les Origines de la pensée grecque*, p. 14.
49. C. Parrain, "Protohistoire méditerranéenne et mode de production asiatique", p. 179. Pode-se notar que  = *dmi* = vila, cidade, habitação no antigo Egito.
50. Ibid., p. 187.
51. Ibid., p. 189.

52. Ibid., p. 190.
53. G. Devoto, *La Crisi del latino nel Vo secolo a. Ch.*
54. Podemos assim medir os erros que expõem a glotocronologia como método de datação na arqueologia linguística.
55. K. Marx e F. Engels, *L'Idéologie allemande*, p. 24, bem como nota 2 da primeira parte de *Ludwig Feuerbach e o fim da filosofia clássica alemã*.
56. A. Aymard; J. Auboyer, *Rome et son Empire*, pp. 149-50. No Baixo Império Romano, foi para escapar da insegurança fiscal que os pequenos camponeses pobres se colocaram sob a proteção dos grandes proprietários de terra, perdendo gradualmente suas terras e sua liberdade, para se tornarem servos, mais tarde, na Idade Média. Com efeito, quando, com as invasões bárbaras, reinava a insegurança física no campo, estavam dadas as condições próprias para o nascimento do regime feudal.

14. Como definir a identidade cultural? [pp. 255-65]

1. Peyronnet apud G. Hardy, *Une Conquête morale*.
2. Juvenal, *Sátiras*, xv, vv. 126-8.
3. Joseph A. Gobineau, *Essai sur l'inégalité des races humaines*, livro II, cap. VII.

15. Para um método de abordagem das relações interculturais [pp. 266-73]

1. J.P. Sartre, "Orphée noir", p. 246.
2. Ibid., pp. 243 e 248.
3. Ibid., p. 247.
4. Ibid., p. 248.
5. Ibid., p. 244.
6. A. Malraux, *Le Musée imaginaire*.

16. Contribuição da África: Ciências [pp. 277-353]

1. Paul ver Eecke (Org.), "Introduccion". In: *Les Œuvres complétes d'Archiméde*, v. I, pp. xliv-xlv e xlix.
2. V. V. Struve, *Mathematischer Papyrus des Staatlichen Museums der Schönen Künste in Moskau*.
3. Ibid., pp. 177-8.
4. R. J. Gillings, *Mathematics in the Time of the Pharaohs*, p. 199.
5. P. Ver Eecke, "Introduccion", p. xxxi.
6. Ver pp. 398-9.
7. V. V. Struve, *Mathematischer Papyrus des Staatlichen Museums der Schönen Künste in Moskau*, p. 180.

8. Ver pp. 301-2.
9. Ver Eecke, "Introduccion", p. xxix.
10. Ver L. Croon, *Lastentransport beim Bau der Pyramiden.*
11. V. V. Struve, *Mathematischer Papyrus des Staatlichen Museums der Schönen Künste in Moskau.*
12. Ver H. Carter e A. Gardiner, "The tomb of Ramesses IV and the Turin plan of a royal tomb", pp. 130-58. Ver também as pesquisas de Flinders Petrie em "Egyptians working drawings", pp. 24-6. A exatidão das plantas arquitetônicas dos antigos egípcios já foi sublinhada por L. Borchardt in *A.Z.*, n. 34, p. 72.
13. P. Ver Eecke, op. cit., p. xxxviii.
14. Diodoro da Sicília, apud P. Ver Eecke, *Les Œuvres complètes d'Archimède*, v. II, livro V, cap. XXXVII, p. 39.
15. P. Ver Eecke, op. cit., pp. xiv-xv. Estrabão, *Géographie*, v. III, livro XVII, apud Ver Eecke.
16. P. H. Michel em R. Taton (Org.), *Histoire générale des sciences*, v. 1, p. 233.
17. Ver *A.Z.*, n.34, pp. 75-6; V. V. Struve, *Mathematischer Papyrus des Staatlichen Museums der Schönen Künste in Moskau*, p. 180, nota 1.
18. V. V. Struve, *Mathematischer Papyrus des Staatlichen Museums der Schönen Künste in Moskau*, pp. 183-4.
19. Ibid., pp. 185-6, 183 e 181, respectivamente.
20. Ibid., p. 158.
21. E. T. Peet, "A Problem in Egyptian Geometry", pp. 100-6.
22. V. V. Struve, *Mathematischer Papyrus des Staatlichen Museums der Schönen Künste in Moskau*, p. 166.
23. Ibid., p. 159: a) Ver *Rh 58 i*, onde tem-se *mr pr-m-ws n-f imi m* 93 ⅓ = uma pirâmide cuja altura é 93 ⅓; b) st *3W* (...) *m hj mh* 60 = uma rampa de altura 60.
24. E. T. Peet, "A Problem in Egyptian Geometry", pp. 100-1.
25. Ibid., p. 102.
26. *Wörterbuch der ägyptischen Sprache*, p. 98.
27. R. J. Gillings, *Mathematics in the Time of the Pharaohs*, p. 198.
28. Ibid., p. 201.
29. Segundo Diodoro, os primeiros astrônomos caldeus eram apenas uma colônia de sacerdotes egípcios instalados no Alto Eufrates.
30. Jâmblico, *Vida de Pitágoras.*
31. Diodoro da Sicília, *Biblioteca*, Livro I, 69, 81.
32. Platão, *Fedro*, 274 C.
33. Aristóteles, *Metafísica*, A1, 981b, 23.
34. Heródoto, livro II, § 109.
35. Clemente de Alexandria, *Estromata*, 1, 357.
36. Grün apud R. Gillings, *Mathematics in the Time of the Pharaohs*, p. 189.
37. E. T. Peet, *The Rhind Mathematical Papyrus.*
38. R. J. Gillings, *Mathematics in the Time of the Pharaohs*, p. 208.

39. "O problema 48 Rhein já nos mostrou há muito tempo que a questão da quadratura do círculo era conhecida dos matemáticos egípcios". V. V. Struve, *Mathematischer Papyrus des Staatlichen Museums der Schönen Künste in Moskau*, p. 178.
40. Ibid., pp. 97ss.
41. Ibid., p. 99.
42. Ibid., p. 100.
43. T. E. Peet, *The Rhind Mathematical Papyrus*, pp. 93-4.
44. R. J. Gillings, *Mathematics in the Time of the Pharaohs*, p. 139.
45. T. E. Peet, *The Rhind Mathematical Papyrus*, p. 94.
46. Ibid., pp. 80-2.
47. Ibid., p. 81.
48. Ibid., p. 85.
49. L. Borchardt, *A.Z.*, n. 35, pp. 150-2. Ver também as críticas de T. E. Peet, *The Rhind Mathematical Papyrus*, p. 83.
50. T. E. Peet, *The Rhind Mathematical Papyrus*, pp. 121-2.
51. Ibid., p. 78.
52. F. Hoefer, *Histoire des mathématiques*, pp. 99, 129-30.
53. Plutarco, *Ísis e Osíris*, § CLVI.
54. R. J. Gillings, *Mathematics in the Time of the Pharaohs*, p. 175.
55. Ibid.
56. Diofante apud R. J. Gillings, *Mathematics in the Time of the Pharaohs*, p. 181.
57. *Pesou:* literalmente, "cozinha". Exemplo: *pesou* = número de pães / quantidade de grãos utilizados. [Alqueire sendo aqui a medida antiga de capacidade, usada em especial para cereais. (N. T.)]
58. *Aha*: literalmente, "pilha", "parte", "quantidade", "valor", "número abstrato".
59. "As decomposições são sempre, em um ponto ou outro, mais simples do que qualquer outra decomposição possível" (apud R. J. Gillings, *Mathematics in the Time of the Pharaohs*, p. 48). Enquanto um detrator como Peet dirá que o *recto* (do papiro que contém a tabela de frações) é um monumento à falta de altitude do espírito científico.
60. R. J. Gillings, *Mathematics in the Time of the Pharaohs*, p. 52.
61. Assim: $\frac{2}{41} = \frac{1}{24} + \frac{1}{246} + \frac{1}{328}$ (papiro de Rhind, V. V. Struve, *Mathematischer Papyrus des Staatlichen Museums der Schönen Künste in Moskau*, p. 37). Note-se: 𓂋 = *ro* = fração = o bocado que se engole = a porção. Em uólofe, temos *rôh* = engolir com gulodice (?).
62. J. Vercoutter em R. Taton (Org.), *Histoire générale des sciences*, v. 1.
63. Papiro de Rhind, problema nº 4, sete pães para repartir entre dez pessoas.
64. C. A. Diop, *Parenté génétique de l'égyptien pharaonique et des langues négro-africaines*, p. 258.
65. Ibid., p. 168, para explicações complementares.
66. Flinders Petrie, *Papyrii*, apud R. J. Gillings, *Mathematics in the Time of the Pharaohs*, p. 162).

67. A. H. Gardiner, *Egyptian Grammar*, p. 145.
68. J. Vercoutter em R. Taton (Org.), *Histoire générale des sciences*, v. 1, p. 38. Ver também *Dictionnaire archéologique des techniques*, pp. 97-8.
69. O calendário gregoriano foi introduzido em outubro de 1582 em Roma pelo papa Gregório XIII. A França adotou-o em dezembro de 1582, a Grã-Bretanha em 1752, a Rússia em 1918, e a Grécia em 1923. Com base na duração do ano tropical de 365,2425 dias, ele apresenta uma ligeira defasagem de três dias em 10 mil anos, em comparação com a duração mais exata de 365,2422 dias.
70. O. Neugebauer, *The Exact Sciences in Antiquity*, p. 81 (citado por R. J. Gillings, *Mathematics in the Time of the Pharaohs*, p. 235).
71. Se quatro anos correspondem a um dia de diferença, são necessários $4 \times 365 = 1460$ anos para que o ano civil e o ano astronômico coincidam outra vez, isto é, para que o primeiro do ano nos dois calendários caia no mesmo dia e coincida com um nascer do helíaco de Sótis, ou Sírio, ou "Sépedet".
72. Ano 139 a.C.: levantamento heliacal, segundo Censório; 1471-1474 a.C.: festa religiosa (advento?), sob Tutemés III; 1555-1558: 1º ou 9º ano do reinado de Amenófis I, segundo rei da XVIII dinastia; 1885-1888: 1º ou 7º ano do reinado de Senusret, XII dinastia.
73. Um dia = 4 anos.
74. Papiro demótico Carlsberg nºs 1 e 9. Carlsberg nº 9 foi escrito na época romana, depois do ano 144.
75. O. Muck, *Cheops et la Grande Pyramide*, p. 40.
76. Ibid., pp 68-78 e cap. VII.
77. Ibid., p. 114.
78. Grande pirâmide de Khufu (Quéops): 2'28"; pirâmide de Quéfren: 2'28"; pirâmide de Miquerinos: 9'12"; pirâmide Romboidal: 24'25'"; pirâmide de Meidum: 14'3".
79. Exemplo: *Mentou m hat*, escrito com o signo do Deus segurando uma vela, símbolo da navegação, sendo os dois sinais respetivamente homófonos de *Mentou* e *hat* (G. Lefebvre, *Essai sur la médecine égyptienne*, p. 39).
80. Papiro de Ebers nº 2.
81. *Djat, lemu*, em uólofe.
82. Papiro de Ebers, nº 500.
83. *Djat u djt* = a fórmula mágica que cura a picada do escorpião (em uólofe, Senegal); *lugg daan* = eliminar o veneno da cobra por meio mágico. No Egito, um rato cozido curava distúrbios de dentição; na África negra, para ter belos dentes, a criança deve jogar os dentes de leite que caem em ratos escondidos em uma sebe.
84. Dizem-nos que foi Herófilo de Alexandria quem primeiro contou o número de batimentos de pulso, no século III a.C. Todos os estudiosos que fizeram a reputação da ciência grega na Antiguidade realizaram as suas "descobertas" em contato com estudiosos egípcios, ou mesmo no próprio Egito, e jamais na Grécia. Praticamente não há exceções a essa regra. Voltaremos a essa questão.

85. Os casos estudados incluem: luxação da mandíbula, de uma vértebra, do ombro, perfuração do crânio, do esterno, fratura do nariz, de mandíbula, clavículas, úmeros, costelas, fratura do crânio sem ruptura das meninges, esmagamento de uma vértebra cervical etc.
86. G. Lefebvre, *Essai sur la médecine égyptienne*; J. Vercoutterem R. Taton (Org.), *Histoire générale des sciences*, v. 1, p. 50.
87. R. Maddin; J. D. Muhly; T. S. Heeler, "Les débuts de âge du fer", p. 17.
88. C. A. Diop, "La métallurgie du fer sous l'Ancien Empire égyptien", p. 532-47, e "L'âge du fer en Afrique".
89. L. Borchardt, *A.Z.* (*Z.A.S*), n. XXXIV, pp. 69-76, 1896.
90. Para um plano inclinado com ângulo $\alpha = 20°$, partindo da fórmula $p = Q \text{ sen } \alpha + \mu Q \cos \alpha$, para um bloco de 1150 quilos, encontra-se um peso final de: $p = 1150 \text{ sen } 20° + 0{,}25 \times 1150 \cos 20° = 390 + 270 = 660$ quilos para a tração (μ = coeficiente de atrito). Supondo que cada manobra pode içar segundo o plano inclinado um peso de quinze quilos, tem-se: $660/15 = 44$ trabalhadores.
91. L. Croon, *Beiträge zur Agyptischen Bauforschung und Altertumskunde*, pp. 26-39.
92. Na figura 53, ver a reprodução do quadro III, fig. V, do artigo de L. Borchardt, op. cit.
93. Ver figs. 52 a 55.
94. H. Carter e A. H. Gardiner, "The tomb of Ramesses IV and the Turin plan of a royal tomb", pranchas XXIX-XXX.
95. K. R. Lepsius, *Denkmäler aus Agypten und Athiopien*.
96. E. Mackay, "Proportion Squares on Tomb Walls in the Theban Necropolis". Ver figs. 61-65.
97. Ver fig. 61, um desenho do túmulo 92 (prancha XVII).
98. Ver fig. 62, túmulo 52 (prancha XV).
99. Ver fig. 63, túmulo 36 (prancha XVIII).
100. Ver fig. 64, túmulos 92 (prancha XVII) e 93 (prancha XV), e fig. 65, túmulos 95 (prancha XV) e 55 (prancha XV).

17. Existe uma filosofia africana? [pp. 354-435]

1. Ver C. A. Diop, *Nations négres et culture*.
2. *Nun*: as águas negras barrentas do Nilo desde os tempos da criação cósmica. Ver ibid., p. 169.
3. C. A. Diop, *Parenté génétique de l'égyptien pharaonique et des langues négro-africaines*, p.228.
4. E. Amélineau, *Prolégomènes à l'étude de la religion égyptienne*.
5. Ver às pp. 220-2, *Livro dos mortos*, "A sentença dos canibais".
6. *Wörterbuch der Aegyptischen Sprache*, p. 298.
7. Ver J. Pirenne, *Histoire de la civilisation de l'Égypte ancienne*.
8. C. A. Diop, *Nations négres et culture*, p. 213.

9. M. Griaule; G. Dieterlen, "Un système soudanais de Sirius". Os dogon compreendem quatro tribos que outrora assumiram diferentes papéis: arou (adivinhos), dyon (cultivadores), ono e dommo (comerciantes) (p. 275; ver a excelente análise deste artigo feita por Hunter Adams III no *Journal of African Civilizations*).
10. Ibid., p. 280. O *põ* = *Digitaria exilis*, cereal africano cujo nome vulgar é *foñio*.
11. Ver a seção "Calendário", pp. 328-32.
12. *Pô tolo kize woy wo gayle be dedemogo wo sige 6e* (M. Griaule; G. Dieterlen, "Un système soudanais de Sirius", p. 287, nota 2). Ver figs. 69 e 70.
13. Ver H. Adams III, *Journal of African Civilizations*, p. 3.
14. Ver fig. 71.
15. M. Griaule; G. Dieterlen, "Un système soudanais de Sirius", p. 284.
16. Ibid., p. 287.
17. Ibid.
18. Sobre a ação da matéria estelar na instabilidade do humor dos homens, ver M. Griaule; G. Dieterlen, "Un système soudanais de Sirius", p. 284.
19. Ibid., p. 281. Ver fig. 70.
20. Ibid., p. 288.
21. Ver figs. 72 e 73.
22. Segundo Proclo Lício, de acordo com os pitagóricos, três é o primeiro na sequência dos números (Paul ver Eecke, *Proclus de Lycie*, introdução, p. xvii).
23. S. de Ganay, "Graphies bambara des nombres".
24. Ibid., p. 301, nota 3.
25. M. Griaule; G. Dieterlen, "Un système soudanais de Sirius", p. 279.
26. Ibid., pp. 282-4. Ver fig. 74.
27. Ibid.
28. Ibid., pp. 291-2.
29. R. Grauwet, "Une statuette égyptienne au Katanga", p. 622.
30. H. Adams III, *Journal of African Civilizations*, p. 3.
31. Ver p. 406, bem como Diodoro da Sicília, *Biblioteca*, Livro I.
32. Ver Eecke, op. cit., p. 57, nota 6.
33. Ver citações de Diógenes Laércio à página 400.
34. Seria interessante estudar mais a fundo alguns termos como: *faro* (bambara) = *nommo* (dogon); *faro* < fari = faraó (?); *arou* = nome da tribo dogon, tribo de adivinhos; *arou* = paraíso (em egípcio, orig. p. 381); *minianké* = os homens de Min = nome de tribo dogon (seriam os homens do deus egípcio Min?). Por fim, Hunter Adams III (*Journal of African Civilizations*, p. 10) cita: *numu* = forja (dogon) e *lnumu* = ferro (dravidiano). E pode-se acrescentar a esses dois nomes advindos do trabalho de Cheikh Tidjane Ndiaye: *nem* = antiga faca egípcia e *nam* = afiar a faca (uólofe). Será necessário aprofundar o estudo etimológico de termos como *nommo*; e que *kora* significa harpa.
35. Ver às pp. 220-2, *Livro dos mortos*, "A sentença dos canibais".
36. A. Kagame, *La Philosophie bantu comparée*, p. 122.

37. C. A. Diop, *Parenté génétique de l'égyptien pharaonique et des langues négro-africaines*, pp. xxvi-xxviii e 1-24.
38. Ver caps. 8 e 11.
39. E. Amélineau, *Prolégomènes à l'élude de la religion égyptienne*, pp. 153-6.
40. Ibid.
41. Platão, *Timeu*, XXIX.
42. *Kun* (árabe) = que se faça tal (coisa); que se faça a luz, e a luz se fez.
43. *Khepri* ⟶ *sopi* (copta) ⟶ (uólofe) = tornar-se. *Werden* (alemão) = tornar-se; verbo auxiliar que desempenha papel primordial na expressão do pensamento alemão.
44. E. Amélineau, *Prolégomènes à l'élude de la religion égyptienne*, pp. 209-10.
45. Ibid., pp. 219, 221 e 213, respectivamente.
46. *Ate* (uólofe) = juiz, julgamento; *atew* (uólofe) = julgado.
47. C. A. Diop, *L'Antiquilé africaine par l'image*, p. 37, figs. 51 e 52.
48. Essa ponte é, em todos os aspectos, comparável ao *sirat al-moustaqim* do islã (ver ibid., p. 34, fig. 59). Ver fig. 75.
49. J. Pirenne, *Histoire de la civilisation de l'Égypte ancienne*, t. 3, p. 352.
50. Os textos egípcios dizem: "Neste dia o *Nun* deu à luz através da realização dos sopros felizes" — ideia retomada quase palavra por palavra em dois lugares na Bíblia (Gênese 1, 2 e Gênese 7, 20-21: "o sopro de Deus pairou sobre o abismo"). Ver também o calendário egípcio de dias nefastos.
51. E. Amélineau, *Prolégomènes à l'élude de la religion égyptienne*, p. 147.
52. S. Sauneron, *Les Prêtres de l'ancienne Egypte*, p. 35. Diógenes Laércio, op. cit., livro 8, 8 (87) 3.
53. Hérodoto, op. cit., livro II, 37.
54. C. A. Diop, *Nations negrès et culture*, pp. 206-7.
55. Heródoto, *Histórias*, livro II, § 104.
56. Ibid., livro II, § 64.
57. S. Sauneron, op. cit., p. 67.
58. Ibid., p. 150. Acrescentemos que o retorno periódico dos astros provavelmente diz respeito à teoria dos epiciclos e excêntricos que permitiu explicar as aparentes anomalias dos movimentos dos astros: estações e retrogradações de pequenos planetas em particular. Na verdade, os dois sistemas (epiciclos/excêntricos) são equivalentes. Em um epiciclo, a Terra ocupa o centro de um grande círculo, cujos pontos da circunferência são percorridos pelo centro de um outro círculo de raio *r* e cuja circunferência é descrita pelo planeta.
59. Ibid., p. 136.
60. A. Aymard; J. Auboyer, *L'Orient et la Grèce Antique*, p. 274.
61. Ibid., pp. 274 e 350, respectivamente.
62. Ibid., p. 350.
63. J. Delorme, *La Grèce primitive et archaïque*, p. 94.
64. Platão, *Timeu*, 28a (a causalidade, o artífice, os dois modelos).
65. Ibid., 29a.

66. Apud Estrabão.
67. Ibid., 30a-b-c.
68. Em egípcio, temos a sentença típica: *Ink mr f nfrt msd.f dwt* = Eu gosto do que é bom (bonito) e odeio o que é ruim. Em uólofe, existe uma sentença idêntica: *Bëgg bu baah ban lu bon* = (eu) gosto do que é bom (bonito) e odeio o que é ruim.
69. A. Rivaud, "Notice", p. 35.
70. P. ver Eecke, *Proclus de Lycie*, p. xii, Introdução.
71. O princípio da evolução da matéria (Ver. p. 356).
72. Platão, *Timeu*, 42e.
73. Ibid., 55e-61c.
74. Ibid., 32b e 32c.
75. Ibid., 37a.
76. Ibid., 37d-37e.
77. Ibid., 38b.
78. Ibid., 38b-39e.
79. Ver adiante as citações de Estrabão.
80. Tema já desenvolvido no capítulo anterior, pp. 328-32.
81. Quinto Cúrcio Rufo, *História de Alexandre*, IV, 10.
82. Platão, *Timeu*, 38b.
83. Estrabão, *Geografia*, livro XVII, 1, 29.
84. S. Sauneron, *Les Prêtres de l'ancienne Égypte*, pp. 114-5.
85. Ver Plutarco, *Ísis e Osíris*.
86. Suposta carta de Tales a Ferécides, citada por Diógenes Laércio: "Mas nós, que não escrevemos, viajamos alegremente pela Grécia e pela Itália" (*Vidas e doutrinas dos filósofos ilustres*).
87. Ibid., p. 53.
88. Platão, *Timeu*, 40a.
89. Ibid., 40e.
90. A. Rivaud, "Notice", p. 39.
91. Ibid., p. 40.
92. Ibid., p. 41.
93. Ver p. 317, o exercício sobre as progressões geométricas, para constatar que essas noções matemáticas foram ensinadas ao mundo mediterrâneo pelo Egito: o papiro de Rhind remonta a 1800 a.C. e é cópia de um texto mais antigo, segundo o próprio copista escriba Amósis.
94. Platão, *Timeu*, 31b-31c.
95. Ibid., 32b.
96. Por que sete partes? Porque, muito provavelmente, as relações decorrentes dessas considerações irão explicar, entre outras coisas, as distâncias (supostas) entre os planetas (5 + 2, o Sol e a Lua).
97. A. Rivaud, "Notice", p. 43.
98. Ibid., p. 50.
99. Ibid., p. 51.

100. Platão, *Timeu*, 36e.
101. Ibid., 36ac.
102. Diodoro, *Biblioteca*, Livro livro 1, 98.
103. Ibid.
104. Diógenes Laércio, *Demócrito*, 3, apud S. Sauneron, *Les Prêtres de l'ancienne Egypte* p. 114.
105. E. Amélineau, *Prolégomenes à l'étude de la religion égyptienne*, op. cit. pp. 227-8.
106. S. Sauneron e J. Yoyotte, *La Naissance du monde*, cap. "Égypte ancienne", p. 53.
107. Egípcio: *dhwt* = *thot* = íbis; uólofe: *dwhat* = aves excepcionalmente grandes; *toh* = *hod* = íbis.
108. Aristóteles, *Física*, 1, 2, § 184b.
109. Diógenes Laércio, *Vidas e doutrinas dos filósofos ilustres*, p. 52.
110. *Fes* = devir, aparecer, visível, em oposição a oculto (em uólofe).
111. E. d'Astier, *Histoire de la philosophie*.
112. Aristóteles, *Física*, 1-5.
113. Ibid.
114. Aristóteles, *Física*, 1 7.
115. Ibid.
116. O termo uólofe provavelmente deriva do causativo egípcio do mesmo verbo: *hopir* = mudar (egípcio); *shopir* = [fazer] mudar (egípcio); *sopi* = mudar (uólofe).
117. H. Carteron, "Introdução", p. 16.
118. S. Sauneron; J.Yoyotte, *La Naissance du monde*, p. 35.
119. C. A. Diop, *Parenté génétique de l'égyptien pharaonique et des langues négro-africaines*, p. 169.
120. Sabe-se que *n* → *l* na passagem do egípcio para o uólofe, em muitos casos (ver C. A. Diop, *Parenté génétique de l'égyptien pharaonique et des langues négro-africaines*, pp. 3, 11, 73).
121. Ibid., p. 29.
122. Ibid., errata.
123. E. Amélineau, *Prolégomènes à l'étude de la religion égyptienne*, p. 224.
124. C. A. Diop, *Parenté génétique de l'égyptien pharaonique et des langues négro-africaines*, p. 84.
125. Ibid., p. 287.
126. R. O. Faulkner, *Dictionary of Middle Egyptian*, p. 306. Ver E. Amélineau, *Prolégomènes à l'étude de la religion égyptienne*, p. 192 (malinke, sama-nke etc.).
127. E. Amélineau, *Prolégomènes à l'étude de la religion égyptienne*, p. 98.
128. *Wörterbuch der Aegyptischen* Sprache, v. 1, p. 139.
129. L. Frobenius, *Mythologie de l'Atlantide*, pp. 127 e 177.
130. Costis Davaras, *Le Palais de Cnossos*. Atenas: Hannibal.
131. Os físicos James Watson Cronin e Val Logdson Fitch (prêmio Nobel de 1980, ver *Le Monde*, out. 1980) demonstraram, de uma maneira muito complexa, a não preservação parcial do produto (CP). É preciso entender isso como o produto da

operação de paridade (trocar a parte superior e a inferior, a direita e a esquerda) e da conjugação de cargas (substituição das partículas pelas suas antipartículas). A operação (CP) é matematicamente equivalente a uma inversão do sentido do tempo. Fisicamente, isso significa que, como a lei da invariância (LC) não é boa, se houvesse um universo físico correspondente onde o tempo fluísse para o passado, esse universo não seria rigorosamente simétrico ao nosso. Para o nosso desenvolvimento, é importante ressaltar que a noção de reversibilidade do tempo, de retorno do tempo em direção ao passado, longe de ser absurda, tornou-se parte integrante do aparato conceitual do físico moderno. Por outro lado, a estrutura assimétrica parcial da matéria significaria que a evolução do universo não obedece a uma função periódica: uma explosão "inicial" (big bang), há 10 bilhões de anos, seguida de uma expansão e de uma nova condensação da matéria, e assim por diante... Assim, mesmo que o big bang "inicial" pertença a um passado absoluto e não deva se repetir, ele é apenas um começo relativo, e a razão e a imaginação permanecem intrigadas com o processo evolutivo anterior da matéria que o provocou. O universo, em vez de ser estacionário como gostaria a relatividade geral, estaria em impulsão, em expansão e constantemente em desequilíbrio. No entanto, o estudo dos núcleos de galáxias, que está apenas no início, sugere a existência de buracos negros que seriam germes, centros de condensação extrema da matéria em todo o espaço cósmico. Poderiam capturar, cada um dos vários buracos negros (se é que realmente existem), toda a matéria galáctica que os rodeia, e depois fundir-se aos poucos por atração mútua, a fim de reconstituir uma imensa bola comparável à do suposto big bang inicial, e o absurdo da evolução recomeçaria assim? Aparentemente não. O pouco que se sabe ou, mais precisamente, o que se supõe sobre a termodinâmica dos buracos negros parece impossibilitar o crescimento tão infinito de seu tamanho; haveria um limite máximo para isso. Na realidade, estamos no império das hipóteses, e todas as questões ainda são possíveis nesse domínio. É importante somente enfatizar que as propriedades do universo não são mais deduzidas de princípios estéticos ou morais estabelecidos a priori (Platão), mas da experiência científica. O universo não é a priori simétrico por pura exigência especulativa e supostamente racional do espírito, ele é dissimétrico, como o revela a experiência.

132. O teorema de Gödel afirma que, se uma teoria é baseada em um número finito de axiomas ricos o suficiente para permitir a construção da aritmética, é possível encontrar uma proposição que seja indecidível nessa teoria, isto é, que não é nem verdadeira nem falsa dentro da estrutura da teoria. Esse teorema arruinou a esperança de Hilbert de demonstrar a consistência interna da aritmética prescindindo do infinito. Gödel mostrou, assim, que era necessário apoiar-se na noção de infinito, ou seja, ir além do quadro dos axiomas iniciais, a fim de provar a coerência da aritmética. Portanto, trata-se certamente de um teorema da incompletude, do mesmo tipo, com a mesma finalidade com que Einstein tentou estabelecer relativamente à mecânica quântica. Para realizar seu

trabalho, Gödel foi levado a criar funções recursivas, que são a base da lógica moderna e da teoria da computação. Como resultado do teorema da incompletude de Gödel, a axiomatização completa da matemática é impossível, em particular a da aritmética, dos números fracionários. Mais precisamente, a toda axiomática pode-se associar uma equação indecidível no sistema, mas decidível em outro sistema diferente de axiomas. Portanto, toda axiomática é incompleta, daí o teorema da incompletude. Desde os trabalhos de Gödel, completados por P. J. Cohen, sabe-se que dois axiomas, o "axioma da escolha" e a "hipótese do contínuo", são completamente independentes dos outros axiomas da teoria dos conjuntos. Para isso, Gödel criou os conjuntos construtíveis, que são uma extensão das funções recursivas e que estão na base da lógica dos conjuntos. O axioma da escolha postula que uma linha contém uma parte não mensurável, e a hipótese do contínuo, que não existe infinito estritamente compreendido entre o dos números naturais e o dos pontos de uma reta.

133. J. Breuer, *Initiation à la théorie des ensembles*, pp. 105-6.
134. Ibid., p. 102.
135. Dominique Dhombres, *Le Monde*, 6-7 jul. 1975, p. 8.
136. P. Thuillier, "La Physique et l'irrationnel", p. 582.
137. Dominique Dhombres, "Les rapports entre la pensée humaine et la matière vivante".
138. Ibid.
139. J. W. Von Goethe, *Faust*, p. 29.
140. M. Jammer, "Le paradoxe d'Einstein-Podolsky-Rosen", pp. 510-9.
141. A. Einstein; B. Podolsky; N. Rosen, "Paradoxe EPR".
142. J. Von Neumann, *Les Fondements mathématiques de la mécanique quantique.*
143. M. Jammer, "Le paradoxe d'Einstein-Podolsky-Rosen", p. 516.
144. Ibid.
145. Ibid.
146. Pierre Thuillier, "La Physique et l'irrationnel", p. 583.
147. M. Jammer, "Le paradoxe d'Einstein-Podolsky-Rosen", p. 519.
148. J. E. Charon, *L'Esprit, cet inconnu.*
149. F. Fer, artigo em *Science et Vie*, n. 728, pp. 42-6.

18. Vocabulário grego de origem negro-africana [pp. 436-38]

1. A. Aymard; J. Auboyer, *L'Orient et la Grèce antique*, p. 231.
2. Diógenes Laércio, *Vidas e doutrinas dos filósofos ilustres*, livro VIII, 1 (1-4).
3. Ibid., 8,89.
4. Diodoro da Sicília, *Biblioteca*, Livro I, 96-8.
5. S. Sauneron, *Les Prêtres de l'ancienne Égypte*, p. 124. "Écrit hermétique" (tratado XVI, 1-2).

6. A contribuição dos latinos para as ciências exatas é quase nula, ao contrário da dos gregos, porque eles tiveram menos contato com o Egito.
7. Ver P. Chantraine, *Dictionary of Greek*.
8. Segundo uma teoria engenhosa, a soma dos valores numéricos das letras que formam a palavra grega *Neilos* seria igual a 365, o número de dias do ano, que marca o retorno da enchente do Nilo. Se assim fosse, o termo teria de ser recente no grego e, portanto, ausente na língua arcaica.
9. No entanto, ambos os termos são considerados de origem indo-europeia.

Índice bibliográfico

ADAMS III, Hunter. *Journal of African Civilizations*, v. 1, n. 2, nov. 1979. Org. Ivan van Sertima. New Brunswick/ Nova Jersey: Douglass College/ Rutgers University.

ALIMEN, H. *Préhistoire de l'Afrique*. Paris: N. Boubée et Cie, 1955.

AMÉLINEAU, E. *Prolégomènes à l'étude de la religion égyptienne*. Paris: Ernest Leroux, 1908.

ANTONIADIS-BIBICOU, Hélène. "Byzance et le MPA". In: Centre d'Études et de Recherches Marxistes/Cerm (Org.). *Sur le "mode de production asiatique"*. Paris: Éditions Sociales, 1974.

ARCHEOLOGIA, n. 123, out. 1978.

ARQUIMEDES. *O método sobre os teoremas mecânicos*.

______. *Sobre a esfera e o cilindro*.

______. *Sobre as medidas do circulo*.

______. *Sobre o equilíbrio dos planos*.

ARISTÓTELES. *Physique*. Estabelecimento de texto e trad. de Henri Carteron. 3ª ed. Paris: Belles Lettres, 1926.

______. *Metafísica*.

D'ASTIER, Ernest. *Histoire de la philosophie*. Paris:, Payot, 1952.

AUBOYER, Jeannine *ver* AYMARD, André; AUBOYER, Jeannine.

AUTRAN, Charles. *Mithra, Zoroastre et la pré-histoire aryenne du christianisme*. Paris: Payot, 1935.

AYMARD, André; AUBOYER, Jeannine. *L'Orient et la Grèce antique*. Paris: PUF, 1961. 1ª ed., 1953.

______. *Rome et son Empire*. Paris: PUF, 1959.

BA, Oumar. *La Pénétration française au Cayor*, t. I., Nouakchott, 1976.

BADA, Jeffrey L. Comunicação no IX Congrès UISPP, Colóquio I, 1976.

BANTI, Max. *Reconstruction de la denture de "l'adolescent du Grimaldi"*. Tese de doutorado (Cirurgia Dentária). Paris: Universidade de Paris VII, 1969.

BANU, Ion. "La formation sociale 'asiatique' dans la perspective de la philosophie orientale antique". In: Centre d'Études et de Recherches Marxistes/Cerm (Org.). *Sur le "mode de production asiatique"*. Paris: Éditions Sociales, 1974.

BARRAL, L.; CHARLES, R. P. "Nouvelles données anthropométriques et précisions sur les affinités systématiques des négroïdes de Grimaldi". *Bulletin du Musée d'Anthropologie Préhistorique de Monaco*, n. 10, pp. 123-39, 1963.

BAUMANN, A.; WESTERMANN, D. *Les Peuples et les civilisations de l'Afrique*. Paris: Payot, 1948.

[BENNETT, John Godolphin. "The hyperborean origin of the indo-european culture", *Systematics*, v. 1, n. 3, dez. 1963.]

BENVENISTE, Émile. *Le Vocabulaire des institutions indo-européennes: Économie, parenté, société*. Paris: Minuit, 1969.

BÉRARD, Victor. *Résurrection d'Homère: Au temps des héros*. Paris: Grasset, 1930.

BLACKMAN, A. M.; FAIRMAN, H. W. "The Myth of Horus (II): The Triumph of Horus over his Enemies; a Sacred Drama". *Journal of Egyptian Archeology*, v. 28, pp. 32-8, 1942; v. 29, pp. 2-36, 1943; v. 30, pp. 5-22, 1944.

BORCHARDT, Ludwig. *Zeitschrift für Agyptischer Sprache*, v. 34/5, 1896.

BORDES, François. *Ver* UNESCO.

BOULE, Marcellin; VALLOIS, Henri V. *Les Hommes fossiles*. 4ª ed. Paris: Masson, 1952.

BREASTED, James Henry. *Ancient Records of Egypt*. Chicago: University of Chicago Press, 1906.

BREUER, J. *Initiation à la théorie des ensembles*. Paris: Dunod, 1961.

CARREL, Alexis. *L'Homme, cet inconnu*. Paris: Plon, 1936.

CARRUTHERS, Jacob H. *Orientation and Problems in the Redemption of Ancient Egypt*.

CARTER, Howard; GARDINER, Alan H. "The tomb of Ramesses IV and the Turin plan of a royal tomb". *Journal of Egyptian Archeology*, n. 4, 1917.

CARTERON, Henri, "Introdução". In: Aristóteles, *Physique*. Estabelecimento de texto e trad. de Henri Carteron. 3ª ed. Paris: Belles Lettres, 1926.

CAUTÍLIA. *Artaxastra*.

CENTRE D'ÉTUDES ET DE RECHERCHES MARXISTES/CERM (Org.). *Sur le "mode de production asiatique"*. Paris: Éditions Sociales, 1974.

CÉSAIRE, Aimé. *Cahier d'un retour au pays natal*. Paris: Présence Africaine, 1956.

CHARLES, R. P. *ver* BARRAL, L.; CHARLES, R. P.

CHARON, Jean E. *L'Esprit, cet inconnu*. Paris: Albin Michel, 1977.

CHESNEAUX, J. "Le mode de production asiatique". *La Pensée*, nº 114, Paris, 1964.

CLARKE, John Henrik. "Introduction". In: DIOP, Cheik Anta, *The Cultural Unity of Black Africa*. Chicago: Third World Press, 1978.

CLÉMENT, Pierre. "Le forgeron en Afrique Noire". *Revue de Géographie Humaine et d'Ethnologie*, n. 2, abr./jun. 1948.

CLÉMENTE DE ALEXANDRIA. *Estromata*.

CONFÚCIO. *Lun-Yu*. Paris: Garnier.

CONTENAU, Georges. *Civilisation hittite*.

COON, Carleton S. *The Origin of Races*. Nova York: Knopf, 1962.

______. Artigo em *La Recherche*, n. 89, maio 1978.

COPPENS, Yves et al. "Earliest Man and Environment in the Lake Rudolf Basin". In: BUTZER, Karl W.; FREEMAN Leslie G. (Orgs.). *Prehistoric Archeology and Ecology Series*. Chicago: Chicago University Press, 1984.

CRONIN, James Watson; FITCH, Val Logdson. Citados em *Le Monde*, 16 out. 1980.

CROON, Ludwig. *Lastentransport beim Bau der Pyramiden*. Hannover: Diss, 1925.

______. *Beiträge zur Agyptischen Bauforschung und Altertumskunde*, Caderno 1, 1928.

CUVILLIER, Armand. *Introduction à la sociologie*. Paris: Armand Colin, 1967.

DAMBUYANT, Marinette. "Un État à 'haut commandement économique': L'Inde de Kautilya". In: Centre d'Études et de Recherches Marxistes/Cerm (Org.). *Sur le "mode de production asiatique"*. Paris: Éditions Sociales, 1974.

DAVARAS, Costis. *Le Palais de Cnossos*. Atenas: Hannibal.

______. Artigo em *Musée d'Hérakleion*. Atenas: Ekdotike Athenon.

DAVIES, Norman de Garis. *Tomb of Rekh-Mi-Ré at Thebes*, v. II. Nova York: The Metropolitan Museum of Art, 1943.

______. *The Tomb of two Sculptors at Thebes*.

DAY, Michael Herbert. "The Omo human skeletal remains". In: UNESCO, *L'Origine de l'homme moderne. Colloque de Paris, 1969*. Paris: Unesco, 1972.

DELORME, Jean. *La Grèce primitive et archaïque*. Paris: Armand Colin, 1969.

DEVISSE, Jean. *L'Image du Noir dans l'art occidental*, t. II. Fribourg: Office du Livre. Encarte.

______. "Le passé de l'Afrique dort dans son sol". *Recherche, Pédagogie et Culture*, n. 39, jan./fev. 1979.

DEVOTO, Giacomo. *La Crisi del latino nel V° secolo a. Ch.* Roma: Studii Classice, VI, 1964.

DHOMBRES, Dominique. Artigo em *Le Monde*, 6-7 jul. 1975.

DICTIONNAIRE archéologique des techniques, t. II. Paris: L'Accueil, 1964.

DIENG, Amady Aly. *Hegel, Marx, Engels et les problèmes de l'Afrique Noire*. Dakar: Sankoré, 1979.

DIODORO da Sicília. *Bibliothèque historique en 40 livres*, v. 1-5, Égypte.

DIÓGENES, Laércio. *Demócrito*, livro 3.

______. *Vidas e doutrinas dos filósofos ilustres*, livro VIII. 10 v.

DIOP, Cheikh Anta. *L'Afrique Noire précoloniale*. Paris: Présence Africaine, 1960.

______. *Antériorité des civilisations nègres: Mythe ou vérité historique?*. Paris: Présence Africaine, 1967.

______. *L'Antiquité africaine par l'image*. Dakar: Ifan, 1976.

______. *Nations nègres et culture*. Paris: Présence Africaine, 1954. Reed. em livro de bolso, 1979.

______. *Parenté génétique de l'égyptien pharaonique et des langues négro-africaines*. Dakar: Ifan, 1977.

______. *L'Unité culturelle de l'Afrique Noire*. Paris: Présence Africaine, 1959.

______. "L'age du fer en Afrique". *Notes Africaines*, n. 152, Ifan, Dakar, out. 1976.

______. "L'Apparition de l'*Homo Sapiens*". *Bulletin de l'Ifan*, v. 32, série B, n. 3. Dakar, 1970.

______. "Introduction à l'étude des migrations en Afrique Centrale et Occidentale: Identification du berceau nilotique du peuple sénégalais". *Bulletin de l'Ifan*, v. 35, série B, n. 4, Dakar, 1973.

______. "La métallurgie du fer sous l'Ancien Empire égyptien". *Bulletin de l'Ifan*, v. 35, série B, n. 3, Dakar, jul. 1973.

______. "Pigmentation des anciens Égyptiens: Test par la mélanine". *Bulletin de l'Ifan*, v. 35, série B, n. 3, pp. 515-31. Dakar, 1973.

DIOFANTE (da Escola de Alexandria). *Aritmética.*

EINSTEIN, Albert; PODOLSKY, Boris; ROSEN, Nathan. "Paradoxe EPR". *Physical Review*, 15 maio 1935.

EISENLOHR, August Adolf. *Ein mathematisches Handbuch alten Aegypter.* 1877. Tradução do papiro de Rhind.

ELIADE, Mircea. *Traité d'histoire des religions*, 1949.

ENGELS, Friedrich. *L'Anti-Dühring.* 2ª ed. Paris: Editions Sociales, 1963 *Ver também* MARX, Karl; ENGELS, Friedrich.

D'ESPAGNAT, Bernard. *A la recherche du réel.* Paris: Gauthier-Villars, 1980.

ESTRABÃO. *Geografia.*

EVANS-PRITCHARD, E. E. *Les Nuer.* Paris: Gallimard, 1937.

EVANS-PRITCHARD, E. E. "Parenté et communauté locale chez les Nouer". In: RADCLIFFE-BROWN, A. R.; FORDE, Daryll. *Systèmes familiaux et matrimoniaux en Afrique.* Paris: PUF, 1953.

FAIRMAN, H. W. *ver* BLACKMAN, A. M.; FAIRMAN, H. W.

FAULKNER, R. O. *A Concise Dictionnary of Middle Egyptian.* Oxford, 1962.

FER, Francis. Artigo em *Science et Vie*, n. 728, pp. 42-6, maio 1978.

FINLEY, Moses I. *Les Anciens Grecs.* Paris: Maspero, 1977.

FITCH, Val Logdson. *Ver* CRONIN, James Watson; FITCH, V. L.

FORDE, Darryl. *Ver* RADCLIFFE-BROWN, A. R.; FORDE, Darryl.

[FOUQUÉ, Ferdinand. *Santorin et ses éruptions.* Paris: Masson et Cie, 1879.]

FROBENIUS, Léo. *Ekade Ektab: Die Felsbilder Fezzans.* Graz: Akademische Druck und Verlagsanstalt, 1963.

______. *Histoire de la civilisation africaine.* 3ª ed. Paris: Gallimard, 1952.

______. *Mythologie de l'Atlantide.* Paris: Payot, 1949.

FURON, Raymond. *Manuel de préhistoire générale.* 4ª ed. Paris: Payot, 1959.

FUSTEL DE COULANGES, N. D. *La Cité antique.* Paris: Hachette, 1930.

[GALANOPOULOS, A. G. "Tsunamis Observed on the Coasts of Greece from Antiquity to Present Time", *Annali di Geofisica*, n. 13, pp. 369-86, 1960.]

DE GANAY, Solange. "Graphies bambara des nombres". *Journal de la Société des Africanistes*, t. XX, fasc. II, pp. 297-301. Paris: Musée de l'Homme, 1950.

GARDINER, Alan Henderson. [*The Admonitions of an Egyptian Sage from a Hieratic Papyrus in Leiden.* Leipzig, 1909.]

______. *Egyptian Grammar.* Londres, 1927.

Ver também CARTER, Howard; GARDINER, A. H.

GILLINGS, Richard J. *Mathematics in the Time of the Pharaohs.* Londres: The MIT Press, 1972.

GIMBUTAS, Marija. *Gods and Godesses of old Europe 7000-3500 BC. Myths, Legends and Cult Images.* Londres: Thames and Hudson, 1974.

______. Artigo em *La Recherche*, n. 87, mar. 1978.

GOBINEAU, Joseph A. *Essai sur l'inégalité des races humaines.* Paris: Firmin Didot, 1853-5.

GODELIER, Maurice. "La notion de 'mode de production asiatique' et les schémas marxistes d'évolution des sociétés". In: Centre d'Études et de Recherches Marxistes /Cerm (Org.). *Sur le "mode de production asiatique"*. Paris: Éditions Sociales, 1974.

GOETHE, Johann Wolfgang von. *Faust*. Trad. de Gerard de Nerval. Paris: Garnier/ Flammarion, 1972.

______. *Gedichte*. Stuttgart: Reclam, 1967.

GRAUWET, R. "Une statuette égyptienne au Katanga". *Revue Coloniale Belge*, n. 214, 1954.

GRIAULE, Marcel. *Dieu d'eau. Entretiens avec Ogotemméli*. Paris: Editions du Chêne, 1948.

GRIAULE, Marcel; DIETERLEN, Germaine. "Un système soudanais de Sirius". *Journal de la Société des Africanistes*, t. XX, fasc. II. Paris:, Musée de l'Homme, 1950.

[GRIFFITH, Francis Llewellyn. *The Antiquities of Tell El Yahudiyeh and Miscellaneous Work in Lower Egypt During the Years 1887-1888*. Londres: Kegan Paul, 1890.]

GROUSSET, R. *Histoire de la Chine et de l'Extrême-Orient*. Paris: Fayard, 1942.

GUANZI. *Guanzi*.

GUYOT, A. L. *Origine des plantes cultivées*. Paris: PUF, 1942. Coleção Que sais-je?

HALPHEN, Louis. *Les Barbares: Peuples et civilisations*. 2ª ed. Paris: Félix Alcan, 1930.

HARDY, Georges. *Une Conquête morale: L'enseignement en A.O.F.* Paris: Armand Colin, 1917.

HAZOUMÉ, Guy Landry. *Idéologies tribalistes et nation en Afrique: Le cas dahoméen*. Paris: Présence Africaine, 1972.

HÉBERT, Jean-Pierre. *Race et intelligence*. Paris: Copernic-Factuelles, 1977.

HEEZEN, Bruce C. *Ver* NINKOVICH, Dragoslav; HEEZEN, Bruce C.

HERÓDOTO. *Histórias*, livro II.

HESÍODO. *Teogonia*.

______. *Os trabalhos e os dias*.

HOEFER, Ferdinand. *Histoire des mathématiques*. 4ª ed. Paris: Hachette, 1895.

HOMERO. *Ilíada*.

______. *Odisseia*.

HOWELL, F. Clark *ver* COPPENS, Yves et al.

IBN BATOUTA. *Voyages d'Ibn Batouta*, t. IV. Paris: Imprimerie Nationale, 1922.

IPOUSER, citado por J. PIRENNE, *Histoire de la civilisation de l'Égypte ancienne*.

ISAAC, Glynn L. I. *ver* COPPENS, Yves et al.

JACQUARD, Albert. *Éloge de la différence: La génétique et les hommes*. Paris: Seuil, 1978.

JÂMBLICO. *Vida de Pitágoras*.

JAMES, George J. M. *The Stolen Legacy*.

JAMMER, Max. "Le paradoxe d'Einstein-Podolsky-Rosen". *La Recherche*, n. 111, maio 1980.

JUVENAL. *Sátiras* XV.

KAGAME, abade Alexis. *La Philosophie bantu comparée*. Paris: Présence Africaine, 1976.

[KANTOR, Hélène J. *The Aegean and the Orient in the Second Millenium B. C.* Principia Press, 1947.]

KIA LAN-PO. *La Caverne de l'Homme de Pékin*. Pequim: Impr. République Populaire de Chine, 1978.

KOZLOWSKI, Janusz (Org. da pré-impressão). IX Congrès UISPP, Colloque XVI: "L'Aurignacien en Europe". Nice, 1976.

LABEYRIE, J. e LALOU, C. (Orgs.) "Datations absolues et analyses isotopiques en préhistoire. Méthodes et limites". IX Congrès UISPP, colóquio I, Nice, 1976. Paris: CNRS, 1981.

LANGANEY, André. "Anthropologie: Faits et spéculations". *La Recherche*, n. 92, Paris, set. 1978.

LAO-TSÉ. *O livro do Tao.*

LEAKEY, L. S. B. "*Homo sapiens* in the Middle Pieistocene and the evidence of *Homo sapiens*' evolution". In: UNESCO, *L'Origine de l'homme moderne. Colloque de Paris, 1969.* Paris: Unesco, 1972.

LEAKEY, Richard E. F. *Ver* COOPENS, Yves et al.

LEFEBVRE, Gustave. *Grammaire de l'égyptien classique.* Cairo: Institut Français d'Archeologie Orientale, 1940.

______. *Essai sur la médecine égyptienne.*

______. *Romans et contes égyptiens de l'époque pharaonique.* Paris: A. Maisonneuve, 1976 [1949].

LEGOUX, P. "Étude odontologique de la race de Grimaldi". *Bulletin du Musée d'Anthropologie préhistorique de Monaco*, n. 10, pp. 63-121, 1963.

LEPSIUS, K. R. *Denkmäler aus Agypten und Athiopien.* Genebra: Belles Lettres, 1972.

LÉVÈQUE, François e VANDERMEERSCH, Bernard. "Le Néandertalien de Saint-Césaire". *La Recherche*, n. 119, fev. 1981.

LOWIE, Robert H. *Traité de sociologie primitive.* Paris: Payot, 1936.

LUCRÉCIO. *Sobre a natureza das coisas* (*De natura rerum*).

MACKAY, Ernest. "Proportion Squares on Tomb Walls in the Theban Necropolis". *Journal of Egyptian Archeology* (*J.E.A.*), n. 4, 1917.

MADDIN, Robert; MUHLY, James D.; HEELER, Tamara S. "Les débuts de l'âge du fer". *Pour la Science, Scientific American*, n. 2, dez. 1977.

MALRAUX, André. *Le Musée imaginaire.* Paris: Gallimard, 1965.

MANTELIN, F. *Étude et remontage du massif facial du "Négroïde de Grimaldi".* Dissertação de mestrado Paris: Université de Paris VII, 1972. *Ver também* OLIVIER, G. e MANTELIN, F.

MARINATOS, Spyridon. *Fouilles de Théra*, VI, s.d.

______. "La Destruction volcanique de la Crète minoenne". *Antiguité*, v. 13, n. 52, pp. 425-39, 1939.

MARSHALL, Kim. "The desegregation of a Boston Classroom". *Learning*, ago./set. 1975.

MARX, Karl. *Le Capital*, livros I e III.

MARX, Karl e ENGELS, Friedrich. *L'Ideologie allemande.*

MASPERO, Gaston. *Histoire ancienne des peuples d'Orient.* 12ª ed. Paris: Hachette, 1917.

MAUNY, Raymond. *Tableau géographique de l'Ouest africain au Moyen-Age.* Dakar: Ifan, 1961 (reimpr.: Swets, Holland).

MELEKECHVILI, G. A. "Esclavage, féodalisme et MPA dans l'Orient ancien". In: Centre d'Études et de Recherches Marxistes/Cerm (Org.). *Sur le "mode de production asiatique"*. Paris: Éditions Sociales, 1974.

MÉLISSO DE SAMOS. *Sobre o ser*, poema.

[MERCER, Samuel A. B. (Org.). *The Tell El-Amarna Tablets*. Toronto: Macmillan, 1939.]

MICHEL, P. H. Artigo in: TATON, René (Org.). *Histoire Générale des Sciences*, v. 1, *La Science Antique et Médiévale*. Paris: PUF, 1957.

MOORE, Carlos. "Interview with Professor Cheikh Anta Diop". *Africascope*, Lagos, fev. 1977.

MORGAN, Lewis H. *Ancient Society*.

MORTLOCK, A. J. "Thermoluminescence: Dating of objects and materials from the South Pacific region". IX Congrès UISPP, Nice, 1976. Colóquio XXII, A Pré-história Oceânica (pre-impressão).

MOVIUS Jr., H. L. "Radiocarbon dating of the Upper Paleolithic sequence at the Abri Pataud (Les Eyzies, Dordogne)". In: UNESCO: *L'Origine de l'homme moderne. Colloque de Paris, 1969*. Paris: Unesco, 1972.

MUCK, Otto. *Chéops et la Grande Pyramide*. Paris: Payot, 1978.

MUGLER, Charles *ver Dictionnaire archéologique des techniques*.

[MYRES, John Lynton. *Who Were the Greeks?*. Berkeley: University of California Press, 1930.]

NAVILLE, Édouard. *Textes relatifs au mythe d'Horus recueillis dans le temple d'Edfu*. Genebra, 1870, pranchas I-XI.

NEUGEBAUER, Otto. *The Exact Sciences in Antiquity*. Nova York: Harper, 1962.

______. *Vorlesungen über Geschichte der antiken mathematischen Wissenschaften*, t. I. Berlim: Julius Springer, 1934.

VON NEUMANN, John. *Les Fondements mathématiques de la mécanique quantique*. Paris: Alcan, 1946.

NGONO-NGABISSIO, N. Artigo em *Jeune Afrique*, n. 475, 10 fev. 1970.

NINKOVICH, Dragoslav; HEEZEN, Bruce C. *Santorini Tephra*. Londres: Lamont Geological Observatory/Columbia University, n. 819.

OAKLEY, K. P. "Analytic methods of dating bones". Relatório da British Association for the Advancement of Science. Encontro em Oxford, 1954.

OBENGA, Théophile. *La Cuvette congolaise: Les hommes et les structures*. Paris: Présence Africaine, 1976.

OCTATEUCO ver DEVISSE, Jean.

OLIVIER, G.; MANTELIN, F. "Nouvelle reconstitution du crâne de 'l'adolescent de Grimaldi'". *Bulletin du Musée d'Anthropologie préhistorique de Monaco*, n. 19, pp. 67--82, 1973-4.

PAPIROS – São conhecidos os papiros do Alto Egito:

Dois papiros muito fragmentários do Império Médio, datados de 1900-1800 a.C.: o papiro de Kahun, curto e de notável sobriedade, e o papiro de Berlim, contendo receitas e encantamentos de mágicos.

O papiro de Ebers, da XVIII dinastia.

O papiro de Smith trata de 48 casos de cirurgia óssea, com uma precisão quase científica.

Dois dos textos mais longos e um pouco mais recentes são claramente cópias de textos anteriores: o papiro Matemático de Rhind, que se pode datar de cerca de 1800 a.C., e o papiro de Moscou, que remonta à XII dinastia, por volta de 2000 a.C.

Outras fontes semelhantes de documentos:

Um manuscrito em couro, bastante curto: o "Leather Roll", preservado no Museu Britânico.

Duas tabuletas de madeira do Museu do Cairo e o papiro de Moscou, que remonta à XII dinastia, por volta de 2000 a.C.

Uma inscrição da III dinastia, 2778 a.C., encontrada na mastaba Metjen, e que traz um cálculo de superfície (casa, campo) executado segundo o mesmo método do papiro de Rhind. Assim, temos evidências de que a ciência egípcia, especialmente a matemática, já era elaborada no Império Antigo.

PARMÊNIDES. *Da natureza*.

PARRAIN, Charles. "Protohistoire méditerranéenne et mode de production asiatique". In: Centre d'Études et de Recherches Marxistes/Cerm (Org.). *Sur le "mode de production asiatique"*. Paris: Éditions Sociales, 1974.

PEET, Eric T. *The Rhind Mathematical Papyrus*. Liverpool: The University Press of Liverpool, 1923.

______. "A problem in Egyptian geometry". *Journal of Egyptian Archeology (J.E.A.)*, v. 17, 1931.

PETIT, Claudine e ZUCKERKANDL, Émile. *Évolution génétique des populations: Évolution moléculaire*. Paris: Hermann, 1976.

PETRIE, W. M. Flinders. "Egyptians working drawings". In: PETRIE, W. M. Flinders (Org.), *Ancien Egypt*, v. 2. Londres: MacMillan, 1926.

______. *The Making of Egypt*. Londres: The Sheldon Press, 1939.

PIRENNE, Jacques. *Histoire de la civilisation de l'Égypte ancienne*, t. 1: *Des origines à la fin de l'Ancien Empire*; t. 2: *De la fin de l'Ancien Empire à la fin du Nouvel Empire*; t. 3: *De la XXIe dynastie aux Ptolémées*. Boudry: La Baconnière, 1961.

PLATÃO. *Crítias*.

______. *Fedro*

______. *Teeteto*.

______. *Timeu*.

PLÍNIO, O VELHO. *História natural*.

PLÍNIO, O JOVEM. *Epístolas*.

PLUTARCO. *Ísis e Osíris*.

______. *Vidas paralelas ou Vida dos homens ilustres*.

______. *Obras morais*.

PODOLSKY, Boris *ver* EINSTEIN; Albert; PODOLSKY, Boris; ROSEN, Nathan.

POSENER, Georges. *Dictionnaire de la civilisation égyptienne*. Paris: F. Hazan, 1959.

PUTHOFF, Harold; TARG, Russel. *Aux confins de l'esprit*. Paris: Albin Michel, 1978.

PUTTOCK, M. J. "A possible division of an Egyptian measuring-rod". Sydney: National Standards Laboratory, CSIRO.

QUINTO CURCIO RUFO, *História de Alexandre*, t. IV.

RADCLIFFE-BROWN, A.R.; FORDE, Daryll. *Systèmes familiaux et matrimoniaux en Afrique*. Paris: PUF, 1953.

RENSBERGER, Boyce. "Nubian monarchy may be world's oldest". *International Herald Tribune*, 9 mar. 1979.

RIVAUD, Albert. "Notice". In: Platão, *Œuvres*, t. 10: *Timée, Critias*. Estabelecimento de texto e trad. de A. Rivaud. Paris: Les Belles Lettres, 1956.

ROSEN, Nathan. *Ver* EINSTEIN, Albert; PODOLSKY, Boris; ROSEN, Nathan.

RUFFIÉ, Jacques. *De la biologie à la culture*. Paris: Flammarion, 1976.

SÂDI, Abderrahman ben Abdallah es-. *Tarikh es-Soudan*. Paris: Maisonneuve, 1964 [1898-1900].

SAKELLARAKIS, J. A. *Musée d'Hérakleion*. Atenas: Ekdotike Athenon.

SARTRE, Jean-Paul. "Orphée noir". In: *Situations* III. Paris: Gallimard, 1949.

SAUNERON, Serge. *Les Prêtres de l'ancienne Egypte*. Paris: Seuil, 1957.

SAUNERON, Serge; YOYOTTE, Jean. *La Naissance du monde*, Paris: Seuil, 1959, cap. "Égypte ancienne".

SCHREINER, K. *Crania Norvegica*, t II. Institutet for Sammenlignende Kulturforskning, série B, n. XXXVI, 1946.

SELIGMAN, Charles Gabriel. *A Study in divine Kingship*. Londres: George Routledge and Sons, 1934.

______. *Egypt and Negro Africa*.

SÊNECA. *Questões naturais*, livro VII.

SERTIMA, Ivan van. *They Came Before Columbus*.

SONNEVILLE-BORDES, Denise de. "Environnement et culture de l'Homme du Périgordien ancien dans le sud-puest de la France: Données récentes". In: UNESCO, *L'Origine de l'homme moderne. Colloque de Paris, 1969*. Paris: Unesco, 1972.

SPADY, James G. "Posfácio". In: DIOP, Cheikh Anta. *The Cultural Unity of Black Africa*. Chicago: Third World Press, 1978.

______. "The Cultural Unity of Cheikh Anta Diop, 1948-64". *Black Image*, v.1, n. 3/4, 1972.

______. "Negritude, pan-Banegritude and the Diopian philosophy of African History". *A Current Bibliography on African Affairs*, v. 5, série I, 1972.

STAVISKY, B. "Liens culturels entre l'Asie Centrale ancienne et l'Égypte préislamique". *Ancien Orient*. Moscou: Naura, 1975. Coletânea.

STRUVE, Vassily V. *Mathematischer Papyrus des Staatlichen Museums der Schönen Künste in Moskau: Quellen und Studien zur Geschichte der Mathematik*. v. I, seção A. Berlim, 1930.

SURET-CANALE, Jean. "La Société traditionnelle en Afrique tropicale et le concept de mode de production asiatique". *La Pensée*, n. 117, Paris, 1964.

TARG, Russel *ver* PUTHOFF, Harold; TARG, Russel.

TEMPELS, R. P. Placide. *La Philosophie bantoue*. Paris: Présence Africaine, 1949.

TEMPLO DE EDFU, O, VI, pp. 60-90; X, pranchas CXLVI-CXLVIII; V. XIII, pranchas CCCXCIV--DXIV.

THOMA, Andor. "L'Origine de l'homme moderne et de ses races". *La Recherche*, n. 55, ago. 1975.

______. "Le Déploiement évolutif de l'*Homo sapiens*". *Anthropologia Hungarica*, n. 5, pp. 1-111, 1962.

THUILLIER, Pierre. "La Physique et l'irrationnel". *La Recherche*, n. 111, maio 1980.

TIMEU DE LÓCRIDA, citado por P. VER EECKE, *Proclus de Lycie*.

TIÉRON, Alphonse. *Le Nom africain ou Langage des traditions*. Paris: Maisonneuve et Larose, 1977.

TITO LÍVIO. *História de Roma*, livro 1, "Tarquínio, o Antigo".

UNESCO. *L'Origine de l'homme moderne. Colloque de Paris, 1969*. Edição organizada por François Bordes. Paris: Unesco, 1972.

VALLOIS, Henri Victor. *L'Anthropologie*. Paris: Masson et Cie, 1929.

______. "Early human remains in East Africa". *Man*, abr. 1933.

Ver também BOULE, Marcellin; VALLOIS, Henri V.

VANDERMEERSCH, Bernard. "Les Prémiers Néandertaliens". *La Recherche*, n. 91, jul./ago. 1978. *Ver também* LÉVÈQUE, François; VANDERMEERSCH, Bernard.

VERCOUTTER, Jean. Artigo in: TATON, René (Org.). *Histoire Générale des Sciences*, v. 1, *La Science Antique et Médiévale*. Paris: PUF, 1957.

VER EECKE, Paul (Org.). *Les Œuvres complètes d'Archimède*. Paris: Albert Blanchard, 1960.

______. *Proclus de Lycie*. Paris: Albert Blanchard, 1948.

VERNANT, Jean-Pierre. *Les Origines de la pensée grecque*.

VERNEAUX, René. *Les Origines de l'humanité*. Paris: F. Riedder et Cie, 1926.

DE VRIES, Carl E. "The Oriental Institute Decorated Censer from Nubia". *Studies in Honor of George R. Hughes*, n. 39, The Oriental Institute, Chicago, jan. 1977. Coleção Studies in Ancient Oriental Civilization.

VULINDLELA, Wobogo. "Diop's two cradle theory". In: HAKI, R. Madhubuti (Org.). *Black Book Bulletin*, v. 4, n. 4, verão 1976. Chicago: Third World Press/Institute of Positive Education, 1976.

[WACE, Alan. *Mycenae: An Archaeological History and Guide*. Princeton: Princeton University Press, 1949.]

WEINER, J. S. *The Piltdown Forgery*. Oxford: Oxford University Press, 1955.

WESTERMANN, D. *ver* BAUMANN, A.; WESTERMANN, D.

WILLIAMS, Bruce. *News, Notes*, n. 37. Chicago: The Oriental Institute, nov. 1977.

WITTFOGEL, Karl August. *Oriental Despotism: A Comparative Study of Total Power*.

WÖRTERBUCH *der Aegyptischen Sprache*. v.1. Berlim: Akademie, 1971.

YOYOTTE, Jean *ver* SAUNERON, Serge; YOYOTTE, Jean.

ZUCKERKANDL, Émile *ver* PETIT, Claudine; ZUCKERKANDL, Émile.

Lista de ilustrações

Índice remissivo

O itálico designa os nomes ou os termos em línguas estrangeiras. Excluem-se do índice as listas de nomes (cap. 12), o vocabulário comparado (por exemplo, 145-6 e 212-6), assim como as obras citadas, que podem ser encontradas no índice bibliográfico por meio de seus autores.

Edições Sesc São Paulo
Rua Serra da Bocaina, 570 – 11º andar
03174-000 – São Paulo – SP – Brasil
Tel.: 55 11 2607-9400
edicoes@sescsp.org.br
sescsp.org.br/edicoes
/edicoessescsp

Cet ouvrage a bénéficié du soutien des Programmes d'aides à la publication de l'Institut Français.
Este livro contou com o apoio à publicação do Institut Français.

AMBASSADE DE FRANCE AU BRÉSIL
Liberté Égalité Fraternité

INSTITUT FRANÇAIS

Grafia atualizada segundo o Acordo Ortográfico da Língua Portuguesa de 1990, que entrou em vigor no Brasil em 2009.

Título original
Civilisation ou Barbarie: Anthropologie sans complaisance

Capa
Estúdio Daó

Mapas
Sonia Vaz

Preparação
Angela Ramalho Vianna

Índice remissivo
Gabriella Russano

Revisão
Nestor Turano Jr.
Adriana Bairrada

Dados Internacionais de Catalogação na Publicação (CIP)
(Câmara Brasileira do Livro, SP, Brasil)

Diop, Cheikh Anta, 1923-1986
Civilização ou barbárie : Antropologia sem complacência / Cheikh Anta Diop ; tradução César Sobrinho. — 1ª ed. — Rio de Janeiro : Zahar; São Paulo : Edições Sesc São Paulo, 2025. — (Biblioteca Africana)

Título original: Civilisation ou Barbarie : Anthropologie sans complaisance.
Bibliografia.
ISBN 978-65-5979-218-4 (Zahar)
ISBN 978-85-9493-341-6 (Edições Sesc São Paulo)

1. África – Civilização 2. África – Civilização – Influências egípcias I. Título. II. Série.

25-264099 CDD-960

Índice para catálogo sistemático:
1. África : Civilização : História 960

Cibele Maria Dias – Bibliotecária – CRB-8/9427

EDITORA SCHWARCZ S.A.
Praça Floriano, 19, sala 3001 — Cinelândia
20031-050 — Rio de Janeiro — RJ
Telefone: (21) 3993-7510
www.companhiadasletras.com.br
www.blogdacompanhia.com.br
facebook.com/editorazahar
instagram.com/editorazahar
x.com/editorazahar

Biblioteca Africana

Próximos lançamentos

Análise de alguns tipos de resistência
Amílcar Cabral

Identité et transcendance*
Marcien Towa

Female Fear Factory: Unravelling Patriarchy's Cultures of Violence*
Pumla Dineo Gqola

* Título em português a definir.

ESTA OBRA FOI COMPOSTA POR MARI TABOADA EM DANTE PRO E
IMPRESSA EM OFSETE PELA GRÁFICA PAYM SOBRE PAPEL PÓLEN NATURAL
DA SUZANO S.A. PARA A EDITORA SCHWARCZ EM MAIO DE 2025

FSC
www.fsc.org
MISTO
Papel produzido a partir de fontes responsáveis
FSC® C133282

A marca FSC® é a garantia de que a madeira utilizada na fabricação do papel deste livro provém de florestas que foram gerenciadas de maneira ambientalmente correta, socialmente justa e economicamente viável, além de outras fontes de origem controlada.